F I N A N C I A L A N A L Y S I S

FINANCIAL ANALYSIS
THEORY AND CASES

재무분석
이론과 사례

김종오 · 이우백 · 선우혜정 지음

생능

재무분석: 이론과 사례

초판발행 2020년 6월 20일
제1판3쇄 2025년 7월 31일

지은이 김종오, 이우백, 선우혜정
펴낸이 김승기, 김민정
펴낸곳 (주)생능 / **주소** 경기도 파주시 광인사길 143
출판사 등록일 2014년 1월 8일 / **신고번호** 제406-2014-000003호
대표전화 (031)955-0761 / **팩스** (031)955-0768
홈페이지 www.booksr.co.kr

책임편집 신성민 / **편집** 이종무, 최동진 / **디자인** 유준범, 노유안
마케팅 최복락, 심수경, 김민수, 차종필, 백수정, 송성환, 최태웅, 명하나
인쇄 · 제본 천일문화사

ISBN 979-11-86689-30-1 93320
정가 23,000원

- 이 도서의 국립중앙도서관 출판예정도서목록(CIP)은 서지정보유통지원시스템 홈페이지(http://seoji.nl.go.kr)와 국가자료공동목록시스템(http://www.nl.go.kr/kolisnet)에서 이용하실 수 있습니다. (CIP제어번호: CIP2020021592)

머·리·말

'재무분석: 이론과 사례'는 재무분석의 기초에서부터 비율분석의 이론과 사례, 비용구조분석의 이론과 사례는 물론 자산가치평가의 이론과 사례까지를 체계 있게 정리하고자 하고, 풍부한 사례분석을 통해 재무분석을 처음 공부하는 학생들은 물론 기업실무자에게 이르기까지 재무분석과 가치평가의 원리를 체계 있게 잡아 주는 것을 목표로 하고 있다.

또한 이 책에서는 회계학에서 다루는 재무제표분석을 심도있게 분석할 뿐만 아니라 기업의 가치창출능력에 영향을 미치는 다양한 요소에 대한 종합적인 분석을 강조하며, 기업외부에서의 기업평가와 기업내부에서의 전략적 의사결정과 경영효율성 제고, 그리고 경영평가를 위해 정보분석이 어떻게 활용될 수 있는지를 다룬다.

기업을 둘러싼 경영환경이 급변하고 경쟁이 치열해지면서 기업의 내부, 외부 이해 관계자들 사이에서 기업내용에 대한 관심이 높아지고 있다. 그들은 자신의 이해관계에 따라 기업의 재무상태와 경영성과를 파악하고자 하며, 더 나아가 기업의 미래를 전망하고자 한다. 이와 같이 보다 효율적인 경영의사결정을 위하여 재무자료를 처리하여 유용한 정보를 창출하는 제반의 경영활동을 재무분석이라 한다.

일반적으로 대학에서 재무분야의 커리큘럼상 재무분석에서는 주로 재무비율분석을 위주로 한 재무제표분석에 치중해왔다. 그런데 재무관리가 최근 경제학적 접근이 강화되면서 높은 학문적 수준에 이르게 되자 전통적으로 재무관리의 주요 주제 중 하나였던 재무분석은 따로 떨어져 나와 실무적인 기법을 중심으로 다루는 분야가 되기도 하고, CAPM, MM이론 등으로 특징지워지는 현대적 재무관리 이전의 전통적 재무관리 내용들을 주로 다루는 분야로 자리잡아가기도 하고, 또는 회계분야의 재무제표분석과 유사한 내용을 다루는 분야가 되기도 하는 등 강의와 교재가 명확하게 정형화되지 않고 있는 실정이다. 실제로 재무분석이라는 제목으로 출판되고 있는 시중의 책들을 보면, 재무제표분석을 중심으로 지나치게 실무적인 관점을 가진 책들과 더불어 한편에서는 현대적 재무관리에서 잘 다루지 않게 된 전통적인 재무관리 내용 중심으로

서술된 이론서들이 대부분을 차지하고 있다. 최근 경영환경의 급격한 변화로 전통적인 재무제표분석만으로는 이해관계자가 원하는 정보를 제공하기 어렵게 되었고, 기업내외의 환경분석을 포함하는 종합적 분석이 요구되고 있어 '재무분석'은 이러한 방향으로 자리를 잡아가야 할 필요성이 있다.

한편, 현대 재무분석에서 기업의 가치평가는 중요한 부분을 차지하고 있다. 기업가치평가는 기업의 경영자가 사업전략과 투자결정을 판단하는데 있어 기준이 되는 등 기업내의 전반적인 의사결정과 관련된다. 증권사의 애널리스트는 물론 주식 투자자도 현재 시장에서 형성된 주가가 과대평가되었는지 과소평가되었는지의 판단 여부는 기업가치를 파악하여야 한다. 기업의 인수 또는 합병도 진정한 기업가치의 평가에 근거할 때 가능하다.

이 책은 기업 경영을 종합적으로 분석할 수 있는 여러 가지 재무분석의 개념과 방법을 설명하고 있다. 이 책은 가능한 한 실제 데이터를 이용하여 포스코(주) 등 실제 사례들을 이론에 대입하여 연습을 할 수 있는 데에 중점을 두었다. 특히 각 장 말미에 경동나비엔(주), 대우조선해양(주) 등의 실제 사례를 가지고 재무분석을 하는 과정을 상세히 소개하였다. 또한 책의 구성뿐만 아니라 설명방식에 있어서도 논리적 일관성을 유지하는데 전력을 기울였다. 그리고 복잡한 수식의 사용을 가능한 줄이면서 재무분석의 내용을 쉽게 소개하려고 노력하였다. 이 책의 가장 중요한 차별점은 기존의 재무분석 책들이 재무제표에 대한 설명을 간단히 소개하는 정도에 그치는데 비해, 재무상태표, 손익계산서, 현금흐름표 각각에 대해 한 장씩을 할애하여 이를 이용한 심도있는 기업분석을 다루는데 심혈을 기울였다는 점이다. 회계학의 사전지식이 없이도 이 한권으로 재무회계와 재무분석을 소화할 수 있을 것으로 기대한다.

이 책은 모두 3편 11장으로 구성되어 있다.

제1편은 재무제표와 기업분석에 대해 설명한다. 제1장에서는 재무분석의 의의 및 발전과정, 분석방법 등을 살펴보고, 재무분석에 기초가 되는 자료 원천인 재무제표에 대해 간략하게 소개한다. 제2장부터는 재무분석을 위한 기초자료인 재무제표에 대해 구체적으로 살펴봄으로써 재무제표를 기업분석에 어떻게 이용하는지 학습한다. 제2장에서는 재무상태표의 개념과 자산, 부채, 자본의 정의와 구성 항목들에 대해 소개하고 여러 사례를 통해 재무상태표를 이용한 기업 분석 방법을 학습한다. 제3장에서는 손익계산서의 개념, 목적, 의의와 수익과 비용 항목들에 대해서 학습하고, 사례를 통해 손익계산서 분석방법을 학습한다. 제4장에서는 현금흐름표의 개념, 분류 등을 살펴보고, 실제 사례를 통해 현금흐름표의 유용성에 대해 학습한다.

제2편에서는 기업의 재무적 건전성 평가기법을 다룬다. 제5장에서는 전통적 재무분석 방법인 비율분석의 의의 및 각종 재무비율을 고찰한 다음, 실제 사례 기업으로 포스코(주)를 대상으로 기초적 재무비율 분석을 실행해 보기로 한다. 제6장에서는 제5장에서 소개한 기초적 비율분석을 확장하여 보완하는 비율분석인 공통형, 지수형 재무제표분석, 추세분석, 지수법 등에 대해 소개한다.

제3편에서는 앞에서 설명한 재무분석의 기본개념 및 각종분석방법을 실제로 활용하는 재무분석의 실천적 이슈들을 다룬다. 제7장에서는 영업위험과 재무위험을 고려한 손익분기점분석과 레버리지 분석에 대해 살펴보도록 한다. 제8장에서는 재무계획과 재무예측에 사용되는 각종 방법과 추정재무제표를 작성하는 절차에 대해 학습하도록 한다. 제9장에서는 1997년에 발생한 외환위기 이후에 관심이 부각된 우리나라의 기업부실화에 대해 제도적 내용과 부실의 사전적 예측방법을 살펴보기로 한다. 제10장에서는 신용평가에 대해 그 의의와 평가방법에 대해 학습하도록 힌다. 제11장에서는 기업가치평가의 절차와 실무적으로 활용되는 가치평가의 제반 방법론과 특성에 대해 살펴보고, 사례를 통해 기업가치를 평가할 수 있도록 한다.

이 책은 대학의 학부와 MBA 강의 재무분석, 경영분석, 재무제표분석 등의 교재나 부교재로 사용될 수 있을 뿐만 아니라 기업가치 평가나 주식투자에 관심을 가지고 있는 독자들, 기업에서 재무분야를 담당하는 직장인들에게도 도움이 되리라 믿는다.

2020년 6월

저자 일동

차·례

재무분석
이론과 사례

PART I 재무제표와 기업분석

CHAPTER 1

재무분석의 개요

기업 환경의 급변과 경쟁 심화에 따라 경영자는 기업 경영에 관한 의사결정에 적합한 정보 획득을 요구한다. 또한 기업 외부의 이해관계자들에게도 기업 경영의 내용에 대한 관심이 증대되고 있으며 이 이해관계자들은 기업의 재무상태와 경영성과를 파악하고 더 나아가 기업의 미래를 전망하고자 하고 있다. 경영분석은 기업의 건강상태를 진단하여 과거와 현재의 기업실체를 파악하고 미래를 예측함으로써 경영자 및 이해관계자들의 의사결정 목적에 적합한 정보를 제공하는데 이용된다. 이 장에서는 경영분석의 의의와 영역에 대해 개괄적으로 학습한다. 또한 경영분석의 발전과정을 간략히 살펴보고, 기업의 각 이해관계자들이 경영분석을 하는 목적과 경영분석의 방법을 이해하도록 한다.

1.1 재무분석의 이해

1. 재무분석의 의의

기업은 여러 가지 상품을 제조하여 판매하거나 서비스를 제공함으로써 이익을 극대화하는 경영조직체이다. 기업은 자본을 투자하여 생산시설 확보, 원재료 구입, 종업원 고용 등의 영업활동을 수행하여, 이익이 발생하면 주주에게 이익의 일부를 배당하고, 나머지는 기업 내에 재투자하는 과정을 반복적으로 수행한다. 이와 같이 기업은 우리가 매일매일 살아가기 위해 필요한 각종 상품과 서비스를 생산 · 공급하는 한편, 일자리를 제공해 주는 중요한 역할을 담당하고 있기 때문에, 기업의 건전한 발전은 기업만의 문제가 아니라 국가경제 전체의 과제가 되고 있다.

재무 분석(financial analysis)은 이렇게 현대 경제에서 중요한 역할을 수행하고 있는 기업의 건강상태를 진단하는 것에 비유할 수 있다. 즉, 재무분석에서는 현재 기업의 상태가 건강한지, 건강하지 않다면 어떤 질병에 걸렸는지, 또한 그 질병의 원인은 무엇인지 등에 대해 과학적으로 진단하고 합리적인 처방을 강구하는 것이 중심적인 내용이다.

결국 재무분석이란 기업의 이해관계자들이 합리적인 의사결정을 하는데 도움을 주기 위하여 계량적 · 비계량적 정보를 활용하여 기업의 경영상태를 종합적으로 평가하는 것이라고 할 수 있다.

재무분석은 크게 두 가지 의미로 구분된다. 좁은 의미의 전통적 재무분석은 손익계산서, 재무상태표, 현금흐름표 등 기업의 재무제표를 활용하여 분석하는 활동으로, 재무제표분석(financial statement analysis)이라고 불리기도 한다. 넓은 의미의 현대적 재무분석은 경영자, 투자사, 금융기관, 정부 등 기업의 내 · 외부 이해관계자가 경제적 의사결정에 필요한 정보를 획득할 목적으로 기업과 관련된 자료를 수집, 분석하는 활동을 말한다.

학문적으로 경영학의 출발지라 할 수 있는 미국에서 쓰이는 재무분석이라는 명칭은 일본과 우리나라에서는 '경영분석'이라고 불리는 경향이 있으나, 동일한 학문분야라고 생각해도 무방하다.

2. 전통적 재무분석

전통적 재무분석의 핵심이 되는 재무제표분석은 기업의 과거 경영실적이나 재무상태를 나타내는 손익계산서, 재무상태표 등 재무제표자료를 이용하는 재무비율분석(financial ratio analysis)에 기초를 두고 있다. 그러나 비율분석이라고 하여 과거 자료에만 의존하는 것은 아니다. 예측자료를 이용하여 미래의 경영실적이나 재무상태를 파악할 수도 있다. 이때 이용되는 자료에는 미래의 수익계획과 비용계획을 나타내는 추정손익계산서, 미래 일정 시점의 재무상태를 나타내는 추정재무상태표, 현금의 조달계획과 운용계획을 나타내는 추정현금흐름표, 그리고 미래의 제조원가를 예상하는 추정제조원가명세서 등이 있다.

그러나 이와 같이 재무제표자료 분석을 중심으로 하는 전통적 재무분석은 다음과 같은 몇 가지 문제점이 있다.

첫째, 비율분석은 원래 실무적인 경험에 기초하여 발전되었기 때문에, 재무비율의 유용성에 대한 올바른 평가와 검증이 없이 행해지는 경우가 많다.

둘째, 재무분석을 수행하는 주체의 목적은 다양하며, 실제로 누가 어떤 목적으로 이용하는가에 따라 분석결과에 대한 해석이 달라질 수 있다. 그러나 전통적 재무분석은 이러한 이용자의 다양한 목적을 충족시키지 못하고 있다.

셋째, 재무분석이 증권시장 관련자료를 비롯한 다양한 자료를 충분히 활용하지 못하기 때문에 기업에 대한 평가가 완전하게 이루어진다고 볼 수 없다.

넷째, 재무제표에 반영되지 않는 질적 정보(qualitative information)에 대한 분석이 부족하다.

이와 같은 전통적 재무분석방법이 지니고 있는 본래의 문제점 외에도 새로운 환경변화, 즉 기업의 국제화 및 다각화, 자본시장의 자유화 등 변화의 물결 때문에 재무분석에도 새로운 방법이 도입되지 않을 수 없게 되어, 종래와는 다른 새로운 재무분석을 요구하고 있다. 또한 컴퓨터 통신기술의 발전, 특히 인터넷은 재무분석에 필요한 막대하고 다양한 자료를 신속히 입수 · 처리할 수 있게 해줌으로써 새로운 재무분석의 활용을 가능하게 하고 있다.

3. 현대적 재무분석

넓은 의미의 현대적 재무분석은 전통적 재무분석에 대한 새로운 접근방식으로, 재무제표 이외에도 국내·외 경제동향, 산업동향, 기업동향과 같은 기업과 관련된 모든 요인들을 고려하여 다양한 자료를 분석함으로써 과거와 현재의 기업실체를 파악하고 미래를 예측하는 분석체계를 의미한다. 전통적 재무분석과 대비되는 현대적 재무분석의 특징은 다음과 같다.

첫째, 단순한 비율분석에 그치지 않고 재무비율이 이용자에 따라 실제 의사결정과정에서 어떻게 활용되고 있는가를 중시한다.

둘째, 재무분석의 실천적 측면이 광범위하게 적용되고 있다. 현대적 재무분석의 적용분야에는 기업부실예측, 채권평가, 신용분석, 기업가치평가 등이 있으며, 앞으로도 계량적 분석기법이 발전하면서 적용분야가 더욱 확대될 전망이다.

셋째, 재무분석에서 기업의 위험과 수익성을 평가할 경우 증권시장자료를 이용하는 경향이 높아지고 있다. 증권시장이 발달하고 효율성이 높아지면서 기업에 관한 각종 정보가 증권가격에 신속하게 반영되기 때문이다.

넷째, 재무제표에는 반영되지 않지만 기업의 재무상태나 경영성과에 중대한 영향을 미치는 질적 정보에 대한 분석의 중요성이 강조되면서 계량적 분석과 병행되고 있다. 예를 들면, 경제환경 및 산업동향의 분석, 기업의 제품내용 및 경영자능력 등에 대한 분석이 이에 해당한다.

1.2 재무분석의 발전과정

재무분석은 상법이나 회계제도의 발전뿐만 아니라 증권시장의 발달과 함께 정착되었다. 특히 재무분석이 본격적으로 이용되기 시작한 시기는 회계제도의 정착에 따라 재무제표가 공식적으로 작성되기 시작한 이후부터이다. 재무분석의 발상지라고 할 수 있는 미국에서는 주식회사가 출현하고, 자본의 주요 공급자인 은행, 보험회사 등 금융기관의 역할이 급속하게 증대됨에 따라 기업의 재무자료를 체계적으로 분석할 필요성이 대두되었다. 이 당시에 투자자들은 기업의 영업성과의 평가를 목적으로, 금융기관은 지급능력의 평가를 분석목적으로 재무자료를 활용하였다.

1910년대 이후부터는 재무분석에서 이용되는 여러 형태의 분석기법이 빠른 속도로 발전하면서 재무분석에서 재무비율분석이 본격적으로 이용되기 시작하였다. 이 당시에는 신용평가가 재무분석의 주기능이었기 때문에, 재무분석의 주체인 금융기관들은 주로 비율분석을 이용하여 기업의 지급능력을 평가하였으며, 지수법, 표준비율법, 추세법 등도 개발되었다.

1920년 이후에는 재무제표분석이 널리 활용되면서 새로운 재무비율들이 개발되고, 종래의 비율분석기법들이 체계적으로 정리되었다. 이 시기에는 외부분석이 주류를 이루었던 초기와는 달리, 경영관리 차원에서 재무분석이 수행되기 시작하였다.

한편, 비율분석을 중심으로 한 재무분석은 다양하게 개발되어 널리 이용되었지만, 회계관행에 따라 작성되는 재무제표의 한계점으로 인하여 재무분석에 대한 이론적인 체계가 정립되지 못하는 정체현상이 1960년대 말까지 지속되었다. 이와 같은 재무분석의 발전이 정체를 보인 이유로는 이해관계자들의 정보에 대한 다양한 욕구를 충족시키지 못한 점, 빠른 속도로 발전한 재무이론에 대해 상대적으로 재무분석이 부응하지 못한 점 등을 들 수 있다.

1970년대 이후에는 전통적인 재무분석에 대한 비판이 확산되면서 비율분석을 중심으로 하는 재무제표분석과 자본시장이론이 통합되어 재무분석의 학문적 체계가 본격적으로 갖추어지기 시작했다. 즉, 이 시기에는 종래의 실무적 관행 위주의 재무분석이 이론적 체계를 갖추게 되어, 모형수립 및 실증적 검증을 통한 과학의 범주로 발전하였다고 볼 수 있다.

1990년대에는 전 세계적으로 주식시장 및 금융시장의 개방화 정책에 따라 금융기관 경영에 대한 각종 규제가 완화되어 기업의 신용위험평가에서 재무분석의 역할이 더욱 증대되었다. 계량적 분석기법이 증대되면서 신용평가기관과 금융기관에서는 자체 개발한 재무분석 시스템에 의해 기업의 신용도를 평가하여 중요한 투자정보를 제공하고 있다. 또한 1990년대에 발생한 각국의 금융위기는 기업의 재무정책을 변화시키는 데 결정적인 계기가 되었으며, 금융기관들도 금융위기에 대한 경험을 바탕으로 기업부실화에 대한 인식을 제고하여 기업가치평가와 위험관리기법이 발전하였다.

향후 재무분석은 정보기술이 발전함에 따라 각종 기업의 재무자료와 질적 자료가 축적되고 보급되면서 분석기법의 정교화와 더불어 더욱 발전할 것으로 전망된다.

1.3 재무분석의 주체와 목적

재무분석을 수행하는 주체는 기업의 재무상태와 경영성과에 관심을 가지고 있는 모든 이해관계자로, 기업의 내부 이해관계자와 외부 이해관계자로 구분할 수 있다. 재무분석을 기업 내부 이해관계자인 경영자가 수행하는 내부분석과 기업 외부의 이해관계자들이 수행하는 외부분석으로 나누어 각각의 목적을 살펴보기로 한다.

1. 내부분석

내부분석(internal analysis)은 경영자가 경영관리 차원에서 필요한 정보를 얻기 위한 목적으로 수행하는 재무분석을 말하며, 각종 의사결정에서 요구되는 정보를 얻는 데 있다. 내부분석의 특징은 다음과 같다.

첫째, 경영자는 업무계획을 수립하거나 내부통제에 필요한 정보를 얻기 위해 재무분석을 실시한다. 경영자는 재무분석을 통해 자기회사의 강약점 및 상대적 비교우위를 파악할 수 있다.

둘째, 경영자는 경영전략이나 장기경영계획 수립에 필요한 정보를 얻기 위하여 재무분석을 실시한다. 이 같은 목적의 재무분석은 제품의 기술수준, 신제품개발능력, 조직효율성, 경쟁력 등에 중점을 두고 수행된다.

셋째, 경영자가 대외적으로 행하는 분석으로, 거래처의 신용분석, 경쟁기업의 분석, 인수대상기업의 분석 등이 포함된다.

넷째, 경영자가 기업가치를 극대화시킬 목적으로, 어떻게 자금을 조달하고 어느 사업에 투자해야 할 것인가를 결정하는 의사결정에 요구되는 정보를 얻기 위해서 재무분석을 한다.

2. 외부분석

외부분석(external analysis)은 기업 외부 이해관계자들이 각자의 목적에 따라 수행하는 재무분석으로, 주요한 외부 이해관계자들에는 금융기관, 신용평가기관, 투자자, 증권분석기관, 거래처, 행정기관 등이 포함된다.

(1) 금융기관과 신용평가기관

금융기관이나 신용평가기관이 실행하는 재무분석 활동을 신용분석(credit analysis)이라 하는데, 주로 기업의 신용도를 평가하기 위한 목적으로 수행한다. 신용평가기관은 회사채나 기업어음을 발행하고자 하는 기업의 신용등급을 채무불이행의 정도에 따라 평가하여 투자자에게 제공하며, 이러한 신용등급은 채권자 및 증권투자자에게 중요한 정보로 이용된다.

(2) 증권분석기관과 투자자

투자자나 증권분석기관이 수행하는 재무분석을 흔히 증권분석(security analysis)이라 하며, 채권 및 주식과 같은 유가증권의 내재가치(intrinsic value)를 파악하여 투자자가 유가증권을 매입하고 처분하는 데에 필요한 투자정보를 획득하는 데 그 목적이 있다. 주식을 대상으로 하는 주식평가에서는 주식의 내재가치를 평가하는 데 그 목적을 두고 있다. 내재가치를 평가하는 과정에서 다양한 기업의 내·외적 요인을 분석함으로써 주식의 가치가 적정하게 평가되었는지에 대한 정보를 획득할 수 있으며, 이를 시장가격과 비교하여 주식의 매매를 결정하게 된다.

(3) 거래처

원자재, 중간재, 주요 부품 등을 납품하는 회사의 입장에서는 거래대상기업의 단기채무지급능력 등을 면밀하게 분석해야 한다. 거래처가 주체가 되어 수행하는 재무분석은 거래대상기업의 부도 가능성에 대한 정보를 얻기 위하여 다양한 재무자료를 평가한다.

(4) 정부 및 행정기관

정부는 산업에 대한 지원 및 구조조정 정책수립, 경제계획수립이나 물가안정을 위한 가격통제 등에 필요한 정보를 획득하고자 정책결정의 유형에 따라 다양한 형태의 재무분석을 수행한다. 또한 세무기관은 기업의 조세부담능력, 적정과세, 세금포탈 등에 대한 정보를 얻기 위한 목적으로 기업에 대한 세무분석을 실시한다. 금융감독기관에서는 투자자보호와 금융시장의 발전을 위한 행정지도의 차원에서 금융기관을 대상으로 자산구성과 수익성을 평가하는 재무분석을 실시한 후 그 결과를 정책결정에 활용하고 있다.

(5) 기타 분석자

공인회계사는 외부감사와 기업진단을 목적으로 재무분석을 수행하며, 노동조합은 단체교섭의 근거를 마련할 목적으로 수익성 및 생산성 등에 대한 분석을 실시한다. 그 밖에 환경단체, 소비자, 언론기관, 연구기관 등도 나름대로 필요한 정보를 얻기 위하여 기업을 대상으로 한 재무분석을 수행하고 있다.

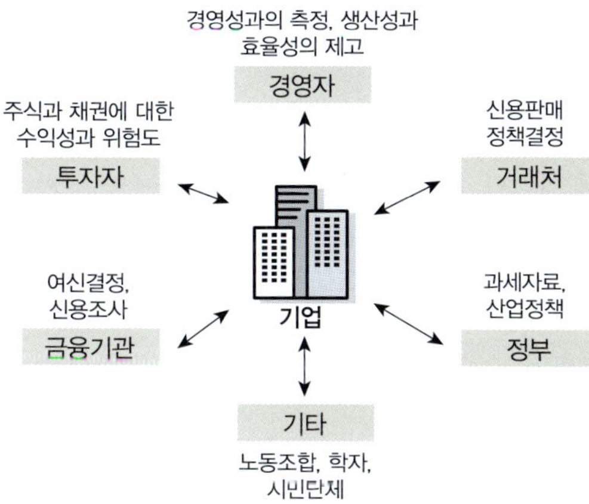

[그림 1-1] 기업의 이해관계자와 재무분석

1.4 재무분석의 방법

재무분석의 내용은 의사결정 목적에 따라 달라지며, 재무분석에서 이용되는 분석자료와 분석방법에 따라 크게 계량적 분석(quantitative analysis)과 질적 분석(qualitative analysis)으로 구분할 수 있다. 계량적 분석과 질적 분석은 상호보완적인 관계에 있으므로, 올바른 재무분석을 위해서는 이들 분석을 병행하여야 한다.

1. 계량적 분석

계량적 분석은 재무제표 등 회계자료를 대상으로 하는 분석방법으로, 비율분석이 가장 일반적인 방법이다. 현대 재무분석의 계량적 분석방법에서는 이러한 회계자료를 이용한 통계적 분석방법이 주된 위치를 차지한다. 비율분석은 재무제표의 각 항목을 서로 대비시켜 산출한 비율 또는 지수를 이용하는 방법으로, 표준비율과 비교하여 필요한 정보를 얻는 데 이용된다. 또한 계량적 분석에서는 회계자료 외에도 증권시장에서 발표되는 각종 정보들을 주로 활용한다. 통계적 분석방법에서 가장 보편적으로 활용되는 기법은 회귀분석이며, 그 외에도 판별분석, 로짓분석, 민감도분석, 인공지능모형 등이 활용되고 있다. 최근 컴퓨터 기술과 자료의 접근성이 높아지면서 재무분석의 계량적 방법도 고도화되고 있다.

2. 질적 분석

질적 분석은 재무제표나 계량적 자료에는 나타나지 않지만 기업의 경영성과 및 재무상태에 중대한 영향을 미치는 기업 내외의 질적 요인을 분석하는 것을 말한다. 질적 분석으로는 전체 경제활동의 동향이나 방향을 파악하는 데 이용되는 경제분석과, 산업의 특성이나 산업동향을 파악하는 데 이용되는 산업분석 및 제품구성, 경쟁력, 기술수준 등과 같은 기업의 경영능력을 파악하는 데 이용되는 기업분석 등이 포함된다.

1.5 재무분석을 위한 자료

1. 재무제표

재무분석에서 이용되는 주된 회계자료는 재무제표이다. 재무제표(financial statements)란 기업의 경제적 활동의 다양한 측면을 재무정보의 형태로 요약한 회계보고서로, 대차대조표, 손익계산서, 현금흐름표, 자본변동표, 주석이 이에 해당한다. 재무제표는 정보이용자에게 기업의 재무상태(재무상태표 및 현금흐름표), 경영성과(포괄손익계산서) 및 재무상태변동(자본변동표) 등을 알려 주며, 재무제표끼리 상호 연관되어 있다. 재무제표는 기업의 재무상태 및 재무성과에 관한 유용한 정보를 기업의 외부정보이용자들에게 제공하고, 정보이용자들은 이 정보를 바탕으로 경제적 의사결정을 내린다.

(1) 재무상태표

재무상태표는 회계기간 말 현재 기업이 보유하고 있는 경제적 자원(자산), 경제적 의무(부채), 자본의 잔액(자본)을 나타내는 재무제표이다. 즉, 특정 시점 현재 기업의 재무상태를 나타낸다.

재무상태표는 차변(왼쪽)에 자산을, 대변(오른쪽)에는 부채, 자본을 표시한다. 따라서 재무상태표의 대변은 기업에 필요한 자금을 어디서 조달하였는지에 대한 자금의 원천을 보여주며(즉, 타인자본과 자기자본을 얼마만큼 조달하였는지), 차변은 조달된 자금이 어떻게 운용되고 있는지에 대한 자금의 사용을 보여준다. 자산금액은 부채와 자본의 합이므로, 재무상태표에서 대변의 금액의 합과 차변금액의 합은 일치되어야 한다.

재무상태표가 의미하는 바를 예를 들어 살펴보기로 하자. 〈표 1-1〉은 가전제품을 생산 판매하는 혜화전자 주식회사의 20XX년 12월 31일 시점의 재무상태표이다. 재무상태표의 차변 합계로 표시되는 총자산은 519억 원으로서 대변의 부채 244억 원과 자본 275억 원으로 조달되었음을 보여주고 있다. 자산내역을 보면 유동자산은 현금 · 예금 등의 당좌자산이 127억 원, 재고자산이 119억 원이며, 비유동자산은 투자유가증권 등의 투자자산이 84억 원, 토지, 건물 등의 유형자산이 176억 원, 영업권, 개발비 등의 무형자산이 13억 원으로 구성되어 있음을 알 수 있다.

〈표 1-1〉 재무상태표

20XX.12.31 현재

주식회사 혜화전자 (단위: 억 원)

차변		대변	
유동자산	246	유동부채	218
당좌자산	127	매입채무	48
현금과예금	34	단기차입금	123
매출채권	65	기타유동부채	47
기타당좌자산	28	비유동부채	26
재고자산	119	회사채	16
비유동자산	273	장기차입금	8
투자자산	84	부채성충당금	1
유형자산	176	기타고정부채	1
토지	56	자본	275
건물구축물	60	자본금	186
기타유형자산	60	자본잉여금	70
무형자산	13	이익잉여금	19
자산 총계	519	부채와 자본 총계	519

*자산: 기업이 보유하고 있는 자원
*부채: 외부에서 빌린 자원
*자본: 주주로부터 끌어온 자원

한편 부채는 매입채무와 단기차입금 등 유동부채가 218억 원, 장기차입금 등 비유동부채가 26억 원이며 자본은 자본주들이 투자한 자본금이 186억 원, 잉여금이 89억 원으로 이루어져 있음을 나타내고 있다.

(2) 손익계산서

재무상태표가 회계기간 말의 재무상태를 보고하는 재무제표라면, 손익계산서는 한 회계기간 동안 발생한 모든 수익과 비용을 요약하여 손익을 알려주는 재무성과 보고서이다. 수익은 회계기간 동안에 발생한 경제적 효익의 증가분이며, 재무상태표상의 자산을 증가시키거나, 부채를 감소시키는 효과가 있다. 비용은 수익을 얻기 위해 희생된 경제적 대가이다. 생산이나 판매 등 기업의 고유한 영업활동의 결과로 발생한 손익은 영업손익이라 하고 이자의 수입과 지급 등 영업 외적인 활동의 결과로 발생한 손익은 영업외손익으로 각각 구분하고 이들 활동과는 관계없이 발생한 손익을 특별손익이라 한다. 또한 기업이 얻은 모든 수익에서 기업이 지출한 모든 비용을 차감하여 순수하게 기업에 이익으로 남은 몫을 당기순이익이라 한다.

기업의 손익을 구하는 방법을 예를 들어 살펴보기로 하자. 〈표 1-2〉를 통하여 보면 주식회사 혜화전자는 20XX년 한 해 동안 420억 원어치의 제품을 만들어 팔고 제품을 만드는데 332억 원의 비용이 들어 매출총이익은 88억 원이었다. 그런데 주식회사 혜화전자가 제품을 팔기 위해 광고비 및 영업사원 임금 등 판매비와 일반관리비로 52억 원을 지급하여 영업이익은 36억 원이었다. 이 영업이익에서 영업과 직접적인 관련이 없는 금융자산 운용 등으로부터 얻은 영업외수

〈표 1-2〉 **손익계산서**

20XX.1.1~20XX.12.31

주식회사 혜화전자 (단위: 억 원)

매출액	420
매출원가(-)	332
매출총이익	88
판매비와 일반관리비(-)	52
영업이익	36
영업외 수익(+)	33
영업외 비용(-)	37
법인세비용차감전 순이익	32
법인세비용(-)	3
당기순이익	29

익 33억 원을 더하고 빌린 돈에 대한 이자 등 영업외비용으로 지출한 37억 원을 빼고 난 후의 법인세차감전순이익은 32억 원이었다. 그리고 법인세비용을 차감한 당기순이익은 29억 원으로 나타났다.

(3) 현금흐름표

현금흐름표는 한 회계기간 동안의 기업의 현금흐름, 즉 현금유입/유출에 대한 정보를 제공하는 재무제표로, 현금주의에 기반을 두어 작성한다. 현금주의란 현금이 들어오면 수익으로 기록하고 현금이 나가면 비용으로 기록하는 방식을 말한다. 현금흐름표 작성의 기준이 되는 현금(cash)의 개념은 나라마다 다소 차이가 있으나 우리나라는 현금(현금통화 및 타인발행수표 등)과 당좌예금, 보통예금, 취득당시 만기가 3개월 이내인 유동성이 높은 유가증권 및 단기금융상품으로 정의하고 있다.

현금흐름표는 세부적으로 영업활동으로 인한 현금흐름, 투자활동으로 인한 현금흐름, 재무활동으로 인한 현금흐름으로 분류하여 보고한다. 영업활동 현금흐름 항목은 기업의 주요 영업활동(기업이 원자재를 구입하고 노동력 및 자본을 투입하여 생산된 제품 또는 상품을 고객에게 판매하거나 고객에게 서비스를 제공하여 대가를 얻는 활동)에서부터 발생하는 현금흐름을 나타내며, 투자활동 현금흐름 항목은 기업의 영업활동에 필요한 투자행위 또는 투자목적의 투자행위로부터 발생하는 현금흐름을 나타내며, 재무활동 현금흐름은 기업이 영업활동이나 투자활동을 하기 위해 자금을 조달하거나 상환하는 재무활동으로부터 발생하는 현금흐름을 나타낸다. 즉, 기업의 현금 및 현금성자산의 창출 능력, 주요 투자내용 및 자본조달 원천 등에 대한 정보를 제공하는 재무제표 중 하나가 현금흐름표이다.

〈표 1-3〉을 통해 주식회사 혜화전자의 20XX년 현금흐름을 살펴보면 영업활동으로 인한 현금흐름은 당기순이익과 현금유출이 없는 비용 등으로 86억 원의 현금순유입이 발생하였으며, 주식 및 회사채발행과 은행차입 등의 재무활동으로는 32억 원의 현금순유입이 있었다. 한편 건물, 기계상시 구입 등의 투자활동으로 115억 원의 현금순지출이 발생함에 따라 기말의 현금잔액은 기초의 현금잔액 76억 원보다 3억 원이 증가한 79억 원이 되었다.

〈표 1-3〉 **현금흐름표**

20XX.1.1~20XX.12.31

주식회사 혜화전자 (단위: 억 원)

I. 영업활동으로 인한 현금흐름	86
1. 당기순이익	22
2. 현금의 유출이 없는 비용 등의 가산	65
3. 현금의 유입이 없는 수익 등의 차감	42
4. 영업활동으로 인한 자산 · 부채의 변동	41
II. 투자활동으로 인한 현금흐름	−115
1. 투자활동으로 인한 현금유입액	271
2. 투자활동으로 인한 현금유출액	386
III. 재무활동으로 인한 현금흐름	32
1. 재무활동으로 인한 현금유입액	891
2. 재무활동으로 인한 현금유출액	859
IV. 현금의 증가(I+II+III)	3
V. 기초의 현금	76
VI. 기말의 현금(IV+V)	79

(4) 자본변동표

자본변동표는 한 회계기간 동안 자기자본이 변하는 내역을 종합적으로 보고하는 재무제표이다. 주주에게 본인의 몫인 자기자본의 변동을 파악하는 것은 중요하므로 주주에게 특히 중요한 보고서이다. 자본변동표의 구성요소로는 납입자본(주주가 납입한 자본으로 자본금과 자본잉여금으로 나누어짐), 자본조정, 기타포괄손익누계액(당기순이익과 따로 표기되어 자본변동표에 반영됨), 이익잉여금(당기순이익 중 배당으로 지급하지 않고 남아 있는 누적액)이 있다.

자본변동표의 서식은 다음과 같다.

〈표 1-4〉 **자본변동표**

회사명 (단위: 원)

구분	자본금	자본 잉여금	자본조정	기타포괄 손익누계액	이익 잉여금	총계
20XX.1.1(기초)	×××	×××	×××	×××	×××	×××
회계정책변경누적효과					(×××)	(×××)
전기오류수정					(×××)	(×××)

수정후 이익잉여금					xxx	xxx
연차배당					(xxx)	(xxx)
처분후 이익잉여금					xxx	xxx
중간배당					(xxx)	(xxx)
유상 증자(감자)	xxx	xxx				xxx
당기순이익(손실)					xxx	xxx
자기주식 취득			(xxx)			(xxx)
해외사업환산손익				(xxx)		(xxx)
20XX.12.31(기말)	xxx	xxx	xxx	xxx	xxx	xxx

(5) 주석

재무상태표, 손익계산서, 현금흐름표 및 자본변동표는 모두 경영활동을 숫자로 요약한 보고서이다. 하지만 기업의 복잡한 경영활동을 단지 숫자만으로 나타내기에는 한계가 있으므로 각 재무제표 보고서는 주석을 포함하여 더욱 상세하고 유용한 정보를 추가로 제공한다. 주석에는 기업의 간략한 연혁, 주요 주주 현황부터 재무제표 작성기준, 계정과목에 대한 상세 설명, 경영진에 대한 보상, 소송 현황에 이르기까지 다양한 정보가 제공된다. 따라서 재무상태표 등의 표에 표시된 숫자만으로 파악하기 힘든 기업의 현황에 대한 상세하고 생생한 정보를 주석으로부터 얻을 수 있다.

2. 회계자료의 원천

이상과 같은 기업의 재무제표자료에 접근하기 위해서는 인터넷에서 금융감독원(Financial Supervisory Service)의 홈페이지에 연결된 전자공시 시스템인 DART(Data Analysis, Retrieval and Transfer System)에 접속하여 해당 기업의 사업보고서를 검색하면 된다. 전자공시 시스템에는 기업이 금융감독원에 제출하는 모든 공시사항과 제출서류가 전산화되어 수록되어 있는데, 기업이 기간별로 제출하는 사업보고서에는 각종 재무제표자료가 상세하게 소개된다. [그림 1-2]는 금융감독원 전자공시 시스템 초기화면을 보여준다.

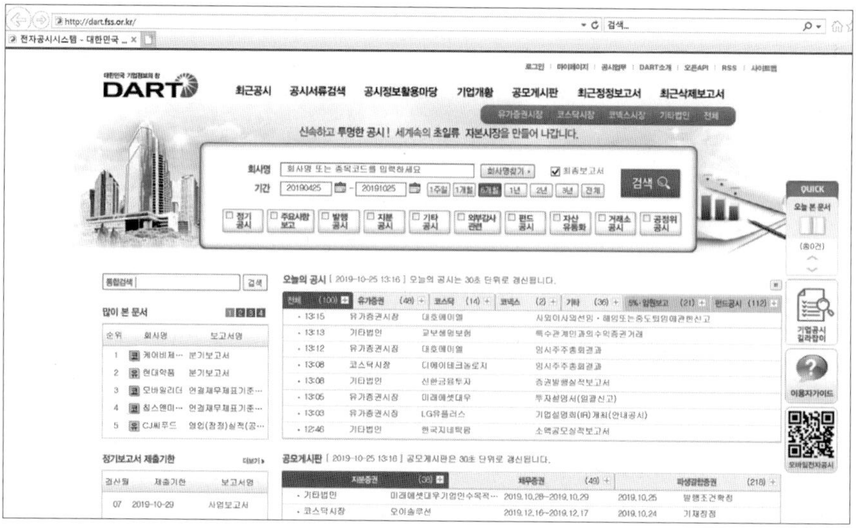

[그림 1-2] 금융감독원의 전자공시시스템(DART)

그렇다면 DART에서 한 기업의 가장 최근 재무제표를 찾는 방법을 구체적으로 살펴보자. 금융감독원 전자공시시스템(http://dart.fss.or.kr)에 접속한 후, 회사명 입력칸에 찾아보고자 하는 회사명을 입력한다. 기간은 전체로 설정하고, 정기공시를 클릭하여 '사업보고서'를 선택한다. 최종보고서 체크란에도 체크하도록 한다. 예를 들어, 삼성전자의 가장 최근 재무제표를 검색해 보기로 한다면 [그림 1-3]처럼 선택하고 검색버튼을 클릭하면 된다. 그러면 [그림 1-4]에 나와 있는 것처럼 삼성전자의 사업보고서가 최근 연도부터 연도별로 나온다. '사업보고서(연도.결산월)'를 클릭하면 해당 회계연도의 사업보고서를 볼 수 있다. 삼성전자의 '사업보고서(2018.12)'를 클릭해보자. 사업보고서는 재무제표를 포함한 기업의 전반적인 상황을 나타내는 방대한 보고서이다. 사업보고서 안에서 재무제표를 보기 위해서는 [그림 1-5]처럼 첨부파일에서 연결감사보고서를 선택한다. 그러면 삼성전자의 연결재무제표 정보를 확인할 수 있다.

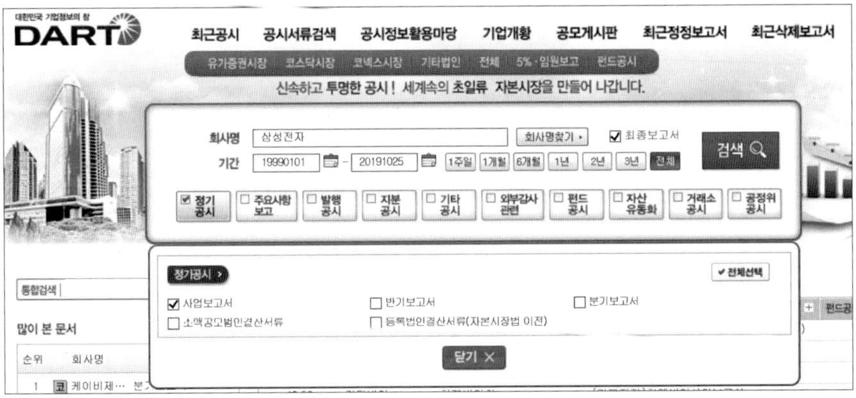

[그림 1-3] 금융감독원의 전자공시시스템(DART) 사업보고서 검색조건 화면

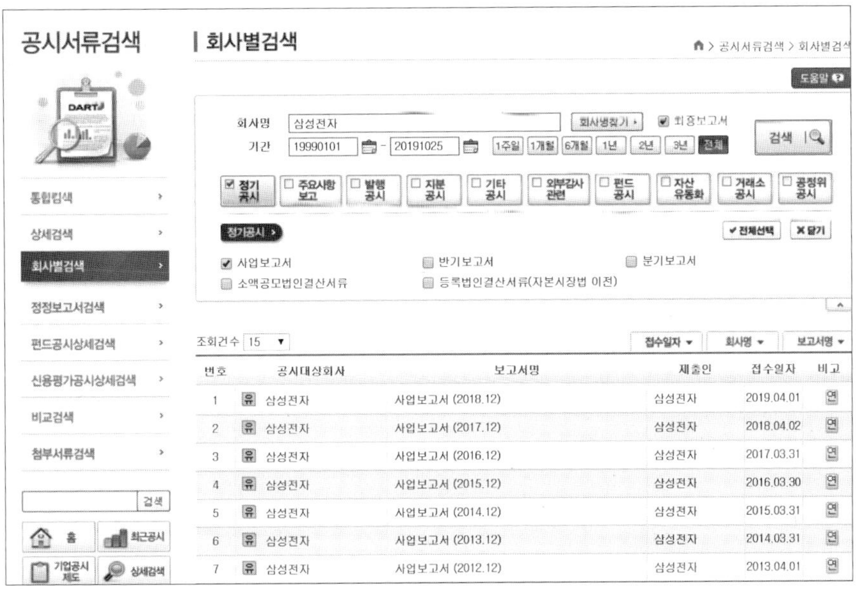

[그림 1-4] 금융감독원의 전자공시시스템(DART) 사업보고서 회사별 검색결과 화면

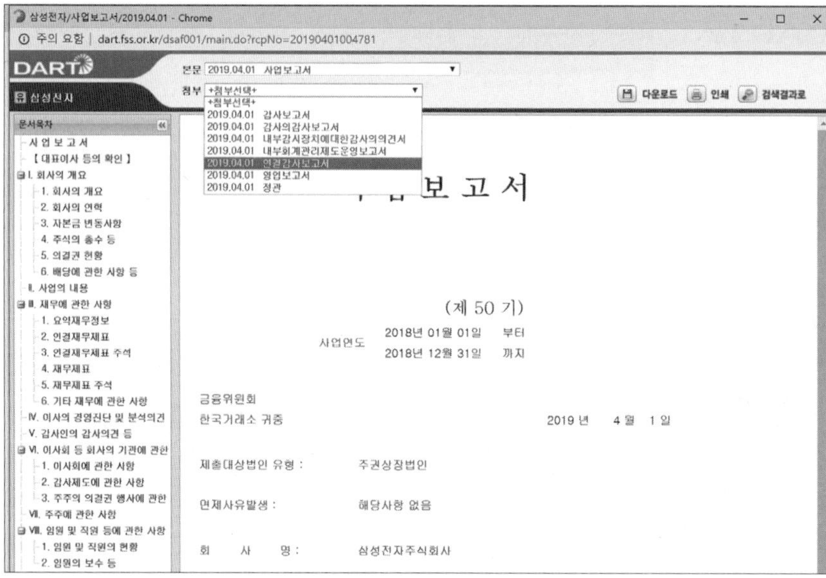

[그림 1-5] 사업보고서 내 연결감사보고서 첨부선택

또한 인터넷을 통해 한국거래소(Korea Exchange)의 유가증권시장에서 제공하는 전자공시 시스템인 KIND(Korea Investor's Network for Disclosure System)와 코스닥시장의 상세재무서비스를 이용하면 상장기업의 재무제표 및 재무비율에 대한 정보를 얻을 수 있다. [그림 1-6]은 한국거래소의 전자공시 시스템의 초기화면을 제시하고 있다.

[그림 1-6] 한국거래소의 전자공시시스템(KIND)

한편, 미국 기업의 영업실적을 확인하려면 미국 기업이 증권거래위원회(SEC)에 제출한 연간 혹은 분기 사업보고서를 참고하면 된다. 이들 자료를 미국 증권거래위원회(www.sec.gov)에 접속하여 EDGAR Database를 검색하면 된다. [그림 1-7]은 미국 SEC의 홈페이지 접속화면이다.

[그림 1-7] 미국 증권거래위원회 홈페이지

3. IFRS와 연결재무제표

2011년 회계기준의 큰 변화가 있었다. 2010년까지 'K-GAAP(한국채택일반회계원칙) 개별'이 기업들이 기본적으로 작성해야하는 재무제표였다. 그러나 2011년에 한국채택국제회계기준(이하 K-IFRS)이 도입되면서, 모든 주권상장법인과 금융회사는 K-IFRS에 근거하여 회계정보를 작성해야 한다. 그 외 비상장기업 중 주식회사의 외부감사에 관한 법률(이하 외감법)에 근거하여 외부감사를 의무적으로 받아야 하는 기업은 일반기업회계기준을 적용하며, 나머지 기업은 중소기업으로 분류되어 중소기업회계기준을 적용한다.

2011년에 도입된 국제회계기준의 특징은 크게 아래와 같다.

(1) 원칙 중심: 재무제표에 '원칙 중심'의 의미는 재무제표에 포함되어야 할 내용을 원칙에 입각하여, 기본 원칙과 방법론을 제시하고 세부적인 방법과 절차를 구체적으로 제시하지 않는다는 것이다. 국제회계기준은 세세한 규정 없이 꼭 지켜야 할 원칙만을 제시하고, 대신 원칙에 위배 되는 경우에는 엄중한 처벌을 내린다.

(2) 공정가치: 국제회계기준은 대부분의 자산과 부채를 공정가치(시장가치)를 이용해서 측

정하게 되어 있다. 취지는 현재의 시장가격을 반영하는 공정가치를 이용하여 정보이용자들에게 더 유용한 정보를 제공하기 위함이다. 국제회계기준에서는 유형자산의 경우에도 취득원가 또는 공정가치로 재무상태표에 기록하는 것을 허용한다.

(3) 연결재무제표: 국제회계기준에서는 기업이 제시하는 주요 재무제표를 '연결재무제표'로 명시하고 있다. 예전에는 별개의 실체라고 보았던 기업들이 일정 조건에 부합하면 한 가족으로 보고 해당되는 회사들의 재무제표를 합산하여 재무제표를 작성하는 것이다. 혼자보다는 함께 가라는 의미로 국제회계기준은 법적인 구분보다 경제적 실체를 더 중요시한다. 만약 A기업이 B기업에 대하여 지분을 일정 비율 이상 보유하면, A기업과 B기업을 실질적으로 하나의 실체라고 보고 A기업과 B기업이 합산된 연결재무제표를 작성해야 한다.

이에 따라 각 기업들의 종속회사의 유무와 지배비율에 따라 기업이 공시해야하는 주요 재무제표가 달라졌다. 구체적으로, 종속회사(자회사)가 있을 경우 연결재무제표와 별도재무제표를 작성하며, 종속회사가 없는 경우에는 개별재무제표를 작성해야한다. 이 중 우리나라 대기업과 같이 종속기업이 다수인 기업들이 작성해야하는 기본적인 주요 재무제표는 연결재무제표이다. 따라서 대기업들의 애널리스트 보고서나 각 기업의 경영성과 보고서 등에 표기되는 재무제표는 연결재무제표를 의미하는 경우가 많다. 연결재무제표는 모회사와 자회사의 실적을 연결하여 작성한 재무제표이며, 만약 모회사만의 실적만으로 작성한 경우에는 별도 재무제표라 한다.

〈표 1-5〉 K-IFRS하에서의 재무제표

종속회사 유무	재무제표	손익처리 평가방법
있음	연결재무제표	종속회사: 연결 관계회사: 지분법
	별도재무제표	종속 및 관계회사: 취득원가 또는 공정가치
없음	개별재무제표	종속회사: 없음 관계회사: 지분법

따라서 K-IFRS 재무제표를 이해하기 위해서는 먼저 종속회사와 지배회사라는 개념을 이해해야한다. 어떤 회사(A기업)가 다른 회사(B기업)에 대한 지분율이 50%를 초과하거나 지배율이 50%이하라도 실질적인 지배력이 있는 경우에 해당지분을 보유한 회사(A기업)를 지배회사, 종

속을 받는 상대 회사(B기업)를 종속회사라 한다. 만약 모기업과 자기업간의 하등관계가 종속회사가 아니라 관계회사인 경우에는 지분법을 적용하기도 한다. 관계회사의 기준은 통상 직간접적으로 지분율 20% 이상(50% 미만)을 소유하고 있는 경우 해당기업에 유의적인 영향력이 있다고 보고 있다.

〈표 1-6〉은 연결재무제표를 작성해야하는 예를 보여준다. U전자는 U건설과 U디스플레이, 그리고 U물산의 지분이 각각 52%, 48%, 10%이다. 따라서 종속회사의 기준인 50%를 넘는 U건설은 U전자의 종속회사, 그리고 20~50%인 U디스플레이는 U전자의 관계회사, 그리고 나머지 회사는 투자회사로 분류된다. 종속회사 분류시 주의할 점은 '실질적인 지배력'이 있는 회사로 판단될 경우에는 지분과 상관없이 종속회사로 보고 있다는 점이다.

〈표 1-6〉 연결재무제표의 예

기업명	U전자의 지분	Relation(U전자, 해당기업)
U전자	100%	종속회사
U건설	52%	
U디스플레이	48%	관계회사
U물산	10%	투자회사

연결재무제표는 법률적으로 독립적인 회사들이라 하더라도 실질적으로 지배 또는 종속관계에 있는 회사들을 묶어 하나의 경제실체로 간주하여 작성되기 때문에, 연결재무제표에 표기된 재무 성과변수들은 종속회사의 실적이 반영된 지배회사의 경영성과 및 재무상태에 대한 정보를 나타내고 있다. 따라서 연결재무제표는 개별기업만을 대상으로 작성하는 개별재무제표/별도재무제표와는 다른 기업집단 전체에 대한 차별적인 정보를 제공할 수 있다.

1.6 본서의 구성

본서는 모두 3편 11장으로 구성되어 있다.

제1편은 재무제표와 기업분석에 대해 설명한다. 제1장에서는 재무분석의 의의 및 발전과정, 분석방법 등을 살펴보고, 재무분석에 기초가 되는 자료 원천인 재무제표에 대해 간략하게 소개

한다. 제2장부터는 재무분석을 위한 기초자료인 재무제표에 대해 구체적으로 살펴봄으로써 재무제표를 기업분석에 어떻게 이용하는지 학습한다. 제2장에서는 재무상태표의 개념과 자산, 부채, 자본의 정의와 구성 항목들에 대해 소개하고 여러 사례를 통해 재무상태표를 이용한 기업 분석 방법을 학습한다. 제3장에서는 손익계산서의 개념, 목적, 의의와 수익과 비용 항목들에 대해서 학습하고, 사례를 통해 손익계산서 분석방법을 학습한다. 제4장에서는 현금흐름표의 개념, 분류 등을 살펴보고, 실제 사례를 통해 현금흐름표의 유용성에 대해 학습한다.

제2편에서는 기업의 재무적 건전성 평가기법을 다룬다. 제5장에서는 전통적 재무분석 방법인 비율분석의 의의 및 각종 재무비율을 고찰한 다음, 실제 사례 기업으로 포스코(주)를 대상으로 기초적 재무비율 분석을 실행해 보기로 한다. 제6장에서는 제5장에서 소개한 기초적 비율분석을 확장하여 보완하는 비율분석인 공통형, 지수형 재무제표분석, 추세분석, 지수법 등에 대해 소개한다.

제3편에서는 앞에서 설명한 재무분석의 기본개념 및 각종분석방법을 실제로 활용하는 재무분석의 실천적 이슈들을 다룬다. 제7장에서는 영업위험과 재무위험을 고려한 손익분기점분석과 레버리지 분석에 대해 살펴보도록 한다. 제8장에서는 재무계획과 재무예측에 사용되는 각종 방법과 추정재무제표를 작성하는 절차에 대해 학습하도록 한다. 제 9장에서는 1997년에 발생한 외환위기 이후에 관심이 부각된 우리나라의 기업부실화에 대해 제도적 내용과 부실의 사전적 예측방법을 살펴보기로 한다. 제10장에서는 신용평가에 대해 그 의의와 평가방법에 대해 학습하도록 한다. 제11장에서는 기업가치평가의 절차와 실무적으로 활용되는 가치평가의 제반 방법론과 특성에 대해 살펴보고, 사례를 통해 기업가치를 평가할 수 있도록 한다.

연·구·과·제

1. 금융기관이나 신용평가기관이 수행하는 재무분석의 목적에 대해 설명하시오.

2. 외환위기 이후에 재무분석이 중요해진 이유와 발전에 대해 설명하시오.

3. 관심 있는 기업의 재무제표자료와 사업보고서를 찾아보시오.

2

CHAPTER

재무상태표를 이용한 기업분석

본 장에서는 재무상태표의 개념과 작성원칙에 대해 살펴본 뒤, 재무상태표의 구성요소인 자산, 부채, 자본의 개념과 정의에 대해 학습한다. 또한 자산, 부채, 자본을 구성하는 항목들에 대해서도 알아본다. 구체적으로, 유동성을 기준으로 자산과 부채가 어떻게 분류되는지 학습하며, 각 분류에 속하는 자산, 부채 항목들의 정의에 대해서 학습한다. 자본도 마찬가지로 자본의 분류와 구성요소에 대해 살펴본다. 더 나아가 구성항목들을 기업의 재무분석 시에 어떻게 이용할 수 있는지 사례들을 통해 학습하며, 기업분석 시 주의해야 하는 점들에 대해서 알아보기로 한다.

2.1 재무상태표의 개념

재무상태표는 일정 시점에 기업이 보유하고 있는 재무상태, 즉 자산, 부채, 자본을 요약하여 보여주는 보고서이다. 재무상태표는 기업의 재무상태를 보여주는 재무제표로, 왼쪽에는 자산을 표시함으로써 기업이 어떤 형태의 자산을 보유 및 운영하고 있는지를 나타낸다. 재무상태표의 구성요소인 자산, 부채, 자본의 정의는 각각 다음 〈표 2-1〉과 같다.

〈표 2-1〉 재무상태표 구성요소(자산, 부채, 자본)의 정의

구분	자산	부채	자본
정의	과거사건의 결과로 기업이 통제하고 있고 동시에 미래 경제적 효익이 유입될 것으로 기대되는 자원	과거사건에 의하여 발생하였으며 경제적 효익을 갖는 자원이 기업으로부터 유출됨으로써 이행될 것으로 기대되는 현재의무. 채권자가 청구할 수 있는 권리금액을 나타냄	기업의 총자산에서 총부채를 차감한 후의 잔여지분. 주주의 지분을 나타내는 것으로, 순자산이라고도 불림. 부채와는 달리 상환의무가 없음
예	현금, 토지, 건물, 기계장치 등	은행에서 빌린 차입금 등	납입자본, 이익잉여금 등

재무제표 오른쪽에는 부채와 자본을 표시하여 기업이 돈을 어떻게 조달했는지를 보여준다. 왼쪽의 합(자산)과 오른쪽의 합(부채 + 자본)은 동일한 값을 가지게 되며, 이를 회계등식(accounting equation)이라고 한다.

$$자산 = 부채 + 자본$$

[그림 2-1] 회계등식

[그림 2-2]를 통해 기업이 어떠한 활동을 하는지 생각해 보자. 기업은 은행이나 일반채권자로부터 돈을 빌리거나 주주에게 투자를 받아 자금을 조달하며, 이 자금으로 공장을 짓거나 기계장치를 구입하는 등 투자활동

커피전문점 재무 분석…'부채경영' 카페베네 vs '무차입경영' 이디야

국내 토종 커피전문점의 대표주자인 카페베네와 이디야의 재무제표를 비교해 보면 정반대의 경영 전략을 엿볼 수 있다. 가장 큰 차이점은 부채 항목이다.

6일 금융감독원 전자공시시스템에 따르면, 이디야의 지난해 말 기준 비유동부채는 0원이다. 만기가 1년 이상인 장기대출이 전혀 없다는 얘기다. 기업은 사업을 하기 위해 1년 안에 갚아야 하는 유동부채보다 좀 더 천천히 갚아도 되는 장기대출이 많은 것이 유리한데 이디야는 장기대출이 아예 없다. 그렇다고 단기대출이 많은 것도 아니다. 이디야의 지난해 말 기준 유동부채는 183억 원으로 기업의 자기돈, 즉 자본총계 175억 원과 비슷하다. 유동부채마저도 대부분 외상으로 물건을 사들여 온 매입채무이거나 가맹점들이 사업을 시작할 때 내는 물류보증금(예수보증금)으로 구성돼 있고 금융회사로부터 받은 대출은 없다. 이자 비용이 전혀 나가지 않는 구조다.

이디야 관계자는 "2009년 이후부터는 금융회사로부터 대출을 받지 않는 무차입경영을 지속하고 있다"며, "대규모 부동산을 구입하거나 마케팅 비용을 지출하지 않는다면 대출을 받을 일이 별로 없다"고 설명했다.

출처: http://www.edaily.co.kr/news/NewsRead.edy?SCD=JB11&newsid=01223446609366624&DCD=A10101&OutLnkChk=Y

에 사용한다. 투자를 통해 용역이나 재화를 창출할 수 있는 기반을 다진 후에는 창출한 재화나 용역을 고객에게 제공하고, 그 대가로 대금을 받는다.

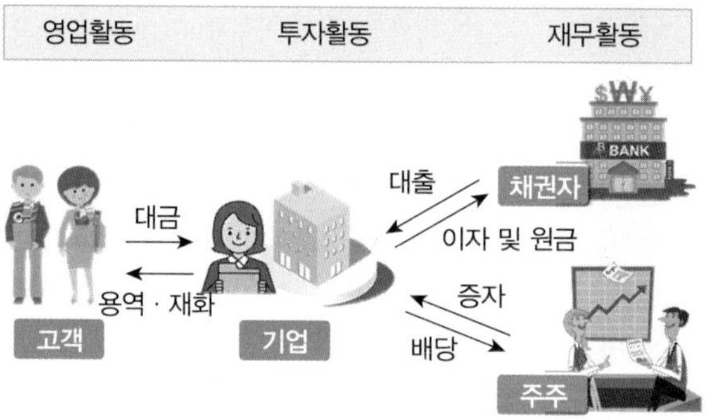

[그림 2-2] 기업의 활동

재무상태표는 기업이 운영에 필요한 자금을 은행(채권자)에서 빌렸는지 아니면 주식을 발행해서 주주로부터 투자를 받았는지를 보여 주며(오른쪽), 이렇게 조달한 자금을 어떤 형태의 자산에 투자했는지를 알려 준다(왼쪽). 만약 기업이 남의 돈을 빌려 쓰지 않는다면 회계등식은 어떻게 될까? 부채가 전혀 없다면 자산 = 자본이 될 것이며, 이는 무차입경영이라고 부른다. 기업의 무차입경영은 "남의 돈은 쓰지 않겠다"는 경영자의 소신이 있는 경우, 또는 회사 내부에 현금이 풍부할 경우 사용할 수 있다. 차입금이 전혀 없이 경영하는 것이 안정적이라고 생각될 수 있지만, 빚이 적정하게 있는 것이 자금을 조달하는 비용을 줄이는 데 도움이 된다.

그렇다면 반대로 자본이 없을 수도 있을까? 처음부터 주인이 돈 한 푼 없이 기업을 시작하는 경우가 흔하지는 않다. 처음에는 주인의 돈인 자본금을 밑천으로 시작했지만, 경영상태가 악화되면서 자본이 줄어들어 0이 되거나 마이너스로 변하는 경우를 종종 볼 수 있다. 이를 자본잠식 상태라고 부른다.

2.2 자산

1. 자산의 개념

기업이 갖고 있는 자산은 흔히 말하는 재산의 의미와 유사하지만, 회계에서 말하는 '자산'은 재산보다 넓은 의미를 가진다. 자산(asset)이란 기업이 보유하고 있으며 미래에 경제적 효익을 가져다줄 것으로 기대되는 경제적 자원을 의미한다. 이때 미래에 경제적 효익을 가져다준다는 것은 이 자산이 직접 또는 간접적으로 미래의 현금창출에 기여할 것임을 뜻한다. 따라서 회계에서의 자산은 재산적인 가치가 반드시 있어야 자산으로 인정되는 것이 아니라, 미래에 경제적 효익을 가져다줄 수 있다면 선급비용이나 개발비처럼 실체가 없더라도 조건에 부합하면 자산으로 인식할 수 있다. 사람들이 말하는 재산은 보통 토지, 건물, 자동차 등으로 생각되지만, 회계에서 말하는 자산은 그 지출을 통해 미래에 수익을 낼 수 있다면(현금유입) 자산으로 기록할 수 있다는 의미이다. 예를 들어 만약 기업이 추후 150만 원에 판매할 목적으로 100만 원을 들여 상품을 구매했다면, 나중에 상품을 고객에게 판매할 때 직접적으로 현금이 유입된다. 기업이 제조활동에 사용할 목적으로 기계장치를 구입했다면, 기계를 직접 팔아 돈을 버는 것은 아니지만 이를 사용하여 제조한 제품을 팔아 현금을 받을 것이므로, 이 기계장치는 간접적으로 현금을 가져다주는 자산에 해당된다

● 자산과 비용의 차이점

기업이 1억 원이라는 현금을 주고 기계장치를 구매했다면, 이것은 1억 원의 현금 유출이 일어났음에도 불구하고 비용이 발생한 것이 아니라 재무상태표 왼쪽에 1억 원어치의 자산이 생긴 것이다. 1억 원의 현금 유출이 있었음에도 비용이 아닌 자산으로 기록할 수 있는 이유는 기업이 그 기계를 통해 제품을 생산하고, 그 제품을 판매함으로써 이익을 창출할 목적으로 기계를 매입했기 때문이다. 그렇다면 수없이 발생하는 지출 중에서 비용과 자산을 어떻게 구분할 수 있을까? 지출 중에서 수익을 낼 수 있는 지출은 자산이며, 수익을 낼 수 없는 지출은 비용이다.

부자들의 생활을 살펴보면, 그들은 회계를 매일 일상에 적용하고 있다. 예를 들면, '자산'의 성격을 가진 지출을 늘리고, '비용'의 성격을 가진 지출을 줄이는 것이다. 고가의 시계를 2,000만 원에 샀다면, 그것은 자산일까 비용일까? 만약 중고 명품 가게를 운영하며 생계를 유지한다면 자산이 되겠지만, 단순히 손목시계 용도로 구입한 것이라면 비용이 된다. 구입비용뿐만 아니라 시계를 주기적으로 관리하는 데 추가비용이 들기 때문에, 결국 아주 큰 액수의 비용이 되는 것이다. 그렇다면 부자들은 어떤 노력을 통해 부를 늘리는 것일까? 바로 재테크를 통해 자산을 늘리고 절약을 통해 비용을 줄이는 방법을 쓴다. 수익이 많이 날 것이라고 예상되는 투자처, 즉 금융상품, 주식, 부동산 등에 투자함으로써 자산 형태의 지출을 하고, 수익을 내지 못하는 지출인 수수료 포함 각종 비용을 최대한 줄이는 것이다.

생각해보기

경영지원팀에서 일하는 김 대리에게 마케팅부에서 일하는 박 대리가 씩씩거리면서 찾아와 퉁명스럽게 물어본다. "경영지원팀에서 마케팅부가 가장 돈을 많이 쓰는 부서라고 했다면서요? 저희 부서에서 발생하는 마케팅비용이 왜 모두 비용으로 기록되나요? 회사에서는 마케팅부가 하는 일을 왜 모두 비용으로 생각합니까? 설명이 필요합니다." 이런 질문을 해 온다면 어떻게 박 대리를 설득시켜야 할까? 이렇게 박 대리에게 되물어 보자. "지금 마케팅부에서 하는 일이 내년 매출을 창출하는 데 도움이 되나요? 다른 말로, 수익을 낼 수 있는 비용인가요?" 올해 지출이 내년 또는 그 이후에도 돈을 벌어 와야지만 비용이 아닌 자산으로 기록할 수 있다는 점을 기억하자.

그렇다면 재무상태표의 자산이 중요한 이유는 무엇일까? 그 이유는 투자자들은 재무상태표를 통해 기업가치평가에 필요한 기초정보를 얻을 수 있기 때문이다. 주식투자자의 입장에서 살펴보면, 재무상태표에서 자산에서 부채를 제외한 자본의 가치에 대해 평가하고 투자의사결정을 내릴 것이다. 재무상태표에 표시된 자산, 부채, 자본의 금액을 장부가치(book value)라고 부르며, 이 장부가치는 자산, 부채, 자본의 내재가치(intrinsic value)를 평가하는데 기초정보가 된다. 재무상태표에 표시된 경제적 자원들의 장부가치와 내재가치는 같을 수도 다를 수도 있다.

왜 기업이 보유하고 있는 경제적 자원의 장부가치와 내재가치가 다를 수 있는 것일까? 그 원인은 '역사적 원가(historical cost)주의'와 '회계의 보수주의(conservatism)' 원칙에서 찾아볼 수 있다. 역사적 원가주의는 기업이 자산을 취득하는 경우, 취득한 시점에 지급한 대가를 자산의 가치로 기록하는 것이다. 즉, 자산을 취득한 이후에 자산의 가치가 변동하더라도 취득당시의 구입가격으로 자산의 가치가 계속 기록이 되는 것이다. 이와 달리 '공정가치(fair value)' 평가는 자산의 현재 시장가치에 따라 자산의 가치를 평가하는 방법으로, 자산의 취득 이후 가치 변동을 반영해준다. 회계의 보수주의 원칙이란 기업가치에 부정적인 정보는 재무제표에 빨리 인식하고 긍정적인 정보는 그 실현이 구체화될 때 까지 가능한 늦게 인식하도록 하는 것으로, 긍정적인 정보를 재무제표에 인식할 때 더 엄격한 기준을 적용하는 것을 의미한다.

따라서 투자자들은 기업가치평가 시에 역사적 원가주의와 회계의 보수주의를 고려해야 하는데, 그 이유는 두 원칙으로 인해 기업이 고의적으로 재무제표를 조작하지 않는 이상 재무상태표에 보고된 자산이 대체적으로 서평가 되어있기 때문이다. 또한 기업이 소유한 경제적 자원이 자산의 정의에 부합하지 않는다면, 해당 경제적 자원이 재무상태표에 기록되지 않는다. 그렇기 때문에 재무상태표에서 저평가된 자산과 보고되지 않은 잠재적 자산을 파악하는 것이 기업의 내재가치를 평가하는 데 있어서 매우 중요하다.

2. 유동성

회계기준에서는 자산을 유동성 순서대로 표시할 것을 요구한다. 그렇다면 유동성이란 무엇을 의미하는 것일까? 사전적인 의미의 유동성은 자산을 필요한 시기에 손실 없이 화폐로 바꿀 수 있는 정도라고 한다. 즉 얼마나 쉽고 빠르게 현금화할 수 있느냐에 따라 자산이 유동적인 자산인지, 그렇지 않은 자산인지 판단할 수 있다. 현금화 속도에 따라 자산을 구분하는 방식은 기업을 경영하는 데 있어 현금의 중요성을 보여준다. 사람의 몸에 비유하자면 유동자산의 대표적인 예인 현금은 피와 같다고 할 수 있고, 유동성이 낮은 자산(즉 비유동자산)은 근육, 뼈와 같다고 할 수 있다. 피가 흐르지 않으면 근육과 뼈는 생존할 수 없는 것처럼 현금 없이 다른 자산만으로 이익을 창출할 수 없다. 자산을 유동성 순서대로 나열함으로써(〈표 2-2〉) 재무제표 사용자가 기업 자산의 유동성 및 기업의 생명력에 대한 판단을 신속히 내릴 수 있다.

좀 더 쉽게 유동성의 의미를 이해하기 위해 현금, 정기적금, 그리고 건물의 세 가지 자산의 유동성에 대하여 평가해 보자. 먼저 현금은 그 자체가 화폐이기 때문에 당연히 손실 없이 원하는 때에 사용할 수 있으므로 재무상태표의 자산 중 가장 유동성이 높은 자산이다. 다음으로 기업의 자산 중 정기적금이 있는데, 6개월 후 만기가 도래한다고 가정해 보자. 은행이 부도가 나는 아주 예외적인 경우만 아니라면 만기에 약정된 원금과 이자를 받을 수 있다. 그러므로 '손실 없이' 현금화할 수 있다는 기준에 부합한다. 그러나 적금이라는 특성상 만기가 도래하는 6개월 후에 현금으로 받을 수 있으므로 지금 필요하다고 해서 바로 현금화할 수 있는 것은 아니다. 그러므로 정기적금은 꽤 유동성이 높은 자산이기는 하나, 현금과 비교하면 상대적으로 유동성이 낮다.

그렇다면 건물은 어떨까? 건물은 팔고 싶다고 해도 마땅한 구입처를 찾는 데 시간이 오래 걸리기 때문에 필요한 시기에 바로 현금화하기 어렵다. 만약 운 좋게 건물을 사겠다는 사람이 있다고 해도 그 시기의 부동산 가격 등을 고려하면 원하는 가격을 다 받기 어려울 수 있고, 원하는 가격을 받는다고 해도 건물을 팔면 상당한 금액의 세금과 수수료를 내야 하기 때문에 현금화하는 과정에서 많은 경제적 손실이 발생한다. 즉 기업의 자산을 '필요한 시기에' '손실 없이' 현금화할 수 있는 정도를 나타내는 유동성의 정의에 비춰 판단해 보면 건물은 상당히 유동성이 떨어지는 자산이다. 뒤에서 살펴보겠지만, 이러한 이유로 건물은 재무상태표상 유동자산이 아닌 비유동자산으로 분류된다.

3. 자산의 종류

자산은 유동성을 기준으로 유동자산과 비유동자산으로 크게 나뉜다. 그리고 유동자산은 다시 당좌자산(현금및현금성자산, 단기금융상품, 매출채권)과 재고자산으로 분류되고, 비유동자산은 투자자산, 유형자산, 무형자산으로 나뉜다.

[그림 2-3] 자산의 분류방식

〈표 2-2〉 재무상태표의 사례

재무상태표 20XX년 12월 31일 ㈜한국케미칼			(단위: 억 원)
자산		**부채**	
1. 유동자산	300	1. 유동부채	150
현금및현금성자산	50	매입채무	50
단기금융상품	100	단기차입금	70
매출채권	70	미지급금	30
재고자산	80	2. 비유동부채	300
2. 비유동자산	650	사채	150
투자자산	50	장기차입금	100
토지	100	충당부채	50
건물	200	**부채총계**	450
기계장치	150	자본	
영업권	60	자본금	300
개발비	90	자본잉여금	40
		이익잉여금	160
		자본총계	500
자산총계	**950**	**부채와 자본총계**	950

앞서 개념을 살펴본 유동성을 기준으로 재무상태표상 자산을 유동자산과 비유동자산으로 구분할 수 있다. 이때 얼마나 유동성이 낮으면 비유동자산으로 분류해야 하는지 기업마다 생각이 다를 수 있으므로, 회계기준에서는 일반적으로 자산을 1년 안에 현금화할 수 있는지를 기준으로 분류하고 있다. 즉 재무상태표를 보고하는 시점으로부터 1년 내에 현금화할 수 있는 자산은 유동자산으로, 1년 내에 현금화하기 어려운 자산은 비유동자산으로 분류하는 것이다. 1년 내 또는 정상적인 영업주기(재고자산의 취득 시점부터 판매되어 현금으로 회수될 때까지 소요되는 기간) 이내에 현금화가 가능한 자산을 유동자산이라고 하는데, 유동자산 중 재고자산을 제외한 모든 자산을 통틀어 당좌자산(quick asset)이라고 부른다. 당좌자산에는 현금및현금성자산, 단기금융상품, 매출채권, 단기대여금, 미수금, 미수수익, 선급금, 선급비용 등의 다양한 항목이 있다. 이어서 유동자산 중 현금및현금성자산, 매출채권, 재고자산과 비유동자산에 속하는 유형자산와 무형자산에 대해 살펴보기로 한다.

(1) 유동자산

① 현금및현금성자산

> **현금및현금성자산의 정의**
>
> 현금과 현금성자산을 합하여 현금및현금성자산이라는 단일계정을 이용해 재무상태표에 보고한다. 현금은 통화(지폐, 주화)와 타인발행수표, 우편환증서, 지급기일이 도래한 채권의 이자표 등의 통화대용증권을 포함한다. 또한 당좌예금과 보통예금처럼 현금으로 전환이 용이한 요구불예금도 현금에 포함한다. 현금성자산은 이자율 변동에 따른 가치변동의 위험이 중요하지 않은 금융상품으로서, 취득 당시 만기일(상환일)이 취득 시점을 기준으로 3개월 이내인 것을 포함한다. 현금성자산의 예로, 취득 당시 만기일이 3개월 이내에 도달하는 양도성예금증서(CD) 및 초단기금융상품(MMF) 등이 있다.

앞에서 현금은 그 자체로 화폐이므로 유동성이 가장 높은 자산이라고 했다. 이 때문에 유동성이 높은 순서대로 표시하는 재무상태표의 특성상 현금은 자산 항목 중 가장 먼저 표시된다. 기업은 현금을 가지고 있어야 당장 돈이 필요할 때 쓸 수 있다. 금방 갚아야 하는 차입금이 있거나, 괜찮은 투자처가 있거나, 또는 주주들에게 배당을 해 주는 것은 모두 현금이 있어야 가능하기 때문이다. 우리나라의 기업들은 1990년대에 은행에서 많은 돈을 빌려 공격적인 투자정책을 펼치다가 1997년 외환위기를 맞이했다. 차입금에 대한 만기는 돌아오는데 현금 등의 유동자산은 부족해 많은 기업이 빚을 갚지 못하고 문을 닫을 수밖에 없었다. 이를 통해 기업들은 가장 안전한 자산인 현금의 중요성을 깨닫게 되어, 외환위기 이후에는 여유자금이 생기면 투자하기보다는 만일을 대비해 곳간에 쌓아 놓는 것이 추세가 되었다.

그렇다면 현금은 최대한 많이 보유하고 있는 것이 좋을까? 그렇지는 않다. 'High risk, high return(고위험 고수익)'이라는 말은 수익이 높은 자산일수록 필연적으로 위험부담이 따른다는 것을 의미한다. 현금은 유동성이 높아 위험이 매우 낮은 안전한 자산이다. 만 원의 현금은 지금이나 10년 후에나 원하는 때에 사용할 수 있기 때문이다. 하지만 위험이 낮은 만큼 수익성도 가장 낮다. 현금을 가지고 은행에 넣어 놓거나 적당한 투자안에 사용한다면 어느 정도의 수익을 올렸겠지만, 그냥 현금으로만 보유하고 있으면 아무 수익도 발생하지 않기 때문이다. 이 때문에 기업들은 현금을 일정 수준으로만 보유하고 나머지는 금융상품에 투자하거나 장기투자에 사용한다. 직장인이 돈을 벌면 집에 쌓아 놓는 것이 아니라 은행에 넣어 두거나 주식투자를 하는 것도 다 현금으로는 높은 수익을 기대하기 어렵기 때문이다.

그런데 기업의 재무상태표를 보면 자산의 첫 항목이 '현금'이 아니라 '현금및현금성자산(cash and cash equivalent)'이라고 되어 있는 경우가 대부분이다(〈표 2-2〉). 현금이야 우리가 매일 접하는 지폐나 수표를 의미하는 것임을 쉽게 알 수 있지만, 현금성자산이란 무엇일까? 기업이 만일의 경우를 대비해 상당 금액의 현금을 보유하고 있는 추세라고 설명한 바 있는데, 이때의 현금은 액면가 그대로 금고에 보관하는 돈을 의미하는 것이 아니다. 개인이 쌈짓돈을 관리할 때에도 집의 서랍에 보관하기보다는 은행계좌에 넣어 두는 것처럼, 더 큰 액수를 굴리는 기업도 다양한 방법으로 현금을 투자한다. 그 형태는 기본적인 은행 입출금예금부터 정기예금, 정기적금, 단기채권 등 다양하다. 회계기준에서는 이러한 금융상품 중 현금이나 다름없는 유동성이 높은 자산을 현금성자산으로 분류하고 있다. 즉 현금성자산(cash equivalent)이란 단기적인 투자이익을 얻기 위해 보유하고는 있지만 쉽게 현금화할 수 있는 자산을 일컫는다. 예를 들어 은행에 넣어 둔 저축성예금의 경우, 엄밀히 말하면 그 자체가 현금은 아니지만 우리가 원할 때마다 언제든지 큰 수수료 없이 현금으로 인출할 수 있다는 점에서 현금성자산에 해당된다. 그런데 이런 예금은 현금성자산이라는 것을 쉽게 파악할 수 있지만, 정기예금이나 정기적금처럼 만기가 정해져 있는 자산은 만기 전에는 현금화가 어렵다는 점에서 어떻게 분류해야 하는지 애매할 수 있다. 이 때문에 회계기준에서는 취득 당시로부터 3개월 내에 만기(또는 상환일)가 도래하는 자산은 현금성자산에 포함시키도록 기준을 제시하고 있다. 유동자산과 비유동자산을 분류할 때에는 '보고기간 말'로부터 1년 내인지가 기준이었다면, 현금성자산의 분류는 금융상품의 '취득일'로부터 3개월 내인지가 기준이라는 차이점을 기억하자.

국내기업 중 현금 보유량이 많은 대표적인 기업으로 삼성전자, SK, 현대자동차를 들 수 있다. 예를 들어, SK텔레콤의 경우 2017년말 기준 재무상태표에 따르면 유동자산은 약 6조 2,018억 원인데, 이 중에서 당좌자산은 약 5조 9,195억 원이다. 즉, 유동자산의 약 95.4%가 당좌자산이다. 여기서 당좌자산은 유동자산 중에서도 유동성이 뛰어난 자산을 의미한다. 따라서 SK텔레콤의 유동자산은 유동성이 매우 높은 편이라고 볼 수 있다. 현금및현금성자산도 당좌자산에 포함된다. SK텔레콤의 현금 및 현금성자산은 약 1조 4,577억 원으로 이는 유동자산의 약 23.5%에 해당한다.

② 매출채권

매출채권의 정의

매출채권은 기업이 상품의 판매 등 일반적 상거래를 통해 외상거래를 할 경우에 현금을 수취할 수 있는 권리를 말하며, 실무상 '외상매출금'과 '받을어음'으로 구분하고 재무상태표 작성 시 매출채권으로 통합해서 보고한다.

외상매출금 vs. 받을어음

- 외상매출금: 기업의 주된 영업활동인 상품, 제품의 판매, 또는 용역의 제공으로 인해 발생한 영업상의 미수금을 기록하는 계정
- 받을어음: 기업의 주된 영업활동인 상품, 제품의 판매, 또는 용역의 제공으로 인해 발생한 채권을 어음으로 받은 경우 사용하는 계정

유동자산의 또 다른 대표적인 항목 중 하나가 바로 매출채권이다. 매출채권의 예를 주변에서 살펴보도록 하자. 김 사장은 중국집을 운영하는데, 매일 점심때마다 짜장면을 먹고 가는 손님이 있다. 그 손님은 늘 꼬박꼬박 짜장면 값을 지불하고 가는데, 어느 날 그 손님이 급하게 오느라 지갑을 회사에 두고 왔다며 오늘 짜장면 값을 외상으로 해 줄 수 있느냐고 김 사장한테 물어본다. 김 사장은 늘 와 주는 손님에게 감사한 마음으로 흔쾌히 다음에 올 때 내면 된다고 한 후, 그날 짜장면을 외상으로 손님에게 제공한다. 이때 중국집에는 고객으로부터 미래에 현금을 수취할 수 있는 권리(채권)가 생긴 셈이다. 이 권리는 중국집의 주된 영업활동인 짜장면 판매로부터 발생했으며, 이렇게 외상거래를 통해 발생한 채권을 매출채권이라고 부른다. 이름에서 알 수 있듯이 매출채권이란 매출을 통해 발생한 채권이라고 이해하면 된다.

기업이 물건을 판매하고 매출을 올린다고 해도 바로 현금으로 받는 경우는 많지 않다. 기업마다 다르지만, 평균적으로는 물건을 팔고 2~3개월 내에 돈을 받기로 약속한다. 이때 물건을 판매한 기업의 입장에서는 아직 현금을 받지는 않았지만, 몇 개월 내에 현금을 받기로 한 것이므로 받을 돈을 재무상태표상 매출채권으로 기록한다. 보통 매출채권은 1년 내 단기간에 현금으로 회수하게 되므로 유동자산에 해당된다. 또한 매출채권은 매출액 중 아직 현금으로 받지 못한 돈이기 때문에 그 금액이 상당히 크다. 〈표 2-2〉의 재무상태표를 보면 ㈜한국케미칼은 70억 원의 매출채권을 가지고 있다. 재무상태표는 일정 시점의 회사의 자산상태를 나타내 주는 표라고 했으므로, 20XX년 12월 31일을 기준으로 봤을 때 회사가 70억 원의 매출액을 곧 현금으로 받을 예정이라는 것을 알 수 있다.

만약 거래상대방인 거래처나 고객의 경영상태가 악화되었거나 자금 사정이 좋지 않아 대금 회수가 어려워진다면 어떻게 해야 할까? 이럴 경우 현재 재무상태표의 매출채권 금액이 실제 미래 회수 가능액을 반영하지 못하는 문제점이 생긴다. 대손 사유가 발생한 객관적인 이유가 있는 경우에는 예상대손금액을 추정하여 비용으로 전환해야 한다.

매출채권과 관련하여 최근에 발생한 분식사건으로는 ㈜메이플세미컨덕터의 예를 들 수 있다. 반도체 전문기업인 ㈜메이플세미컨덕터는 뛰어난 기술력을 보유한 것으로 알려져 2016년 중반까지 많은 기관투자자들로부터 러브콜을 받았던 강소기업이다. 하지만 ㈜메이플세미컨덕터의 2016년말 기준 재무제표를 분석한 결과 〈표 2-3〉가 나타내는 바와 같이 매출채권이 현금으로 변하는 속도를 측정하는 매출채권회전율이 전년 대비 크게 낮아졌다. 이는 ㈜메이플세미컨덕터의 매출채권의 현금화 속도가 점점 느려지고 있다는 것으로 손익계산서상에 매출은 인식했지만, 매출대금이 현금으로 회수되는 시기가 점점 늦어지는 것을 의미한다. 매출채권의 현금화 속도가 늦어지고 있는 것의 효과는 매출채권회수기간이 길어지는 것으로도 나타나는데, 이는 ㈜메이플세미컨덕티의 매출채권이 손상되었을 가능성이 매우 높은 것을 시사한다.

실제로 ㈜메이플세미컨덕터는 거래상대방의 경영상태 악화 등의 이유로 매출채권의 회수가능성이 낮아질 경우에 인식하는 대손충당금의 크기도 매우 큰 편이며, 영업활동을 통한 현금흐름과 매출액에 큰 차이가 나고 있어 매출 및 매출채권의 진실성에 크게 의심이 가는 상황이었다(〈표 2-4〉). 추후 밝혀진 바에 따르면 ㈜메이플세미컨덕터는 허위 매출채권을 계상했을 뿐만 아니라 대규모 수출금융 사기에도 연루된 것으로 나타나 결국 2017년 청산하였다.

〈표 2-3〉 ㈜메이플컨덕터의 매출채권회전율과 매출채권회수기간

2013~2016년 매출채권 분석 (단위: 백만 원)

구분	2016	2015	2014	2013
매출액	71,403	59,045	42,893	31,554
기초매출채권	10,978	9,514	9,321	5,619
기말매출채권	28,325	10,978	9,514	9,321
매출채권회전율	3.63	5.76	4.55	4.22
매출채권회수기간	100.46	63.34	80.14	86.41

※ 매출채권회전율 = 매출액/평균매출채권
매출채권회수기간 = 365/매출채권회전율

〈표 2-4〉 ㈜메이플컨덕터의 매출채권 대손충당금과 영업활동으로 인한 현금흐름

2013~2016년 매출채권 분석 (단위: 백만 원)

구분	2016	2015	2014	2013
매출액	71,403	59,045	42,893	31,554
기초매출채권	10,978	9,514	9,321	5,619
기말매출채권	28,325	10,978	9,514	9,321
매출채권회전율	3.63	5.76	4.55	4.22
매출채권회수기간	100.46	63.34	80.14	86.41
대손충당금	(2,532)	(464)	(450)	(432)
영업활동으로 인한 현금흐름	(7,906)	5,280	4,649	(623)

③ 재고자산

재고자산의 정의

재고자산은 기업의 정상적인 영업과정에서 '판매'를 위한 목적으로 보유하는 자산으로서 기업의 영업활동의 중심이 되는 상품이다. 제조업의 경우, 판매를 위해 직접 생산 중인 자산 및 생산 또는 서비스 제공과정에 투입될 원재료나 소모품의 형태 등 다양한 형태의 재고자산이 존재한다. 이에 반해 유통업의 경우, 다 만들어진 상품을 판매할 목적으로 구매하므로 완제품 형태의 재고자산만 존재한다.

제조업(현대자동차, 포스코, 삼성중공업 등)

- 원재료: 제품을 생산하는 데 소비할 목적으로 매입한 물품으로, 자동차회사의 경우에는 자동차를 만들기 위해 구입한 모든 부품 등의 재료를 의미한다. 구입한 재료 중 아직 제조과정에 투입하지 않은 재료는 재무상태표상 원재료로 기록된다.
- 재공품: 제품의 생산을 위하여 현재 생산과정에 있는 미완성품을 의미한다. 원재료를 투입하여 자동차를 생산 중이지만 아직 제조과정이 완료되지 않은 경우의 미완성품을 재공품으로 기록한다.
- 제품: 생산이 완료되어 판매를 목적으로 소유하고 있는 제조품으로 유통업의 상품과 대응되는 개념이다. 투입된 원재료로 재공품의 과정을 거쳐 판매 가능한 완성품의 상태에 있는 자동차는 제품으로 기록된다.

유통업(이마트, 홈플러스, 롯데마트 등)

- 상품: 판매를 목적으로 구입한 상품을 말하며, 그 예로 부동산 매매업자가 판매를 목적으로 토지를 구매한다면 이는 상품(즉 재고자산)으로 기록한다(일반 제조업의 경우, 투자할 목적으로 토지를 구매했다면 투자자산으로, 사용할 목적으로 구매했다면 유형자산으로 기록해야 한다).

재고자산이란 판매하기 위하여 보유하고 있는 자산을 일컫는다. 인터넷 쇼핑몰을 운영하는 기업이 창고에 가지고 있는 의류나 빵집에 진열되어 있는 빵은 모두 재고자산에 해당된다. 재고자산은 완성품뿐만 아니라 제조과정 중에 있는 것도 포함하는 개념이므로, 아직 공장에서 생산 중인 옷이나 오븐에서 구워지고 있는 빵도 모두 재고자산에 해당된다. 현금과 마찬가지로 재고자산도 적정량을 보유하고 있는 것이 바람직하다. 재고자산을 너무 적게 가지고 있으면 소비자가 물건을 사려고 할 때 제공해 주지 못하여 판매의 기회를 잃을 수 있다는 문제가 있고, 반대로 재고자산을 너무 많이 가지고 있으면 그에 따른 관리비용이 만만치 않기 때문이다. 당장 창고 임대료나 창고관리자에게 지급하는 임금이 발생하기도 하지만, 만일 재고자산이 계속 팔리지 않는다면 헐값에 처분하거나 폐기하는 상황이 발생할 수도 있다. 그러므로 기업은 어느 정도 수준의 재고자산을 보유하고 있는 게 좋을지에 대하여 늘 고민한다.

마트에 가면 유통기한이 얼마 남지 않은 요구르트 등의 유제품들이 늘 앞쪽에 비치되어 있다. 그걸 이미 알고 있는 소비자들은 앞쪽에 위치한 유제품이 아닌 뒤쪽에 진열되어 있는 유통기한이 많이 남은, 즉 더 신선한 제품을 집어 든다. 마트 입장에서는 유통기한이 얼마 남지 않은 제품부터 먼저 팔고 나중에 들여온 유제품을 추후 팔아야 제대로 마트를 운영할 수 있다. 먼저 들여온 유제품을 제대로 팔지 못하면 그대로 폐기처분해야 하므로 가급적 오래된 유제품을 손님들이 쉽게 꺼낼 수 있는 자리에 놓고 방금 들여온 유제품은 손님들의 손이 닿기 힘든 안쪽으로 배치한다.

재고자산의 적정성을 평가할 때 재고자산이 전기 대비 얼마나 변하였는지를 분석해 보는 것도 도움이 될 수 있다. 재고자산이 매출액에 상응하게 증가했다면 영업 규모가 확대되고 있다는 것을 의미하므로 긍정적이지만, 매출액은 감소했는데 재고자산이 증가했다면 이는 재고자산이 과다하다는 의미이다. 이 경우 재고자산이 비효율적으로 관리되고 있지는 않은지, 판매 부진 또는 재고자산의 부실화 가능성은 없는지, 재고자산 과대계상의 가능성은 없는지를 확인해 보아야 한다. 예를 들어, 한솔아트원제지는 매출액이 하락하고 있는 상황 속에서 재고자산이 급격하게 증가했다. 〈표 2-5〉의 재무제표에 따르면, 한솔아트원제지의 재고자산은 전기 약

469억 원에서 당기 488억 원으로 약 19억 원 상승하였다. 하지만 매출액은 전기에 3,927억 원이었는데, 당기에는 3,492억 원으로 435억 원가량 오히려 크게 감소하였고, 매출원가는 3,473억 원에서 3,244억 원으로 역시 감소하였다. 재고자산은 기업이 정상적인 영업활동에서 판매를 목적으로 보유하거나 판매될 제품의 제조과정에서 사용되거나 소비되는 재화를 의미하는데, 매출액이 줄어들고 있는 상황에서 재고자산을 과도하게 보유하고 있는 것은 정상적인 상황은 아니다. 실제로 한솔아트원제지는 2009년부터 2013년까지 세 차례에 걸쳐 손실 규모를 축소하고자 기말재고자산 및 당기순이익을 과대계상한 점이 금융위원회 감리결과 밝혀져 과징금 등을 부과받았다.

〈표 2-5〉 **한솔아트원제지의 재무제표**

재무상태표
제45기 2014년 12월 31일 현재
제44기 2013년 12월 31일 현재

회사명: 주식회사 한솔아트원제지 (단위: 원)

과목	제45(당)기	제44(전)기
자산		
I. 유동자산	138,430,178,230	145,055,775,059
(5) 재고자산	48,790,827,947	46,857,773,045
II. 비유동자산	316,918,044,582	325,112,505,251
자 산 총 계	455,348,222,812	470,168,280,310

포괄손익계산서
제45기 2014년 12월 31일 현재
제44기 2013년 12월 31일 현재

회사명: 주식회사 한솔아트원제지 (단위: 원)

과목	제45(당)기	제44(전)기
매출액	349,150,180,929	392,658,849,477
매출원가	324,408,481,647	347,306,528,707
매출총이익	24,741,699,282	45,352,320,770
영업이익	(8,198,302,639)	11,517,603,626
당기순이익	(24,457,969,983)	262,459,685

재고자산은 재무상태표에 기록된 장부가치가 시장가치보다 저평가될 수 있는 자산 항목이다. 재고자산은 역사적 원가주의에 의해 취득원가가 장부금액으로 기록되지만, 취득이후에 재고자산의 시장가치가 취득원가보다 하락한 경우에는 저가법을 사용하여 재고자산의 장부금액을 낮추어야 한다. 하지만, 반대로 재고자산의 시장가치가 취득원가보다 높아지는 경우에는 재고의 장부금액을 높게 조정할 수 없기 때문에 재고자산의 저평가 문제가 생길 수 있다. 예를 들어 현대모비스는 2014년에 평가전 재고자산의 금액은 2조 4,343억 원이었으나, 재고자산평가손실 434억 원이 발생하여 2조 3,909억 원을 재고자산 장부금액으로 보고하였다. 만약, 2014년 이후 현대모비스의 재고자산의 시장가치가 취득원가 이상으로 상승했다고 하여도 최초의 장부가액의 초과하여 평가손실을 환입할 수 없고, 이 경우에 재고자산의 저평가 문제가 발생하게 된다.

(2) 비유동자산

기업은 1차적으로 영업활동을 통해 돈을 번다. 즉 제품의 판매나 서비스 제공을 통해 이익을 번다는 말이다. 하지만 그 외 다른 방법을 통해서 수익을 낼 수 있다. 예를 들어 여유자금을 가지고 기업도 개인과 마찬가지로 주식에 투자할 수 있는데, 이와 같이 여유자금으로 장기간 운용하는 자산을 투자자산이라고 한다. 장기간 투자할 계획으로 운영하는 자산이므로 유동성이 낮기 때문에 비유동자산으로 구분한다. 그렇다면 다른 비유동자산의 종류로 어떤 것들이 있는지 살펴보자. 비유동자산은 1년 내에 현금화하기 어려운 자산이라고 했다. 여기에는 토지, 건물, 또는 기계장치와 같이 실체가 있는 자산도 있고, 영업권이나 개발비와 같이 실체가 없이 개념적으로 존재하는 자산도 있다.

① 유형자산

유형자산의 정의

유형자산은 재화의 생산, 용역의 제공, 또는 자체적으로 사용할 목적으로 보유하는 물리적 형체가 있는 자산으로서, 1년을 초과해서 사용할 것이 예상되는 비화폐성 자산을 말한다.

유형자산이 되기 위한 요건

1. 물리적 실체: 유형자산은 물리적 실체가 있어야 한다.
2. 영업활동: 유형자산은 기업의 정상적인 영업활동에서 사용할 목적의 자산이어야 하며, 판매 또는 투자 목적으로 보유하고 있는 자산과 구분된다.
3. 장기간: 유형자산은 한 회계기간(즉 1년)을 초과하여 장기간 기업에 미래 경제적 효익을 가져다줄 것으로 예상되는 자산이다.

● 유형자산의 종류: 토지, 건물, 기계장치

실체가 있는 자산은 유형자산이라고 부른다. 토지, 건물, 기계장치와 같은 유형자산은 판매하기 위해 보유하고 있는 것이 아니라, 영업활동에 사용하기 위해 보유하고 있는 자산이라는 점에서 재고자산과는 성격이 다르다. 회사는 보유하고 있는 토지에 공장을 짓고, 필요한 기계장치를 들여와 제품을 생산한다. 만약 기업이 제조업이 아닌 서비스업에 종사한다면 회사 소유의 건물에서 영업활동을 하는 모습을 상상해 볼 수 있다. 〈표 2-2〉의 재무상태표를 보면 유형자산이 총 450억 원으로, 전체 비유동자산의 약 70%를 차지하고 있어 이 기업이 토지와 건물, 기계장치를 직접 소유하고 이를 바탕으로 제조업을 영위한다는 것을 알 수 있다. 반면에 서비스업의 재무상태표에서는 대부분 차량운반구와 같은 소규모의 유형자산을 찾아볼 수 있다.

유형자산의 대표적인 항목인 토지나 건물 등은 매년 시가가 다르다. 예를 들어 어떤 아파트는 10년 전에는 1~2억 원 정도에 구입이 가능했으나 현재 시세는 10억 원을 웃돌고 있다. 그렇다면 이렇게 매년 시가가 변하는 유형자산은 어떤 금액으로 재무상태표에 기록해야 할까? 그것은 해당 국가가 어떤 회계기준을 채택하느냐에 따라 다르다. 우리나라의 경우, 2011년 이전에는 미국회계기준을 반영한 기업회계기준서가 우리나라의 회계기준이었다. 예전 회계기준에 따르면 유형자산의 경우 투자 목적이 아닌 사용 목적으로 매입한 자산이므로 시장가격(시가)이 얼마든 상관없이 (팔지 않고 계속 사용할 자산이므로) 취득 시 구매한 가격인 취득원가로 기록하도록 했다. 하지만 2011년부터 기업이 적용하는 국제회계기준에서는 유형자산을 취득원가로 기록 또는 공정가치로 재평가하는 것 중 하나를 선택해서 일관성 있게 적용하도록 하고 있다. 즉 2011년부터는 취득원가가 아닌 현재 시가로 유형자산을 재무상태표에 반영하는 것을 허용하고 있다는 의미이다.

재평가금액이 장부금액보다 큰 경우 유형자산의 장부금액을 재평가금액으로 증가시키고 증가액만큼 재평가잉여금을 인식한다. 재평가잉여금은 기타포괄손익 항목으로 분류되어 자본에는 영향을 미치지만, 당기순이익에는 영향을 미치지 않는다. 반면, 재평가금액이 장부금액보다 작은 경우 장부금액을 감소시키고 당기손익으로 인식한다. 재평가손실이 발생했을 때는 재평가손실을 당기손실로 반영하여 당기순이익에 영향을 미친다는 점에서 재평가이익이 발생했을 때와 차이가 있다.

자산재평가를 하면 회사의 자산과 자본이 동시에 증가하게 되므로 부채비율을 낮출 수 있는데, 이것이 자산재평가를 하는 큰 유인 중의 하나이다. 예를 들어, SKC는 5,380억 원이던 기계장치를 공정가치인 5,591억 원으로 재평가하여 재평가차액 약 210억 원을 인식하였다. 이로 인해 자산이 약 210억 원 증가하였고, 자본(재평가잉여금)도 약 210억 원 증가하였다.

〈표 2-6〉 ㈜SKC의 유형자산 자산재평가 내역

(단위: 천 원)

유형자산	재평가 전 장부금액	재평가차액	재평가 후 장부금액 (재평가액)
토지	442,343,910	0	442,343,910
건물	306,146,845	0	306,146,845
기계장치	**538,048,741**	**21,021,704**	**559,070,445**
기타유형자산	318,486,268	0	318,486,268
합계	1,605,025,764	21,021,704	1,626,047,468

재평가 후 SKC의 2010년 부채총계는 1조 6,834억 원이고 자본총계는 1조 717억 원이므로, 부채를 자본총계로 나누어 부채비율을 계산해 보면 157%이다. 다른 조건은 모두 동일하다는 전제하에 SKC가 자산재평가를 하지 않았다면, 자산총계와 자본총계는 각각 210억 원만큼 감소할 것이다. 즉, 자산총계는 2조 7,340억 원으로 감소하고, 부채총계는 1조 6,834억 원으로 동일하고, 자본총계는 1조 507억 원으로 감소한다. 부채총계를 자본총계로 나눈 부채비율은 160%로 증가한다.

즉, SKC가 자산재평가를 하지 않았더라면 부채비율이 160%인데, 자산재평가를 함으로써 부채비율을 157%로 낮출 수 있었다. 부채비율이 높으면 기업의 생존가능성이 낮다는 것을 의미하므로, SKC는 부채비율을 낮게 유지하고자 할 것이다. 또한 부채비율이 높으면 기업의 신용등급도 떨어지기 때문에 추가적인 자금조달이 더욱 어렵다. 따라서 SKC는 자산재평가를 하여 재평가차액만큼 자산을 늘리고, 재평가잉여금을 통해 자본을 늘림으로써 부채비율을 낮출 수 있었다.

〈표 2-7〉 ㈜SKC의 재무상태표

(단위: 천 원)

구분	2010년 말~자산재평가 전	2010년 말~자산재평가 후 (재무상태표에 보고된 수치)
자산총계	2,734,042,272	2,755,063,976
부채총계	1,683,353,375	1,683,353,375
자본총계	1,050,688,897	1,071,710,601
부채비율(부채/자본, %)	160%	157%

기업이 유형자산의 장부금액을 취득원가로 기록하는 것을 선택한다면 유형자산도 재고자산처럼 가치가 저평가 될 수 있다. 유형자산은 어떠한 사건이나 환경의 변화로 자산의 회수가능금액이 장부금액보다 작아지는 경우에 '손상차손(impairment losses)'을 인식하여 장부금액을 실제가치와 일치하도록 낮추어서 보고하여야 한다. 그러나 반대로 유형자산의 가치가 장부금액보다 상승하는 경우에는 장부금액을 높여서 보고하지 못하고, 이에 따라 유형자산이 재무상태표 상에서 저평가되어 보고될 수 있다. 예를 들어 삼성 SDI는 2016년 1분기 실적으로 7,127억 원의 순손실을 보고하였다. 이는 각 증권사 애널리스트들의 추정치보다 한참 낮은 수치였는데, 그 이유는 자동차용 중대형 전지사업 관련 설비에서 얻을 수 있는 회수가능금액의 예상치가 장부금액보다 크게 미치지 못할 것으로 판단되어 3,383억 원의 유형자산 손상차손을 보고하였기 때문이다. 즉, 손상차손의 인식으로 유형자산의 장부가액이 감소하였고, 그 만큼을 손실 비용으로 반영하여 당기순손실을 보고하였다. 하지만, 손상차손을 인식한 다음에 회수가능금액 예상치가 장부금액을 초과하여 상승한다고 하여도 취득원가를 초과하여 장부금액을 조정하지 못하기 때문에 유형자산의 저평가 문제가 발생할 수 있다.

② 무형자산

무형자산의 정의

무형자산이란 물리적 실체를 갖추고 있지 않으면서 기업이 통제하고 있는 자산으로 장기간에 걸쳐 기업의 영업활동에 경제적 효익을 제공하는 자산을 뜻한다.

무형자산이 되기 위한 조건

1. 통제: 기업이 해당 자산으로부터 미래 경제적 효익을 확보할 수 있고, 그 효익에 대한 제3자의 접근을 제한할 수 있다면 기업이 자산을 통제하고 있는 것이다.
2. 식별 가능성: 무형자산은 물리적 실체가 없지만 식별 가능해야 무형자산으로 기록할 수 있다. 식별 가능하다는 것은 ① 자산이 기업에서 분리 가능하거나 ② 자산이 계약상 권리 또는 기타 법적 권리로부터 발생하는 경우를 의미한다.
3. 미래 경제적 효익: 무형자산을 통해 기업으로 현금유입이 발생하거나, 매출을 창출하거나, 원가를 절감하는 등의 효과를 얻으면 미래 경제적 효익이 있다고 본다.

● 무형자산의 종류: 영업권, 특허권, 개발비

유형자산과 반대로 형태가 없는 자산은 무형자산이라고 부른다. 같은 건물과 기계장치를 사용하는 기업이더라도 얼마나 능력 있는 CEO와 종업원을 보유하고 있는지, 대외적인 브랜드 이미지는 어떠한지에 의해 실제 경영성과는 크게 달라진다. 하지만 CEO의 능력을 금액으로 측정하는 것은 어려울 뿐만 아니라 매우 주관적이라는 문제가 있다. 이 때문에 회계기준에서는 실체가 없는 자산을 모두 재무제표에 기록하도록 허용해 주지는 않지만, 객관적이고 정확하게 그 가치를 측정할 수 있는 경우에는 무형자산 항목으로 기록하도록 한다. 이러한 기준을 만족시키는 대표적 무형자산에는 영업권, 특허권, 개발비가 있다.

먼저 영업권(goodwill)이 무엇인지 설명하기 위해 A회사가 B회사를 합병하는 상황을 가정해 보자. 두 회사는 얼마에 회사를 사고파는 것이 적정한지를 따져 보게 된다. A회사는 먼저 B회사의 자산에서 부채를 제외한 순자산(자본)의 시장가치가 어느 정도인지 계산할 것이다. 그렇게 계산한 가치가 100억 원이라면, A회사는 대개 여기에 추가로 돈을 더 얹어 B회사를 산다. 합병을 통해서 나중에는 100억 원을 초과하는 이익을 낼 것이라고 기대하기 때문이다. 만일 120억 원을 주고 B회사를 샀다면, A회사 입장에서 차액인 20억 원은 영업권에 해당된다. 즉 영업권은 합병 등의 사업결합과정에서 매수기업(A회사)이 피매수기업(B회사)의 순자산 공정가치보다 더 많은 금액을 지급할 때 그 초과 지급금액을 의미한다. 반면에 회사가 자체적으로 새로운 사업을 개발하는 경우, 그 사업의 가치는 객관적이고 정확하게 측정하기 어렵기 때문에 무형자산으로 기록할 수 없다. 즉 회계기준에서는 기업 간 인수 또는 합병의 경우에만 영업권을 기록하도록 허용하고 있다.

특허권(patent)도 무형자산으로 기록된다. 기업이 특허권을 취득하는 경우, 일정 기간 동안 창작물을 독점적 · 배타적으로 이용할 권리가 생기므로 비슷한 사업을 영위하는 기업에 비하여 경쟁우위를 누릴 수 있다. 삼성전자와 애플이 스마트폰 디자인 등과 관련된 특허권을 놓고 막대한 금액이 걸린 소송을 벌이는 상황은 특허권의 중요성을 짐작케 한다. 회계기준에서도 특허권이 미래에 경제적 효익을 가져올 무형자산이라고 보고, 특허권의 취득에 직접적으로 발생한 비용을 무형자산으로 인식하도록 하고 있다.

또 다른 대표적인 무형자산 항목으로 개발비(Development costs)가 있다. 기업이 지속적으로 성장하고 이익을 내기 위해서는 연구개발활동(Research and Development; R&D)이 뒷받침되어야 한다. 일례로 제약회사의 경우, 신약을 개발하기 위해 끊임없이 연구개발활동을 수행하며 이에 필요한 장소, 고급장비와 인력의 조달에 큰 비용을 지출한다. 만약 신약 개발에 성공하면 그로 인한 혜택이 이미어마하겠지만, 연구개발을 하는 시점에는 신약 개발 시점이나 그 가치가 매우 불확실하므로 회계기준에서는 관련 지출을 기본적인 비용으로 인식하도록 한다. 다만, 연구가 상당히 진전되어 향후 경제적 가치를 가져다줄 가능성이 커 회계기준에서 제시하는 엄격한 기준을 만족시키는 경우에는 개발비라는 무형자산 항목으로 인식할 것을 허용하고 있다.

여기서 주의할 사항은 개발비는 추가적인 자산인식요건을 모두 충족한 경우에만 그 지출을 무형자산(개발비)으로 인식하여 재무상태표에 공시할 수 있다는 것이다. 그러나 경영자의 입장에서는 개발비를 자산화하여 당기에 인식해야 하는 비용을 최대한 감소시키려는 유인이 있다. 따라서 개발비를 자산화한 경우 해당 자산이 자산의 인식요건을 모두 갖추었는지 면밀히 검토해야 한다. 예를 들어, 한미약품이 2016년에 인식한 개발비는 총 76억 원이다. 만약 이 개발비가 무형자산의 인식요건을 충족시키지 못하여 비용으로 인식되었다면, 해당 금액만큼 당기순이익이 줄어들 것이다. 한미약품이 2016년에 연결포괄손익계산서상에 보고한 당기순이익은 303억 원인데, 개발비 76억 원이 모두 당기비용으로 처리되었다고 가정한다면, 회사가 보고해야 하는 실제 당기순이익은 227억 원에 불과하다.

생각해보기

연예인의 몸값은 소속 연예기획사의 재무제표에 자산으로 처리하는 것이 맞을까, 아니면 비용으로 기록하는 것이 맞을까? 연예인은 드라마 출연을 하면 광고나 다른 드라마 출연으로 인해 추가 수익을 창출할 수 있다. 즉 연예기획사 입장에서는 현재 지출로 인해 미래 수익을 예상할 수 있으므로 연예인의 몸값은 비용이 아닌 (무형)자산으로 기록한다. 그렇다면 스포츠 선수의 몸값은 소속 구단의 자산으로 기록될 수 있을까? 연예인과 달리 스포츠 선수는 부상의 위험이 크다. 또한 경기 실적도 미리 예측하기가 상당히 어렵다. 따라서 스포츠 선수의 몸값은 자산이 아닌 비용으로 기록한다.

앞서 재무상태표에 보고되는 자산의 항목들을 살펴보았다. 그러나 투자자의 입장에서 기업가치에 영향을 끼치지만 자산의 정의에 해당되지 않아 재무상태표에 반영이 되지 않는 잠재적 자산도 추가적으로 고려해야 한다. 즉, 경제적 자원이 기업의 미래이익 창출하는데 기여하지만, 그 금액을 비교적 정확하게 예측하기 어려워서 재무상태표 상의 자산으로 인식되지 않는 잠재적 자산들이 기업가치에 큰 영향을 끼칠 수 있다. 대표적인 사례로는 애플의 CEO였던 스티브 잡스(Steve Jobs)가 있다. 스티브 잡스가 애플 CEO 사퇴를 발표 이후에 애플의 주가는 5% 이상 급락하였다. 이는 스티브 잡스가 재무상태표의 자산에 포함되지 않지만, 기업가치에 상당한 영향을 끼치는 애플의 인적자원이었음을 보여준다. 또한 사우스웨스트항공(Southwest Airlines)의 CEO였던 허브 켈러허(Herb Kelleher)는 직원들이 즐겁게 일하면 고객들은 저절로 행복해 진다는 '펀(fun)경영'을 추구하며 직원들을 존중하는 조직문화를 구축했다. 그의 인간존

중 경영철학이 사우스웨스트항공의 성공에 크게 기여하였다고 평가받지만, 이러한 경영철학 및 조직문화는 재무상태표의 자산에 반영되지 않는다.

2.3 부채

1. 부채의 개념

부채란 제3자에게 돈을 갚아야 하거나 제3자에게 다른 재화를 주든지 아니면 용역을 제공해야 하는 의무를 말한다. 회계학에서 정의하는 부채는 '과거사건에 의해 발생하였으며, 경제적 효익이 내재된 자원이 기업으로부터 유출됨으로써 이행될 것으로 기대되는 현재의무'로 정의되며, 재무상태표의 대변에 나타나는 항목이다.

부채는 유동성 정도에 따라 유동부채(current liabilities)와 비유동부채(non-current liabilities)로 나눌 수 있다. 유동부채는 보고기간 후 12개월 이내에 또는 기업의 정상영업주기 이내에 지급되리라고 기대되는 부채를 말한다. 유동부채에 포함되는 항목으로는 매입채무, 단기차입금, 미지급금, 선수금, 예수금, 미지급비용, 미지급법인세, 유동성장기부채, 충당부채 등이 있다. 한편 비유동부채는 유동부채 이외의 부채로 보고기간 후 12개월을 초과하여 지급되리라고 기대되는 부채를 말한다. 비유동부채에는 사채, 장기차입금, 장기미지급금, 순확정급여부채, 이연법인세부채, 장기충당부채 등이 포함된다.

부채가 재무상태표상에 인식되려면 ① 기업이 미래에 경제적 자원을 지불함으로써 의무를 이행해야 하고, ② 미래 지불해야 할 경제적 자원의 액수는 비교적 합리적이고 정확하게 평가하고 예측될 수 있어야 하며, ③ 기업의 의무를 발생시키는 사건은 반드시 과거에 발생한 것이어야 한다. 그러나 기업의 가치평가에는 영향을 미치지만, 이러한 요건을 충족하지 못해서 재무상태표상에 부채로 기록되지 않는 경우도 많다. 이 경우 해당 사항은 주석에 기록되기도 한다. 특히 부채는 경영자가 은닉할 가능성이 높은 항목이기 때문에 기업에 대한 가치평가를 할 때는 주석을 꼼꼼하게 확인해 보아야 한다.

회계기준에서는 기업이 주석을 통해 재무상태표에 보고되지 않은 중대한 기업의 의무를 보고하도록 규정하고 있다. 주석에 보고되는 것의 대표적인 예로 환경과 관련된 잠재적 비용을 들 수 있다. 오염이 사람과 환경에 주는 영향은 즉시 확인하기 어려우며, 환경을 회복시키는 데

드는 비용도 추정하기 어렵다. 따라서 대부분 국가에서 환경과 관련된 잠재적 비용은 재무상태표에 부채로 인식하도록 하지 않는다. 하지만 정보이용자들은 환경 관련 비용을 고려해야 한다. 기업이 환경문제에 제대로 대처하지 못한다는 사실이 시장에 알려지면 그 기업은 평판이 매우 나빠져 심한 경우 파산할 수도 있기 때문이다.

2010년 카리브해에 있는 BP(British Petroleum)의 해상유정 폭발사고가 있었다. 그러나 이와 관련하여 BP가 부담해야 하는 비용을 합리적으로 추정하기는 매우 어렵기 때문에 재무제표에 어떻게 표시를 할지는 명확하지 않다. BP는 [그림 2–4]과 같이 재무제표의 주석에 이와 관련된 내용을 표시하였다.

As reported in *BP Annual Report and Form 20-F 2012*, the estimated cost of the PSC settlement for Individual and Business Claims was $7.7 billion at 31 December 2012. This estimate increased during the year to $9.6 billion to reflect all claims processed by the DHCSSP for which eligibility notices had been issued and increases in claims administration costs. As a result of the District Court's preliminary injunction issued on 18 October 2013 that, amongst other things, required the claims administrator to temporarily suspend payments of business economic loss claims other than those claims supported by sufficiently matched accrual-basis accounting or any other business economic loss claim for which the claims administrator determines that the matching of revenue and expenses is not an issue, the provision for $0.4 billion of claims for which eligibility notices had been issued but had not yet been paid was derecognised as BP considered and continues to consider that no reliable estimate can be made for these claims. At 31 December 2013, the total costs of the PSC settlement that BP considers can be reliably estimated is therefore $9.2 billion.

[그림 2–4] BP의 해상유정 폭발사고(참고문헌 1)

주석에 보고되는 또 다른 기업의 중대한 의무로 현재 진행 중인 소송이 있다. 재무제표일 현재 진행 중인 소송이 있다면 재무제표 주석에 이에 대한 내용을 공시해야 한다. 정보이용자는 소송결과가 기업에 불리할 경우 회사의 재무제표에 미칠 수 있는 손실을 고려해야 하기 때문이다. 와이어스(Wyeth)라는 세계적으로 유명한 제약회사는 한 미국 여성이 이 회사에서 제조한 다이어트 약을 복용한 후 부작용으로 생명을 잃는 사고로 소송을 당했다. 2004년 4월 27일 미국 법원에서 유족에게 10억 달러를 배상하라는 판결을 내렸고 당일 와이어스의 시가총액은 5%(26.6억 달러)나 하락하였다.

지연배상금 역시 주석에 보고해야 할 중대한 기업의 의무의 예이다. 수년간 분식회계를 실시해 온 대우조선해양은 건조 중인 선박에 대한 공기지연에 따른 지연배상금 내역을 우발부채로 주석에 공시해야 함에도 이를 고의로 누락해 증권선물위원회로부터 과징금을 부과받았다.

회계기준은 현재 진행 중인 소송이나 지연배상금 외에도 보증채무에 대한 내용도 주석에 반드시 공시하도록 하고 있다. 보증채무는 1997년 IMF 외환위기 이후 많은 기업이 갑자기 파산한 이유와도 관련이 높다. 당시 많은 기업이 계열사에 대한 지급보증을 해주었기 때문에 연쇄부도를 맞았다. 이러한 정보는 주석에는 기록되어 있지만, 재무제표에는 부채로 표시되어 있지 않았으므로, 주석을 제대로 살펴보지 않은 투자자의 경우 손실을 볼 수 있다. 2007년 금융위기 이전에도 부동산 경기가 악화되면서 저축은행이나 시중 금융기관들이 지급보증해 준 대출 건들이 부실화되면서 많은 은행이 피해를 본 사례가 있다.

경영자들은 고의적으로 회계정보를 조작해서 공시되어야 할 부채를 은닉할 유인이 있다. 왜냐하면, 부채비율이 높으면 신용등급이 떨어지고, 추가 자금조달도 어렵기 때문이다. 그뿐만 아니라 자금을 조달할 수 있다고 하더라도 조달비용이 매우 증가할 수도 있다. 또한 높은 부채비율이 장기생존 가능성이 낮다는 것을 아는 채권자라면 더 이상 자금을 빌려주려고도 하지 않을 것이나. 미국 희대의 회계부정 사례로 꼽히는 엔론(Enron) 역시 부채를 숨기기 위해 회계부정을 저질렀다.

부채항목을 분석할 때 주의할 사항은 주석을 통해 재무상태표에 보고되지 않은 중대한 기업의 의무를 꼭 확인해야 한다는 것이다. 기업들이 부채를 과소계상하고 누락할 유인이 있다는 것을 전제할 때 주석의 분석은 반드시 필요한 절차이다.

2. 유동부채

(1) 유동부채의 정의

자산을 유동자산과 비유동자산으로 분류했던 것과 마찬가지로 부채도 유동부채와 비유동부채로 나눌 수 있다. 그 기준도 자산을 분류할 때와 유사한데, 회계기준에서는 1년 내에 상환해야 하는 부채는 유동부채로, 그 이외의 부채는 비유동부채로 분류하고 있다. 이 중에서 유동부채에 해당하는 항목으로는 매입채무, 미지급금, 선수금, 미지급비용, 단기차입금이 있다.

〈표 2–8〉 기아자동차의 유동부채 내역

연결재무상태표

제74(당)기 2017년 12월 31일 현재

기아자동차주식회사 (단위: 백만 원)

과목	제74(당)기말	
부채		
Ⅰ. 유동부채		15,323,019
매입채무	5,113,283	
단기차입금	2,993,712	
미지급금	2,476,416	
선수금	619,215	
미지급비용	1,861,110	
당기법인세부채	192,354	
유동성장기부채	861,421	
충당부채	1,137,779	
기타유동부채	67,729	

(2) 유동부채의 종류

① 매입채무

매입채무의 정의

매입채무는 일반적 상거래(기업의 주요 상품을 판매하고 구입하는 행위)에서 발생한 외상매입금과 지급어음을 뜻한다. 외상매입금이란 기업의 주요 상품을 판매하고 구입하는 과정에서 발생한 매입처에 대한 채무로서 기업이 재고자산을 구입하고 이에 대한 대금을 일정 기간 후에 갚기로 한 경우를 말한다. 만약 그 대금을 약속어음 등 어음으로 지급한 경우 지급어음이라고 한다.

기업이 판매를 위해 보유하고 있는 자산을 재고자산이라고 한다. 그런데 기업은 무에서 유를 창조하는 것이 아니므로, 적절한 재료가 있어야 재고자산을 만들어 낼 수 있다. 이 때문에 보통 기업은 주기적으로 공급자로부터 원재료나, 혹은 아예 만들어진 상품을 대량 구매한다. 예를 들어 빵집 사장이 빵을 직접 만든다면 주재료인 밀가루와 버터 등을 주기적으로 구입할 것이고, 편의점 사장이 빵을 판다면 빵 제조업체로부터 매주 혹은 매일 제조된 빵을 구입해 올 것이다. 이때 밀가루와 버터, 혹은 완제품인 빵을 구매해 오면서 공급자에게 바로 현금을 지불할 수도 있겠지만, 기업 차원에서의 구매대금은 한두 푼이 아니라 수십, 수백억 원대에 이르는 경우가 많다. 이 때문에 대부분의 경우에는 바로 현금으로 결제하는 것이 아니라 구매한 날로부터 몇 개월 내에 구매대금을 갚을 것을 약속한다. 즉 외상으로 사 오는 것인데, 물건을 외상으로 팔고 매출채권을 인식했던 것과 마찬가지로 이번에는 물건을 외상으로 사 오고 이에 대한 부채를 인식한다. 이 부채를 매입채무(trade payable)라고 한다. 기업의 재무상태표를 보면 대부분 매입채무 금액이 매출채권 금액보다 작다. 빵집 주인이 밀가루와 버터를 사 와 빵을 구워 매장에서 팔 경우, 빵을 만드는 데 들어간 비용보다 비싸게 팔아야 그 차이만큼 이익을 남겨 장사를 계속할 수 있기 때문이다. 다만 동네 저렴한 빵집은 매출채권이 매입채무 금액보다 약간 큰 정도이겠지만, 명품 브랜드의 경우에는 명품가방을 만드는 데 들어간 비용보다 훨씬 더 비싸게 팔기 때문에 그 차이가 더 클 것이다.

기업 입장에서는 재고자산과 매입채무를 고의적으로 재무제표에서 누락해 매입채무 계상에 따른 부채 증가를 감추기도 한다. 예를 들어, 효성은 2013년에 귀속되어야 하는 재고자산과 매입채무를 해당 연도의 재무상태표에서 과소계상한 것이 증권선물위원회 감리 결과 밝혀졌다.

② 단기차입금

단기차입금의 정의

단기차입금이란 금전소비대차계약(돈을 빌려 주고 빌려 썼다는 문구가 쓰인 계약서)에 의해서 금융기관, 은행 등으로부터 기업이 돈을 빌려 오고 사용 후 1년 내에 갚아야 하는 돈을 말한다. 개인으로 치면 신용카드의 현금서비스가 개인 차원에서 단기차입금이 될 것이고, 기업 차원에서는 금융기관으로부터 빌려 온 돈인 차입금이 그 예가 된다.

차입금 vs. 대여금

차입금 - 기업이 남에게 돈을 빌려 쓴 경우(단기차입금, 장기차입금)

대여금 - 남에게 돈을 빌려 준 경우

기업은 채권자나 투자자로부터 자금을 조달하며, 채권자에 대한 빚은 부채로, 주주에 대한 몫은 자본으로 표시한다고 설명한 바 있다. 매입채무의 경우에는 채권자가 밀가루와 버터를 판매한 공급자였다면, 차입금(borrowing)의 경우에는 돈을 빌려 준 쪽이 채권자이다. 한 기래당

사자에게 단기차입금이 발생하면 거래상대방은 자금을 단기간 대여를 한 것이기 때문에 단기대여금 계정이 나타난다([그림 2-5]). 일반적으로 차입금은 은행으로부터 돈을 빌리며 생긴 부채를 의미하는 경우가 가장 많지만, 경우에 따라서는 관계 회사로부터 혹은 경영자 개인에게서 돈을 빌리는 경우도 있다. 차입금은 대부분 영업활동을 위해서 빌리는데, 보통 단기적으로 자금이 필요할 때는 만기가 짧은 차입금을 조달하고, 공장을 세우거나 건물을 짓기 위해 장기적으로 자금이 필요할 때는 만기가 긴 차입금을 조달한다. 차입금은 만기를 기준으로 장 · 단기 차입금으로 분류하는데, 1년 내에 갚아야 하는 돈은 유동부채(단기차입금)로, 1년 이상의 장기간에 걸쳐 갚아야 하는 돈은 비유동부채(장기차입금)로 분류한다.

[그림 2-5] **단기대여금과 단기차입금**

매출채권과 단기차입금은 팩토링(factoring)이라는 개념을 통해 밀접한 관련성을 가진다. 매출채권의 팩토링이란 기업이 급하게 금전이 필요한 경우, 만기일이 도래하지 않은 매출채권을 금융기관에 양도하는 것을 말한다. 팩토링을 하지 않으면 기업은 매출채권 회수기일이 도래해야 상품 등을 판매한 대가를 받게 된다. 매출채권을 팩토링을 하면 기업은 상품판매의 대가로 받은 매출채권의 권리(=돈을 받을 수 있는 권리)를 팩토(매출채권을 인수하는 금융기관)에 양도하고, 이자 등 일정한 수수료가 차감된 자금의 잔액을 즉시 조달할 수 있다.

매출채권 팩토링을 하면 실제로 매출채권의 권리가 금융기관에 이전되었는지에 따라 회계처리가 달라진다. 만약 구매자(고객)로부터 돈을 받을 권리가 실질적으로 금융기관에 이전되었다면, 기업은 매출채권을 장부에서 제거하면 된다. 그러나 만약 매출채권의 팩토링을 했는데, 권한이 실질적으로 이전되지 않았다면(예를 들어 금융기관이 상환청구권을 가지는 경우), 이는 기업이 금융기관에 매출채권을 담보로 돈을 빌린 것에 불과하다. 따라서 이 경우는 매출채권을 장부에서 제거할 수 없고, 금융기관에서 받은 돈은 단기차입금으로 회계처리한다.

예컨대 삼성전자의 2017년 연결재무상태표에는 약 16조 원의 단기차입금 항목이 있다(〈표 2-9〉).

〈표 2-9〉 **삼성전자의 2017년 연결재무상태표**

연결재무상태표
제49(당)기말 2017년 12월 31일 현재
제48(전)기말 2016년 12월 31일 현재

삼성전자 주식회사와 그 종속기업 (단위: 백만 원)

과목	제49(당)기		제48(전)기	
1. 유동부채		67,175,114		54,704,095
매입채무	9,083,907		6,485,039	
2. 단기차입금	15,767,619		12,746,789	
3. 미지급금	13,899,633		11,525,910	

재무제표의 주석을 보면 삼성전자의 단기차입금은 매출채권을 담보로 자금을 차입한 것을 알 수 있다. 외상매출금을 금융기관에 양도함으로써 삼성전자는 현금을 즉시 지급받고 채무자인 거래처는 외상매입대금을 금융기관에 지급하면 되는 것이다. 즉, 새로 자금을 차입한 것이 아니라 매출채권을 팩토링한 것이다. 이때 삼성전자가 여전히 매출채권의 회수에 대한 위험과 보상을 보유하고 있기 때문에 이 팩토링 거래는 삼성전자가 금융기관에 매출채권을 담보로 돈을 빌린 것으로 보아 단기차입금으로 분류하였다.

8. 금융자산의 양도:

연결회사는 당기 및 전기 중 은행과의 매출채권 팩토링 계약을 통해 매출채권을 할인하였습니다. 연결회사가 매출채권 팩토링 거래에서 제공한 매출채권은 채무자의 채무불이행 시의 소구조건 등으로 대부분의 위험과 보상을 연결회사가 보유하므로 금융자산의 제거요건을 충족하지 않아 제거되지 않았습니다. 이러한 거래에서 인식한 금융부채는 재무상태표에 단기차입금으로 분류되어 있습니다(주석 15 참조).
보고기간 종료일 현재 매출채권의 할인된 내역은 다음과 같습니다.

(단위: 백만 원)

구분	당기말	전기말
할인된 매출채권의 장부금액(*)	14,270,202	10,929,768
관련 차입금의 장부금액	14,270,202	10,929,768

(*) 할인된 매출채권에는 연결회사 간의 매출채권이 포함되어 있습니다.

[그림 2-6] **삼성전자의 2017년 금융자산의 양도 관련 연결재무제표 주석**

3. 비유동부채

(1) 비유동부채의 정의

부채는 유동성 정도에 따라 유동부채와 비유동부채로 나눌 수 있다. 유동부채는 보고기간 후 12개월 이내에 또는 기업의 정상영업주기 내에 지급되리라 기대되는 부채를 말한다. 비유동부채는 유동부채 이외의 부채로 보고기간 후 12개월을 초과하여 지급되리라 기대되는 부채를 말한다. 유동부채에는 매입채무, 단기차입금, 미지급금, 선수금, 예수금, 미지급비용, 미지급법인세 등이 있다. 비유동부채의 대표적인 항목에는 사채, 전환사채와 신주인수권부사채 및 장기차입금 등이 있다. 아래에서는 가장 대표적인 비유동부채인 사채에 대해 알아보기로 한다.

(2) 비유동부채의 종류: 사채

> 사채의 정의
>
> 사채란 주식회사가 거액의 자금을 일반투자자로부터 조달하기 위해서 발행하는 채권을 말한다. 사채를 발행한 회사는 만기일(보통 재무재표 보고일로부터 1년 이후의 기간)에 비유동부채의 액면금액에 해당하는 금액을 사채에 투자한 사람에게 지급해야 한다.

자금이 필요할 때 기업은 은행에서 빌려 조달할 수도 있지만 회사가 직접 채권자를 모집하여 빌릴 수도 있다. 이렇게 주식회사가 일반투자자로부터 비교적 장기에 걸쳐 대규모의 자금을 조달함으로써 부담하고 있는 채무를 사채(corporate bond)[1]라고 부른다. 사채도 차입금과 마찬가지로 일정한 상환 기한이 있고, 정기적으로 이자를 지급해야 한다. 회사채에 대한 이자율은 보통 기업이 얼마나 믿을 만한지에 따라 달라진다. 기업의 '신용등급'이라는 용어에 대하여 들어본 적이 있을 것이다. 이는 각 기업이 원리금을 상환할 수 있는 능력에 따라 AAA+(최상)에서 D등급(최하) 사이의 등급을 부여하는 것으로, 회사채의 이자율 결정에는 이 신용등급이 핵심적이다. 꾸준히 이익을 내며 건전하게 성장해 온 기업이라면 신용등급이 높아 낮은 이자율로도 돈을 빌려 주겠다는 일반투자자를 모집할 수 있겠지만, 반대로 경영성과가 들쭉날쭉하고 재무상태가 건전하지 못한 기업이라면 신용등급이 낮아 채권자를 모집할 수 없거나, 모집하더라도 이자율이 높아지게 된다. 이 때문에 회사채는 주로 규모가 크고 경영성과가 안정적인 기업에서 발행한다.

1) '회사채권'의 줄임말이다.

사채의 발행회사는 우선 채권투자자를 찾는다. 채권투자자가 사채발행회사에 사채발행금액을 지급하면, 사채발행회사는 채권투자자에게 액면이자를 정기적으로 지급하고, 만기일에는 원금을 상환한다. 이때 사채의 발행회사는 발행한 사채를 비유동부채로 분류하고, 채권투자자는 투자한 채권을 금융자산으로 분류한다. 사채의 발행금액은 액면이자율과 시장이자율의 크기에 따라 결정된다. 액면이자율과 시장이자율이 동일하면 사채는 액면가로 발행된다. 그러나 시장이자율이 액면이자율보다 높으면 사채는 할인 발행된다. 시장이자율이 액면이자율보다 더 높다는 것은 투자자가 사채에 투자하는 대신 시장에 투자하면 더 많은 수익을 낼 수 있다는 것을 의미한다. 따라서 투자자들이 사채에 투자를 하게 하기 위해서는 사채는 싼 가격에 발행되어야 한다. 반대로 시장이자율이 액면이자율보다 더 낮으면, 투자자가 시장에 투자하는 것보다 사채에 투자하면 더 큰 수익을 얻을 수 있기 때문에 사채가 조금 비싸게 발행되어도 사채에 투자를 하려는 투자자들이 있을 것이다. 따라서 이 경우에는 사채가 할증 발행된다(〈표 2-1〉]).

〈표 2-10〉 **사채의 발행유형**

유형	이자율	발행금액
액면발행	액면이자율 = 시장이자율	액면금액
할인발행	액면이자율 〈 시장이자율	할인금액
할증발행	액면이자율 〉 시장이자율	할증금액

사채가 액면금액과 달리 발행이 되면, 사채할인발행차금 혹은 사채할증발행차금이라는 계정이 발생한다. 사채할인(할증)발행차금이란 기업이 사채를 발행할 때 기업이 실제로 수령하는 금액(발행금액)이 사채의 액면금액보다 적은(큰) 경우 사채의 발행금액과 액면금액의 차이를 뜻한다.

사채는 기업어음(CP)과 비교해 만기가 길어 기업들이 안정적으로 자금을 공급받을 수 있는 장점이 있다. 하지만 만기가 긴 점은 투자자 입장에서는 부담으로 작용할 수 있어 기업의 장기적 전망이 좋지 않은 경우 발행 자체가 어려울 수 있다. 따라서 특정 산업의 사채 발행이 활발히 이루어지는 경우 투자자들이 해당 산업의 장기적 성과를 낙관적으로 보고 있는 증거가 되기도 한다. 예를 들어 건설사들이 연이어 사채 발행에 많은 투자자들이 몰려 흥행에 성공했다면 부동산시장이 앞으로 호황일 것으로 예측해볼 수 있다.

2.4 자본

1. 자본의 개념

기업은 다양한 원천으로부터 필요한 자금을 조달하는데, 앞서 기업이 은행이나 일반채권자로부터 자금을 조달하는 경우에 재무상태표상 차입금과 사채 등의 부채로 기록한다는 것을 배웠다. 이렇게 부채로 인식되는 자금을 타인자본이라고 부른다. 이에 반해 주주로부터 조달하는 자금은 자기자본이라고 한다. 기업이 타인자본을 조달하는 경우에는 채권자에게 이자를 지급하고 상환일(만기)에 원금을 되갚아야 하는 반면, 자기자본을 조달하는 경우에는 만기라는 개념이 없고 이자도 지급하지 않는 대신 주주들에게 배당금을 지급한다. 회사가 청산하는 경우에는 채권자에 대한 빚을 갚고 남은 돈을 주주가 가져가게 된다. 따라서 채권자에게 갚아야 하는 돈인 부채가 많을수록 주주의 몫은 줄어들고, 부채가 적을수록 주주의 몫은 늘어난다. 따라서 자본은 기업이 가진 돈(총자산)에서 남에게 갚아야 하는 돈(부채)을 제외하고 남은 부분을 의미하며, 순자산이라고 표현하기도 한다.

자본은 크게 납입자본과 이익잉여금, 기타자본요소로 분류할 수 있다. 납입자본은 주주가 실제로 납입한 자본을 의미하는데, 다시 자본금과 자본잉여금으로 구분할 수 있다. 이익잉여금은 회사 설립 이후 벌어들인 이익의 합계액에서 배당금 등 사회유출액을 차감하고 기업에 유보되어 있는 이익을 말하는데, 이는 법정적립금, 임의적립금, 미처분이익잉여금으로 세분화할 수 있다. 마지막 항목인 기타자본요소는 자본조정과 기타포괄손익누계액을 포함한다.

〈표 2-11〉 자본의 분류

1. 납입자본	
1-1. 자본금	• 보통주자본금 • 우선주자본금
1-2. 자본잉여금	• 주식발행초과금 • 기타자본잉여금: 주식발행초과금, 감자차익, 자기주식처분이익
2. 이익잉여금	
	• 법정적립금: 이익준비금(상법) • 임의적립금: 배당평균적립금, 사업확장적립금 • 미처분이익잉여금(또는 미처리결손금)
3. 기타자본요소	
3-1. 자본조정	• 자기주식 • 기타자본조정: 주식할인발행차금, 감자차손, 자기주식처분손실

3-2. 기타포괄손익누계액	매도가능금융자산평가손익, 해외사업장환산손익, 현금흐름위험회피 파생상품평가손익, 재평가잉여금

2. 자본의 분류

(1) 납입자본

자본의 첫 번째 항목으로 납입자본에 대해 알아보자. 납입자본은 자본금과 자본잉여금의 합이다. 자본금은 주주가 기업에 불입한 금액을 말하며, 발행주식 액면금액의 합계와 일치한다. 자본잉여금의 대표적인 항목으로는 주식의 발행금액이 액면금액을 초과하는 경우에 발생하는 주식발행초과금이 있다.

한편, 주식은 그 성격에 따라 우선주와 보통주로 나눌 수 있다. 우선주는 이익배당이나 청산으로 인한 잔여재산의 분배에 대한 권리를 보통주보다 우선적으로 보장받는 주식을 말한다. 우선주는 의결권이 없기 때문에 보통주보다 낮은 가격으로 거래되며, 일정률의 배당을 우선적으로 지급해야 하므로 부채의 성격도 일부 가진다. 보통주는 주식회사가 여러 종류의 주식을 발행할 때 기준이 되는 주식을 말하며, 보통주 주주들은 주주총회에 참가하여 지분비율에 따라 의결권을 행사하고 배당금을 받을 수 있다. 보통주 주주는 채권자와 우선주에 대한 지분을 우선 차감하고 남는 지분에 대해서만 청구권이 있다.

(2) 이익잉여금

자본의 두 번째 항목은 이익잉여금이다. 이익잉여금은 회사의 설립시점부터 영업, 재무, 투자활동과 같은 경영활동을 통해 창출한 순이익의 누적액 중에서 배당이나 납입자본으로 대체된 금액을 제외하고 기업 내부에 유보된 금액을 말한다. 이익잉여금은 당기순이익에 의해 증가하며, 당기순손실, 배당, 결손보전 등의 사건이 발생하면 감소한다. 이익잉여금은 다시 법정적립금, 임의적립금, 미처분이익잉여금으로 나눌 수 있다. 법정적립금은 상법 및 기타 법규에 따라 강제되는 적립금을 의미한다. 이는 결손보전이나 자본전입에 사용할 수 있다. 임의적립금은 회사가 사업확장, 부채의 상환 등을 위하여 배당 등 사외유출을 제한할 필요가 있을 때 회사가 자발적으로 적립하는 금액을 말한다. 이 두 적립금을 합하여 기처분이익잉여금이라고도 한다. 미처분이익잉여금은 법정적립금이나 임의적립으로 처분되지 않고 남아 있는 금액을 말한다.

배당(dividend)은 기업이 영업활동을 통해 창출한 이익 중 일부를 주주들에게 분배하는 것이다. 배당은 이익잉여금을 재원으로 하므로 이익잉여금을 감소시킨다. 현금으로 지급하는 것이 일반적이지만, 현물배당이나 주식배당도 가능하다. 배당의 재원은 이익잉여금이기 때문에 그 기업의 배당성향을 계산할 때에는 당기순이익 정보를 이용한다. 배당성향은 일반적으로 현금배당액을 당기순이익으로 나누어 계산한다. 배당은 기업에 투자한 주주들에게 수익을 분배하는 측면에서 매우 중요하기 때문에 회사들은 배당정책에 많은 관심을 가지고 있다.

우리나라의 기업들은 미국을 비롯한 선진국의 기업들에 비해 배당을 적게 하는 것으로 알려져 있다. 하지만 최근 들어 2011년에 비해 5년간 우리나라 기업의 배당금 규모가 2배로 증가하고 2016년에는 코스피 시장의 현금배당이 처음으로 20조 원을 돌파하는 등 우리나라 기업들의 배당은 꾸준히 증가하는 추세이다.

(3) 기타자본요소

기타자본요소로는 자본조정항목과 기타포괄손익누계액이 있다. 자본조정은 주주와의 자본거래에 해당하나 최종 불입된 자본이 아니거나 자본의 차감성격을 가진 것을 말한다. 자본조정에 해당하는 것으로 자기주식과 기타자본조정 항목이 있다. 자기주식은 자기회사의 주식을 매입으로 취득하여 소각하지 않은 주식을 말한다. 기타자본조정은 주식할인발행차금, 감자차손, 자기주식처분손실 등으로 인해 발생한다. 이때 주의하여야 할 점은 기타자본조정의 항목과 대칭적인 계정인 주식발행초과금, 감자차익, 자기주식처분이익은 기타자본조정이 아니라 자본잉여금에 해당한다.

기타포괄손익누계액은 당기말까지 누적된 기타포괄손익을 의미한다. 기타포괄손익은 손익거래를 통해 자본의 변동을 가져오지만 당기순손익에는 반영되지 않은 항목으로, 총포괄이익 중에서 당기순손익을 제외한 부분을 말한다. 기타포괄손익누계액에 포함되는 항목으로는 매도가능금융자산평가손익, 해외사업장환산손익, 현금흐름위험회피 파생상품평가손익, 재평가이익 등이 있다.

연·구·과·제

1. 우리나라를 대표하는 인터넷서비스 기업인 네이버와 카카오에 대한 다음 기사를 읽어보시오.

올해 매출 네이버 5조 · 카카오 2조 넘는다.
"AI 등 미래 먹거리 공격투자" 한 목소리

국회와 정부의 규제 속에서도 국내 대표 포털사인 네이버와 카카오가 지난해 최고 실적을 기록했다. 양사는 인공지능(AI) 시대를 맞아 '안정' 보다는 '기회'에 초점을 두고 성장을 위한 투자와, 안정적인 재정 마련에 더욱 속도를 높인다는 계획이다.

■ 네이버 "올해도 두 자릿수 성장", 카카오 "새 대표 더 큰 성과 기대"

8일 인터넷 업계에 따르면 네이버는 지난해(2017년) 매출 4조6천785억 원을 기록, 전년 대비 16.3% 성장을 일궈냈다. 연간 영업이익은 1조1천792억 원이며, 당기순이익은 7천701억 원을 달성했다. 이는 전년 대비 각각 7.0%, 1.5% 증가한 수치다. 카카오는 지난해 매출 1조9천723억 원으로 전년에 비해 35% 상승했다. 같은 해 영업이익과 당기순이익은 각각 1천654억 원, 1천251억 원을 기록 전년에 비해 42%, 91% 올랐다.
네이버의 성장은 검색 광고 매출의 꾸준한 증가와 함께 글로벌 메신저 '라인'이 일본과 태국 등 아시아 국가에서 꾸준한 효자 노릇을 하고 있기 때문이다. 또 웹툰이나 동영상 콘텐츠 수익 등이 뒷받침되면서 매출과 영업이익 등에 큰 도움을 주고 있다. 여기에 네이버쇼핑, 네이버페이 등과 같은 편리성을 무기로 사용자들을 끌어 들인 효과도 실적 상승 요인으로 분석된다.

(중략)

카카오는 "주요 매출원인 광고 매출은 전년 동기 대비 두 자릿수 성장을 지속 달성했고 지난해 11월 오픈한 신규 광고 플랫폼의 광고효율과 전환율 역시 좋게 증명됐다."면서 "회사 체계가 잡힌 만큼, 신임 공동대표들이 카카오의 자산들을 한 데 묶어 더 큰 성과를 만들 것으로 기대한다."고 말했다. 하지만 "좋은 기회들이 보이는 영역들에서 공격적으로 투자할 때라고 생각한다."고 밝혔다.

출처: 지디넷코리아, 2018.02.08. 백봉삼 기자 (일부 발췌 및 수정)

2. 한 상장기업(ex.삼성전자)을 골라 금융감독원 전자공시시스템(http://dart.fss.or.kr)에서 가장 최근 회계연도의 연결재무제표(연결재무상태표와 연결포괄손익계산서)를 찾은 후 아래 질문에 답하시오. 연결재무제표를 찾는 방법은 다음과 같다.

1. 금융감독원 전자공시시스템(http://dart.fss.or.kr)에 접속한다.
2. 회사명 입력칸에 선택한 회사명을 입력하고, 최종보고서는 '체크', 기간은 '전체'에 체크한다. 그리고 바로 아래 네모 칸에 있는 정기공시를 누른 다음에 '사업보고서'에만 체크를 한 후 '검색'을 누른다.
3. 그러면 선택한 회사의 사업보고서가 연도별로 나온다. 앞에 [기재정정]이라고 되어 있는 것은 '정정 후'의 보고서이고, 아무 표시가 없는 것은 '정정 전' 혹은 '수정을 할 필요가 없어서 하지 않은 보고서'이다. 최종보고서에 체크를 한 경우에는 정정 후 보고서만 볼 수 있다. 재무제표를 다운로드 받기 위해서는 '사업보고서(연도.결산월)'를 클릭한다.
4. 사업보고서는 재무제표를 포함한 기업의 전반적인 상황을 나타내는 방대한 보고서이다. 이 사업보고서 안에서 다시 연결재무제표를 찾아야 한다. 위쪽에 '+첨부선택+'을 눌러서 '연결감사보고서'를 클릭하면 연결재무제표 표지가 나온다. 연결재무상태표와 연결손익계산서를 보려면 왼쪽 목차에서 '연결재무제표'를 선택한다. 재무제표의 주석 내용을 보고 싶으면 역시 왼쪽 목차에서 '연결재무제표에 대한 주석'을 선택한다.

(1) 가장 최근 회계연도 기준 선택한 회사의 총자산, 총부채, 총자본, 유동자산 및 유동부채는 얼마인가?
(2) 재무제표에는 전기(작년)의 정보도 비교목적으로 함께 표시되어 있다. 전기 총자산, 총부채, 총자본, 유동자산 및 유동부채는 얼마인가?
(3) 선택한 회사의 기업가치를 재무상태표에 기초하여 평가할 때 추가적으로 고려해야 하는 것들은 무엇이 있는가?

3. ㈜금상은 2018년의 감사보고서의 주석에 다음과 같이 장기차입금 내역 및 향후 상환계획을 공시하였다. 향후 신규 차입금이 없고 상환스케줄대로 상환이 이루어진다면, 2020년 12월 31일자 재무상태표에 보고될 유동성장기부채(1년 이내에 상환해야 하는 장기차입금)는 얼마인가?

(1) 2018년 12월 31일 현재 장기차입금의 내역은 다음과 같다.

(단위: 백만 원)

차입처	차입용도	금액
산업은행 외	시설대	20,000
우리은행 외	일반대	15,000
계		35,000
유동성장기부채		25,000
비유동부채		10,000

(2) 장기차입금(유동성장기부채 포함) 연도별 상환계획은 다음과 같다.

(단위: 백만 원)

차입 종류	금액	상환계획			
		2019년	2020년	2021년	2022년 이후
장기차입금	35,000	25,000	4,000	1,500	4,500

3

CHAPTER

손익계산서를 이용한 기업분석

손익계산서는 재무상태표와 함께 가장 기본적인 재무제표로서 회계기간 동안 기업의 재무성과를 나타내는 보고서이다. 손익계산서는 당해 회계기간의 영업성과 뿐만 아니라 기업의 수익창출능력과 미래 현금의 예측에 유용한 정보를 제공한다. 본 장에서는 손익계산서의 개념과 목적에 대해 살펴본 뒤, 손익계산서의구성항목에 대해 학습한다. 이를 위해 수익과 비용의 정의 및 인식기준에 대해 알아보고, 수익과 비용의 종류에 대해 알아본다. 또한 구체적인 사례와 예제를 통해 수익 및 비용에 속하는 주요 계정과목의 정의 및 분석 시 유의해야 할 점을 살펴본다.

3.1 손익계산서의 개념

1. 손익계산서의 의의 및 구조

(1) 손익계산서의 개요

가계부는 일정 기간 동안 얼마를 벌고 얼마를 써서 얼마가 남았는지를 보여 주는 성적표이다. 마찬가지로 손익계산서 또한 일정 기간 동안의 기업의 성적표라고 이해하면 된다. 즉 기업이 일정 기간 동안 영업을 하여 얼마를 벌어들였고(수익), 얼마를 써서(비용) 결과적으로 수중에 남긴 돈(이익)이 얼마인지를 보여 주는 것이 손익계산서(income statement)이다. 분기보고서의 경우에는 성적을 매기는 기간이 3개월이며, 반기보고서는 6개월, 사업보고서는 1년이다.

앞서 재무상태표는 일정 시점에 기업이 보유하고 있는 자산, 부채, 그리고 자본 항목에 대하여 소상히 보여 주는 보고서라고 배웠다. 그렇다면 손익계산서는 재무상태표와 완전히 별개의 보고서일까? 그렇지 않다. 두 보고서는 그 성격은 상이하지만 긴밀하게 연결되어 있다. 4장에서 재무상태표의 자본 항목에 대하여 배웠는데, 그중 이익잉여금의 정의를 떠올려 보자. 회사가 배당 등으로 지출한 금액은 없다고 할 때, 이익잉여금은 회사의 창립 이래로 현재까지 쌓인 순이익을 의미한다. 이 순이익은 바로 매 연도의 손익계산서로부터 비롯된다. 예를 들어 20X1년에 창립한 회사의 20X1년도 순이익이 10원, 20X2년도 순이익이 20원이었다면 20X2년의 이익잉여금은 이 둘의 합인 30원이 된다. 즉 손익계산서의 당기순이익 금액은 결국 재무상태표의 이익잉여금 항목으로 흘러들어 가게 되어 순이익이 발생한 경우 자본이 증가하고, 순손실이 발생한 경우 자본이 감소한다. 이러한 관계를 도식화하면 [그림 3-1]과 같다. 전년도 말 보유한 자산과 부채를 도대로 당기의 수익과 비용이 발생하며, 그 차이인 이익(손실)은 당기 말 재무상태표의 자본에 가산(차감)된다.

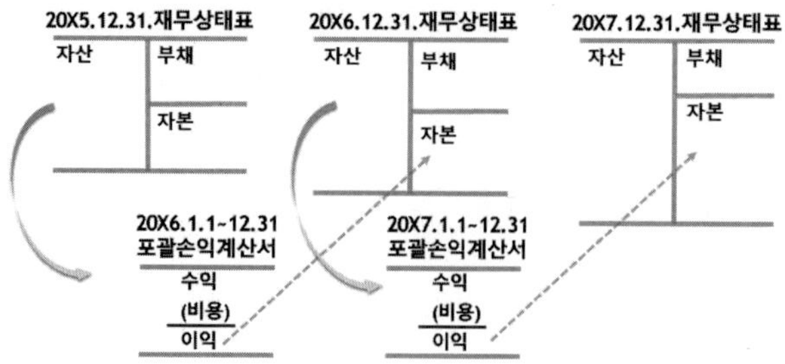

[그림 3-1] 재무상태표와 손익계산서의 관계

(2) 손익계산서의 목적

기업의 다양한 이해관계자의 최대의 관심사는 경영성과이다. 재무상태표를 보면 재무적으로 건전한 기업인지 아닌지를 판단할 수 있지만, 그것으로 올해 실적이 좋다는 것인지 아닌지의 여부를 판단할 수는 없다. 하지만 손익계산서를 보면 기업이 벌어들인 수익과 수익을 창출하기 위해 소요된 비용, 그리고 그 결과 순수하게 얼마의 이익을 남겼는지가 일목요연하게 정리되어 있다. 그러므로 손익계산서를 통해 정보이용자들은 기업의 경영성과를 확인하고, 전년도 실적 또는 동종업계 유사 기업의 경영성과와의 비교를 통해 성과가 상대적으로 좋은지 나쁜지를 파악할 수 있다.

2. 수익 및 비용 인식의 원칙

수익과 비용의 인식을 이해하려면 현금주의와 발생주의의 개념이 필수적이다. 현금주의는 현금이 유입되고 유출되는 시점에 해당 경제적 거래를 장부상에 기록하고, 발생주의는 해당 거래나 사건이 발생한 기간에 해당 경제적 거래를 장부상에 기록한다. 발생주의에 따른 수익의 인식기준은 가득기준과 실현기준을 따른다. 가득기준이란 기업이 자신의 의무를 모두 완료하였을 때 수익이 가득되었다고 한다. 즉, 기업이 고객에게 상품을 인도하였거나, 용역을 제공하였다면 기업은 자신의 의무를 다한 것이므로 수익 인식의 기준 중 가득기준을 충족시켰다고 볼 수 있다. 실현기준이란 기업이 상품이나 용역을 제공한 후에 그 대가로 현금 또는 현금청구권을 수취하였을 경우를 의미한다. 한편, 발생주의에 따르면 비용은 '수익비용 대응의 원칙'에 따라 수익을 인식한 기간에 비용도 인식한다. 예를 들어 특정 기간에 투입된 자원이 여러 해에 걸쳐 수익을 창출한다면, 투입된 자원 역시 해당 수익이 발생하는 여러 해에 나누어 비용으로 인식해야 한다. 이렇게 비용의 인식 시기를 수익의 인식시기와 일치시키는 이유는 해당 기간에 발생한 이익을 보다 정확하게 측정하기 위함이다.

3.2 수익

> 수익의 정의
>
> 수익은 일정 기간 동안 기업의 정상적인 영업활동에서 발생한 경제적 효익의 총유입을 의미한다. 그 예로 매출액, 이자수익, 배당수익 등이 있다. 수익이 발생하면 자산이 증가하거나 부채가 감소하며 결과적으로 자본이 증가하게 된다. 예를 들어 매출이 발생하면 현금매출의 경우 현금, 외상매출의 경우 매출채권의 자산이 발생하며, 당기순이익이 증가하여 자본 또한 증가한다.

1. 영업수익(매출액)

손익계산서의 수익 항목 중 가장 핵심적인 것이 매출액이다. 매출액이란 기업이 영업활동을 영위하며 재화나 용역을 판매하여 벌어들인 수익을 의미한다. 화장품을 판매하는 기업에게는 화장품 판매를 통해 번 돈이 될 것이며(재화), 관광업체에게는 가이드서비스를 제공하여 번 돈이 될 것이다(용역). 화장품 제조업체를 기준으로 설명한다면 매출액은 화장품 1개당 가격과 판매수량의 곱이라고 할 수 있으므로, 기업이 가격을 얼마로 책정했는지, 그리고 이번 연도에 총 몇 개를 팔았는지에 의해 결정된다. 그런데 단순히 손익계산서에 기록된 당기의 매출액 금액만 봐서는 많은 정보를 얻기가 어렵다. 〈표 3-1〉의 주식회사 ABC의 손익계산서 예시를 통해 매출액이 30억 원이라는 것을 알 수 있지만, 정보이용자는 매출 규모가 얼마라는 것뿐만 아니라, 결과적으로 기업이 올해 영업을 잘했는지 못했는지를 알고 싶어 한다.

이를 위해서는 적절한 비교 대상이 필요하다. 가장 기본적으로는 기업의 과거 매출액과 비교할 수 있는데, 예를 들어 전기 매출액이 20억 원이었던 경우에는 올해 매출액 30억 원을 긍정적으로 평가하겠지만, 전기 매출액이 40억 원이었다면 당기 매출은 훨씬 부진했다고 평가하게 될 것이다.

〈표 3-1〉 **수익의 종류**

손익계산서		
20XX년 1월 1일부터 20XX년 12월 31일까지		
㈜ABC		(단위: 백만 원)
1. 매출액		3,000
2. 매출원가		2,400
3. 매출총이익		600
4. 판매비와 관리비		
급여	200	
퇴직급여	50	
복리후생비	30	
접대비	40	
감가상각비	150	
광고선전비	30	500
5. 영업이익		100
6. 영업외수익		
이자수익	2	
배당금수익	3	
임대료수익	4	
유형자산처분이익	1	10
7. 영업외비용		
이자비용	5	
유형자산처분손실	2	7
8. 법인세비용차감전순이익		103
9. 법인세비용		23
10. 당기순이익		80

그렇다면 기업의 성과를 평가할 때 매출액이 가장 중요한 것일까? 매출액도 중요하겠지만, 매출만큼이나 또는 매출액보다 더 중요하게 따져 보아야 하는 것이 수익성이다. 기업의 매출 규모가 아무리 크더라도 수익성이 낮다면, 매출을 통해 실제로 손에 들어오는 돈은 얼마 되지 않을 것이기 때문이다. 기업의 수익성을 나타내는 대표적인 지표는 손익계산서의 영업이익과 당기순이익이다. 실제로 기업의 실적이 공개될 때 언론이나 투자자가 가장 관심 있게 보는 것도 이러한 이익 지표들이다. 이익은 수익에서 비용을 제외하고 남은 돈으로, 기업이 순수하게 벌어들인 성과를 보여 준다. 만약 한 기업이 매출액으로는 업계 1위이지만 수익창출을 위해 막대한 비용이 들어가 이익의 규모는 작은 반면, 업계 2위 기업이 매출액의 규모는 상대적으로 작지만 더 효율적으로 기업을 운영한 결과 비용이 적게 발생해 이익의 규모가 더 크다면, 단순히

매출 규모를 기준으로 두 기업의 순위를 매기는 것은 바람직하지 않을 것이다. 따라서 손익계산서를 보고 성과를 평가할 때에는 규모와 수익성을 함께 고려하여 판단해야 어느 한쪽에 치우치지 않은 종합적인 평가를 내릴 수 있다.

기업이 수익인식 시점을 조정할 수 있을까? 기업은 생산하는 제품의 특성, 운송과정 및 고객의 신용등급 등을 가장 잘 알고 있으며, 제품의 운송과정 등을 조절할 수 있다. 실제 기업의 수익 및 매출채권 계정 분석을 통해 수익 인식 시점을 조정한 징후가 있는지 살펴보자. 해당 기업이 수익인식 시점을 조절했는지를 살펴보는 하나의 방법으로 분석기업과 동일 업종에 속한 기업 중에서 비슷한 규모를 가지고 있거나 기타 유사한 특징을 지니고 있는 회사를 골라서 비교해 보는 방법이 있다.

〈표 3-2〉는 A기업과 B기업의 수익 및 매출채권 분석을 나타낸 것이다. A기업의 20x3년 매출에서 매출채권이 차지하는 비중은 약 37%이다. 이는 유사기업인 B기업도 비슷한 수치(35%)이다. 20x4년에 매출 대비 매출채권 비중은 B기업은 33%로 전년 대비 비슷하지만, A기업은 그 비율이 50%로 크게 증가하였다. 이는 매출 대비 매출채권을 지나치게 많이 인식했다는 것으로, 현금으로 회수하지 못한 매출이 상당히 많다는 것이다. 이 경우 실제로 고객에게 물건을 판매하지 않았음에도 불구하고, 의도적으로 매출을 증가시킨 것은 아닌지를 의심해 볼 수 있다. 이는 매출과 매출채권의 증가율을 보아도 알 수 있다. 20x4년에 A기업의 매출은 1.86%밖에 증가하지 않았으나, 매출채권은 37.71%나 증가하였다. 실제로 A기업은 20x7년에 20x4년도의 경영실적을 부풀려서 보고했다고 공시하였다.

〈표 3-2〉 A기업과 B기업의 수익 및 매출채권 분석 (단위: 억 원)

기업	항목	20x2	20x3	비율	증가율	20x4	비율	증가율
A기업	매출	830	807	100%	−2.77%	822	100%	1.86%
	매출채권	312	297	37%	−4.81%	409	50%	37.71%
B기업	매출	824	843	100%	2.31%	968	100%	14.83%
	매출채권	314	291	35%	−7.32%	319	33%	9.62%

2. 영업이익

영업이익은 기업의 가장 중심적인 영업활동과 관련하여 발생한 손익을 의미하기 때문에 기업의 가치평가를 위한 핵심적인 정보라고 볼 수 있다. 매출액에서 매출원가를 차감하면 매출총이익이 나오고, 매출총이익에서 판매비와 관리비를 차감하면 영업이익이 나온다. 여기서 매출액은 판매활동에 해당하고, 매출원가는 생산 및 제조 활동에 해당하며, 판매비와 관리비는 판매관리활동에 해당한다. 즉, 영업이익을 정의하는 데에는 판매활동, 생산 및 제조활동, 판매관리활동 등이 포함되는데, 이러한 활동들을 모두 종합하여 영업활동이라고 한다.

영업이익은 영업수익에서 영업비용을 차감한 방법으로 계산할 수도 있다. 이때 영업비용 인식하는 방법을 이용하여 회계분식이 가능할 지 생각해보자.

판매비와 관리비는 영업비용(operating expenses)의 항목 중에서 가장 큰 비중을 차지하는 비용 중 하나이다. 연구개발비용을 자산으로 처리하느냐 비용으로 처리하느냐에 따라 판매비와 관리비가 달라져 영업이익에 영향을 줄 수 있다. 한국채택국제회계기준(K-IFRS) 하에서 연구개발비는 연구비와 개발비로 나누어서 연구비는 당기 비용으로 처리하고, 일정 요건을 만족시키는 항목은 개발비로 분류되어 자본화된다. 즉 일정한 요건을 만족시키는 연구개발비는 '개발비'라는 무형자산으로 인식될 수 있다. 구체적으로 1) 무형자산을 사용하거나 판매하기 위해 그 자산을 완성할 수 있는 기술적 실현가능성, 2) 무형자산을 완성하여 사용하거나 판매하려는 기업의 의도, 3) 무형자산을 사용하거나 판매할 수 있는 기업의 능력, 4) 무형자산의 미래 경제적효익의 창출, 5) 무형자산의 개발을 완료하고 그것을 판매하거나 사용하는 데 필요한 기술적, 재정적 자원 등의 입수가능성, 6) 개발과정에서 발생한 무형자산 관련 지출의 신뢰성 있는 측정의 조건들을 만족할 때 연구개발 관련 지출은 개발비로 분류되어 자산화될 수 있다.

예를 들어 특정 회계기간에 100억 원의 연구개발 관련 지출이 있었다고 가정하자. 100억 원의 연구개발비가 모두 무형자산 인식요건을 만족하지 못한다면, 모두 당기의 비용으로 처리되어 당기이익은 비용으로 인식된 만큼 감소하게 된다. 그러나 100억 원이 개발비로 자본화된다면, 이 지출은 재무상태표의 무형자산으로 인식되어 당기의 이익에 영향을 주지 않는다. 이렇게 연구개발비를 비용으로 처리하는 것과 자산으로 처리하는 것에 따라서 영업이익이 달라질 수 있기 때문에, 경영자들은 연구개발비가 무형자산 인식요건을 만족시키지 않음에도 연구개발비를 자산화하여 영업이익을 높게 보고하려는 유인이 있을 수 있다. 또한 연구비와 개발비를 구분하는데 모호한 면이 있어서 연구개발비 관련하여 재무제표가 재작성되는 경우가 있다.

2017년 회계연도에 바이오기업들은 과거에 인식한 개발비와 관련해 재무제표를 재작성한 경우가 많았다. 구체적으로, 몇몇 바이오기업들은 과거에 개발비(무형자산)로 인식했던 개발단계에서의 지출을 재검토한 후 오류로 판단되는 것들은 비용으로 수정하여 재무제표를 재작성하였다. 즉 오류를 수정하기 전에는 연구개발 관련 지출이 개발비라는 무형자산으로 인식되었기 때문에 비용으로 인식될 때보다 비용이 적게 인식되어 영업이익은 그만큼 높게 보고되었다. 그러나 과거의 지출이 무형자산 인식요건을 충족하지 못하는 것으로 수정되면서 비용으로 계상되어 영업이익은 그만큼 감소하였다.

예를 들어 코스닥 상장사 제넥신은 2015년과 2016년에 개발비(무형자산)로 인식하였던 연구개발비를 비용으로 처리하는 것으로 수정하였다. 즉 무형자산으로 처리했던 연구개발 관련 지출을 오류로 판단하여 모두 판매비와 관리비로 처리하여 무형자산이 감소하고, 영업이익도 비용처리 된 만큼 감소하였다. [그림 3-2]는 제넥신의 감사보고서에 기술된 오류정정 내용을 보여 주며, [그림 3-3]은 제넥신의 재무제표 주석 부분으로 회계오류의 수정이 재무상태표에 미치는 영향을 보여준다.

〈제넥신 감사보고서(2017.12) 발췌〉

강조사항

감사의견에는 영향을 미치지 않는 사항으로서 이 감사보고서의 이용자는 다음 사항에 대하여 주의를 기울여야 할 필요가 있습니다.

재무제표에 대한 주석 36에서 설명하고 있는 바와 같이, 회사는 당기 중 개발비 자산화 요건의 재검토 과정에서 개발비 관련 과거 회계오류를 수정반영하여 2016년 12월31일로 종료하는 회계연도의 재무제표를 재작성 하였습니다. 상기 회계오류의 수정으로 인하여 2016년 12월 31일 현재 회사의 개발비 및 순자산이 40,119백만 원만큼 감소하였으며 2016년 12월 31일로 종료되는 회계연도의 당기순손실이 5,902백만 원 증가하였습니다.

[그림 3-2] **제넥신 감사보고서(2017.12)**

- 전전기 및 전기재무제표 재작성

(1) 회사는 당기 중 개발비의 자산화 요건과 관련된 회계처리 검토과정에서 발견된 회계오류를 수정반영하여 2015년 12월 31일과 2016년 12월 31일로 종료하는 회계 연도의 재무제표를 재작성하였습니다.

(2) 상기 개발비 관련 회계오류의 수정으로 인하여 비교표시된 2015년과 2016년 기초와 기말의 재무상태표에 미치는 영향은 다음과 같습니다.

(단위: 천 원)

구분	2015년 기말		2015년 기초	
	수정전	수정후	수정전	수정후
무형자산	35,675,562	1,458,520	20,649,762	1,523,769
자산총계	142,100,586	107,883,544	114,111,696	94.985.702
이익잉여금	(41,702,368)	(75,919,410)	(40,003,610)	(59,129,603)
자본총계	125,766,344	91,549,303	100,932,487	81,806,493

(단위: 천 원)

구분	2016년 기말		2016년 기초	
	수정전	수정후	수정전	수정후
무형자산	44,814,830	4,695,804	35,675,562	1,458,520
자산총계	198,711,948	158,592,922	142,100,586	107,883,544
이익잉여금	(66,408,779)	(106,527,805)	(41,702,368)	(75,919,410)
자본총계	170,244,079	130,125,052	125,766,344	91,549,303

[그림 3-3] **제넥신 사업보고서 재무제표 주석(2017.12)**

2017년에 다른 코스닥 상장사 바이오메드도 과거에 개발비(무형자산)로 자산화하였던 금액의 일부를 비용으로 회계처리를 변경하였다. 구체적으로 바이오메드가 2015년에 93억, 2016년에 149억 원의 연구개발비를 개발비(무형자산)로 인식하였는데, 2017년 사업보고서에서는 2015년에 66억 원, 2016년에 126억 원으로 수정하였다. 이렇게 수정된 개발비(무형자산)금액만큼 바이오메드의 과거 손익도 수정되었다. [그림 3-4]는 바이오메드의 감사보고서에 기술된 오류정정 내용을 보여준다.

〈바이오메드 감사보고서(2017.12) 발췌〉

강조사항

감사의견에는 영향을 미치지 않는 사항으로서 이 감사보고서의 이용자는 다음 사항에 대하여 주의를 기울여야 할 필요가 있습니다.

재무제표에 대한 주석 33에서 설명하고 있는 바와 같이, 회사는 당기 중 개발비 자산화 요건의 재검토 과정에서 개발비 관련 과거 회계오류 및 약정에 따라 보전받은 비용의 회계오류를 수정반영하여 2016년 12월31일로 종료하는 회계연도의 재무제표를 재작성 하였습니다. 상기 회계오류의 수정으로 인하여 2016년 12월 31일 현재 회사의 개발비 및 순자산이 49,504백만 원만큼 감소하였으며 2016년 12월 31일로 종료되는 회계연도의 당기순이익이 1,264백만 원 감소하였습니다.

[그림 3-4] **바이오메드 감사보고서(2017.12)**

줄기세포 치료제 전문기업인 파미셀의 경우에는 과거에 인식하였던 개발비가 회수가 어렵다고 판단하여 손상차손을 인식하였다. 파미셀은 2016년 말 기준으로 391억 원의 개발비가 무형자산으로 인식되어 있었는데, 2017년에 308억 원의 손상차손을 인식하였다. 이에 따라 손상차손을 인식한 만큼 이익이 감소하여 2017년에 392억 원의 당기순손실을 보고하였다. [그림 3-5]는 파미셀의 사업보고서 재무제표 주석에 기술된 개발비의 손상차손 내역을 보여준다.

● 무형자산

(1) 당기 중 무형자산의 변동내역은 다음과 같습니다.

(단위: 천 원)

구분	영업권	산업재산권	개발비	소프트웨어	합계
기초금액	19,550,664	101,907	39,123,591	61,071	58,837,233
〈증가내역〉					
내북개발	–	–	479,253	–	479,253
〈감소내역〉					
상각	–	(26,689)	(2,708,576)	(25,215)	(2,760,480)
손상차손	(3,513,399)	–	(30,816,819)	–	(34,330218)
기말금액	16,037,265	75,218	6,077,499	35,856	22,225,788

[그림 3-5] 파미셀 사업보고서 재무제표 주석(2017.12)

이렇듯 연구개발비를 자산으로 인식하느냐 비용으로 처리하느냐에 따라 기업의 영업이익이 영향을 받기 때문에 투자자들은 이러한 점에 유의하여 재무제표를 살펴보아야 한다.

3. 영업외수익

기업은 주된 영업활동을 통해 수익을 창출하지만 영업 외의 활동을 통해 돈을 벌기도 한다. 예를 들어 기업이 남는 현금으로 투자한 자산에서 수익이 발생할 수도 있고, 기존에 보유하고 있던 자산을 처분하는 과정에서 이익이 발생할 수도 있다. 이러한 영업외수익의 대표적 항목인 이자수익, 배당금수익, 임대료수익 및 유형자산처분이익에 대하여 자세히 살펴보도록 하자.

(1) 이자수익

기업은 여유자금을 가지고 여러 가지 자산에 투자한다. 그 형태는 입출금예금부터 정기예금이나 정기적금, 또는 채권이나 주식에 이르기까지 다양하다. 이러한 자산은 만기가 언제인지, 자산을 보유한 목적이 무엇인지에 따라 현금및현금성자산이나 단기금융상품과 같은 유동자산, 또는 장기금융상품이나 투자자산과 같은 비유동자산으로 분류한다고 설명한 바 있다. 주식을 제외한 나머지 자산에서는 투자의 대가로 이자수익을 얻게 된다. 입출금예금은 주기적으로 이자수익이 통장에 입금되며, 정기예금 및 정기적금은 만기 시 원금 및 이자를 수령하게 된다. 국공채에 투자한 경우에도 정해진 시기에 이자를 받을 수 있다. 이렇게 영업활동 외의 투자활동에서 벌어들인 이자수익은 영업외수익이라는 항목으로 기록된다. 다만 은행과 같이 돈을 굴려 이자를 벌어들이는 것이 주된 영업활동인 경우에는 이자수익이 영업외수익이 아닌 매출액으로 기록된다는 사실을 기억하자.

(2) 배당금수익

기업은 채권뿐만 아니라 다른 기업의 주식에도 활발히 투자한다. 일반적으로 같은 계열사의 기업에 대한 지분을 보유하고 있는 경우가 많은데, 기업이 투자하고 있는 회사(피투자회사)가 주주들에게 배당을 하는 경우 수령한 배당은 손익계산서상 배당금수익으로 기록된다. 즉 A기업이 B기업의 주식을 20% 보유하고 있는데 B기업이 10억 원의 배당을 지급한다면, A기업은 법인주주로서 지분율에 해당하는 2억 원만큼의 배당수익을 얻게 되어 영업외수익이 그만큼 증가하게 되는 것이다.

(3) 임대료

기업은 토지나 건물 등의 부동산을 소유하면서 실제 자신이 영업활동을 하는 데 이를 이용하기도 하지만, 여유 부동산이 있는 경우에는 투자의 목적으로 타인 또는 타 기업에 임대해 주기도 한다. 이렇게 벌어들인 임대료는 영업외수익의 임대료수익 항목으로 기록된다. 물론 부동산투자가 본업인 경우에는 매출액으로 잡히고, 본업이 아닌 기업의 경우에만 영업외수익으로 기록된다. 임대수익은 규모가 큰 경우가 많고, 부동산 경기의 영향에 따라 규모가 변동된다는 특징이 있다.

(4) 유형자산처분이익

기업이 사업을 영위하다 보면 소유하고 있던 유형자산을 처분하는 경우가 생긴다. 토지나 건물 같은 부동산을 처분할 수도 있고, 더 빈번하게는 기계장치나 자동차와 같이 상대적으로 수명이 짧은 유형자산을 처분하기도 한다. 이때 유형자산을 처분하며 받은 현금이 재무제표상 기록되어 있는 유형자산의 장부금액보다 크면 유형자산처분이익이, 반대의 경우에는 유형자산처분손실이 기록된다. 예를 들어 기업이 기계장치를 팔았다고 하자. 처분일 기준 재무상태표상 기계장치의 장부금액은 100원인데 기계장치를 판 대가로 받은 돈이 120원이라면 20만 원만큼 이익을 본 셈이다. 이 금액이 영업외수익의 유형자산처분이익으로 계상된다.

기업들은 경영상황이 어려울 경우 보유한 유형자산을 처분해 자산을 효율화하고 당기순이익을 부양하기도 한다. 한국경제는 금융감독원 자료를 인용하여 2019년 1월부터 7월까지 경영난으로 생산 중단을 공시한 회사는 전년도 같은 기간보다 두 배 이상 늘고, 토지나 건물 등의 유형자산 매각을 공시한 회사도 전년도 동기간 대비 두 배 늘어났다고 보도했다. IBK기업은행은 2018년도 직원 복지를 위해 보유하던 숙박시설과 기숙사 등을 처분해 자산을 효율화했다. 실제로 기업은행은 2018 사업연도에 전년도에 비해 영업외수익이 554억 원 증가했는데, 이는 대부분 투자부동산이나 유형자산을 처분하여 발생했다.

3.3 비용

> **비용의 정의**
>
> 비용은 일정 기간 동안 기업의 정상적인 영업활동에서 발생한 수익을 얻기 위해 희생한 대가를 말한다. 비용의 대표적 항목에는 매출원가, 급여, 수수료, 감가상각비 등이 있다. 비용이 발생하면 자산이 감소하거나 부채가 증가하여 결과적으로 자본이 감소하게 된다. 예를 들어 상품을 판매하여 매출을 얻기 위해서는 상품이라는 재화를 소비해야 하며, 그 과정에서 재고자산이 감소한다. 또한 비용은 당기순이익을 감소시켜 자본의 이익잉여금 항목에도 영향을 미친다.

1. 매출원가

매출원가는 매출을 발생시키기 위해 직접적으로 든 비용을 가리킨다. 기업이 제화를 판매하기 위해서는 먼저 그 물건을 판매 가능한 상태로 준비해 놓아야 한다. 기업이 판매할 물건을 직접 제조하거나(제품) 완성된 재고자산을 다른 곳에서 구입해 놓는 경우(상품) 재무상태표상에는 재고자산이 기록된다. 재고자산이 나중에 판매되면 현금이 유입될 것이므로 자산의 정의를 충족시키기 때문이다. 그리고 이러한 재고자산이 실제로 판매되는 때에는 가지고 있던 물건을 구매자에게 주었기 때문에 자산은 사라지고, 대신 같은 금액이 손익계산서상 매출원가로 인식된다.

이해를 돕기 위해 빵을 판매하는 제조업체와 유통업체의 경우를 비교하여 설명해 보겠다. A기업은 직원들이 직접 구운 빵을 판매하고, B기업은 타 업체에서 만든 빵을 매일 사다가 판매한다. A기업의 재무상태표에는 빵이 '제품'이라는 항목으로 기록된다. 그리고 이 제품 금액에는 빵을 만들기 위해 들어간 밀가루, 버터 등 원재료를 사 오는 데 들어간 비용과 빵을 만든 직원에 대한 월급 등이 모두 포함된다. 수요일 영업 마감 시점에 A기업이 만들어 놓은 빵이 20만 원어치였는데, 목요일에 이 중 반을 15만 원의 가격에 팔았다고 하자. A기업이 매일 손익계산서를 작성한다면 A기업의 목요일 하루 동안의 매출액은 15만 원이고, 매출원가는 빵을 만드는 데 들어간 비용 10만 원(20만 원/2)이다. 빵 유통업체인 B기업의 경우에는 상황이 더 간단하다. B기업의 재무상태표에는 빵을 사 오는 데 들어간 금액이 '상품'이라는 항목으로 기록되어 있을 것이다. 그리고 이 빵이 실제로 판매될 때 매출과 함께 판매된 빵을 사 온 금액이 상품에서 매출원가로 대체된다.

그렇다면 왜 번거롭게 빵을 재고자산이라는 자산 항목으로 기록해 두었다가 나중에 비용으로 대체하는 것인지 궁금할 수 있다. 회계기준에서는 특정 거래와 관련하여 발생한 수익과 비용을 동일한 회계기간에 인식하도록 하고 있는데, 이를 수익 · 비용 대응의 원칙이라고 부른다. 즉 어떤 물건을 판매하여 발생한 매출을 인식하는 기간에 그 매출을 발생시키기 위해 발생한 비용을 함께 인식하라는 것이다.

㈜SPC삼립은 1968년 설립되어 분식식품과 과자, 빵, 케익 등의 제조 및 판매업을 주로 영위하는 기업으로, 우리나라의 대표적인 제빵 프랜차이즈인 파리바게뜨를 보유한 ㈜파리크라상의 관계회사이다. 〈표 3-3〉은 ㈜SPC삼립의 2018 사업연도의 매출원가 관련 주석 사항을 보여준다. 주석에는 매출원가의 구체적인 내역들이 나와 있다. ㈜SPC삼립의 매출과 관련된 매출원가의 대표적인 항목으로는 상품매출원가, 원재료, 종업원 급여 등이 있다.

〈표 3-3〉 ㈜SPC삼립의 매출원가 내역 (단위: 천 원)

계정과목	매출원가
제품	6,367,898
재공품	(7,766,698)
상품매출원가	1,183,099,926
사용된 원재료	286,059,060
종업원급여	112,438,973
감가상각비	26,762,787
무형자산상각비	652,036
지급수수료	12,682,381
임차료	16,343,655
기타	207,786,710

2. 판매비와 관리비

영업활동을 위해서는 재고자산을 제조하거나 구입하는 비용 외에도 다양한 비용이 발생한다. 빵집에서 빵을 굽는 직원 외에도 빵을 팔고 손님을 응대하는 영업직원이 있을 것이며, 새로 나온 빵을 광고하기 위해 전단지를 제작하는 비용도 발생할 수 있다. 이렇게 영업활동에서 발생한 비용이지만 재고자산의 생산이나 구입과는 직접적인 관련이 없는 비용은 손익계산서의 판매비와 관리비 항목으로 기록된다. 판매비와 관리비는 당기 매출의 발생을 위해 간접적으로 들어간 비용이므로 매출원가처럼 자산으로 기록했다가 비용으로 대체할 필요 없이 바로 비용으로 처리하면 된다.

대표적인 판매비와 관리비로는 직원에 대한 급여, 퇴직급여, 복리후생비, 영업을 위해 거래처 등을 접대하며 발생한 접대비와 교통비, 직원들을 교육시키는 데 들어간 교육훈련비 정도를 들 수 있다. 이 외에 감가상각비도 대표적인 판매비와 관리비 항목 중 하나이다. 토지를 제외한 모든 유형자산은 시간의 경과에 따라 사용 기간 이후에는 그 가치가 소멸되어 더 이상 기업에 경제적 효익을 가져다주지 못한다. 따라서 기업은 유형자산의 내용연수 동안 체계적이고 합리적인 방법으로 배분하여 비용화시키게 된다.

감가상각이 필요한 이유를 두 가지 관점에서 살펴볼 수 있다. 재무상태표 관점에서 자산은 매입 시점에 취득원가로 인식되어 기록되지만, 자산을 사용함에 따라 그 가치가 점차 감소한다. 예를 들어 기업이 기계장치를 500만 원에 구입했다면, 이 기계장치는 재무상태표상 동 금액의 유형자산으로 기록되었을 것이다. 기계장치는 사용할수록 내부 부품이 닳고 성능이 떨어지기 마련이므로, 시간이 지남에 따라 그 가치가 점차 감소한다고 보는 것이 합리적이다. 따라서 재무상태표에 표시되는 유형자산의 금액에서 가치를 차감한 후 표시하는 것이 더욱 적절하다. 손익계산서의 관점에서 보면 기간별 수익과 비용을 적절하게 대응시키기 위해 특정 기간 동안 사용된 유형자산의 원가를 비용으로 인식하는 것이다. 이러한 측면에서는 감가상각을 원가배분 과정이라고 할 수 있다.

그런데 감가상각비는 항상 판매비와 관리비로만 인식되는 것은 아니다. 만약 기업이 소유한 기계장치를 이용하여 물건을 만든다면, 제품을 제조하는 데 소요되는 비용에는 원재료비나 공장직원들의 월급뿐만 아니라 기계장치를 구입하여 사용하는 대가도 포함되어야 한다. 제품을 제조하지 않는다면 구입하지 않았을 기계장치이기 때문이다. 〈표 3-4〉는 S사의 매출원가 및 판매비와 관리비의 주석사항을 보여준다. 주석사항을 보면 매출원가로 분류된 항목들이 판매비와 관리비 항목에 또 나타나 있는 것을 볼 수 있다. 예를 들어 급여는 판매비와 관리비에 2조 1,618억 원이 있고, 매출원가에도 7조 1,676억 원이 있다. 감가상각비도 마찬가지다. 이렇게 같은 항목이 매출원가에도 포함되고 판매비와 관리비에도 포함되는 것은 실수로 두 항목에 중복해서 쓴 것일까?

〈표 3-4〉 **S사의 매출원가 및 판매비와 관리비 주석 사항** (단위:백만 원)

구분	판매비와 관리비	매출원가
제품 및 재공품 등의 변동		−557,262
원재료 등의 사용액 및 상품 매입액 등		86,141,165
복리후생비		1,244,972
급여	2,161,771	7,167,556
퇴직급여	140,986	553,948
지급수수료	4,743,817	
감가상각비	202,229	8,496,634
무형자산상각비	267,063	477,643
광고선전비	904,201	
판매촉진비	1,5[illegible]0,049	
운반비	659,324	
애프터서비스비	618,799	

판매 및 관리활동을 위해 사용한 유형자산의 감가상각비

매입, 제조, 및 생산을 위해 사용한 유형자산의 감가상각비

연구개발 총지출액	13,256,592	
개발비 자산화	−461,030	
기타비용	1,969,665	7,206,872
계	**25,883,556**	**110,731,528**

생산과 관련하여 사용되는 기계장치의 감가상각비는 판매비와 관리비가 아니라, 재고자산 금액에 포함되었다가 제품이 판매될 때 매출원가로 인식된다. 즉 같은 감가상각비라고 하더라도 유형자산이 생산에 사용되었는지의 여부에 따라 손익계산서에 기록되는 비용 항목이 달라진다.

3. 영업외비용

영업외활동에서 발생한 비용은 영업외비용 항목에 기록된다. 기업이 은행으로부터 돈을 빌리고 이에 대한 이자를 납부하는 것은, 영업을 위하여 빌린 돈에서 발생한 것이기는 하지만 주된 영업활동에서 발생한 비용이 아니므로 영업외비용의 이자비용으로 인식된다. 유형자산처분손

그랜드백화점, 백화점 · 할인점에서 손떼나

그랜드백화점이 국내 유통업계에서 생존하는 것은 어렵다는 것은 업계의 중론이다. 하지만 회사는 지난 수년간 꾸준히 영업흑자를 달성해 왔다. 영업구조만 놓고 보면 중위권에 머물며 사업을 영위할 수도 있는 상황인 셈이다.

그랜드백화점이 서둘러 자산매각을 추진하게 된 진짜 이유는 무엇일까. 업계 전문가들은 이 배경에 대규모 이자비용'이 결정적 역할을 했을 것으로 분석한다.

그랜드백화점은 지난해 매출액 1,280억 원, 영업이익 54억 원, 상각전영업이익(EBITDA) 121억 원을 기록했다. 전반적으로 실적은 높지 않지만 매출액 대비 현금창출능력은 뛰어난 편이다.

하지만 그랜드백화점의 순차입금은 1,658억 원에 육박한다. 단기차입금과 유동성장기부채가 각각 380억 원, 1,327억 원이다. 1년 이내 갚아야 하는 '빚'이 1,700억 원을 상회하는 셈이다. 현금성 자산은 82억 원 수준이다.

그랜드백화점은 대규모 차입금으로 인해 상당 수준의 이자비용을 부담하고 있다. 지난해 말 기준 연간 이자비용이 158억 원에 육박한다. 영업이익은 물론 EBITDA 보다 높은 수치다. 쉽게 말해 일 년 동안 영업활동을 통해 벌어들인 수입을 모두 투입해도 차입금에 대한 이자를 갚을 수 없다는 뜻이다.

머니투데이 2011.05.11. 오동혁 기자

실도 대표적인 영업외비용 중 하나인데, 유형자산의 처분으로 받은 현금이 유형자산의 장부금액보다 작을 때 이익이 아닌 손실로 기록된다.

금융수익과 금융비용은 실제 기업의 성과에도 매우 큰 영향을 미친다. 다음의 그랜드 백화점의 기사를 읽어보고 금융수익과 금융비용의 중요성에 대해서 알아보자.

기사에 따르면 그랜드백화점은 대규모 차입금을 사용하였고, 그 결과 상당 수준의 이자 비용을 부담해야 하는 상황이다. 이자비용이 너무 커서 벌어들인 수입을 모두 투입해도 이자를 갚을 수 없는 상황이라고 한다. 그랜드백화점의 상황을 재무제표를 보면서 살펴보도록 하자. 〈표 3-5〉는 그랜드백화점의 재무상태표와 포괄손익계산서를 보여준다. 그랜드백화점의 자산은 약 4,660억 원, 부채는 2,615억 원, 자본은 2,045억 원이다. 총부채 금액 중에서 사채와 차입금은 총 1,697억 원으로 이는 총부채의 65%에 해당한다. 이는 그랜드백화점이 차입금을 과다하게 보유하고 있음을 알려준다. 자금을 차입하면 이에 해당하는 이자비용을 지불해야 하는데, 그랜드백화점은 과도한 차입금을 보유한 대가로 2010년에 총 158억 원의 금융비용을 지불해야 하는 상황이다. 그랜드백화점의 포괄손익계산서를 보면 매출액 1281억 원, 영업이익 55억 원인데, 금융비용이 158억 원이나 발생하여 결국 당기순손실을 기록하였다.

〈표 3-5〉 **그랜드백화점 주식회사의 재무상태표와 손익계산서**

그랜드백화점주식회사 (단위: 원)

재무상태표 (2010년 12월 31일)

과목	제32기
자산	
자산총계	465,971,909,221
부채	
매입채무	25,727,894,655
사채와 차입금	169,743,964,924
기타부채	66,004,908,498
부채총계	261,476,768,077
자본	
자본금	24,100,000,000

그랜드백화점주식회사 (단위: 원)

포괄손익계산서
(2010년 1월 1일 – 2010년 12월 31일)

과목	제32기
매출액	128,083,255,254
매출원가	−74,412,579,309
매출총이익	53,670,675,945
판매비와 관리비	−48,216,309,967
영업이익	5,454,365,978
금융수익	3,262,937,806
금융원가	−15,842,558,947
기타영업외수익	1,907,313,546
기타영업외비용	−2,003,733,234

기타자본구성요소	145,289,063,411
이익잉여금	35,106,077,733
자본총계	204,495,141,144

법인세비용차감전순손실	−7,221,674,851
법인세비용	799,570,213
당기순손실	−6,422,104,638

그랜드백화점이 당기순손실을 기록한 것은 회사가 창출할 수 있는 영업능력보다 훨씬 더 많은 자금을 차입했기 때문이다. 만약, 그랜드백화점의 영업 능력이 매우 뛰어나서 현재의 영업이익이 54억 원이 아닌 540억 원이라면 상황이 어떻게 달라질까? (세율은 22%를 가정하고 분석해보자) 영업이익이 약 540억 원일 경우에는 158억 원의 이자비용을 지급한 것을 고려하더라도 여전히 이익을 낼 수 있다. 계산을 해보면 당기순이익은 327억 원이 된다. 당기순이익을 자본으로 나누어 계산하는 자기자본이익률은 16%로 매우 높은 수준이다. 여기서 추가로 한 가지 가정을 해보자. 영업이익은 약 540억 원 수준으로 매우 높은데 부채를 사용하지 않으면 어떻게 될까? 부채를 사용하지 않으면 금융비용이 발생하지 않으므로 당기순이익은 451억 원으로 매우 높아진다. 반면 부채를 사용하지 않으면 해당 자금을 자기자본으로 조달해야 하므로 자본 총액은 3,745억 원으로 증가한다. 그 결과 자기자본이익률은 12%로 약간 하락하게 되지만 재무상태는 여전히 매우 양호하다(〈표 3-6〉). 하지만 540억 원이 아닌 훨씬 적은 이익을 낸다면 고정적으로 지급해야 하는 이자비용의 부담으로 재무상태가 악화될 수밖에 없다.

〈표 3-6〉 **부채사용 여부에 따른 분석**

(단위: 원)	부채를 사용했을 경우	부채를 사용하지 않았을 경우
영업이익	54,543,659,780	54,543,659,780
금융수익	3,262,937,806	3,262,937,806
금융비용	−15,842,558,947	0
당기순이익	**32,731,950,138**	**45,089,146,117**
자본	204,495,141,144	374,239,106,068
당기순이익/자본 (비율)	**16.01%**	**12.05%**

3.4 비용의 인식

1. 비용의 종류

비용 인식의 원칙은 앞서 설명한 바와 같이 수익비용 대응의 원칙을 따른다. 이 원칙에 따라 손익계산서의 비용은 기간수익을 획득하는 과정에서 소요된 경제적 자원을 정확히 측정하여 '기간비용'으로 인식한다. 만약 특정 기간에 소모된 경제적 자원이 미래 회계기간의 수익에도 영향을 주는 경우는 비용은 어떻게 인식해야 할까? 이 경우에도 수익비용 대응의 원칙에 따라 비용은 수익이 발생하는 여러 회계기간에 나누어 인식해야 한다.

손익계산서에 인식되는 비용은 크게 제품 생산을 위해 직접적으로 소모된 원자재와 노동력, 급여나 사무비 등과 같이 관리부서에서 발생된 지출, 그리고 기계설비와 건축물 등의 유형자산의 감가상각비로 구분될 수 있다. 기업의 경영성과를 정확하게 측정하기 위해서는 매출을 정확하게 측정하여야하며, 이 매출을 창출하기 위해 소모한 경제적 자원도 정확하게 측정해야 한다.

2. 비용인식시점과 현금유출시점이 다른 비용

발생주의 회계와 수익비용 대응의 원칙에 따라 재무제표를 작성하다 보면 비용인식 시점과 현금유출 시점이 다른 경우가 발생한다. 이 경우 미지급비용이나 선급비용과 같은 계정을 이용하여 재무제표를 작성하게 된다. 미지급비용(accrued expense)은 기업이 발생주의에 따라 비용을 인식하고 그 결과 이익을 감소시켰지만, 현금은 기말시점까지 지급하지 않은 경우에 나타난다. 예를 들어 12월 동안 직원들이 회사를 위해 일한 대가로 회사가 직원들에게 지급해야 하는 급여 중 일부는 일반적으로 다음 회계연도의 1월에 현금으로 지급되는 경우에 발생한다. 미지급비용이 발생하면 12월 말에 반드시 그 금액을 인건비 및 미지급급여(부채)로 기록하여 비용과 부채를 인식해야 한다. 한편, 선급비용(prepaid expenses)은 상품이나 서비스의 공급자에게 미리 대금을 지급하지만, 상품이나 서비스는 미래의 회계기간에 수취하게 되는 경우에 발생한다. 예를 들어 기업이 정기간행물을 5년 동안 구독하기로 하였는데 할인을 받기 위해 비용을 일시에 납부하였을 경우에 선급비용 계정이 발생한다.

3. 수입 · 비용 대응의 원칙의 예외

(1) 보수주의 원칙

일반적인 경우에는 수익비용 대응의 원칙에 따라 재무제표를 작성하지만, 수익비용의 대응의 원칙이 적용되지 않는 일부 항목도 존재한다. 수익비용 대응의 원칙이 적용되지 않는 대표적인 예로 보수주의를 들 수 있다. 기업은 부정적인 정보가 발생하는 즉시 당기 손익계산서에 그 영향을 반영해야 한다. 부정적인 정보가 당기가 아니라 미래 현금흐름에만 영향을 미치는 경우에도 당기에 그 영향을 인식해야 한다. 그러나 이러한 항목들은 당기 수익과 직접적인 관련성을 갖지는 않는다. 따라서 당기 손익계산서에 수익으로 인식되는 항목은 없지만, 비용으로 인식되는 항목이 생기는 것이다. 즉, 수익비용 대응의 원칙에 위배되는 것이다.

(2) 수입 · 비용 대응의 원칙에 부합하지 않은 비용

수익비용대응의 원칙에 부합되지 않는 비용 항목이 존재하는 경우를 다음 4가지 구체적인 사례로 살펴보자 첫 번째는 재고자산평가손실이다. 재고자산의 시장가치가 장부금액보다 더 낮다고 판단되면, 그 차이만큼 재고자산의 가치를 감소시킨다. 이때 재고자산평가손실은 이익을 감소시키는 비용 항목으로 인식하지만, 당기 수익에 대응시킬 부분이 없으므로 수익비용대응의 원칙에 위배된다. 두 번째 예로 유형자산평가손실이 있다. 재고자산평가손실과 마찬가지로 유형자산의 시장가치가 장부금액보다 하락한 경우 그 차이만큼 유형자산평가손실을 인식한다. 유형자산의 가치가 하락했다는 부정적인 정보가 차기 수익에 영향을 미치는 부분까지 당기에 즉시 비용으로 반영하기 때문에 수익과 비용의 인식 기간이 일치하지 않는다. 세 번째로 광고 및 홍보비 지출이 있다. 광고 및 홍보의 효과가 차기 매출에 도움이 되더라도 관련한 수익과 현금흐름을 정확히 예측할 수 없기 때문에 당기 비용으로 인식한다. 마지막으로 R&D 지출이 있다. R&D 지출은 일반적으로 당기 수익보다 차기 수익에 더 많은 영향을 미친다. 그러나 차기 수입에 미치는 영향을 객관적이고 신뢰성 있게 추정할 수가 없기 때문에 대부분의 R&D 비용은 당기에 비용으로 처리한다.

4. 자산과 비용의 차이

자원을 투입하였을 때 그것을 자산으로 처리할 수도 있고 비용으로 처리할 수도 있다. 그 구분 기준은 무엇일까? 만약 투입한 자원이 미래의 경제적 효익을 가져다줄 것으로 판단되는 경우에는 자산으로 처리한다. 그러나 미래 경제적 효익의 유입 가능성이 불확실한 경우에는 비용으로 처리한다. 예를 들어 판매할 목적으로 상품을 구입했다고 가정하자. 미래 기간에 상품을 판매하면 기업에 현금이 유입될 것으로 기대되므로 상품의 구입은 자산으로 회계 처리한다. 회계기간 말에 해당 상품이 판매되면 매출원가로 비용으로 인식하며, 회계기간 말까지 회사 내에 남아있다면 재고자산이라는 항목으로 구분하여 자산으로 인식한다. 한편, 기업이 생산성을 높이기 위해 연구개발에 투자한 경우를 생각해보자. 연구개발에 투자한 것은 미래에 경제적 효익을 가져다주는지 불확실한 경우가 많기 때문에 일반적으로 비용으로 처리한다([그림 3-6]).

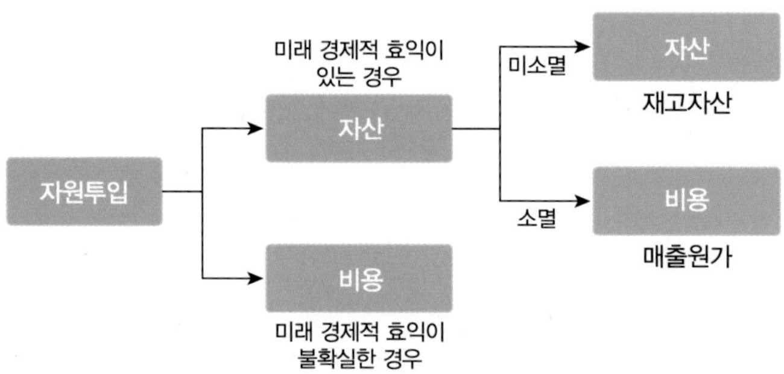

[그림 3-6] 자산과 비용의 구분

연·구·과·제

1. 진한고속의 영업현황 및 재무현황

진한고속은 1986년에 서울을 근거지로 설립된 고속버스 회사로서, 설립과 동시에 전국 사업권을 취득하여 전국을 대상으로 노선을 제공하였다. 진한고속은 서울 근교에 서비스를 제공하기보다는 원거리 노선 서비스에 집중하고 있다. 특히 성능이 좋은 우등고속버스 위주로 노선을 편성하기 때문에, 버스 운임이 다른 버스 업체에 비해 높은 편임에도 불구하고 승객들의 만족도가 높다. 또한 정시 운행, 안전 운행 등 항목에서도 승객의 만족도가 높아서 동일 노선의 다른 고속버스 업체에 비해서도 승객의 탑승 비율이 높다. 진한고속은 이러한 우수한 서비스로 최근 4년 연속 승객이 뽑은 최우수 고속버스 회사에 선정되기도 하였다. 그 결과 영업이익률 측면에서는 업계 최고수준을 기록하고 있다.

진한고속은 원가 절감을 위해 아이디어도 많이 동원하고 있다. '출발 5분전 시동걸기'를 도입하여 공회전으로 낭비되고 있던 연료를 절감하였고, 차량의 무게를 줄이기 위하여 불필요한 물건은 절대로 싣지 않는다. 심지어 철로 된 휠의 무게를 줄이기 위하여 특별히 알루미늄 휠을 제작하여 교체하는 등 노력을 기울이고 있다. 진한고속은 소모품을 정시에 교환하고 차량 점검을 자주 하는 것이 차량 수명의 연장으로 이어져 장기적으로 원가를 절감할 수 있을 뿐만 아니라 차량의 안정성을 높이는 비결이라고 생각하고 있다. 그러나 유지보수만으로는 승객에게 최상의 서비스를 제공할 수 없기 때문에, 진한고속은 관리가 잘 된 중고차량을 제값을 받고 팔고 신규차량으로 교체하는 주기를 짧게 하여 신차의 비율을 높이는 전략을 함께 사용하고 있다. 따라서 보유차량의 평균 수명이 4년 미만으로서 경쟁업체에 비하여 상대적으로 짧다.

다음 〈표 1〉과 〈표 2〉는 진한고속의 재무상태표 일부와 포괄손익계산서를 보여주고 있다. 진한고속의 경우 20x4년의 전체자산 중 유형자산이 차지하는 비중이 53%, 유형자산 중 차량운반구가 차지하는 비중이 78%로서 차량운반구가 유형자산의 가장 큰 부분을 차지함을 알 수 있다.

〈표 1〉 **진한고속의 재무상태표 일부** (단위: 천 원)

구분	20x4	20x3	20x2	20x1
자산총계	37,469,419	31,413,152	22,846,037	21,937,174
유형자산	19,957,760	16,351,860	14,366,444	13,975,842
차량운반구 총액	30,545,536	25,221,581	24,234,156	23,375,598
(감가상각누계액)	(14,884,085)	(12,523,523)	(12,066,144)	(11,347,473)
차량운반구 순액	15,661,451	12,698,058	12,168,012	12,028,125
* 유형자산/총자산	53.26%	52.05%	62.88%	63.71%
*차량운반구순액/유형자산	78.47%	77.66%	84.70%	86.06%

〈표 2〉 **진한고속의 포괄손익계산서** (단위: 천 원)

구분	20x4	20x3	20x2	20x1
매출액	61,773,551	53,010,490	49,174,970	46,716,222
매출원가	38,979,519	34,008,314	31,723,316	30,965,841
매출총이익	22,794,032	19,002,176	17,451,654	15,750,381
판매비와 관리비	14,235,939	12,582,252	11,396,737	11,095,103
감가상각비	**658,261**	**553,339**	**618,133**	**606,902**
기타 판매비와 관리비	13,577,678	12,028,914	10,778,604	10,488,201
영업이익	8,558,093	6,419,923	6,054,917	4,655,278
영업외수익	829,564	961,279	235,335	78,176
영업외비용	958,124	966,756	80,723	49,416
당기순이익	8,429,533	6,414,447	6,209,530	4,684,038
* 매출원가/매출액	63.10%	64.15%	64.51%	66.28%
* 영업이익/매출액	13.85%	12.11%	12.31%	9.97%
* 당기순이익/매출액	13.65%	12.10%	12.63%	10.03%

2. 풍속운수의 영업현황 및 재무현황

풍속운수는 1967년 경상북도 대구에서 시외버스회사로 설립되었다. 풍속운수의 사업초기에는 경상북도 지방을 연결하는 시외버스 단거리 노선을 제공하였으나, 고속도로가 보편화되기 시작한 1980년대부터는 경상남북도 전역까지 영역을 넓혀 시외버스 서비스 영역을 확대하였다. 그러나 1990년대 후반에 들어서면서 시외버스사업의 수익성은 날로 악화되어 쇠락하고 있었다. 지방 국도의 확충으로 승용차 이용이 더욱 증대되었고, 시외버스를 주로 이용하던 지역의 인구가 감소하고 남아 있는 지역주민들도 노령화되어 이동 수요가 감소하였기 때문이다.

대부분의 노선이 경상북도 지역에 집중된 풍속운수 역시도 시외버스 업체이기 때문에 잠재 이용객 감소와 대체 교통수단의 증가에 따른 수익성 하락에서 자유로울 수 없었다. 계속되는 적자로 인하여 풍속운수는 20x1년에 적자노선의 폐지, 흑자 노선 위주의 노선 개편과 인원감축을 골자로 한 구조조정을 실시하였다. 하지만 20x3년에 이어 20x4년에도 계속해서 적자를 기록할 형편이다. 재정상황이 좋지 않기 때문에 신차를 구매하기 보다는 가능한 기존 차량을 고쳐서 사용하는 방법을 사용하고 있어서 차량의 수명도 긴 편이다. 풍속운수는 매출이 줄어드는 상황에서 적정이윤을 확보하기 위하여 원가절감을 최우선 목표로 하고 있다. 버스 회사의 원가 중 가장 많은 비중을 차지하는 것은 인건비와 연료비로서, 풍속운수는 경력이 긴 승무원보다는 경력이 짧은 신입 승무원을 다수 채용함으로서 인건비 비중을 줄이고자 노력하고 있다. 차량의 유지관리 및 정비보수도 원가절감을 위하여 차량의 안전에 문제가 없는 한에서 최소한도로 유지하고 있다.

다음 〈표 3〉과 〈표 4〉는 풍속운수의 재무상태표 일부와 포괄손익계산서를 보여주고 있다.

〈표 3〉 풍속운수의 재무상태표 일부 (단위: 천 원)

구분	20x4	20x3	20x2	20x1
자산총계	**21,687,586**	**22,585,192**	**21,846,869**	**21,611,211**
유형자산	**13,747,782**	**14,380,449**	**14,679,463**	**13,881,027**
차량운반구 총액	19,047,000	20,351,000	20,251,424	20,135,125
(감가상각누계액)	(13,118,621)	(12,083,406)	(11,543,312)	(11,215,265)
차량운반구 순액	5,928,379	8,267,594	8,708,112	8,919,860
* 유형자산/총자산	63.39%	63.67%	67.19%	64.23%
* 차량운반구순액/유형자산	43.12%	57.49%	59.32%	64.26%

〈표 4〉 풍속운수의 포괄손익계산서 (단위: 천 원)

구분	20x4	20x3	20x2	20x1
매출액	**14,162,277**	**15,396,431**	**16,379,781**	**16,379,309**
매출원가	**11,218,503**	**12,163,513**	**12,080,571**	**11,894,452**
매출총이익	**2,943,774**	**3,232,918**	**4,299,210**	**4,484,857**
판매비와 관리비	**3,149,543**	**3,261,616**	**3,261,586**	**3,214,309**
감가상각비	**206,248**	**203,411**	**270,331**	**225,974**
기타 판매비와 관리비	2,943,295	3,058,205	2,991,255	2,988,335
영업이익	**−205,769**	**−28,698**	**1,037,624**	**1,270,548**
영업외수익	**132,123**	**75,617**	**153,471**	**202,584**
영업외비용	**95,142**	**178,025**	**299,918**	**269,620**
당기순이익	**−168,788**	**−131,106**	**891,177**	**1,203,512**
* 매출원가/매출액	79.21%	79.00%	73.75%	72.62%
* 영업이익/매출액	−1.45%	−0.19%	6.33%	7.76%
* 당기순이익/매출액	−1.19%	−0.85%	5.44%	7.35%

위의 〈표 4〉에 포함된 자료에서 알 수 있듯이 풍속운수는 4년간 매출액과 영업이익이 지속적으로 감소하고, 20x3년에 이어 20x4년에도 손실이 예상되어 회사가 위험에 저해 있다는 것을 알 수 있다. 매출액이 감소하는 정도에 비하여 매출원가가 감소하는 비율이 작은데, 그 이유는 매출원가의 상당 부분을 차지하고 있는 경유비가 동 기간 중 상승하였고 인건비 역시 상승하였기 때문이다. 총자산 중 유형자산이 차지하는 비중은 20x4년 기준으로 63% 정도를 차지하는데, 유형자산 중 차량 운반구의 비중은 가장 큰 부분을 차지하여 43%를 차지하고 있다. 신한고속과 비교하여 총자산 중 차량운반구의 비중이 더욱 작다.

매출원가 중 감각상각비가 차지하는 비중은 20x1년 25%로서 해마다 증가해 왔다. 감가상각비가 원가의 상당 비중을 차지하고 있어서, 감가상각방법의 변경이나 감가상각 추정의 변경이 이루어질 경우 감가상각비의 차이가 영업이익이나 당기순이익에 미치는 영향이 클 것으로 여겨진다.

3. 감가상각 추정의 변경

회계기준상 원칙적으로 감가상각비를 계산할 때 사용하는 감가상각방법, 내용연수, 잔존가치 등은 일관되게 계속적으로 사용하는 것이 일반적이지만, 과거의 추정치가 더 이상 기업의 재무상태나 경영성과를 적정하게 반영하지 못한다면, 정당한 사유를 입증할 경우 감가상각 추정을 변경할 수 있다.

감가상각 추정 변경 공시의 예

본 사례에서는 감가상각의 추정을 변경했다. 실무에서는 감가상각방법을 변경하는 경우도 많다. 감가상각 추정이나 방법을 변경하는 경우 해당 내용을 공시해야 하며, 변경이 손익에 미치는 영향이 어느 정도인지를 함께 제공해야 한다. 참고로 감가상각 추정에 대한 공시는 다음과 같이 이루어진다.

[공시 원문] 회계추정의 변경

1.변경대상: 기계장치의 감가상각 내용연수
2.변경내용
    가. 변경 전 10년
    나. 변경 후 8년
3.변경기준일: 20x1년 01월 01일
4.변경사유(이유, 근거): 기술 발전의 가속화로 기계의 진부화가 빨라져 교체주기가 짧아짐. 또한 초기 계획된 생산량에 비해 매년 20% 정도를 더 생산함으로써 기계의 수명이 감소함.
5.손익에 미치는 영향: 20x1년 사업년도 감가상각비 약 32억 원 증가 예상으로 이익감소
6.변경일(이사회결의일): 20x2년 02월 05일
    – 사외이사 참석여부: 참석(명) 3 불참(명) –
    – 감사 참석여부: 참석
7.기타: –

[문제 1]

진한고속은 관리가 잘 된 중고차량을 제값을 받고 팔고 신규차량으로 교체하는 주기를 짧게 하여 신차의 비율을 높이는 전략을 함께 사용하고 있다고 하였다. 이에 반해 풍속운수는 재정상황이 좋지 않기 때문에 신차를 구매하기 보다는 가능한 기존 차량을 고쳐서 사용하는 방법을 사용하고 있어서 차량의 수명도 긴 편이라고 하였다. 〈표 1〉의 진한고속의 재무상태표와 〈표 3〉의 풍속운수의 재무상태표의 20x4년 자료를 이용하여, 풍속운수의 차량이 상대적으로 더 노후화 되었다는 것을 어떻게 확인할 수 있는지 설명하시오.

[문제 2]

진한고속의 차량정비를 담당하고 있는 이완벽 부장은 임원회의에서 다음과 같이 보고하였다.
"지난 20년간의 우리 회사의 정비기록과 차량운행 기록 및 차량매매 자료를 확인한 결과 차량의 수명이 크게 증가한 것을 확인하였습니다. 일단 국내 자동차 기술이 크게 향상되어 버스의 내구성이 증가하였습니다. 특히 우리 회사가 주력하고 있는 우등고속 버스는 일반고속버스나 시외버스에 비하여 장거리 여행을 위하여 더욱 내구성이 뛰어난 고급 부품을 사용하기 때문에 수명이 더 길어졌습니다. 버스 회사의 유지 보수 정책 역시 버스의 실질적인 수명 증가에 영향을 미쳤다고 생각합니다. 유지 보수를 강화하여 정비 설비를 증실한 결과 빠른 시간 내에 고품질의 정비가 가능하게 되었습니다. 철저한 일일 정비 및 운행 후 정비로 고장의 발생이 현저히 감소하였습니다. 기사들에게 충분한 휴식 시간을 제공한 것도 결과적으로 사고 감소로 이어져 차량의 수명이 증가하게 된 원인이 되었습니다. 우리 회사는 현재 운영하는 버스의 감가상각 기간을 6년으로 가정하고 잔존가치는 취득가액의 10%로 가정하여 정액법을 통한 감가상각을 하고 있습니다. 그런데 말씀 드렸듯이 최근 우리 회사 차량의 수명이 크게 증가하였습니다. 계산해 본 결과 감가상각 기간을 7년 정도로 하고 잔존가치는 취득가액의 20% 정도로 하여도 될 것 같습니다. 20%의 잔존가치는, 7년 정도 차량을 운행하고 중고차량으로 매각할 수 있는 매각예상금액입니다."

		변경 전	변경 후
진한고속	상각기간	6년	7년
	잔존가치	취득가액의 10%	취득가액의 20%

연초에 1천만 원의 버스를 취득했다고 가정하자. 위의 두 가지 경우의 감가상각기간과 잔존가치에 대한 추정을 이용하여 새로 취득한 버스의 연간 감가상각비를 계산하시오. 결과를 바탕으로 감가상각기간과 잔존가치의 변경이 재무제표에 미치는 영향에 대해 논의해 보시오.

4

CHAPTER

현금흐름표를 이용한 기업분석

현금흐름표는 현금주의에 기반하여 작성되어 일정 기간 동안 현금의 유출입에 대한 정보를 제공하는 보고서이다. 본 장에서는 현금흐름표의 개념을 학습하고, 현금흐름 정보의 중요성에 대해서 살펴본다. 현금흐름의 개념과 예시를 살펴봄으로써 현금흐름 구성의 중요성을 학습한다. 또한, 현금흐름표의 유용성에 대해 살펴보고, 부실예측에 현금흐름정보를 어떻게 이용할 수 있는지 학습한다. 이어서 경영자의 의사결정과정에서 손익계산서에서 제공하는 이익 정보와 현금흐름표에서 제공하는 현금흐름의 정보를 어떻게 활용할 수 있을지 살펴본다.

4.1 현금흐름표의 개념

1. 현금흐름표

현금흐름표(statement of cash flows)는 일정 기간 동안 현금이 어떤 이유로 얼마나 들어왔고 얼마나 빠져나갔는지를 한눈에 보여 주는 보고서이며, 재무상태표에 표시된 기초 현금및현금성자산과 기말 현금및현금성자산의 차이를 구체적으로 설명해준다. 특정 시점이 아니라 일정 기간 동안의 변동을 보여 주는 표라는 점에서 손익계산서와 비슷하지만, 손익계산서는 발생주의를 적용하여 작성한 것인 반면 현금흐름표는 현금주의를 바탕으로 작성한 것이라는 차이가 있다. 즉, 현금흐름표는 발생주의가 아닌 현금주의에 근거하여 작성되어 기업의 영업, 투자, 재무활동을 통하여 발생한 현금흐름에 대한 중요한 정보를 제공한다. 현금흐름표는 현금의 유입과 유출이 기업의 어떤 활동에서 발생한 것인지에 따라 영업활동으로 인한 현금흐름, 투자활동으로 인한 현금흐름, 재무활동으로 인한 현금흐름으로 구분된다. 참고로 우리나라는 재무상태표와 손익계산서만 공시하다가 1994년부터 현금흐름표도 의무적으로 공시하도록 요구하고 있다.

2. 현금의 정의

현금흐름표에서 지칭하는 현금이란 현금및현금성자산(cash and cash equivalents)을 의미한다. 즉 지폐 및 주화와 같은 통화나 요구불예금과 같은 현금(cash)뿐만 아니라 유동성이 높은 단기 투자자산으로 현금에 준하는 자산으로 간주할 수 있는 현금성자산(cash equivalents)을 포함하는 개념이다. 현금성자산은 제2장에서 자세히 살펴본 바와 같이 확정된 금액의 현금으로의 전환이 용이하고 가치 변동의 위험이 중요하지 않은 투자자산을 가리킨다. 실무적으로는 취득일로부터 3개월 이내에 만기가 도래하는 채무증권, 정기예·적금, 기업어음(commercial paper, CP) 등이 현금성자산에 해당한다.

3. 현금흐름정보

현금및현금성자산에 대한 일부 정보는 재무상태표에서도 얻을 수 있다. 그러나 재무상태표에는 현금및현금성자산의 기초 및 기말 잔액만 표시될 뿐, 당기에 어떤 이유로 얼마만큼 유입 및 유출되었는지에 대한 정보는 확인할 수 없다. 마찬가지로 포괄손익계산서는 당기 중 발생한 손익에 대한 상세한 정보를 제공하지만, 발생주의에 의하여 작성되는 특성상 이익 · 손실은 현금 유입 · 유출액과 반드시 일치하지는 않는다. 예를 들어 기업이 포괄손익계산서에 100원의 순이익을 보고하였다고 하더라도 당기의 현금흐름은 이보다 적은 30원만큼만 증가하였을 수 있다. 만약 기업이 당기에 대규모의 투자를 감행했다면 양(+)의 순이익에도 불구하고 현금흐름은 도리어 감소하였을 수도 있다. 그러므로 현금흐름표는 기업의 주요 영업, 투자, 재무활동과 관련한 현금의 유출 · 유입에 관련하여 다른 재무제표가 제공하지 못하는 중요한 정보를 담고 있다고 할 수 있다.

4. 현금의 중요성

기업의 자산이나 이익도 중요하지만 때로는 그보다 기업이 충분한 현금을 보유하고 있는지가 기업의 생존을 좌우한다. 기업을 인체에 비유하면 자산은 사람의 체격, 당기순이익은 체력, 그리고 현금흐름은 혈액에 해당한다고 볼 수 있다. 아무리 체격과 체력이 좋은 사람이라도 몸에서 피가 정상적으로 흐르지 않거나, 다쳤을 때 피를 제대로 수혈 받지 못하면 죽음에 이르게 된다. 마찬가지로 기업이 아무리 자산이 많고 이익을 많이 내더라도 현금이 제대로 돌지 않고, 긴급한 상황에 맞닥뜨렸을 때 당장 쓸 수 있는 현금이 많지 않다면 한순간에 무너질 수도 있다. 예를 들어 재무상태표상 자산이 많고 영업에서 이익이 나는데도 불구하고 막대한 자금이 매출채권, 재고자산 및 유형자산 등에 묶여 있어 당장 필요한 곳에 사용할 현금이 없게 되면, 회계장부상으로는 이익이 나는 흑자의 상황임에도 불구하고 일시적인 자금흐름이 막혀 회사가 도산할 수 있다. 실제로 많은 기업, 특히 아직 사업이 안정되지 않은 스타트업이나 중소기업들이 현금 부족으로 어려움을 겪고 있다.

5. 현금주의와 발생주의의 차이

앞서 손익계산서는 발생주의를 적용하여 작성하고, 현금흐름표는 현금주의를 적용하여 작성된 재무보고서라고 설명하였다. 그렇다면 구체적으로 발생주의와 현금주의 회계의 특징과 차이점에 대하여 살펴보도록 하자.

(1) 현금주의

현금주의란 현금이 들어오면 수익으로 기록하고 현금이 나가면 비용으로 기록하는 방식을 말한다. 우리가 용돈기입장을 쓰는 방법처럼 단순한 방식이다. 예를 들어 자동차부품을 제조하는 기업이 평소 주기적으로 부품을 사 가는 거래처와 20X4년 5월 1일, 5,000만 원 상당의 매출계약을 하고 부품의 배송까지 마쳤다고 하자. 만약 당장 현금을 받는 것이 아니라 1년 이후 시점인 20X5년 5월 1일에 받기로 했다면, 아직 돈이 들어오지 않았으므로 현금주의 회계에서는 이를 수익으로 기록할 수 없다. 마찬가지로 기업이 자동차부품을 만들기 위해 1,000만 원 상당의 필요한 재료를 구입했지만 그 구입비용을 아직 현금으로 지급하지 않았다면 비용으로 기록하지 않는다. 이렇듯 현금주의 회계는 현금의 유출입만 따지면 되기 때문에 매우 간단하고 관리비용도 적다는 장점이 있다. 그러나 현금주의 회계로는 기업의 진정한 경영성과를 파악하기가 어렵다는 단점이 있다. 앞서 설명한 예처럼 아직 현금을 받지 않았을 뿐 명백한 매출이 발생했음에도 불구하고 현금주의 회계에서는 이 금액이 매출로 잡히지 않기 때문이다(예: 20X4년 매출이 아닌 실제 현금이 유입된 20X5년의 매출로 집계됨). 이러한 현금주의는 수익과 비용을 동일한 기간에 인식할 수 없으므로 기업의 기간별 성과를 왜곡시킨다. 그뿐만 아니라 유형자산의 감가상각비와 같은 현금 유출이 없는 비용도 현금주의 회계에서는 적용할 수가 없다. 이 때문에 회계기준에서는 현금주의 회계가 아니라 발생주의 회계를 사용할 것을 요구한다.

(2) 발생주의

발생주의란 수익이 '발생'하는 경우 현금이 들어왔는지의 여부와 관계없이 수익으로 기록하고, 마찬가지로 비용이 '발생'하는 경우 현금이 나갔는지 여부와 관계없이 비용으로 기록하는 방법을 말한다. 즉 회계거래나 사건이 발생한 기간에 재무제표에 반영하는 것이다. 발생주의 회계에서 수익을 인식하려면 다음의 두 가지 조건을 모두 만족시켜야 한다.

① 실현기준: 수익은 실현되었거나 실현 가능해야 한다. 이는 기업이 영업활동을 통하여 재화나 용역을 제공하고 그 대가로 현금을 받았거나, 아직 받지 않았더라도 나중에 현금을 받기로 했으며 받을 금액을 신뢰성 있게 예측할 수 있어야 한다는 것을 의미한다.

② 가득기준: 기업이 고객에게 재화나 용역을 제공하여 의무를 다한 경우 수익이 가득되었다고 한다. 재화의 경우에는 이미 고객에게 물건을 인도한 것을 말하며, 용역의 경우에는 이미 고객에게 서비스를 제공한 것을 의미한다. 예를 들어 냉면집이 선불제로 운영되어 손님이 음식을 주문할 때 현금을 받고 주방에서 냉면을 만들고 있는 중이라면, 아직 서비스

를 제공한 것이 아니므로 냉면을 서빙하기 전까지는 가득기준을 만족시키지 못한다.

그렇다면 비용은 언제 인식하면 되는 것일까? 회계기준에서는 수익을 실현기준과 가득기준에 따라 인식했으면, 그 수익과 직접적으로 관련된 비용은 같은 회계기간에 인식하도록 한다. 이것을 수익 · 비용대응의 원칙(matching principle)이라고 부른다. 예를 들어, 제품을 만드는 데 100원이 발생했지만 아직 그 제품을 판매하지 못했다면 나중에 판매되어 120원의 매출이 기록될 때까지 기다렸다가 그 기간에 100원을 비용으로 같이 인식하는 것이다. 이렇듯 발생주의를 적용하면 회계기간에 실제로 '발생'한 수익과 비용을 인식하므로 현금주의 회계보다 기업의 경영성과에 대하여 훨씬 유용한 정보를 제공해 준다.

6. 당기순이익과 현금흐름이 차이가 나는 이유

현금주의 회계를 적용한다면 수익과 비용은 각각 현금의 유입과 유출에 일치하므로 기업의 당기순이익과 현금흐름이 일치할 것이다. 그러나 실제 기업들의 재무제표를 살펴보면 당기순이익과 현금흐름이 일치하는 경우는 거의 찾아볼 수 없다. 그 이유는 회계기준이 발생주의 회계를 요구하기 때문이다. 즉 당기순이익과 현금흐름이 차이를 보이는 이유는 현금의 유입이 없는 이익과 현금의 유출이 없는 비용이 손익계산서에 포함되어 있기 때문이라고 할 수 있다. 예를 들어 기업이 당기에 100억 원의 매출을 올렸는데, 그중 10억 원을 아직 현금으로 받지 못했다고 하자. 손익계산서에는 수익이 100억 원이 기록되지만, 당기의 현금흐름은 그중 90억 원만이 유입되었다. 현금의 유입이 없는 10억 원의 이익 때문에 이익과 현금의 차이가 생긴 것이다. 이 10억 원은 외상매출이므로 재무상태표에는 매출채권으로 기록된다. 마찬가지로 당기에 기업이 60억 원의 상품을 구입했는데 그중 5억 원을 몇 개월 후에 지급하기로 했다면, 5억 원은 재고자산을 외상으로 구입한 것이므로 재무상태표에 매입채무로 기록된다. 상품이 전부 팔렸으므로 60억 원은 매출원가로 기록될 것이고, 이와 관련하여 현금은 55억 원이 유출되었으므로 현금유출과 비용 간에 5억 원의 차이가 생긴다.

이렇게 발생주의로 인해 현금과 이익이 달라지는 그 차이 금액을 회계에서는 발생액(accruals)이라고 부른다. 즉 당기순이익에서 현금흐름을 차감한 금액을 말한다. 예를 들어 당기순이익이 10억 원이고 현금흐름은 8억 원이라면 발생액은 2억 원이며, 반대로 당기순이익이 8억 원이고 현금흐름은 10억 원이라면 발생액은 (−)2억 원이다. 즉 발생액은 양수 또는 음수 값 모두 가질 수 있다. 발생액은 현금흐름과는 달리 그 시점(timing)과 금액(amount)이 불확실하다는 특징이 있다. 2억 원의 발생액이 있다고 하더라도 이 금액이 언제 현금화될지, 그리고 2억 원 중 얼마가 현금화될지 사전에 100% 확실하게 알 수는 없다는 것이다. 예를 들어 아직 현금으로 회수하지 못한 매출채권 때문에 2억 원의 발생액이 있다면, 거래처의 상황에 따라 예상했던 것보다 늦게 돈을 받게 될 수도 있고, 거래처가 부도가 난다면 2억 원을 전부 또는 일부를 못 받게 될 수도 있다. 이 때문에 이익과 현금에 차이가 나는 것은 발생주의를 적용하는 회계에서 당연한 일이지만, 그 차이인 발생액 금액이 지나치게 크면 그만큼 불확실성이 높다는 것이므로 좋지 않은 시그널일 수 있다.

4.2 현금흐름표의 분류

〈표 4-1〉은 현금흐름표의 예시로, 제작 가방을 판매하는 ㈜밀로밀로의 5월 한 달간 발생한 거래를 바탕으로 작성된 현금흐름표이다.

현금흐름표에는 재무상태표나 포괄손익계산서와 같이 재무제표의 명칭(즉, 현금흐름표), 기업명, 현금흐름표가 작성된 회계 기간, 표시된 금액의 단위가 먼저 나타난다. 현금흐름은 영업활동 현금흐름, 투자활동 현금흐름, 재무활동 현금흐름으로 분류된다. 현금흐름표에는 가장 먼저 영업활동과 관련하여 발생한 현금흐름을 표시하고 뒤이어 투자활동 및 재무활동으로부터 발생한 현금흐름을 순서대로 표시한다. 이 세 활동으로부터 발생한 순현금흐름의 합계가 현금및현금성자산의 당기 변동금액이 되며, 기초 현금및현금성자산 잔액에 이 변동금액을 합산하면 기말의 현금및현금성자산 잔액이 산출되는 형식으로 보고된다. 마지막 두 항목은 재무상태표의 기초 및 기말 현금및현금성자산의 잔액과 일치한다. 이런 현금흐름표의 구조는 [그림 4-1]에 도식화되어 있다.

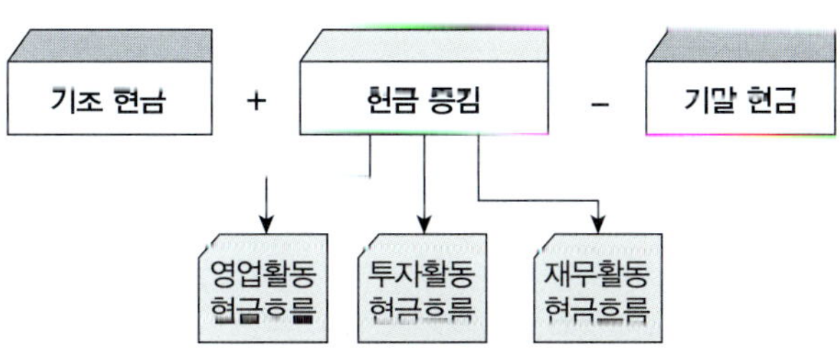

[그림 4-1] 현금흐름표의 구조

㈜밀로밀로는 5월 한 달간 영업활동에서 1,369,270원의 순현금흐름을 창출하였으나 투자활동에서는 172,250원을 지출했으며, 재무활동에서는 440,000원의 순현금흐름이 유입되었다. 그 결과 현금흐름은 1,637,020원 증가하였고, 5월 초 272,000원이었던 현금및현금성자산의 잔액이 5월 말 시점에는 1,909,020원으로 증가하였다.

〈표 4-1〉 **현금흐름표 예시**

현금흐름표
2018년 5월 1일부터
2018년 5월 31일까지

㈜밀로밀로 (단위: 원)

Ⅰ. 영업활동 현금흐름		1,369,270
1. 영업에서 창출된 현금흐름	1,100,500	
고객으로부터의 현금유입	5,560,000	
공급자에 대한 현금유출	(3,750,000)	
영업비용의 지급	(709,500)	
2. 이자의 수취	5,600	
3. 이자의 지급	8,980	
4. 배당금의 수취	3,400	
5. 법인세 납부액	250,790	
Ⅱ. 투자활동 현금흐름		(172,250)
1. 금융상품의 순(증가)감소	105,050	
2. 매도가능금융자산의 처분	9,200	
3. 매도가능금융자산의 취득	(48,000)	
4. 유형자산의 처분	112,000	
5. 유형자산의 취득	(350,500)	
Ⅲ. 재무활동 현금흐름		440,000
1. 차입금의 증가	350,000	
2. 차입금의 상환	(100,000)	
3. 배당금의 지급	190,000	
Ⅳ. 현금및현금성자산의 증가(감소)(Ⅰ+Ⅱ+Ⅲ)		1,637,020
Ⅴ. 기초의 현금및현금성자산		272,000
Ⅵ. 기말의 현금및현금성자산		1,909,020

1. 영업활동 현금흐름

영업활동은 기업의 주된 수익창출활동, 즉 재화 또는 용역을 구입 및 판매하는 모든 활동을 의미한다. 투자활동과 재무활동으로 분류되지 않는 모든 활동이 영업활동으로 분류된다. 영업활동 현금흐름(cash flows from operating activities)은 기업의 정상적인 영업활동으로부터 발생한 순현금흐름을 의미하는데, 기업의 현금창출능력을 판단하기 위한 매우 중요한 척도이다. 〈표 4-1〉에 표시되었듯 영업활동에서 매출을 통하여 유입된 현금흐름에서 재고자산의 구입과 관련하여 지출한 현금과 기타 급여, 광고선전비, 수수료 등의 모든 영업비용 관련 현금지출을 제하여 산출된 것이 영업활동 현금흐름이다. 구체적인 영업활동 현금흐름의 예는 〈표 4-2〉에 정리되어 있다.

참고로 과거 기업회계기준에서는 별도로 요구하지 않았으나 한국채택국제회계기준에서는 이자 수취액과 지급액, 배당금 수취액과 지급액이 정보이용자에게 중요한 정보이므로 별도의 항목으로 구분하여 표시하도록 요구하고 있다.[1] 마찬가지로 법인세로 인한 현금흐름도 별도로 공시해야 하는데, 법인세는 영업활동으로 인해 발생하는 현금 지출이라고 볼 수 있어 재무활동이나 투자활동과 명백하게 관련되지 않는 한 영업활동 현금흐름으로 분류한다.

〈표 4-2〉 **영업활동 현금흐름의 예**

영업활동으로 인한 현금유입		영업활동으로 인한 현금유출
재화 · 용역 제공에 따른 현금유입	일반적 상거래	재화 · 용역 구입에 따른 현금유출
수수료 및 로열티 수취	수수료 등	수수료 및 로열티 지급
법인세 환급	법인세	법인세 납부
이자의 수취	이자	이자의 지급
중개수수료 수취 등	기타	종업원 급여 지급 등

2. 투자활동 현금흐름

투자활동 현금흐름(cash flows from investing activities)은 현금성자산이나 영업활동과 관련된 자산(매출채권, 재고자산 등) 외의 모든 자산을 취득하거나 처분하는 활동으로부터 발생한 순현금흐름을 말한다. 예를 들어 유형자산, 무형자산, 매도가능금융자산, 대여금, 종속기업 또는 관계기업 투자 등과 관련하여 발생하는 현금흐름이 해당된다. 매출채권이나 재고자산과 관련

1) K-IFRS 제1007호 현금흐름표 문단 31: "이자와 배당금 수취 및 지급에 따른 현금흐름은 각각 별도로 공시한다. 각 현금흐름은 매 기간 일관성 있게 영업활동, 투자활동 또는 재무활동으로 분류한다."

하여 발생하는 현금흐름은 영업활동 현금흐름에 포함되는 것에 주의한다. 활발히 투자하는 기업의 경우 투자활동 현금흐름은 음수가 되는데, 이는 기업의 미래 현금창출능력을 확보하기 위하여 지출한 정도를 나타내므로 기업을 평가하기 위한 중요한 지표가 된다. 현금흐름표에는 실제로 유입 또는 유출된 현금흐름만 기록되므로, 유형자산을 외상으로 구입하여 아직 현금을 지출하지 않았거나, 자산을 외상으로 처분하여 아직 현금을 수령하지 않은 경우에는 현금흐름표에 표시되지 않는다. 마찬가지로 유형자산과 관련하여 인식한 감가상각비도 현금흐름에는 영향을 미치지 않는다. 구체적인 투자활동 현금흐름의 예는 〈표 4-3〉에 정리되어 있다.

〈표 4-3〉 **투자활동 현금흐름의 예**

투자활동으로 인한 현금유입		투자활동으로 인한 현금유출
유형자산 처분	유형자산	유형자산 취득
무형자산 처분	무형자산	무형자산 취득
종속기업 또는 관계기업 투자의 처분	타기업에 투자	종속기업 또는 관계기업 투자의 취득
선급금 또는 대여금 회수	선급금 · 대여금	선급금 또는 대여금 지급
임차보증금 회수	보증금	임차보증금 지급

3. 재무활동 현금흐름

재무활동 현금흐름(cash flows from financing activities)은 기업의 활동에 필요한 자금을 다양한 경로로 조달하고 이에 대한 대가의 지급과 관련하여 발생한 순현금흐름을 의미한다. 기업은 채권자에게 자금을 차입하거나 사채 또는 주식을 발행하여 자금을 조달하며, 자금 사용의 대가로 채권자에게는 이자 및 원금을, 주주에게는 배당금을 지급한다. 재무활동 현금흐름은 기업에 당기의 자금조달과 관련하여 유입된 현금과 유출된 현금에 대한 정보를 제공하므로 투자자에게 유용한 정보를 제공한다. 구체적인 재무활동 현금흐름의 예는 〈표 4-4〉에 정리되어 있다.

〈표 4-4〉 **재무활동 현금흐름의 예**

재무활동으로 인한 현금유입		재무활동으로 인한 현금유출
신주 발행 또는 자기주식 처분	주식	자기주식 취득
사채의 발행 또는 차입금 수령	채권	사채 또는 차입금 상환
–	배당	현금배당 지급

단, 여기서 주의할 점은 다음과 같다. 차입금의 증감이나 사채의 발행 또는 상환, 주식의 발행과 재취득과 관련된 현금흐름은 재무활동 현금흐름으로 분류되며, 대여금이나 금융자산과 관련하여 발생한 현금흐름은 투자활동 현금흐름으로 분류된다. 그런데 이러한 활동에서 발생하는 이자와 배당금과 관련된 현금흐름을 어떤 활동으로 분류할지는 또 다른 문제이다.

과거 기업회계기준에서는 이자 수취, 이자 지급, 배당금 수취 모두 영업활동 현금흐름으로 분류하고 배당금 지급은 재무활동 현금흐름으로 구분하는 것이 관행이었다. 그러나 국제회계기준은 각 회사별로 그 이자 및 배당금의 성격을 가장 잘 반영하는 방향으로 영업, 투자, 재무활동 중 한 가지로 분류하도록 규정하고 있다. 즉 이자의 수취가 투자자산에 대한 대가라고 판단된다면 투자활동 현금흐름으로 분류할 수 있다. 또 배당금 지급이 정보이용자의 관점에서 영업활동 현금흐름으로부터 배당을 지급하는 능력을 평가하는 데 도움을 준다고 판단된다면 영업활동 현금흐름으로 분류할 수도 있다. 단 일관성을 위하여 이자와 배당금은 매 회계기간 동일한 기준에 따라 분류해야 한다. 다만 많은 기업이 과거의 관행에 따라 이자 수취, 이자 지급 및 배당금 수취는 영업활동 현금흐름으로, 배당금 지급은 재무활동 현금흐름으로 분류하고 있는바, 본 과목에서도 〈표 4–1〉의 예시와 같은 분류방법을 가정하기로 한다.

4. 현금흐름의 구성: X기업과 Y기업 중 어디에 투자할 것인가?

(단위: 만 원)

	X기업	Y기업
영업활동	150	−50
투자활동	−50	50
재무활동	−50	50
총현금흐름	50	50

위와 같은 현금흐름을 보이는 두 기업이 있다고 할 때, 당신이 투자자라면 어떤 기업에 투자할 것인지 생각해 보자. X와 Y기업의 총현금흐름은 50만 원으로 동일하지만 그 구성내역을 살펴보면 이야기가 달라진다. 먼저 X기업은 영업활동으로 인한 현금흐름이 150만 원으로 양수이지만 투자와 재무활동에 현금을 많이 소비하여 총현금흐름은 150만 원보다 작은 50만 원으로 산출되었다. 반면에 Y기업은 영업활동에서 발생한 현금흐름이 음수이다. 주된 영업활동에서 나간 현금이 들어온 현금보다 많았다는 이야기이다. 하지만 투자와 재무활동에서는 각각 50만 원의 현금이 유입되며 총현금흐름은 50만 원으로 계산되었다.

이러한 유형의 현금흐름은 실제 기업에서도 흔하게 볼 수 있다. 영업활동에서 정상적으로 현금을 회수하는 기업들은 X기업처럼 영업현금흐름이 양의 값을 보인다. 하지만 이렇게 번 현금의 일부는 건물을 짓고 주식이나 채권에 투자하는 투자활동에 사용하고, 일부는 기존에 있던 차입금을 상환하는 데 사용하다 보면 총현금흐름은 영업활동 현금흐름보다 작아질 수 있다. 하지만 기업이 영업활동에서의 성과가 좋고, 그 돈을 필요한 곳에 사용하는 과정에서 50만 원이라는 총현금흐름이 산출된 것이므로 긍정적으로 해석할 수 있다. 하지만 현실에서는 Y기업과 같은 현금흐름을 보이는 회사도 많다. 성과가 부진하여 영업활동에서 적자가 났고, 부족한 현금을 메꾸기 위해 보유하고 있는 자산을 팔고 은행에서 추가로 자금을 차입하는 과정에서 투자 및 재무활동으로 인한 현금흐름은 양수 값을 보이는 경우이다. 결과적으로 순현금흐름은 50만 원으로 계산되지만 회사의 경영 상황이나 재무상태가 건전하지는 않다고 볼 수 있다.

현금흐름표에서 현금흐름의 항목을 구분하지 않고 50만 원만 보여 준다면 마치 X와 Y기업이 비슷한 현금흐름을 보이는 것으로 오해하고 잘못된 투자의사결정을 할 수도 있다. 하지만 현금흐름표에서는 현금흐름이 어떤 활동에서 얼마만큼 발생한 것인지 구분해서 보여 주기 때문에 투자자는 기업의 성과와 재무건전성 등에 대하여 더욱 정확한 평가를 내려 투자의사결정을 할 수 있다.

4.3 현금흐름표의 유용성

1. 미래현금흐름의 예측에 필요

기업이 정상적으로 경영활동을 하기 위해서는 적절한 현금흐름을 창출하는 능력이 뒷받침되어야 한다. 기업은 원재료, 제품, 상품 등의 재고자산에 대한 구입대금을 공급업체에 지급해야 하며, 정기적으로 기업의 임직원에게 급여를 지급해야 한다. 투자를 집행하는 경우에도 상당한 현금이 지출되며, 차입금이나 사채 등 채권자로부터 조달한 자금에 대해서는 정해진 기일에 이자 및 원금을 지급해야 한다. 뿐만 아니라 자금을 제공한 주주에게는 일정 수준 이상의 배당을 지급해야 한다. 이 모든 지급은 현금흐름이 뒷받침되어야만 원활히 이루어질 수 있다. 만약 영업활동에서 충분한 현금흐름을 창출하지 못하여 정해진 시기에 지급할 수 없다면 주요 거래처를 잃거나, 임직원의 신뢰성를 잃거나, 차입금이나 사채와 같은 부채를 상환하지 못하여 극단적으로는 회사의 부도로 이어질 수 있다. 또한 주주들에게 배당을 제대로 지급하지 못하면 주가가 하락하거나 주주들에 의해 경영진이 교체될 수도 있다. 그러므로 기업이 미래 적정 수준의 현금흐름을 창출할 수 있는지는 기업의 생존을 위하여 매우 중요한 문제이다. 이를 예측하기 위해서는 과거 기간과 당기의 현금흐름 내역을 정확히 파악할 필요가 있다.

현금흐름에 대한 정보는 기업의 가치평가에도 유용하다. 다양한 가치평가모형이 공존하지만, 미래 기업이 창출할 현금흐름의 현재가치가 기업의 가치를 나타낸다는 모형(discounted cash flow model)이 많은 모형의 근간이 되기 때문이다. 그러므로 현금흐름표가 제공하는 현금흐름에 대한 정보는 기업의 인수 · 합병 등 가치평가가 필요한 경우에 핵심적인 정보를 제공한다. 또한 현금흐름정보는 현금주의에 근거하여 객관적인 현금유입 및 유출정보를 바탕으로 작성되므로 추정을 필요로 하는 발생주의에 근거하여 작성된 다른 재무제표와 비교하여 정보 자체의 신뢰성이 높다. 그러므로 기업 간 경영성과를 비교하는 데에도 유용하게 활용된다.

2. 이익의 질 평가에 필요

현금흐름에 대한 정보는 이익의 질을 평가하는 척도로도 사용된다. 현금흐름 자체보다도 현금흐름과 회계이익을 비교하는 과정에서 이익의 질에 대한 정보를 얻을 수 있다. 예를 들어 회사가 순이익을 보고하며 동시에 양의 현금흐름을 보고하는 경우에는 회계이익 중 상당부분이 현금흐름으로 회수되었음을 의미하므로 이익의 질이 높다고 판단할 수 있다. 그러나 만약 순이익을 보고하였음에도 불구하고 현금흐름은 매우 낮다면, 회계이익 중 많은 부분이 현금흐름을 수반하지 않는 이익으로 그 불확실성이 높고, 결과적으로 이익의 질이 낮다고 판단할 수 있다. 물론 발생주의가 회계의 근간이 되는 이유는 발생주의에 따라 산출된 당기순이익이 과거 및 현재 기업의 실적을 평가하고 나아가 향후 기업의 실적을 예측하는 데 중요한 정보를 제공하기 때문이다. 하지만 발생주의는 이러한 장점에 상응하는 한계점을 갖고 있기도 한데, 그 특성상 경영자의 주관적 평가와 추정, 재량이 개입될 여지가 크기 때문이다.

경영자는 회계거래를 인식하는 다양한 방법이 선택 가능할 때 자신에게 유리한 방법을 택함으로써 당기순이익을 자의적으로 높이거나 낮출 유인이 있다. 문제는 경영자의 재량에 따라 작성된 회계정보가 실제 현금흐름을 수반하지 않는 경우가 많다는 것이다. 특히 경영자가 회계이익을 부풀리는 방향으로 재량권을 행사하는 경우가 그러하다. 예를 들어 매출채권이 부실하다는 증거가 있음에도 불구하고 대손충당금을 인식하지 않아 회계이익을 늘리거나, 극단적으로는 가공매출을 통해 매출이 발생한 것처럼 꾸미는 경우 회계이익이 증가하지만 이와 관련되어 현금은 유입되지 않는다. 그 결과 순이익과 현금흐름 간에 괴리가 가지게 된다. 요약하면 보고된 회계이익이 그에 상응하는 현금흐름을 수반한다면 이익의 질이 높다고 할 수 있으나, 반대로 둘 사이에 상당한 괴리가 존재한다면 보고된 이익의 신뢰성 및 질이 상대적으로 낮다고 평가할 수 있다.

3. 부채와 배당금에 대한 지급능력 평가에 필요

기업의 현금흐름은 기업뿐만 아니라 다양한 이해관계자들에게도 매우 중요한 정보이다. 현금흐름정보를 통해 기업이 부채 및 배당금에 대한 충분한 지급능력을 보유하고 있는지 평가할 수 있기 때문이다. 예를 들어 기업에 자금을 제공한 은행 등의 채권자는 기업이 약정된 만기에 이자 및 원금을 상환할 수 있을지를 판단하기 위하여 현금흐름정보에 관심을 기울인다. 만약 기업이 충분한 현금을 보유하고 있지 않다고 판단되면 금융기관은 기업이 신규투자를 하지 못하게 하거나 추가차입을 하지 못하게 하는 등의 금융 제재를 가할 수도 있다. 기업의 잠재적 투자자 또한 기업의 현금지급능력을 판단하기 위한 정보를 필요로 한다. 예를 들어 기업이 은행으로부터 신규대출을 받고자 할 때, 은행은 기업이 향후 이자를 갚고 원금을 상환할 능력이 있을지를 판단하고자 하며 이때 다른 재무제표와 더불어 현금흐름표가 대출상환능력평가에 핵심적인 정보를 제공한다. 기업이 당기순이익을 보고하고 자산의 규모가 크다 하더라도 현금흐름표에 표시되는 현금흐름이 적정한 수준이 되지 않는다면 기업은 대출을 받기 어려울 것이다.

4.4 현금흐름과 부실예측

1. 사례 1: 동양건설

현금흐름과 부실예측을 사례를 통해 알아보자. 우선 다음의 기사를 읽어보자.

동양건설은 20Y0년까지만 해도 흑자를 냈었고, 미분양도 거의 없었던 우수한 회사였음에도 불구하고 법정관리를 신청했다는 내용이다. 우선 20Y0년까지의 동양건설의 손익계산서를 살펴보자. 동양건설은 20X3년부터 20Y0년까지 꾸준히 당기순이익을 내고 있었다. 20XX년대 후반에 들어 당기순이익이 약간 주춤하기는 했으나, 20X9년 당기순이익은 144억 원, 20Y0년은 69억 원으로 계속 흑자 기업 상태를 유지하였다(〈표 4-5〉).

'17년 흑자' 기업도 한방에? 동양건설산업 끝내…

대한민국 토목건축면허 1호, 시공능력평가 순위 34위인 삼부토건이 법정관리를 신청한데 이어, 동양건설산업도 15일 법정관리를 신청함에 따라 건설업계에 줄도산 공포가 확산되고 있다. 더욱이 동양건설산업은 지난해까지만 해도 흑자를 냈고, 미분양도 거의 없는 회사인데 헌인마을 PF 만기 연장이 안돼 법정관리 위기를 맞고 있어 건설사들이 받는 충격은 더욱 크다.

▶ 삼부토건, 다음은 동양건설상업… 현실로

서울 서초구 내곡동 헌인마을 프로젝트와 관련해 프로젝트파이낸싱 만기 연장에 어려움을 겪던 동양건설산업이 끝내 법정관리를 신청했다. 동양건설산업은 15일 서울중앙지방법원에 기업회생절차(법정관리)를 신청했다고 밝혔다.

동양건설의 법정관리 신청은 헌인마을 PF대출 2,135억 원과 관련해 대주단과의 협상이 난항을 겪는데 따른 조치로 풀이된다. 앞서 공동 사업자였던 삼부토건도 지난 12일 법정관리를 신청한 바 있다.

출처: 해럴드경제. 2011. 04. 16 장연주 기자

〈표 4–5〉 **동양건설의 요약 손익계산서** (단위: 억 원)

항목	20X3년	20X4년	20X5년	20X6년	20X7년	20X8년	20X9년	20Y0년
매출액	5,500	6,458	5,333	4,257	5,204	7,603	9,957	10,366
영업이익	468	567	383	623	304	191	109	638
당기순이익	330	433	269	180	139	56	144	69

동일한 기간 동안 현금흐름은 어떻게 변했을까? 20X3년부터 20Y0년까지 동양건설의 현금흐름표가 〈표 4–6〉에 나와 있다. 동양건설의 영업활동 현금흐름은 20X5년부터 지속적으로 적자이다. 당기순이익은 양의 값을 가지고 있었지만, 영업활동에서 벌어들인 이익을 현금으로 회수하지 못하고 있다는 것을 의미한다.

〈표 4–6〉 **동양건설의 요약 현금흐름표** (단위: 억 원)

항목	20X3년	20X4년	20X5년	20X6년	20X7년	20X8년	20X9년	20Y0년
영업환동현금흐름	577	128	(−)14	(−)24	(−)16	(−)585	(−)935	(−)991
투자환동현금흐름	(−)401	(−)423	(−)68	(−)136	(−)308	(−)116	(−)419	(−)320

재무활동현금흐름	(−)119	322	71	84	342	717	1,310	1,231
총 현금흐름	57	27	(−)11	(−)76	18	16	(−)44	(−)79

2. 사례 2: 톰보이

현금흐름과 부실예측의 두 번째 사례로 다음의 기사를 읽어보자.

> **흑자부도 톰보이, 기업사냥꾼에 농락당했나?**
>
> 지난 7월 15일 최종 부도처리 된 톰보이 몰락에 대해 원인규명이 분분한 가운데 패션관계자들도 하나같이 '경영상의 문제'라고 지적한다. 영업흑자를 달성한 톰보이의 부도가 석연치 않다는 것이다.
>
> 톰보이는 지난 1977년 '톰보이'를 런칭하며 서립된 이래 1980년대까지 인기를 누리며 국내 단일 브랜드로는 처음으로 매출액 1,000억 원을 돌파했고 2008년까지 흑자를 유지해왔다.
>
> 그러나 2008년 이후 경기 불황으로 인해 실적이 악화돼 적자로 전환됐다. 이후 비효율 브랜드 정리 등 과감한 구조조정을 단행하는 각고의 노력을 펼쳤고 지난해 12월 증권사 출신 신수천 대표이사가 인수했다.
>
> 
>
>
> 톰보이는 구조조정과 직원들의 노력을 통해 2009년 4분기에 흑자로 돌아섰고 지난 1분기에도 영업이익이 전년동기대비 210% 늘어난 21억 4,000만 원을 기록하기도 했다.
>
> 이처럼 실적추이가 상승곡선을 그리고 있음에도 불구하고 인수 후 6개월 만에 그것도 영업흑자를 하고 있는 중의 부도라는 이해할 수 없는 상황에 직원들이 분통을 터트리고 있는 상황이다.
>
> 출처: 이투데이뉴스. 2010. 08. 02 이선애 기자

톰보이는 실적이 좋아지고 있었고, 영업 흑자를 내고 있었음에도 불구하고, 부도처리 되었다. 우선 톰보이의 재무상태를 분석해보자. 재무상태는 양호한 편이 아니나 손익은 기사 내용대로 흑자로 전환된 상태였다. 20X8년과 20X9년에는 당기순손실이 발생하였으나, 20Y0년 1분기에는 다시 흑자로 전환하였다. 20X6년 이후 영업이익은 그 크기가 다소 줄어들긴 했지만, 계속 흑자 상태를 유지하였다. 특히 20Y0년 1분기의 영업이익은 21억 원으로 상당히 증가한 수치

를 보이고 있었다(〈표 4-7〉). 그렇다면 톰보이의 현금흐름은 어떤 상태였을까?

〈표 4-7〉 **톰보이의 재무제표** (단위: 천 원)

구분	20X6년	20X7년	20X8년	20X9년	20Y0년
[유동자산]	125,021,122	131,746,672	129,513,562	86,092,435	84,860,511
[비유동자산]	39,950,793	39,036,731	32,971,170	38,399,826	39,705,708
자산총계	164,971,915	170,783,403	162,484,732	124,492,262	124,566,219
[유동부채]	104,632,928	94,866,366	91,184,719	86,419,445	78,482,287
[비유동부채]	16,238,488	31,256,322	22,883,931	11,065,796	18,254,659
부채총계	120,871,416	126,122,688	114,068,650	97,485,241	96,736,947
자본총계	44,100,499	44,660,715	48,416,082	27,007,021	27,829,273
매출액	191,323,711	178,866,309	179,899,662	164,320,107	36,605,614
영업이익	9,737,965	8,169,670	3,785,157	1,456,391	2,139,241
계속사업이익	1,704,033	1,090,510	912,592	−21,680,104	463,608
당기순이익	1,704,033	1,064,300	−3,420,752	−29,003,304	376,517
주당순이익(원)	506	316	−101	799	8
유동비율	119.5	138.9	142	99.6	108.1
부채비율	274.1	282.4	235.6	361	347.6
영업이익률	5.1	4.4	2.1	0.9	5.8

톰보이의 현금흐름표를 보면 영업활동에서 현금이 계속 유출되고 있다는 것을 확인할 수 있다(〈표 4-8〉). 특히 20X8년에는 영업활동에서 총 137억 원의 현금이 유출되었다. 20X9년과 20Y0년 1분기의 영업활동 현금흐름은 역시 음수이다. 동양건설과 톰보이의 사례에서 알 수 있듯이 손익계산서상에서는 흑자 기업처럼 보이지만, 실제로 영업활동에서 발생한 이익을 제대로 현금으로 회수하지 못하는 경우 기업은 생존할 수 없다는 것을 보여준다. 따라서 기업에 대한 분석을 할 때 현금흐름에 대한 분석도 반드시 함께 해야 한다.

〈표 4-8〉 **톰보이의 현금흐름표** (단위: 억 원)

항목	20X7.12	20X8.12	20X9.12	20Y0.03
영업활동현금흐름	−24	−137	−33	−40
당기순이익(손실)	11	−34	−290	4

비현금수익비용가감	91	8	204	15
유무형자산감가상각비	53	44	33	7
기타	38	−36	171	8
운전자본증감	−126	−111	53	−58
매출채권감소(증가)	−59	−32	83	15
재고자산감소(증가)	−47	−60	184	3
매입채무(감소)증가	5	−2	−94	−73
기타	−25	−18	−119	−3
투자활동현금흐름	−28	253	15	−25
유형자산취득	−46	−31	−17	−8
유형자산처분	0	300	1	0
무형자산증감	−0	−0	−0	−0
투자자산증감	−6	9	−1	−10
기타	23	−26	32	−6
재무활동현금흐름	52	−117	28	69
차입금증가(상환)	74	−53	−39	−2
사채증가(상환)	226	24	97	70
자본증가	−5	−6	77	−
배당금지급	−5	−6	−	−
기타	−242	−81	−107	0
기타현금흐름	−	−	−	−
순현금흐름	−1	−1	10	4
기초현금	2	2	1	11
기말현금	2	1	11	14

4.5 이익과 현금흐름의 갈림길에서

1. 적자라도 현금흐름이 좋다면?

이익은 기업의 경영성과를 가장 잘 요약한 지표이기 때문에 기업에 대한 가치 평가를 하거나 의사 결정을 내릴 때 매우 중요하게 사용된다. 그러나 이익이 아무리 좋다고 해도 현금흐름이 좋지 않으면 기업이 생존하기 어렵다. 그렇다면 기업에서 의사결정을 내릴 때 이익을 더 중시해야 할까? 아니면 현금흐름을 더 중시해야 할까? 이에 대한 답을 하기 위해 아래 기사를 읽어보자.

> ### 적자라도 현금흐름 좋으면 "GO"?
>
> 2007년부터 LG전자의 최고경영자(CEO)를 맡고 있는 남 용 부회장은 그간 많은 혁신을 이뤄냈다. 특히 최고 마케팅 책임자, 최고 구매 책임자 등 주요 임원을 외국인으로 영입한 그의 결정은 많은 사람들을 놀라게 했다.
>
> 남 부회장은 이런 이유에서 회사 안팎으로부터 많은 관심을 받고 있다.
>
> 필자는 E-MBA 과정 수업을 진행하던 중 어느 기업의 중견 간부로부터 남 용 부회장이 한 발언의 의미를 해석해달라는 질문을 받았다. 질문자는 "남 용 부회장이 '당기순이익이 적자라도 현금흐름이 흑자라면 그 사업을 퇴출시키지 않고 계속 진행해야 한다'는 요지의 발언을 하는 걸 들었다. 이를 이익보다 현금흐름에 중점을 두고 사업의 진출이나 퇴출을 결정해야 한다는 뜻으로 해석할 수 있나. 그리고 이 말이 과연 옳은지도 궁금하다"고 물었다.
>
> 출처: 동아비즈니스리뷰. 2009.11.15. 최종학 교수

LG전자의 최고경영자인 남용 부회장은 '당기순이익이 적자라도 현금흐름이 흑자라면 그 사업을 퇴출시키지 않고 계속 진행해야 한다.'고 하였다. 이러한 발언에 대해서 맞다는 의견도 있고 틀렸다는 의견도 있다. 현금흐름을 보고 의사 결정을 해야 한다는 주장에 따르면 "요즘과 같은 불황기에는 현금 보유가 중요하므로 현금흐름을 보고 경영 의사결정을 내리는 게 맞다."고 주장한다. 그러나 현금흐름보다 이익을 중시하는 입장에 따르면 "아무리 현금흐름이 흑자라도 이익이 적자라면 장기적으로 그 기업을 유지할 수 없다. 이익에 중심을 두고 의사결정을 하는 게 타당하다."고 주장한다. 어떤 주장이 맞는 것일까?

2. 사례를 통한 이익과 현금흐름의 이해

이익과 현금흐름 중 무엇이 더 중요한지를 판단하기 위해 한 가지 사례를 들어보자. 신사업을 위해, ㈜KNOU는 2018년에 공장건설 및 기계구입에 자금 2천억 원을 투자했다고 하자. 감가상각방법은 정액법이며, 공장과 기계의 잔존가치는 0원, 공장과 기계의 수명은 10년이라고 하자. 이 경우 감가상각비는 매년 200억 원씩 발생한다. 한편, 공장운영을 위한 변동원가는 매년 매출

액의 25% 만큼 발생한다고 가정하자.

각 연도별로 순이익과 현금흐름이 어떻게 바뀌는지는 〈표 4-9〉에 요약되어 있다. 2018년에 매출액이 200억 원 발생했다고 하자. 변동원가는 매출액의 25%이므로 매출액에서 변동원가를 뺀 공헌이익은 150억 원이다. 감가상각비는 고정원가에 해당하는데, 2018년에 발생한 감가상각비는 200억 원이다. 따라서 2018년에는 50억 원의 순손실이 발생하였다. 현금흐름은 어떨까? 매출액이 모두 현금으로 회수되었다고 가정하면 현금유입액은 200억 원이다. 현금유출은 변동원가에서 발생한 50억 원과 공장 및 기계구입에 사용한 2천억 원이다. 따라서 총 2,050억 원의 현금이 유출되었고, 그 결과 총현금흐름은 1,850억 원이 유출되었다.

그러나 2019년에는 사업이 어느 정도 안정되어 매출액이 1,000억 원으로 크게 늘어났다고 하자. 변동원가는 매출액의 25%인 250억 원이 발생하였고, 감가상각비는 200억 원으로 동일하다. 그 결과 총 550억 원의 당기순이익을 기록하였다. 현금흐름은 매출액에서 유입된 1,000억 원과 변동원가에서 유출된 250억 원 뿐이므로 총 현금은 750억 원이 유입되었다. 2019년에는 유형자산을 투자하는데 현금이 들어가지 않았기 때문에 현금흐름은 매우 개선되었음을 알 수 있다.

2020년부터 2025년까지는 2019년과 동일한 상황이 계속 유지되었다고 하자. 당기순이익도 매년 550억 원이 발생하고 있고, 현금도 계속해서 750억 원이 계속 유입되고 있으므로 매우 실적이 좋은 상황이다. 그러나 2026년도(투자 후 8차년도)에 시장 환경의 변화로 해당 제품에 대한 수요가 줄어, 매출액이 200억 원으로 감소하면 어떻게 될까? 이 경우 변동원가와 고정원가를 모두 고려하면 당기손익은 −50억 원으로 손실을 기록하지만, 현금흐름은 여전히 +150억 원이다. 2026년도 순이익과 현금흐름을 확인하고 나서, ㈜KNOU은 어떤 의사결정을 내려야 하는가? 해당 사업을 퇴출해야 하나? 아니면, 2027년도(9년 차)에도 사업을 계속해야 하는가? (〈표 4-9〉)

〈표 4-9〉 ㈜KNOU의 각 연도별 순이익 및 현금흐름 (단위: 억 원)

	2018년	2019년	2020-2025년	2026년
매출액	200	1,000	각 연도별로 2019년도와 동일	200
변동원가	50	250		50
공헌이익	150	750		150
고정원가	200	200		200
순이익	−50	550		−50

현금유입	200	1,000	각 연도별로 2019년도와 동일	200
현금유출	2,050	250		50
변동원가	50	250		50
공장건설 및 기계구입	2,000	0		0
총현금흐름	−1,850	750		150

만약 수요의 감소가 일시적이어서 바로 회복할 수 있다면, 현재 당기순이익이 적자라도 당연히 사업을 계속해야 한다. 그러나 앞으로도 계속 매출액이 늘지 않아 당기순이익 적자/현금흐름 흑자의 상황이 계속될 것으로 예측된다면 다음과 같은 의사결정 과정을 거쳐야 한다. 우선 10년의 투자수명 중 남은 2년 동안의 기간만 고려하자. 적자의 주요 원인은 고정비 항목인 감가상각비이다. 감가상각비는 매몰원가이다. 매몰원가란 현재의 의사결정 여부에 관계없이 발생하는 원가를 말한다. 따라서 매몰원가는 의사 결정 시에 고려를 해서는 안 된다. 감가상각비를 고려하지 않는다면, 회사는 매출액에서 변동원가를 차감한 공헌이익을 바탕으로 의사 결정을 해야 한다. 공헌이익(매출액 − 변동원가)이 흑자를 계속 기록하고 있다면, 이는 기업의 이익창출에 공헌하고 있다는 의미이므로 잔여기간 2년 동안 사업을 계속하는 것이 회사에 유리하다. 그러나 만약 공헌 이익이 음수라면, 해당 사업을 퇴출하는 것이 바람직하다.

3. 장기적인 의사결정의 사례

이번에는 ㈜KNOU가 추진하려는 신사업이 단 한 번의 설비투자로 끝나는 것이 아니라, 투자수명이 끝나거나 수명 중간에 계속해서 신규 투자를 단행해야 하는 사업이라고 하자. 이런 경우에는 투자수명주기 전체 기간 동안의 이익을 계산해야 한다. 감가상각비와 같은 비용을 기간별로 배분하는 회계처리방법 때문에 매년의 이익과 현금흐름의 수치는 상이할 수 있다. 그러나 투자수명주기 전체 동안의 이익금액과 현금흐름 금액은 항상 동일하다. 따라서 이익이나 현금흐름 중 어느 쪽을 보고 결정을 내리건 같은 의사 결정을 할 수 있다.

현금흐름은 이익 정보와 함께 기업의 가치를 평가하는데 매우 유용한 정보를 많이 알려준다. 그러나 현금흐름에 대한 지나친 과신은 지양해야 한다. 항상 양(+)의 현금흐름만 가져다주는 투자 안은 존재하지 않는다. 투자를 하기 위해서는 현금흐름이 음(−)이 되는 것도 감당해야 한다. 그러므로 양(+)의 현금흐름에만 너무 관심을 두게 되면 신규투자를 저해하게 되어 회사의 장기적인 발전 동력을 낮출 수도 있으므로 주의해야 한다.

연·구·과·제

1. ㈜마닐라의 현금흐름표를 이용하여 문제에 답하시오.

2018년 ㈜마닐라 현금흐름표

(단위: 백만 원)

Ⅰ. 영업활동으로 인한 현금흐름	**28,730**
1. 영업에서 창출된 현금흐름	31,500
가. 당기순이익	27,000
나. 조정	1,500
다. 영업활동으로 인한 자산부채의 변동	3,000
2. 이자의 수취	440
3. 이자의 지급	−600
4. 배당금 수입	890
5. 법인세 납부액	−3,500
Ⅱ. 투자활동으로 인한 현금흐름	**−30,385**
1. 단기금융상품의 순증가	−15,000
2. 단기매도가능금융자산의 순증가	50
3. 장기매도가능금융자산의 처분	1,700
4. 장기매도가능금융자산의 취득	−1,300
5. 유형자산의 처분	200
6. 유형자산의 취득	−16,000
7. 기타 투자활동으로 인한 현금유출액	−35
Ⅲ. 재무활동으로 인한 현금흐름	**−1,540**
1. 단기차입금의 순상환	−190
2. 사채 및 장기차입금의 상환	−50
3. 배당금의 지급	−1,300
Ⅳ. 현금 및 현금성자산의 감소(Ⅰ+Ⅱ+Ⅲ)	**−3,195**
Ⅴ. 기초의 현금 및 현금성자산	**4,650**
Ⅵ. 기말의 현금 및 현금성자산	**1,455**

(1) 현금흐름표의 개념을 ㈜마닐라 현금흐름표를 이용하여 간략하게 설명하시오.

(2) 당기순이익과 영업활동으로 인한 현금흐름 금액이 일치하지 않는 이유는 무엇인지 서술하고, 두 금액의 차이로 통해 얻을 수 있는 정보가 무엇인지 서술하시오.

(3) ㈜마닐라는 채무를 상환하였는가? 상환하였다면 그 금액을 서술하시오.

2. 다음 표는 2018년 A사와 B사의 현금흐름 현황을 각 활동별로 보여주고 있다.

(단위: 백만 원)

	A	B
영업활동으로 인한 현금흐름	20,000	−14,000
투자활동으로 인한 현금흐름	−12,000	5,000
재무활동으로 인한 현금흐름	−5,000	12,000
총현금흐름	3,000	3,000

투자자로서 A사와 B사 중 하나의 기업을 선택하여 투자하고자 할 때 어느 기업에 투자하는 것이 바람직한지 기술하고, 그 이유를 설명하시오.

3. 다음은 ㈜KNOU의 2011년도~2018년도의 손익계산서 및 현금흐름표의 요약본이다.

(단위: 백만 원)

	2011년	2012년	2013년	2014년	2015년	2016년	2017년	2018년
매출액	5,500	6,500	5,300	4,200	5,200	7,600	9,900	10,300
영업이익	500	560	380	620	300	190	100	640
당기순이익	5,330	430	260	180	140	50	150	70

(단위: 백만 원)

현금흐름	2011년	2012년	2013년	2014년	2015년	2016년	2017년	2018년
영업활동	600	150	−20	−50	−40	−580	−940	−990
투자활동	−400	−420	−70	−140	−300	−120	−400	−320
재무활동	−120	300	70	80	340	720	1,300	1,210
총현금흐름	80	30	−20	−110	0	20	−40	−100

㈜KNOU의 손익계산서 및 현금흐름표 요약본을 바탕으로 투자자로서 투자의사결정을 하는데 주의할 점이 있는지 기업의 성장성 및 지속가능성 측면에서 논하시오.

재무분석
이론과 사례

PART II 재무적 건전성 평가

5

CHAPTER

재무적 건전성 평가

재무제표분석에서는 재무제표 자료에 기초하여 재무비율을 계산하고 이를 이용하여 기업의 재무상태나 경영성과를 파악하는 재무비율분석이 중요한 위치를 차지하고 있다. 재무제표의 여러 항목 중에서 서로 관계있는 항목간의 비율을 구하면 기업의 이해관계자들에게 유용한 여러 정보를 제공할 수 있다. 본 장에서는 재무분석에서 가장 널리 활용되고 있는 분석기법인 비율분석을 학습하기로 한다. 분석대상기업으로 선정한 사례기업을 소개하고, 각종 재무비율의 의미와 계산 방법, 그리고 계산된 재무비율의 해석, 즉 기업의 경제적 실태에 대한 평가를 다룬다.

5.1 재무비율과 비율분석

1. 재무비율의 의의

기업의 재무상태 및 경영성과는 기업이 공표하는 재무상태표, 손익계산서 등의 재무제표에 요약되어 나타난다. 그러나 기업의 재무제표나 그 밖의 회계자료를 구성하는 항목은 대단히 많고 복잡하므로, 재무제표의 이용자가 재무제표를 그대로 관찰해서는 의사결정에 도움이 될 수 있는 정보를 얻기가 어렵다. 그래서 재무제표에 포함된 경제적 정보를 쉽게 파악할 수 있도록 하는 지표의 필요성이 일찍부터 대두되었는데, 이를 위해 제안된 것이 재무비율(financial ratio)이다. 재무비율은 재무제표나 그 밖의 재무자료를 구성하는 수많은 항목 중에서 특정한 두 항목을 대응시켜 계산되므로, 가능한 재무비율은 수없이 많을 수 있다. 하지만 유용성 있는 재무비율이 되기 위해서는 경제적 의미가 분명해야 한다.

예를 들어, 매출액과 순이익 사이에는 명확하고 직접적인 경제적 관계가 존재하기 때문에 순이익을 매출액에 대응시킨 재무비율을 계산하여 의미 있는 정보를 얻을 수 있다. 그러나 판매비와 기업이 보유하고 있는 유가증권 사이에는 논리적 또는 경제적인 연관성이 없기 때문에, 두 항목을 연결시켜 재무비율을 산출하더라도 의미 있는 정보를 얻을 수 없다. 즉, 경제적으로 의미 있는 정보를 담고 있는 재무비율은 많지 않기 때문에, 실무적으로 유용한 정보를 전달하는 데에는 몇 가지 재무비율만으로 충분하다.

2. 비율분석의 의의

비율분석(ratio analysis)은 재무제표를 구성하고 있는 두 항목을 대응시켜 재무비율을 계산하고, 작성된 재무비율을 절대적 기준과 비교하거나 산업비율 같은 표준비율과 비교하여 기업의 재무상태나 경영성과를 평가하는 방식으로 행해진다. 또한 비율분석은 재무비율의 역사적 추이를 관찰하여 기업의 재무상태나 경영성과의 변화를 파악하고 그 변화의 방향을 예측하는 방식도 병용하고 있다.

대부분의 재무비율은 재무제표의 한 항목을 다른 항목으로 나누어 구해진다. 재무비율의 분자항에 영향을 미치는 요인이 분모항에도 영향을 미칠 수 있기 때문에 재무비율의 해석에 유의하여야 한다. 예를 들어, 매출원가를 절감시킴으로써 매출액에 대한 순이익의 비율을 개선시킬 수 있다. 그러나 무리한 원가절감으로 인해 매출액이 감소하거나 시장점유율이 하락한다면, 그러한 외견상의 수익성 개선은 기업의 미래에 오히려 좋지 않은 영향을 미칠 수 있다. 따라서 이와 같은 영향을 고려하여 재무비율을 해석해야 할 것이다.

5.2 재무비율의 분류

재무비율은 재무제표 중에서 주로 재무상태표와 손익계산서의 두 항목을 결합하여 구할 수 있다. 재무상태표와 손익계산서는 다수의 항목으로 구성되기 때문에, 이 중에서 두 항목으로 조합된 재무비율의 수는 광범위하다. 하지만 서로 논리적으로 관련 있는 항목들이 결합되어 경제적 의미를 가지는 재무비율은 실무적으로 50여 개 이내로 사용된다. 이와 같은 재무비율을 몇 가지 범주로 분류하여 이용하면 분석목적에 보다 적합한 재무비율을 선택할 수 있으므로 대단히 유용하다.

1. 분석자료에 의한 분류

재무비율을 구하는 원천이 되는 재무제표가 무엇이냐에 따라서 재무비율은 다음과 같이 분류된다. 일반적으로 활용되는 재무비율은 대부분 재무상태표와 손익계산서 항목으로 구성되며, 보완적인 재무비율로 현금흐름표의 항목을 사용하기도 한다.

① 재무상태표 비율: 재무상태표의 항목으로만 구성된 비율
② 손익계산서 비율: 손익계산서의 항목으로만 구성된 비율
③ 혼합비율: 재무상태표, 손익계산서, 현금흐름표의 각 항목을 이용하여 산출한 비율

재무상태표는 한 시점을 기준으로 만들어지므로 재무상태표 비율은 정태비율이라고도 하

며, 손익계산서는 일정 기간을 중심으로 만들어지므로 손익계산서비율은 동태비율이라고도 한다. 혼합비율은 일정 기간을 중심으로 작성된 손익계산서 항목 또는 현금흐름표의 항목이 있으므로 동태비율의 성격을 갖는다.

2. 분석방법에 의한 분류

재무비율은 분석방법에 따라 관계비율과 구성비율로 구분된다. 구성비율(component ratio)은 총자산 또는 매출액에서 각 항목이 차지하는 비중을 비율로 나타낸 것이다. 즉, 재무상태표 항목은 총자산을 100%로, 손익계산서 항목은 매출액을 100%로 해서 각 항목이 몇 %를 차지하는가를 분석한다. 이는 기업 간의 상호비교에 유용한 방법으로, 구성비율로 나타낸 재무제표를 공통형 재무제표라 하며, 제3장에서 학습한다.

관계비율(relative ratio)은 재무제표상의 두 항목을 대응시켜 상대적인 관계를 비율로 나타낸 것으로 항목비율이라고도 한다. 협의의 재무비율분석은 관계비율을 이용한 분석을 의미한다.

3. 의사결정자가 필요로 하는 정보에 따른 분류

재무정보는 기업에 관련된 이해관계자의 경제적 의사결정에 도움을 줄 때 가치가 있다. 그러나 이해관계자마다 필요로 하는 정보의 내용은 차이가 있다. 예를 들어, 투자자는 기업의 수익성에 관심이 많고, 채권자는 기업의 장단기 채무이행능력에 관심을 갖게 되며, 경영자는 기업경영 전반의 효율에 관하여 알고자 한다. 재무비율을 의사결정자가 필요로 하는 정보의 내용에 따라 다음과 같이 분류할 수 있고, 본서도 이에 따르기로 한다.

- 유동성비율(liquidity ratios): 단기채무의 상환능력을 측정하는 비율이다. 지급능력비율(solvency ratios)라고도 한다.
- 레버리지비율(leverage ratios): 타인자본이 기업자본 중에서 차지하는 비율로 자본조달의 안정성을 나타낸다. 부채비율(debt ratios), 안정성비율(safety ratios)이라고도 한다.
- 활동성비율(activity ratios): 기업 자산 중 특정 자산의 효율적 이용을 나타내는 비율이다. 효율성비율(efficiency ratios), 회전율비율(turnover ratios)이라고도 한다.
- 수익성비율(profitability ratios): 투하자본에 대한 경영성과를 나타내는 비율로 정보이용자의 입장에서는 이익창출능력(ability to earn profits)에 대한 정보가 포함된다.
- 성장성비율(growth ratios): 기업의 규모나 수익의 정도를 나타내는 비율이다.

- 시장가치비율(valuation ratios): 주가는 기업의 가치를 평가하는 가장 객관적인 척도이므로 주가를 이용한 비율분석은 종합적이고 객관적이라고 할 수 있다.

5.3 표준비율

1. 표준비율의 의미와 종류

재무비율을 구체적으로 설명하기 전에 표준비율에 대하여 살펴보자. 어느 한 기업의 재무상태와 경영성과를 분석하기 위하여 계산된 재무비율을 평가하기 위해서는 그 재무비율을 비교·평가할 기준이 필요하다. 예를 들어, 어느 기업에서 부채비율이 250%라고 할 때, 이 비율로부터 기업의 재무상태가 양호한 수준인지 불량한 수준인지를 평가하기 위해서는 어떠한 판단기준이 필요하다. 이때 그 기준이 되는 비율을 표준비율(standard ratio or benchmarks)이라고 하는데, 비율분석에서 표준으로 삼는 비율은 대체로 다음과 같은 세 가지이다.

(1) 과거비율

비율분석의 대상이 되는 기업의 과거비율은 표준비율로 사용된다. 과거비율을 표준비율로 이용할 때에는 지난해의 비율을 이용하거나, 과거 수년간의 비율을 평균하여 이용할 수 있다. 특히 과거비율은 비율의 추세를 분석하는 데 유용하다. 과거비율을 표준비율로 사용하여 재무비율과 비교할 때에는 다음과 같은 점에서 주의가 요구된다. 즉, 특정한 과거 연도의 재무비율이 과도히 낮거나 높을 경우에는 판단기준이 왜곡될 수 있기 때문에, 이러한 재무비율이 있는 연도에는 어떠한 경제적 사건이 있었는지를 조사하여야 한다.

(2) 산업평균비율

산업평균비율은 그 기업과 동일한 산업에 속해 있는 모든 기업들의 재무제표 항목을 합산한 산업재무제표로부터 재무비율을 계산하여 비율분석의 표준으로 하는 것이다. 산업평균비율은 표준비율로 가장 많이 활용되며, 우리나라 각 산업의 평균비율은 매년 출간되는 한국은행의 『기업경영분석』과 산업은행의 『재무분석』에서 찾을 수 있다. [그림 5-1]의 『기업경영분석』에서는 사례 대상 기업인 포스코가 속한 제1차 금속산업에서 대기업으로 분류된 기업들의 산업재무제표와 산업평균비율을 보여 주고 있다. 『기업경영분석』에 제시된 산업재무제표는 해당 산업에 속한 기업들의 재무제표를 각 항목별로 합산하여 산출된다. 그 외에도 증권선물거래소의 유가증권시장과 코스닥시장에서는 해당 산업별로 재무비율을 발표하고 있으므로, 증권시장에 상장된 기업들에 대해서는 이 비율이 표준비율로 적합하다고 볼 수 있다.

산업평균비율은 가장 보편적으로 활용되는 표준비율이지만, 절대적인 기준에서 최선의 비율은 아니고, 표준비율로 활용시에는 다음과 같은 몇 가지 점을 유의해야 한다.

첫째, 대부분의 기업이 하나의 제품만을 생산하지 않고 여러 형태의 제품을 생산하고 있기 때문에, 특정산업으로 분류하는 것은 현실적으로 어렵다.

둘째, 산업평균비율은 영업특성, 영업규모, 회계처리방법 등이 유사한 기업들을 하나의 산업으로 분류하여 평균비율을 측정해 얻어야 한다. 그러나 현실적으로 영업특성, 영업규모, 회계처리방법 등의 유사성을 모두 충족시키는 기업을 찾기가 어렵다.

셋째, 원재료, 생산공정, 최종제품 등에 따라 산업의 분류방법이 다양하므로, 분석목적에 따라 적합한 방법으로 산업을 분류해야 한다. 예를 들어, 생산공정의 효율성을 평가하고자 하는 경우에는 생산공정의 유사성에 따라 분류된 산업의 평균비율이 표준비율로 가장 적합할 것이고, 생산성을 평가하고자 할 때는 원재료의 유사성에 따라 산업을 분류하는 것이 바람직할 것이다.

(3) 업계 경쟁기업이나 우량기업의 비율

업계의 경쟁기업은 분석대상기업의 수익성에 직접적인 영향을 미칠 수 있으므로 경쟁기업이나 산업 내에서 경영성과가 우월한 기업의 재무비율을 활용하는 것이 분석에 도움이 될 때가 많다. 또한 산업에서 가장 성과가 뛰어난 기업의 재무비율을 비교기준으로 이용하면, 분석대상기업이 가진 강 · 약점을 파악할 수 있기 때문에 의미가 있다.

C24. 1차 금속
(대기업)

1. 재무상태표 Balance Sheet

Code No.	내역 Contents	금액(백만 원) in million won	구성비 Ratio(%)
111	유동자산	50,732,670	34.42
1111	당좌자산	30,571,542	20.74
11111	현금 및 현금성자산	3,403,776	2.31
11112	단기투자자산	10,947,106	7.43
11113	매출채권	14,755,325	10.01
11114	기타당좌자산	1,465,335	0.99
1112	재고자산	20,161,128	13.68
11121	상(제)품및반제품	10,383,373	7.05
11122	원재료	6,243,364	4.24
11123	기타재고자산	3,534,391	2.40
112	비유동자산	96,650,897	65.58
1121	투자자산	31,327,618	21.26
11211	(장기투자증권)	27,999,553	19.00
1122	유형자산	61,911,698	42.01
11221	토지	12,861,353	8.73
11222	설비자산	46,602,180	31.62
112221	(건물·구축물)	13,814,697	9.37
112222	(기계장치)	31,624,762	21.46
112223	(선박·차량운반구)	95,641	0.07
112224	(기타설비자산)	1,066,680	0.72
11223	건설중인자산	2,448,164	1.66
1123	무형자산	2,382,302	1.62
11231	(개발비)	214,462	0.15
1124	기타비유동자산	1,029,279	0.70
11	자산총계	147,383,567	100.00
121	유동부채	28,535,229	19.36
12101	매입채무	8,576,261	5.82
12102	단기차입금	9,277,774	6.29
12103	유동성장기부채	4,185,917	2.84
12104	기타유동부채	6,495,277	4.41
122	비유동부채	20,408,605	13.85
12201	회사채	8,605,549	5.84
12202	장기차입금	6,753,168	4.58
12203	기타비유동부채	5,049,868	3.43
123	자본	98,439,733	66.79
12301	자본금	5,338,283	3.62
12302	자본잉여금	13,372,620	9.07
12303	자본조정	−2,114,204	−1.43
12304	기타포괄손익누계액	1,965,408	1.33
12305	이익잉여금	79,877,624	54.20
12	부채및자본합계	147,383,567	100.00

2. 손익계산서 Income Statement

Code No.	내역 Contents	금액(백만 원) in million won	구성비 Ratio(%)
21	매출액	114,939,793	100.00
22	매출원가	103,575,599	90.11
23	매출총손익	11,364,194	9.89
241	판매비와관리비	4,666,222	4.06
24101	급여	1,024,752	0.89
24102	퇴직급여	125,815	0.11
24103	복리후생비	196,032	0.17
24104	세금과공과	44,571	0.04
24105	임차료	126,906	0.11
24106	감가상각비	76,523	0.07
24107	접대비	41,582	0.04
24108	광고선전비	138,330	0.12
24109	경상개발비·연구비	165,356	0.14
24110	보험료	16,321	0.01
24111	대손상각비	73,046	0.06
24112	무형자산상각비	43,893	0.04
24113	기타판매비와관리비	2,593,094	2.26
24	영업손익	6,697,972	5.83
251	영업외수익	2,885,378	2.51
25101	이자수익	324,465	0.28
25102	배당금수익	342,568	0.30
25103	외환차익	566,607	0.49
25104	외화환산이익	88,348	0.08
25105	투자·유형자산처분이익	391,620	0.34
25106	지분법평가이익	81,638	0.07
25107	기타영업외수익	1,090,133	0.95
252	영업외비용	5,502,299	4.79
25201	이자비용	1,067,396	0.93
25202	외환차손	671,176	0.58
25203	외화환산손실	166,944	0.15
25204	투자·유형자산처분손실	1,965,395	1.71
25205	지분법평가손실	135,707	0.12
25206	기타영업외비용	1,495,682	1.30
25	법인세비용차감전순손익	4,081,051	3.55
261	법인세비용	1,733,590	1.51
26	당기순손익	2,347,461	2.04

3. 제조원가명세서 Statement of Cost of Goods Manufactured

Code No.	내역 Contents	금액(백만 원) in million won	구성비 Ratio(%)
31	당기총제조비용	100,632,585	100.00
311	재료비	75,587,469	75.11
312	노무비	4,542,395	4.51
313	경비	20,502,721	20.37
31301	복리후생비	842,871	0.84
31302	전력비	3,849,753	3.83
31303	가스수도비	1,845,815	1.83
31304	감가상각비	5,145,886	5.11
31305	세금과공과	190,259	0.19
31306	임차료	93,578	0.09
31307	보험료	61,768	0.06
31308	수선비	1,753,871	1.74
31309	외주가공비	3,103,548	3.08
31310	운반·하역·보관·포장비	741,375	0.74
31311	경상개발비	437,147	0.43
31312	기타경비	2,436,830	2.42
32	기초재공품원가	4,812,325	4.78
33	기말재공품원가	5,223,633	5.19
34	유형자산(타계정)대체액	2,520,834	2.50
35	당기제품제조원가	97,700,443	97.09

4. 이익잉여금처분계산서 Statement of Appropriation of Retained Earnings

단위: % Unit: %

Code No.	내역 Contents	2016	2017	2018
401	처분전이익잉여금	94.96	98.24	96.24
4011	전기이월이익잉여금	54.52	54.73	4.95
4012	당기순이익	35.61	37.18	22.04
4013	회계변경의누적효과	−0.55	0.11	2.47
4014	전기오류수정손익	0.19	−0.18	−1.03
4015	기타처분전이익잉여금	5.20	6.41	67.80
402	임의적립금등의이입액	5.04	1.76	3.76
403	이익잉여금처분액	34.00	27.60	29.25
4031	이익준비금	0.30	0.25	0.27
4032	기타법정적립금	0.13	0.49	0.53
4033	배당금	9.69	9.02	10.84
4034	임의적립금	22.87	17.82	12.88
4035	기타이익잉여금처분액	1.00	0.03	4.73
404	차기이월이익잉여금	66.00	72.40	70.75

C24. Basic metals
(Large Enterprises)

5. 성장성에 관한 지표 Indicators concerning Growth

단위: % Unit: %

Code No.	내역 Contents	2016	2017	2018
501	총자산증가율	0.89	2.66	0.33
502	유형자산증가율	−1.76	−2.56	−3.92
503	유동자산증가율	4.08	15.35	6.88
504	재고자산증가율	5.22	14.05	10.61
505	자기자본증가율	4.07	4.04	−0.21
506	매출액증가율	−2.80	15.25	3.26

6. 손익의 관계비율 Relationship Ratios of Income and Expenses

단위: % Unit: %

Code No.	내역 Contents	2016	2017	2018
601	총자산세전순이익률	4.03	4.89	2.77
602	총자산순이익률	3.16	3.63	1.60
603	기업세전순이익률	4.81	5.61	3.50
604	기업순이익률	3.93	4.35	2.32
605	자기자본세전순이익률	6.22	7.35	4.14
606	자기자본순이익률	4.87	5.46	2.38
607	자본금세전순이익률	104.93	129.84	76.86
608	자본금순이익률	82.16	96.37	44.21
609	매출액세전순이익률	5.98	6.40	3.55
610	매출액순이익률	4.68	4.75	2.04
611	매출액영업이익률	7.15	6.37	5.83
612	매출원가대매출액	87.23	88.43	90.11
613	변동비대매출액	67.60	71.14	72.50
614	고정비대매출액	29.56	26.23	26.46
615	연구개발비대매출액	0.53	0.51	0.52
616	인건비대매출액	6.66	5.81	5.86
617	인건비대영업총비용	7.35	6.25	6.39
618	재료비대매출액	60.86	66.09	65.76
619	재료비대영어버총비용	67.08	71.10	71.78
620	순외환손익대매출액	−0.13	0.31	−0.16
621	EBIT 대매출액	7.13	7.35	4.48
622	EBITDA 대매출액	12.37	12.04	9.06
623	감가상각률	8.96	9.32	9.56
624	금융비용대부채	2.21	2.15	2.20
625	차입금평균이자율	3.29	3.43	3.67
626	금융비용대총비용	1.18	0.97	0.94
627	금융비용대매출액	1.15	0.95	0.93
628	순금융비용대매출액	0.95	0.70	0.65
629	이자보상비율	621.93	674.05	627.51
630	순이자보상비율	755.11	907.82	901.56
631	손익분기점률	81.54	77.81	87.09
632	사내유보율	90.31	90.98	89.16
633	배당률	22.91	24.64	27.14
634	배당성향	27.22	24.26	49.16

1차 철강, 1차 비철금속, 금속 주조업

7. 자산 · 자본의 관계비율 Relationship Ratios of Assets, Liabilities and Stockholders' Equity

단위: % Unit: %

Code No.	내역 Contents	2016	2017	2018
701	자기자본비율	65.91	66.93	66.79
702	유동비율	148.65	158.14	177.79
703	당좌비율	91.24	97.67	107.14
704	현금비율	12.94	12.66	11.93
705	비유동비율	108.11	101.09	98.16
706	비유동장기적합률	88.34	85.06	81.32
707	부채비율	51.71	49.40	49.72
708	유동부채비율	29.34	30.55	28.99
709	비유동부채비율	22.38	18.85	20.73
710	차입금의존도	22.05	20.14	19.56
711	차입금대매출액	34.92	27.54	25.27
712	매출채권대매입채무	180..33	182.43	172.05
713	순운전자본대총자본	9.41	11.89	15.06

8. 자산 · 자본의 회전율 Turnover Ratios of Assets, Liabilities and Stockholders' Equity

단위: % Unit: %

Code No.	내역 Contents	2016	2017	2018
801	총자산회전율	0.67	0.76	0.78
802	자기자본회전율	1.04	1.15	1.17
803	자본금회전율	17.55	20.28	21.65
804	경영자산회전율	0.92	1.02	1.02
805	비유동자산회전율	0..94	1.10	1.17
806	유형자산회전율	1.45	1.70	1.82
807	재고자산회전율	6.21	6.50	5.99
808	상(제)품회전율	15.28	14.15	11.73
809	매출채권회전율	7.34	7.82	7.81
810	매입채무회전율	13.89	14.25	13.76

9. 생산성에 관한 지표 Indicators concerning Productivity

단위: % Unit: %

Code No.	내역 Contents	2016	2017	2018
901	총자본투자효율	13.13	13.10	12.92
902	설비투자효율	30.47	31.18	31.52
903	기계투자효율	55.91	57.62	58.73
904	부가가치율	20.47	17.72	17.45
905	노동소득분배율	47.67	47.37	49.86

10. 부가가치의 구성 Composition of Gross Value Added

단위: % Unit: %

Code No.	내역 Contents	2016	2017	2018
1001	영업잉여	31.70	32.12	30.01
1002	인건비	34.25	33.87	35.42
1003	금융비용	5.91	5.51	5.62
1004	조세공과	1.19	1.12	1.24
1005	감가상각비	26.94	27.38	27.71

[그림 5–1] 산업평균비율(한국은행 기업경영분석)

또한, 세계적 수준의 기업들과 비교하여 경쟁력을 가진 국내 우량기업들은 동일한 업종에 속한 국내 기업들보다는 해외의 다국적기업을 벤치마크 대상으로 하여 재무비율의 차이점을 비교분석하는 것이 경영전략수립에 보다 유용하다.

5.4 사례기업의 선정

재무비율분석을 위한 사례기업으로 한국의 대표적인 철강 생산 및 판매업체인 포스코(주)를 선정하였다. 포스코(주)는 1968년 포항종합제철㈜로 설립하였다. 1970년 조강 연생산 103만 톤의 포항제철소 제1기 설비 건설에 착공하였고, 총 4단계의 확장공사를 거쳐 1981년 2월 완공되었다. 또한 1985년 광양제철소 조강 연생산 270만 톤의 제1기 설비 건설에 착공하여 1987년 준공되었다. 1988년 기업공개가 이루어졌으며, 그 뒤 2000년에 산업은행이 보유한 정부의 주식지분을 모두 매각하여 민영화하였다.

1992년 광양제철소 제4기 설비가 준공되어 포스코는 조강능력 2,800만 톤(포항제철소 1,200만 톤, 광양제철소 1,600만 톤)의 세계적 규모의 철강기업으로 발돋움하게 되었다. 1994년 뉴욕증권시장에 상장되었고, 1995년 포스코센터가 문을 열었으며, 같은 해 10월 런던 증권시장에 상장되었다.

2001년 이후 에너지 관련 사업을 미래 수익사업으로 집중 육성하고자 액화천연가스(LNG) 공급사업과 지역난방사업을 추진하고 있다. 2002년 광물의 국내외 해상수송 및 가공 · 판매를 사업목적에 추가하였고, 같은 해 3월 회사 이름을 포스코㈜로 변경하였다.

본사와 포항 · 광양제철소의 1사2소(一社二所) 체제를 바탕으로 본사는 재무 · 회계 · 판매 등 경영업무 전반을 맡는 것과 아울러 포항 · 광양 양 제철소의 수주 · 생산 · 출하 등에 대한 전반적인 통합조정본부 역할을 맡아보고 있다.

주요 생산제품은 열연제품 · 냉연제품 · 후판제품 · 선재제품 · 전기강판 · 스테인레스스틸 제품 등이다. 포항제철소는 거의 모든 종류의 제품을 생산하는 다품종 소량생산 체제를 갖추고 있으며 광양제철소는 소품종 대량생산 체제로 일반 수요가 많은 열연, 냉연 제품을 주로 생산해 상호 보완 관계를 유지하고 있다.

유럽연합과 러시아, 인도, 중국, 일본, 베트남, 싱가포르, 중남미 등지에 해외 사무소가 있다. 특히 중국현지 법인인 포스코 차이나가 있으며, 일본 도쿄에는 포스코 지점이 있다. 포스코건설 · 창원특수강 · 포스틸 · 포스데이타 · 포스코경영연구소 · 포스코터미널 등 14개 국내 출자사와 POSCO America Corporation(POSAM) · POSCO Australia Pty. Ltd(POSA) · POSCO Asia Co. 등 18개 해외 출자사를 거느리고 있다.

포스코의 산업코드는 KIS-IC기준으로 '금속 및 광물', KRX기준으로는 '철강, 금속', 그리고 KSIC-9기준으로 '제철업'에 속한다. 이하에서는 포스코(주)의 2016년부터 2018년까지의 재무자료를 금융감독원 전자공시 시스템으로부터 구하여 이에 대해 재무비율분석을 해보기로 한다.

〈표 5-1〉 **포스코의 요약 재무상태표(K-IFRS연결)** (단위: 10억 원)

계정과목	2016.12.31	2017.12.31	2018.12.31
자산			
I.유동자산	29,304	31,127	33,651
현금및현금성자산	2,448	2,613	2,644
매출채권	9,787	8,951	9,283
재고자산	9,052	9,951	11,500
II.비유동자산	50,459	47,898	44,597
투자자산	5,000	4,623	4,579
유형자산	33,770	31,884	30,018
무형자산	6,089	5,952	5,171
자산총계	**79,763**	**79,025**	**78,248**
부채			
I.유동부채	18,915	18,946	18,938
매입채무	4,073	3,465	4,006
단기차입금	10,195	11,275	10,290
기타채무	1,852	1,753	1,720
II.비유동부채	15,009	12,615	12,551
장기매입채무	45	13	30
장기차입금	12,510	9,789	9,920
부채총계	**33,925**	**31,561**	**31,489**
자본			
I. 지배기업소유주지분	42,373	43,733	43,371
지배주주순자산 (자사주차감전)	43,907	45,266	44,904

자본금	482	482	482
자본잉여금	1,398	1,413	1,411
신종자본증권	997	997	199
적립금	−144	−683	−1,404
자기주식	−1,533	−1,533	−1,533
이익잉여금	41,174	43,057	44,216
II.비지배지분	3,465	3,731	3,388
자본총계	**45,838**	**47,464**	**46,760**
부채와자본총계	**79,763**	**79,025**	**78,248**

〈표 5–1a〉 포스코의 요약 재무상태표(K–IFRS별도) (단위: 10억 원)

계정과목	2016.12.31	2017.12.31	2018.12.31
자산			
I.유동자산	11,733	14,840	16,796
현금및현금성자산	121	332	259
매출채권	3,216	3,868	3,968
재고자산	3,995	4,544	5,288
II.비유동자산	40,323	38,852	37,330
투자자산	15,118	15,196	15,230
유형자산	22,257	21,561	20,154
무형자산	509	528	645
자산총계	**52,056**	**53,692**	**54,126**
부채			
I.유동부채	2,697	3,570	3,896
매입채무	1,083	1,025	1,106
단기차입금	365	1,236	827
기타채무	866	863	1,073
II.비유동부채	5,029	4,181	4,958
장기차입금	3,778	2,666	3,444
기타채무	117	78	144
부채총계	**7,726**	**7,751**	**8,854**
자본			
자본금	482	482	482
자본잉여금	1,156	1,156	1,155

신종자본증권	997	997	199
적립금	284	233	−207
자기주식	−1,533	−1,533	−1,533
이익잉여금	42,943	44,605	45,175
자본총계	**44,329**	**45,941**	**45,272**
부채와자본총계	**52,056**	**53,692**	**54,126**

〈표 5-2〉 포스코의 요약 연결손익계산서(K-IFRS연결) (단위: 10억 원)

계정과목	2016.12.31	2017.12.31	2018.12.31
Ⅰ.매출액	53,084	60,655	64,978
Ⅱ.매출원가	46,394	52,299	57,005
Ⅲ.매출총이익	6,690	8,356	7,972
Ⅳ.관리비및판매비	3,845	3,734	2,430
(1)대손상각비	168	174	75
(2)기타일반관리비	2,124	2,003	1,986
(3)판매및물류비	1,554	1,557	369
Ⅴ.영업이익	2,844	4,622	5,543
Ⅵ.지분법손익	−89	11	113
Ⅶ.금융손익	−782	−112	−538
(1)금융수익	2,232	2,373	1,706
(2)금융비용	−3,014	−2,484	−2,244
Ⅷ.기타영업외손익	−541	−341	−1,554
(1)기타의대손상각비	−38	−98	−63
(2)기타영업외수익	202	448	524
(3)기타영업외비용	−705	−691	−2,014
Ⅸ.법인세비용차감전순이익	1,433	4,180	3,563
Ⅹ.법인세비용	385	1,206	1,671
Ⅺ.당기순이익(손실)	1,048	2,973	1,892
ⅩⅡ.기타포괄손익	454	−561	−429
ⅩⅢ.총포괄손익	1,502	2,412	1,464
ⅩⅣ.당기순이익의 귀속			
(1)지배기업의 소유주지분	1,363	2,790	1,691
(2)비지배지분	−315	183	201
ⅩⅤ.총포괄이익의 귀속			
(1)지배기업의 소유주지분	1,823	2,218	1,271
(2)비지배지분	−320	194	192
ⅩⅥ.주당이익 (원)	16,627	34,464	20,911

〈표 5-2a〉 포스코의 요약 손익계산서(K-IFRS 별도) (단위: 10억 원)

계정과목	2016.12.31	2017.12.31	2018.12.31
I. 매출액	24,325	28,554	30,659
II. 매출원가	19,904	23,833	25,728
III. 매출총이익	4,421	4,721	4,931
IV. 관리비및판매비	1,786	1,819	1,122
(1)대손상각비	44	4	7
(2)기타일반관리비	845	892	881
(3)판매및물류비	897	922	234
V. 영업이익	2,635	2,902	3,809
VI. 금융손익	−126	476	172
(1)금융수익	756	1,144	630
(2)금융비용	−883	−667	−458
VII. 기타영업외손익	−320	−24	−1,746
(1)기타의대손상각비	−10	−14	3
(2)기타영업외수익	82	436	307
(3)기타영업외비용	−392	−446	−2,056
VIII. 법인세비용차감전순이익	2,189	3,355	2,235
IX. 법인세비용	404	809	1,162
X. 당기순이익(손실)	1,785	2,546	1,073
XI. 기타포괄손익	313	−71	−238
XII. 총포괄손익	2,099	2,475	835
XIII. 주당이익 (단위: 원)	21,899	31,409	13,186

〈표 5-3〉 포스코의 현금흐름표(K-IFRS 연결) (단위: 10억 원)

계정과목	2016.12.31	2017.12.31	2018.12.31
I. 영업활동으로인한현금흐름	5,269	5,607	5,870
1. 당기순손익(법인세차감전순손익)	1,048	2,973	1,892
2. 현금유출이없는비용(수익)	5,581	5,632	7,344
3. 현금유출이없는비용의가산	6,534	7,166	8,437
4. 영업활동으로인한자산및부채의변동	−426	−1,926	−2,053
II. 투자활동으로인한현금흐름	−3,755	−3,818	−2,648
1. 투자활동으로인한현금유입액	18,437	21,173	32,702
2. 투자활동으로인한현금유출액	22,192	24,991	35,350
III. 재무활동으로인한현금흐름	−3,951	−1,566	−3,195
1. 재무활동으로인한현금유입액	2,013	2,550	2,768
2. 재무활동으로인한현금유출액	5,187	3,185	5,193
IV. 현금의순증가	−2,424	165	31
V. 기초현금	4,871	2,448	2,613
VI. 기말현금	2,448	2,613	2,644

〈표 5-4〉 포스코의 자본변동표 (K-IFRS 연결)

(단위: 10억 원)

		지배기업의 소유주에게 귀속되는 자본							비지배 지분	자본합계
		자본금	자본 잉여금	신종자본 증권	적립금	자기주식	이익 잉여금	합계		
2018.01.01(기초자본)		482	1,413	997	−683	−1,533	43,057	43,733	3,731	47,464
당기 총포괄 이익	(1) 연결당기순이익						1,691	1,691	201	1,892
	(2) 확정급여제도의 재측정요소						−145	−145	−28	−173
	(3) 지분법자본변동				−77			−77	14	−63
	(4) 지분증권평가손익				−104		−47	−151	2	−149
	(5) 매도가능증권평가손익									
	(6) 해외사업환산손익				−45			−46	3	−43
	(7) 파생상품평가손익									
자본에 직접 반영된 소유주와의 관계	(1) 연차배당금						−280	−280	−54	−334
	(2) 중간배당금						−400	−400		−400
	(3) 연결대상기업 변동으로 인한 변동								−2	−2
	(4) 종속기업의 유상증자 등으로 인한 변동		−1					−1	−1	−2
	(5) 신종자본증권 상환		−3	−798				−800	−359	−1,159
	(6) 신종자본증권 이자						−24	−24	−18	−43
	(7) 자기주식의 처분									
	(8) 기타		2		3		−5		−2	−2
2018.12.31(기말자본)		482	1,411	199	−1,404	−1,533	44,216	43,371	3,388	46,760

〈표 5-5〉 포스코의 주식관련자료

	2016	2017	2018
주가	257,500	332,500	243,000
액면가(원)	5,000	5,000	5,000
수익률(%)	54.65	29.13	−26.92
상장주식수(주)	87,186,835	87,186,835	87,186,835
시가총액 (평균, 백만 원)	19,205,913	26,181,884	27,963,033
외국인시가총액(평균, 백만 원)	9,515,139	14,390,248	15,899,911
거래량 (누계, 주)	89,214,307	65,047,971	62,247,278
거래대금 (누계, 백만 원)	19,657,904	19,330,271	19,683,192
베타 (D,1Yr)	1.62	0.70	1.26
변동성 (D,1Yr)	0.35	0.29	0.34

5.5 주요 재무비율의 계산과 해석

이 절에서는 〈표 5-1〉에서 〈표 5-4〉까지 제시된 포스코(주)의 재무제표와 〈표 5-5〉의 주식관련자료를 이용하여 의사결정자가 필요로 하는 정보에 따라 분류된 주요 재무비율의 경제적 의미, 계산방식, 그리고 표준비율과 비교한 평가방법에 대해서 설명하고자 한다. 여기서 주의할 점은 종속기업이 있는 포스코의 경우 IFRS 연결재무제표와 별도재무제표 중 무엇을 중점적으로 보느냐이다. 1장에서 다루었던 것처럼 종속기업이 존재하는 경우에 연결 재무제표와 별도 재무제표를 작성하게 된다. 2018년 현재 포스코는 연결재무제표를 주재무제표로 공시하고 별도재무제표 역시 함께 공시하고 있다.

〈표 5-1〉와 〈표 5-1a〉는 각각 포스코의 연결재무상태표와 별도재무상태표를 나타낸다. 마찬가지로〈표 5-2〉와 〈표 5-2a〉는 각각 포스코의 연결손익계산서와 별도손익계산서이다. 연결재무제표는 지배기업과 종속기업을 하나의 기업으로 보고, 합산한 방식이라면 별도 재무제표는 종속기업나 관계기업등의 경영실적을 반영하지 않는 지배기업만의 경영실적을 반영한 재무제표이다. 일반적으로 대부분은 연결재무제표로 기업의 경영성과를 분석한다. 그러나 만약 종속기업의 규모가 큰 경우 모기업의 재무변수에 차지하는 비중이 큰 경우에는 별도 재무제표가 경영성과의 지표로서 의미가 있을 수 있다. 이러한 경우, 연결재무제표만을 가지고 경영성

과를 판단할 경우 모기업의 경영성과를 다소 축소 또는 과장하는 왜곡의 우려가 있을 수 있기 때문이다.

이러한 문제를 감안하기 위해서 포스코의 종속기업들을 먼저 파악하자. 포스코는 2018년 말 현재 연결재무제표 작성대상 종속기업이 ㈜포스코건설, 포스코강판㈜ 등 36개의 국내법인과 POSCO America Corporation 등 136개의 해외법인, 그리고 128개의 관계기업 및 공동기업이다. 포스코는 비교적 종속기업의 수가 많고, 몇 개의 종속기업들의 기업규모가 상당하다. 그러나 중요 종속기업의 규모가 포스코의 규모에 비해서 그 비중이 크다고 평가하기 어렵다. 따라서 업계 기본방식인 연결재무제표를 통해서 성과분석을 한다.

〈표 5-6〉 **2018년 기말 포스코 종속기업의 총자산** (단위: 10억 원)

Name	회계년	IFRS 연결	IFRS 별도
POSCO	2018	78,248	54,126
(주)포스코건설	2018	6,147	5,629
포스코강판	2018	454	434
포스코ICT	2018	610	597
(주)포스코에이앤씨건축사사무소	2018	85	85
(주)엔투비	2018	137	137
포스코케미칼	2018	948	838
포스코엠텍	2018	123	123
포스코에너지(주)	2018	4,155	3,868
포스코인터내셔널	2018	9,881	8,773

1. 유동성비율

비율분석에서 유동성(liquidity)은 보통 기업이 단기부채를 상환할 수 있는 능력으로 정의된다. 엄밀히 말하자면 유동성이란 기업이 현금을 동원할 수 있는 능력이라고 할 수 있다.

이러한 유동성을 보여 주는 비율들을 유동성비율이라고 하는데, 기업에 자금을 대출한 금융기관과 채권자들이 가장 중요시하는 비율이다. 대표적인 유동성비율로는 유동비율과 당좌비율이 있다.

(1) 유동비율

유동비율(current ratio)은 재무상태표상에 있는 유동자산을 유동부채로 나눈 것이다. 유동자산에는 현금 · 시장성이 있는 유가증권 · 매출채권과 재고자산 등이 포함되며, 유동부채에는 장기부채 중 1년 이내에 만기가 되는 부채와 매입채무 등 단기부채, 그 밖에 미지급비용(accrued expenses) 등이 포함된다.

유동비율은 기업의 유동성을 측정하는 데 가장 많이 사용되는 비율로, 은행가비율(banker's ratio)이라고도 한다. 이 비율은 비율분석에서 가장 중요시되며, 재무분석의 시발점으로 간주되고 있다. 포스코의 2018년도 유동비율은 유동자산 33조 6,510억 원을 유동부채 18조 9,380억 원으로 나눈 비율로 177.69%이다.

$$\text{유동비율} = \frac{\text{유동자산}}{\text{유동부채}} \times 100 = \frac{33{,}651}{18{,}938} \times 100 = 177.69\%$$

$$\text{산업평균} = 177.79\%$$

2018년도의 포스코의 유동비율은 [그림 5-1]에 제시된 제1차 금속산업에 속한 대기업 집단의 산업평균비율 177.79%과 유사한 수치를 보여주고 있다. 포스코가 속한 산업평균비율은 [그림 5-1]의 자산 · 자본의 관계비율에서 유동비율을 찾으면 된다. 유동비율이 높다는 것은 무슨 의미를 가지고 있는 것일까? 이것은 동일한 산업의 다른 기업들보다 포스코가 가진 단기부채의 지급능력이 높다는 것을 뜻한다. 이것은 포스코에게 단기부채를 제공한 채권자의 입장에서는 매우 바람직한 것이다. 그러나 기업경영자의 입장에서는 다른 결론을 내릴 수 있다. 유동자산은 높은 수익을 가져오는 자산이 아니기 때문에, 다른 기업에 비하여 유동자산이 많을 경우 수익성이 낮아질 염려가 있다. 즉, 기업은 위험이 높은 투자를 기피하거나 적절한 투자기회를 찾지 못할 경우에 불필요한 현금이 내부에 누적될 수도 있다. 다시 말하면, 유동자산 중의 하나인 현금을 너무 많이 가지고 있다는 것은 현금을 다른 곳에 투자하여 수익을 올릴 기회를 상실하고 있다는 것이다. 그러므로 유동비율이 높다거나 낮다는 것은 어느 기업에게나 모두 좋거나 나쁜 것이 아니라, 그 비율을 분석하는 기업의 경영자 입장에 따라 달라질 수 있다는 것에 유의해야 한다.

(2) 당좌비율

당좌비율(quick ratio)은 산성시험비율(acid test ratio)이라고도 하는 것으로, 유동자산 중에서 재고자산을 제외한 자산인 당좌자산을 유동부채로 나눈 것이다. 유동자산 중에서 재고자산은 유동성이 가장 낮은 항목일 뿐만 아니라, 처분할 때에도 손실을 입을 위험이 높다. 그러므로 기업이 재고자산을 처분하지 않고서도 단기부채를 상환할 수 있는가가 중요하다. 당좌자산은 판매과정을 거치지 않고 즉시 현금화될 수 있는 자산으로 다른 자산의 취득 또는 유동부채의 지급에 충당할 수 있는 자산이다. 이런 의미에서 당좌비율은 유동비율보다 더 엄격히 유동성을 측정하는 비율이다. 2018년도 포스코의 당좌비율은 당좌자산 22조 1,510억 원을 유동부채 18조 9,380억 원으로 나눈 비율인 116.97%이다.

$$\text{당좌비율} = \frac{\text{유동자산}-\text{재고자산}}{\text{유동부채}} \times 100 = \frac{33{,}651-11{,}500}{18{,}938} \times 100 = 116.97\%$$

$$\text{산업평균} = 107.14\%$$

[그림 5−1]의 제1차 금속산업에 속한 대기업 집단의 당좌비율은 107.14%로, 포스코는 당좌비율에서도 산업평균비율에 비하여 매우 높은 편이다. 따라서 포스코는 재고자산을 제외하더라도 유동성에서는 여전히 산업 내 다른 기업보다 우월하다고 할 수 있다. 만일 산업평균보다 유동비율은 높으나 당좌비율이 낮은 경우라면 해당 기업의 재고자산이 너무 많다는 것을 나타낸다.

2. 레버리지비율

레버리지비율(leverage ratio)은 부채성비율이라고도 하며, 기업이 타인자본에 의존하고 있는 정도를 나타낸다. 레버리지비율은 특히 장기부채의 상환능력을 측정하는 데 이용된다. 이와 관련된 비율에는 여러 가지가 있으나 여기서는 크게 두 가지 비율에 대해서 학습하도록 하자. 하나는 재무상태표상에서 볼 수 있는 비율로, 자기자본에 비해 타인자본의 규모가 어느 정도인지를 측정하는 정적 개념의 성격을 지닌다. 다른 하나는 손익계산서의 항목을 이용하는 비율로, 기업의 영업이익(operating income)이 부채로 인한 금융비용의 지출을 어느 정도 감당할 능력이 있는지를 측정하는 동적 개념의 성격을 지닌다. 이 두 종류의 레버리지비율은 서로 보완적이므로, 재무분석을 할 때에는 두 비율을 모두 살펴보는 것이 바람직하다.

(1) 부채비율

부채비율(debt to equity ratio)은 기업의 자본구조의 안정성을 나타내는 가장 대표적인 비율이다. 부채비율은 총자본을 구성하고 있는 자기자본과 타인자본의 비율로, 타인자본은 재무상태표에서 부채에 해당하며, 자기자본은 자본에 해당한다. 기업이 타인자본에 과도히 의존할 경우에는 파산이나 부도를 초래하는 지급불능위험이 증가하므로, 장기자금을 제공하는 채권자의 입장에서는 중요한 비율이다. 타인자본은 유동부채 · 장기차입금 · 사채 등을 포함하며, 자기자본에는 자본금 · 자본잉여금 · 이익잉여금 등이 포함된다. 부채비율이 낮은 기업일수록 도산이나 파산 위험이 낮다는 것을 의미한다.

$$\text{부채비율} = \frac{\text{타인자본(부채총계)}}{\text{자기자본(자본총계)}} \times 100 = \frac{31{,}489}{46{,}760} \times 100 = 67.34\%$$

$$\text{산업평균} = 49.72\%$$

포스코의 2018년도 부채비율은 67.34%로 산업평균비율인 49.72%에 비해 높은편이다. 채권자의 입장에서는 부채비율이 낮은 기업은 파산하거나 청산할 가능성이 낮으므로 선호한다. 그러나 주주의 입장에서는 높은 부채비율이 항상 나쁜 것만은 아니다. 예를 들어, 미래의 경기전망이 좋아서 부채사용에 따른 비용보다 큰 수익이 예상될 경우에 부채비율이 높은 기업에서는 주주에게 돌아가는 이익이 높다. 또한 기업이 신규사업에 필요한 자금조달을 하려고 주식을 발행할 경우 기존 주주들의 기업지배권이 약화될 우려가 있기 때문에, 자기자본 대신에 타인자본을 선호하므로 이는 결과적으로 부채비율을 높이게 된다.

(2) 자기자본비율

부채비율과 더불어 기업의 재무구조를 측정하는 가장 중요한 지표로 활용되고 있는 것이 자기자본비율(stockholder's equity to total assets)이다. 자기자본비율은 타인자본과 자기자본을 합한 총자본에서 자기자본이 차지하는 비중을 나타내는 비율을 의미한다. 타인자본과 자기자본의 합계인 총자본은 재무상태표에서는 자산의 금액과 동일하다. 자기자본비율과 부채비율은 역의 관계를 가지므로, 자기자본비율이 높을수록 그 기업의 재무구조는 양호하다고 판단할 수 있다.

$$\text{자기자본비율} = \frac{\text{자기자본(자본총계)}}{\text{총자산}} \times 100 = \frac{46,760}{78,248} \times 100 = 59.76\%$$

$$\text{산업평균} = 66.79\%$$

포스코의 자기자본비율을 계산한 결과 산업평균비율인 66.79%보다 다소 낮은 59.76%로 기업의 재무 안정성이 다소 취약하다고 할 수 있다.

한편, 금융기관의 경우에는 일반 제조업과 다른 영업 특성을 가지므로 금융기관의 안정성을 측정하는 비율로 자기자본비율을 수정한, 국제결제은행(BIS)에서 규정한 자기자본비율인 BIS비율을 사용한다. 기존에는 자기자본 등을 위험가중자산으로 나누어 BIS비율을 계산했지만, 금융위기 등을 겪으면서 은행의 손실 흡수 능력 강화가 화두가 되면서 바젤Ⅲ기준서가 발표되면서, BIS비율을 총자본비율, 보통주자본비율, 기본자본비율로 총 3가지 세분하여 구하고 있다. 이 중, 바젤Ⅲ기준 총자본비율 식은 다음과 같다.

$$\text{BIS비율} = \frac{\text{기본자본} + \text{보완자본}}{\text{위험가중자산}} \ (> 8.0\%)$$

위 식에서 기본자본과 보완자본은 자기자본의 범주에 속한다. 기본자본은 보통주자본금, 이익잉여금, 미교부배당금를 의미하고, 보완자본은 대손충당금, 전환사채, 후순위채권, 자산재평가이익 등으로 구성된다. 그리고 자산별로 거래상대방의 신용도, 담보, 보증의 유무 등 위험도를 고려하여 가중치가 부여되고, 그 위험가중치에 의해 가중평균된 자산이 위험가중자산이다. 예를 들어, 현금의 경우 위험이 전혀 없으므로 0%, 공공기관에 대한 채권에는 10%, OECD 국가의 은행에 대한 채권에는 20%, 주거용 주택에 대한 저당권이 설정된 채권에는 50%, 기타 민간부문에 대한 채권이나 주식에는 100% 등의 위험가중치를 부여하게 된다. 국제결제은행은 국제금융시장에서 활동하는 은행들에게 최소한 8%의 BIS비율을 준수하도록 규정하고 있다. 이에 따라 BIS비율이 8%에 미치지 못하는 은행 등은 해외차입이 곤란하거나 차입을 하더라도 높은 자금조달비용을 부담해야 한다. 특히 외환위기 이후 우리나라 금융기관의 경우 BIS비율을 8%로 적용함에 따라 이 비율의 중요성은 매우 높아졌다. 이는 BIS비율 8%가 금융기관 구조조정의 기준이 되고 있기 때문이다. 금융감독원에 따르면, 2018년말 현재 국내은행의 BIS비율은 15.35%로 비슷한 시기의 미국 상업은행의 BIS비율 14.43%(2018년 9월 말)[1]와 비교하였을 때 큰 차이가 없는 수준이다.

1) 2019. 3. 12. 금융감독원 보도자료, '18년말 은행 및 은행지주회사 BIS기준 자본비율 현황'

(3) 비유동비율과 비유동장기적합률

비유동비율(noncurrent ratio)은 기업이 보유한 자산의 비유동화 위험을 측정하는 대표적인 비율로, 비유동자산을 자기자본으로 나눈 비율이다. 비유동비율은 자기자본이 비유동자산에 어느 정도 투입되어 운용되고 있는가를 나타내는 지표로, 일반적으로 비유동비율이 낮을수록 기업의 장기적 재무안정성이 양호한 것으로 평가된다. 그 이유는 비유동자산은 기업에서 장기적으로 사용되는 자산이므로, 상환부담이 없는 자기자본으로 투자하는 것이 재무안정성 측면에서 바람직하다고 판단되기 때문이다. 일반적으로 비유동비율이 100% 이하이면 양호한 것으로 본다.

비유동비율은 산업의 특성에 따라 큰 차이를 보인다. 예를 들어, 비유동자산보다는 유동자산의 비중이 높은 유통업의 경우에는 비유동비율이 낮은 반면, 거액의 시설투자를 필요로 하는 자본집약적 산업에서는 비유동자산의 비중이 매우 크므로 비유동비율은 일정 수준 이상으로 높다. 특히 자본집약적 산업에서는 필요자금을 자기자본만으로 조달할 수 없으므로 자금의 일부를 타인자본으로 조달하게 되며, 재무적 안정성을 유지하기 위해서는 상환기간이 장기인 비유동부채로 조달하는 것이 바람직하다. 이 경우에는 비유동비율의 보완비율인 비유동장기적합률을 사용할 수 있다. 비유동장기적합률(noncurrent assets to stockholder's equity and long-term liabilities)은 자기자본 및 비유동부채가 비유동자산에 어느 정도 투입되어 운용되고 있는가를 나타내는 지표로, 비유동자산을 자기자본과 비유동부채의 합으로 나눈 비율이다. 비유동비율과 마찬가지로 비유동장기적합률도 낮을수록 재무안정성 측면에서 해당 기업이 양호하다는 것을 의미한다. 사례기업인 포스코의 2018년도 비유동비율은 95.37%로 비유동자산은 자기자본의 규모 보다 하회하는 수준으로 투입되고 있는 것으로 나타났다. 이러한 수치는 산업평균비율인 98.18% 보다 조금 낮은 수준이다. 포스코의 비유동장기적합률은 75.19%로 산업평균비율인 81.32% 보다 낮은 수준을 유지하고 있다.

$$\text{비유동비율} = \frac{\text{비유동자산}}{\text{자기자본}} \times 100 = \frac{44{,}597}{46{,}760} \times 100 = 95.37\%$$

$$\text{산업평균} = 98.18\%$$

$$\text{비유동장기적합률} = \frac{\text{비유동자산}}{\text{자기자본}+\text{비유동부채}} \times 100 = \frac{44{,}597}{46{,}760+12{,}551} \times 100 = 75.19\%$$

$$\text{산업평균} = 81.32\%$$

(4) 이자보상비율과 금융비용부담률

이자보상비율(times interest earned 또는 interest coverage ratio)은 기업 본연의 활동으로 발생한 영업이익이 매년 지급해야 할 이자비용의 몇 배에 해당하는가를 나타내는 비율이다. 즉, 타인자본의 사용으로 발생하는 금융비용인 이자가 기업에 어느 정도의 압박을 가져오는가를 판단하기 위한 지표가 바로 이자보상비율이다. 이자보상비율이 높을수록 그 기업은 금융비용을 부담할 수 있는 능력이 높으며, 재무적 안정성이 높다는 것을 의미한다. 금융비용부담률은 매출액에 대비한 이자비용의 비율로 표시되며, 낮을수록 양호하다. 한국은행의『기업경영분석』에서는 금융비용부담률을 금융비용 대 매출액으로 제시하고 있다.

이자보상비율은 추후에 설명할 수익성비율의 하나인 매출액영업이익률과 금융비용부담률로 분해하여 순수한 금융비용부담 능력과 수익성의 측면에서 파악할 수 있다. 2018년도의 포스코의 이자보상비율과 금융비용부담률은 다음과 같이 계산된다. 〈표 5-2〉의 요약손익계산서에서 금융손익부분의 금융비용이 이자비용을 의미한다

$$\text{이자보상비율} = \frac{\text{영업이익(EBIT)}}{\text{이자비용}} \times 100 = \frac{5{,}543}{2{,}244} \times 100 = 247.01\%$$

$$\text{산업평균} = 627.51\%$$

$$\text{금융비용부담율} = \frac{\text{이자비용}}{\text{매출액}} \times 100 = \frac{2{,}244}{64{,}978} \times 100 = 3.45\%$$

$$\text{산업평균} = 0.93\%$$

[그림 5-1]에 제시된『기업경영분석』에서 포스코가 속한 산업의 평균 이자보상비율은 627.51%였다. 포스코의 이자보상비율이 247.01%임을 감안한다면 이자부담능력은 산업평균비율을 하회한다. 이 이자보상비율이 100%미만이라는 것은 영업이익으로 이자조차 낼 수 없다는 의미로 파악된다. 따라서 포스코는기업의 부채이자를 감당할 수 있는 이자지급능력은 비록 산업평균을 하회하고 있지만 안정적인 편에 속한다고 볼 수 있다. 한편, 포스코의 금융부담률은 3.45%로 산업평균 금융비용부담률인 0.93%를 크게 상회한다.

3. 활동성비율

활동성비율(activity ratio)이란 기업이 소유하고 있는 자산들을 얼마나 효과적으로 이용하고 있는가를 측정하는 비율이다. 이와 같은 비율들은 매출액에 대한 각 중요 자산의 회전율로 표시되는 것이 보통이다. 여기서 회전율이란 자산의 물리적 효율성(physical efficiency)을 말하는 것으로, 자산의 효율적 이용으로 인한 화폐적 성과와는 다르다. 활동성비율에서는 재고자산회전율, 매출채권회전율, 비유동자산회전율, 총자산회전율이 중요하다. 기업의 경영성과와 관련된 효율성은 뒤에서 설명하게 될 수익성비율로 측정한다.

(1) 재고자산회전율과 재고자산평균보유기간

재고자산회전율(inventory turnover)은 매출액을 연도 말 시점 또는 연평균 재고자산으로 나눈 값으로, 재고자산이 한 사업연도 동안에 몇 번이나 당좌자산(현금 또는 매출채권)으로 전환되었는가를 측정하는 것이다. 재고자산회전율이 낮다는 것은 매출액에 비하여 과다한 재고자산을 보유하고 있다는 것이며, 이 수치가 높다는 것은 적은 재고자산으로 생산과 판매활동을 효율적으로 수행하고 있다는 뜻이다. 기초 시점과 기말 시점의 연평균 재고자산을 적용한 포스코의 2018년도 재고자산회전율은 6.06회로 산업평균비율인 5.99회를 다소 상회하는 비슷한 수치를 보여준다. 이는 포스코의 생산 및 판매활동이 산업평균과 비교하여 비슷하거나 다소 효율적으로 이루어지고 있음을 의미한다.

$$\text{재고자산회전율} = \frac{\text{매출액}}{\text{연평균재고자산}} = \frac{64{,}978}{(11{,}500+9{,}951)/2} = 6.06\text{회}$$

$$\text{산업평균} = 5.99\text{회}$$

재고자산평균보유기간(days in inventory)은 재고자산회전율의 역수에 365를 곱한 값으로, 재고자산회전율을 기간 형태로 표시한 것이다. 재고자산평균보유기간은 재고자산이 판매되기까지 평균적으로 소요된 일수를 측정하므로, 이 값이 낮을수록 매출이 원활하다고 볼 수 있다. 포스코의 재고자산평균보유기간은 60.25일로 재고상태에서 매출이 이루어지기까지는 평균적으로 약 2개월 정도의 기간이 소요된다는 것을 알 수 있다.

$$\text{재고자산평균보유기간} = \frac{365}{\text{재고자산회전율}} = \frac{365}{6.06} = 60.25\text{일}$$

재고자산회전율을 계산하여 분석할 때에는 두 가지 점에 유의하여야 한다.

첫째, 매출액은 시장가치(market value)로 계산된 반면, 재고자산은 역사적 원가(historical cost)에 의하여 기록된다는 점이다. 따라서 양쪽의 항목을 원가 또는 시가로 통일시키는 것이 바람직하다. 예를 들어, 분자를 매출액 대신 매출원가로 대체하면 분모와 분자가 원가를 기준으로 통일될 수 있을 것이다.

둘째, 매출활동은 영업기간 동안 계속 발생하는 반면에, 재고자산은 특정시점의 규모이므로, 기말 재무상태표의 재고자산보다 연평균의 재고자산을 적용하는 것이 더욱 이상적일 것이다. 손익계산서의 계정과목들은 사업기간 동안에 발생한 흐름을 측정하는 반면에, 재무상태표의 계정과목들은 특정시점에서 관측된 값이다. 따라서 재고자산회전율과 같이 재무비율이 손익계산서 항목과 재무상태표 항목으로 구성될 경우, 손익계산서 항목에 대응하는 재무상태표의 항목은 연평균화하는 것이 타당하다. 특히 매출액이나 재고수준의 계절적 변동이 심한 산업에 속하는 기업에서는 이와 같은 조성이 꼭 필요하다.

(2) 매출채권회전율과 매출채권평균회수기간

매출채권회전율(receivables turnover)은 매출액을 매출채권으로 나눈 값으로 매출채권이 신속히 매출액으로 전환되는 정도를 나타낸다. 같은 매출액에 비하여 매출채권이 적을수록 매출채권관리를 잘하고 있다고 볼 수 있으므로, 매출채권회전율은 높을수록 좋다. 재고자산과 마찬가지로 영업기간 동안 매출활동과 더불어 매출채권도 계속 발생하기 때문에, 재무상태표의 특정시점의 매출채권보다는 기초 매출채권과 기말 매출채권의 평균값을 사용하는 것이 이상적일 것이다. 아래 매출채권회전율 수식의 분모를 구성하는 매출채권은 〈표 5-1〉의 요약재무상태표에서 확인할 수 있다.

$$\text{매출채권회전율} = \frac{\text{매출액}}{\text{연평균매출채권}} = \frac{64{,}978}{(9{,}283+8{,}951)/2} = 7.13\text{회}$$

$$\text{산업평균} = 7.81\text{회}$$

포스코의 2018년도 매출채권회전율은 7.13회로 산업평균비율인 7.81회를 다소 하회함으로, 매출채권의 현금화 속도가 상대적으로 느리게 관리가 되고 있다는 것을 알 수 있다. 매출채권회전율도 기간 형태로 표시할 수 있는데, 재고자산평균보유기간과 같이 매출채권회전율의 역수에 365를 곱하면 매출채권평균회수기간(days in accounts receivable)이 된다. 매출채권평균회수기간은 매출채권이 발생된 후 현금으로 회수되기까지 소요되는 평균 일수를 측정하며, 포스코의 매출채권평균회수기간은 51.21일로 약 2개월보다 적은 시간이 소요된다.

$$\text{매출채권평균회수기간} = \frac{365}{\text{매출채권회전율}} = \frac{365}{7.13} = 51.21\text{회}$$

(3) 비유동자산회전율

비유동자산회전율(noncurrent asset turnover)은 매출액을 비유동자산으로 나눈 값이다. 비유동자산은 다른 자산에 비해 매출에 높은 기여를 하는 자산이므로, 동일한 비유동자산 규모에 비해 매출액이 높을수록 자산의 효율성이 높다고 판단한다. 기초 비유동자산과 기말 비유동자산의 연평균 비유동자산으로 측정한 포스코의 비유동자산회전율은 1.41회로 산업평균비율인 1.17회를 상회한다. 따라서 포스코는 산업평균대비 비유동자산이 비교적 효율적으로 이용되고 있다.

$$\text{비유동자산회전율} = \frac{\text{매출액}}{\text{연평균비유동자산}} = \frac{64{,}978}{(44{,}597+47{,}898)/2} = 1.41\text{회}$$

$$\text{산업평균} = 1.17\text{회}$$

(4) 총자산회전율

총자산회전율(total assets turnover)은 매출액을 총자산으로 나눈 것이다. 총자본은 총자산과 동일하며 자기자본과 타인자본을 포괄하는 전체 자본의 의미이므로, 총자산회전율을 총자본회전율이라고도 한다. 이 비율은 기업의 총자산(또는 총자본)이 1년에 몇 번이나 회전하였는가를 나타내므로, 기업이 사용한 총자산의 효율적인 이용도를 종합적으로 표시하는 것이다. 포스코의 2018년도 총자산회전율은 0.83로 산업평균인 0.78를 상회한다.

$$\text{총자산회전율} = \frac{\text{매출액}}{\text{연평균총자산}} = \frac{64{,}978}{(78{,}248+79{,}025)/2} = 0.83\text{회}$$

$$\text{산업평균} = 0.78\text{회}$$

총자산회전율이 높으면 유동자산 · 비유동자산 등이 효율적으로 이용되고 있다는 것을 뜻하며, 이 회전율이 낮으면 상대적으로 과잉투자와 같은 비효율적인 투자를 하고 있다는 것을 의미한다.

4. 수익성비율

기업의 수익성은 기업의 여러 가지 정책과 의사결정의 종합적 결과로 나타나는 것이다. 앞에서 설명한 비율들은 기업이 어떻게 운영되고 있는가를 부분적으로 반영하지만, 수익성비율(profitability ratio)은 기업의 모든 활동을 종합적으로 반영하는 경영성과의 지표이다.

(1) 총자산이익률

총자산이익률(profit to total assets)은 이익과 총자산(총자본)의 관계를 나타내며, 기업의 수익성을 대표하는 비율로 총자산순이익률과 총자산영업이익률로 구분된다. 총자산순이익률(return on assets; ROA)은 총자산 1원당 순이익의 비율로 총자본순이익률 또는 투자이익률(return on investment; ROI)이라고도 한다. 총자산순이익률에서 분자인 당기순이익에는 타인자본 사용에 대한 비용인 이자비용이 차감된 반면, 총자산에는 타인자본과 자기자본이 포함되기 때문에 분모와 분자의 비교에 관한 일관성이 결여된다. 따라서 이 같은 문제를 해결하기 위해서는 당기순이익 대신에 이자비용이 포함되기 전 단계의 이익인 영업이익을 활용한 총자산영업이익률을 사용할 수 있다. 연중에 총자본이 증가한 경우에는 자본사용으로 인해 이익이 증가할 것이므로 이를 반영하기 위해서는 기초 총자산과 기말 총자산의 평균치를 사용하는 것이 바람직하다. 2018년도 포스코의 총자산순이익률과 총자산영업이익률은 다음과 같이 계산된다. 여기서 총자산은 재무상태표에서 지배부문과 비지배부문을 분리하여 보고하도록 되어있지 않기 때문에 지배주주부분이 아닌 총자산과 총 당기순이익으로 총자산 수익률을 계산한다.

$$\text{총자산순이익률} = \frac{\text{당기순이익}}{\text{연평균총자산}} \times 100 = \frac{1{,}892 \times 100}{(79{,}025+78{,}248)/2} = 2.41\%$$

$$\text{산업평균} = 1.60\%$$

$$\text{총자산영업이익률} = \frac{\text{영업이익}}{\text{연평균총자산}} \times 100 = \frac{5{,}543 \times 100}{(79{,}025+78{,}248)/2} = 7.05\%$$

$$\text{산업평균} = 4.54\%$$

산업의 총자산순이익률은 1.60%이고, 총자산영업이익률은 4.54%인 데 비해 포스코의 총자산순이익률과 총자산영업이익률은 2.41%와 7.05%로 산업평균비율에 비해 총자산순이익률은 낮지만 총자산영업이익률은 크게 상회하는 것을 알 수 있다.

(2) 자기자본순이익률

자기자본순이익률(return on equity; ROE)은 순이익을 자기자본으로 나눈 것으로, 1원의 자기자본으로 순이익을 얼마만큼 발생시켰는가를 나타낸다. 자기자본순이익률은 총자산순이익률과 마찬가지로 기업의 수익성을 대표하는 비율이다. 자기자본순이익률은 주주들이 요구하는 투자수익률을 의미하며, 자기자본순이익률이 높다는 것은 자기자본이 매우 효율적으로 운용되고 있음을 의미한다. 자기자본순이익률이 주주들의 기대에 미치지 못하는 경우 주주들은 자금을 더 이상 기업에 투자하지 않을 것이기 때문에, 기업의 경영활동이 위축되어 주가를 하락시키는 원인으로 작용하게 된다. 그러므로 자기자본순이익률은 기업이나 주주 모두의 입장에서 수익성을 측정하는 중요한 지표라 할 수 있다.

2018년도 K-IFRS 연결 재무제표와 별도/개별 재무제표를 이용한 포스코의 자기자본순이익률은 〈표 5-7〉과 같이 구해진다. 연결재무제표하에서는 지배주주의 몫에 해당하는 자본과 순이익을 별도로 표기하고 있다. 연결재무제표는 기존의 개별재무제표와는 달리 모회사와 자회사의 자산과 실적을 합산하고 있다. 따라서 회계기준 개정 종전의 자기자본순이익률과 같은 개념으로 계산되기 위해서는 지배주주의 몫으로 구분하여 계산한 값을 이용해야 한다. 결국 연결재무제표가 기업이 공시하는 주요 재무제표인 기업의 경우에 ROE를 계산한다면 재배주주 순이익과 지분을 이용한다. 반면에, 별도 및 개별재무제표가 주요 재무제표인 기업인 경우에는 IFRS-별도(또는 개별) 당기순이익을 분자로 연평균 자기자본을 분자로 구성하여 구할 수 있다.

〈표 5-7〉 IFRS 연결재무제표하에서의 ROE

	식 (ROE=순이익/자본)	계산값
자기자본순이익률 (ROE, 지배주주)	$\frac{\text{재배주주 순이익}}{\text{연평균총자산}} \times 100$	$\frac{1{,}691 \times 100}{(43{,}733+43{,}371)/2} \times 100 = 3.88\%$
자기자본순이익률 (ROE, 당기순이익)	$\frac{\text{당기순이익}}{\text{연평균자기자본}} \times 100$	$\frac{1{,}892 \times 100}{(47{,}464+46{,}760)/2} \times 100 = 4.02\%$

산업평균 = 2.38%

지배주주부문으로 구한 자기자본 순이익률은 3.88%인 반면에, 자회사의 순이익이 감안된 당기순이익으로 구한 자기자본순이익률은 2.22%이었다. 포스코의 자회사들의 경영성과가 부정적이었다고 볼 수 있다. 한편, 포스코의 자기자본순이익률(지배주주)은 2018년도 산업평균 비율인 2.38%를 상회한다. 산업평균을 상회하는 자기자본순이익률을 갖는다는 것은 상대적으로 효율적인 자기자본 운영을 하고 있음을 의미한다.

(3) 매출액이익률

매출액이익률(Net income to net sales ratio)은 기업의 영업활동의 성과를 총괄적으로 파악하는 비율이라 할 수 있으며, 매출액순이익률과 매출액영업이익률이 주요한 지표이다. 매출액순이익률(net profit to sales)은 순이익을 매출액으로 나눈 것으로, 매출액 1원에 대한 순이익이 얼마인가를 나타내며 보통 매출마진(margin on sales)이라고도 한다. 이 비율은 기업의 영업활동의 성과를 총괄적으로 파악하는 비율이라 할 수 있으며, 경쟁기업의 매출액순이익률과 비교 · 분석함으로써 그 기업의 경영합리화에서 무엇이 문제가 되는지를 검토하고 발견할 수 있다.

한편, 매출액영업이익률(Opertating profit ratio)은 영업이익을 매출액으로 나눈 것으로, 기업활동에서 비경상적 · 비반복적으로 발생하는 부분인 특별손익과 영업외손익을 제외한 기업의 주된 영업활동의 성과를 나타내는 지표가 된다. 특별손익과 영업외손익은 기업경영에서 우발적이고 일시적으로 발생하는 항목이므로, 이익의 질(quality of earning)에서 볼 때 이를 제외한 영업이익이 당기순이익에 비해 재무비율을 이용하는 정보이용자의 입장에서는 더욱 유용할 수 있다. 2018년도 포스코의 매출액순이익률과 매출액영업이익률은 각각 2.91%와 8.53%이다. 포스코의 비율은 산업평균비율인 2.04%와 5.83%를 모두 상회하므로 포스코의 경상적 또는 비경상적 활동의 이익창출 능력이 우월하며, 궁극적으로는 효율적인 재무적 비용구조를 가지고 있다고 평가받을 수 있다.

$$\text{매출액순이익률} = \frac{\text{당기순이익}}{\text{매출액}} \times 100 = \frac{1,892}{64,978} \times 100 = 2.91\%$$

$$\text{산업평균} = 2.04\%$$

$$\text{매출액영업이익률} = \frac{\text{영업이익}}{\text{매출액}} \times 100 = \frac{5,543}{64,978} \times 100 = 8.53\%$$

$$\text{산업평균} = 5.83\%$$

5. 성장성비율

성장성비율(growth ratio)은 일정 기간 중에 기업의 경영규모 및 경영성과가 얼마나 증대되었는가를 나타내는 비율로, 일반적으로 재무제표 각 항목에 대한 일정 기간 동안의 증가율로 측정한다. 성장성비율은 여러 정보 이용자에게 다양한 의미를 지닌다. 어느 기업의 이익성장률이 높다면 투자자에게는 기업의 미래 수익발생능력이 상대적으로 증대하여 일정 수준 이상의 이익을 실현하리라는 가능성이 높아지고, 주가의 시세차익(capital gain)을 기대할 수 있다. 또한 특정산업의 성장률이 경제 전체의 평균성장률보다 높으면 고성장산업으로 간주될 수 있고, 어떤 기업이 당해 산업 내의 경쟁기업보다 성장률이 높으면 시장에서의 경쟁력 지위를 상대적으로 빨리 확보한 것으로 평가할 수 있다. 성장률의 변화는 시장에서의 상대적 지위의 변화를 뜻하므로, 기업의 장기간에 걸친 동태적 변화를 보는 데 적합한 지표가 된다.

(1) 매출액증가율

매출액증가율은 당기 매출액증가분을 전기 매출액으로 나눈 증가율로, 기업의 외형적인 신장세를 나타내는 대표적인 지표이다. 매출액증가는 판매단가의 인상에 기인할 수도 있고, 판매량의 증가에 기인할 수도 있으므로, 어느 쪽에 기인하는지에 대한 원인을 분석한다면 유용한 정보가 될 것이다. 한편, 경쟁기업보다 매출액증가율이 높다면 이는 결국 시장점유율의 증가를 의미하므로, 경쟁력 변화를 가늠하는 한 방법이 된다. 또한, 같은 산업내에서는 시장의 충격이 같이 공유되기 때문에, 같은 산업내 다른 기업들과의 매출액 비교를 통해서 시장의 상황을 감안한 매출액의 증가율을 파악해볼 수 있다. 포스코의 경우 2018년 매출액은 전년대비 7.13% 증가했고, 산업평균비율인 3.26%에 비해서 그 증가폭이 큰 것으로 확인된다.

$$\text{매출액증가율} = \frac{\text{당기매출액} - \text{전기매출액}}{\text{전기매출액}} \times 100 = \frac{64{,}978 - 60{,}655}{60{,}655} \times 100 = 7.13\%$$

$$\text{산업평균} = 3.26\%$$

(2) 이익증가율

이익의 증가율은 경영성과의 변동을 나타내는 중요한 재무비율로, 어떤 이익측정치를 사용하느냐에 따라 여러 형태의 증가율로 측정된다. 대표적인 이익증가율로는 영업이익증가율과 순이익증가율이 있다. 이익증가율을 측정할 때 당기이익이나 전기이익이 음수인 경우에는 의미가 없으므로 주의해야 한다. 예를 들어, 전년도 순이익이 적자이지만 당기순이익이 흑자로 전환된 경우에 순이익증가율은 음수로 측정되는 등 왜곡된 수치를 가져오므로 '흑자전환'으로 표기해야 한다. 반면에 이익이 전년도에 이어 당기에도 연속적으로 적자인 경우에는 '적자지속', 전년도에는 흑자였지만 당기에는 적자인 경우에는 '적자전환' 등으로 나타낸다. 포스코의 2018년도 영업이익증가율과 순이익증가율은 각각 19.93%와 −36.36%로 전년에 비해 영업이익은 증가하고 순이익은 하락하였다. 같은기간 영업이익증가율과 순이익증가율의 산업평균비율은 −5.39%와 −55.51%이나. 2018년 포스코가 최종적으로 시현한 이익이 산업의 평균적인 기업의 그 것보다 높음을 알 수 있다. 산업평균비율은 [그림 5−1]에 나와 있지 않으므로, 전년도 산업재무제표의 영업이익과 순이익을 이용해서 구해야 한다.

$$\text{영업이익증가율} = \frac{\text{당기영업이익} - \text{전기영업이익}}{\text{전기영업이익}} \times 100 = \frac{5{,}543 - 4{,}622}{4{,}622} \times 100 = 19.93\%$$

$$\text{산업평균} = -5.39\%(\text{적자전환})$$

$$\text{순이익증가율} = \frac{\text{당기순이익} - \text{전기순이익}}{\text{전기순이익}} \times 100 = \frac{1{,}892 - 2{,}973}{2{,}973} \times 100 = 36.36\%$$

$$\text{산업평균} = -55.51\%$$

(3) 총자산증가율

총자산증가율은 일정 기간 동안의 총자산증가분을 기초의 총자산으로 나눈 비율로, 기업의 외형적 규모의 성장을 나타낸다. 총자산증가율은 매출액증가율과는 달리 일정 시점을 기준으로 작성된 재무상태표를 이용하고, 자산재평가 실시 여부와 시기에 따라서 장부상 자산가액이 실제보다 과소계상되는 경향이 있으므로, 여러 기업을 상호 비교 · 분석할 때에는 주의할 필요가 있다. 포스코의 2018년도 총자산증가율은 −0.98%로 산업평균비율인 0.33%와 마찬가지로 저조하였다. 총자산증가율로 본 성장성은 전반적으로 악화되었다고 판단된다.

$$\text{총자산증가율} = \frac{\text{당기말총자산} - \text{전기말총자산}}{\text{전기말총자산}} \times 100 = \frac{78{,}248 - 79{,}025}{79{,}025} \times 100 = -0.98\%$$

$$\text{산업평균} = 0.33\%$$

(4) 자기자본증가율

자기자본증가율은 일정 기간 중 내부유보 또는 유상증자 등을 통해 자기자본이 얼마나 증가했는가를 나타낸다. 이 비율이 높을수록 기업의 재무적 안정성과 주가의 상승가능성이 높다고 판단한다. 부도나 파산에 직면한 부실기업 중에서 부채가 총자산을 초과하여 자기자본이 음수인 '자본잠식' 상태에 있는 경우에는 자기자본증가율은 측정할 수 없다. 포스코의 2018년도의 자기자본증가율은 −1.48%로 산업평균비율인 −0.21%와 비교시 동종산업대비 장기적 안정성이 다소 약화되고 있다고 볼 수 있다.

$$\text{자기자본증가율} = \frac{\text{당기말자기자본} - \text{전기말자기자본}}{\text{전기말자기자본}} \times 100 = \frac{46{,}760 - 47{,}464}{47{,}464} \times 100 = -1.48\%$$

$$\text{산업평균} = -0.21\%$$

자본적 지출(CAPEX, Capital Expenditure)

설비투자를 통해서 기업의 성장기회를 보여주는 지표로서 자본적 지출(CAPEX: Capital expenditure)가 있다. 최근 재무관련 애널리스트 보고서나 학술논문에서 많이 쓰이고 있는 지표로서 미래 이윤을 창출하기 위해 지출된 비용, 즉 미래지향적 자본 지출을 의미한다. CAPEX는 고정자산에 대한 투자의 개념으로 이해하면 쉬운데, CAPEX의 증가는 고정자산에 대한 유지와 보수 또는 신규투자의 증가를 나타내기 때문에 기업이 새로운 투자기회를 포착한 것으로 기대될 수 있다. 따라서 CAPEX를 통해서 미래 기업가치의 긍정적인 요인으로 기대할 수 있으며 현금흐름의 개선 역시 예상해볼 수 있다. 그러나 CAPEX가 높다고 항상 긍정적인 신호를 주는 것만은 아니다. 상대적으로 고정자산에 투자가 산업 전반적으로 적은 산업에서 어떤 기업의 CAPEX의 증가는 사업 확장 등의 기회로도 평가할 수 있지만 한편으로는 위험으로 해석될 수도 있다.

CAPEX는 일반적으로 다음의 식을 이용해서 구한다.

$$\text{자본적지출} = \frac{(\text{고정자산}+\text{감가상각비})_t - (\text{고정자산}+\text{감가상각비})_{t-1}}{\text{총자산}_t}$$

6. 시장가치비율

지금까지 설명한 유동성, 레버리지, 활동성, 수익성, 성장성 등 재무제표상에 나타나는 비율들의 평가도 중요하지만, 주식과 관계된 여러 가지 비율도 기업을 분석하는 데 매우 중요하다. 자본시장에서 주식시장의 위치가 중요해지고, 주식시장과 관련된 많은 재무이론이 각광을 받게 됨에 따라, 주식시장과 관련된 여러 가지 시장가치비율이 관심을 끌고 있다.

시장가치비율(market value ratio)은 투자자가 기업의 과거성과와 미래전망에 대해 어떻게 생각하고 있는지를 알 수 있게 하는 지표로 주식투자에 활용된다. 단, 시장가치비율은 일반적으로 주식시장에 상장되어 주가가 형성되는 기업들을 대상으로 적용할 수 있다.

여기에서는 실무적으로 자주 활용되는 주요한 몇 가지 시장가치비율을 설명하기로 한다. 시장가치란 주가와 같은 용어로, 시장가치비율은 주가와 관련된 비율을 의미한다. 이 비율들의 산업평균비율은 산업은행의 『재무분석』이나 한국은행의 『기업경영분석』에는 수록되어 있지 않고, 한국거래소에서 발행하는 『증권시장』이나 『코스닥시장』에서 찾아볼 수 있다. 또한 각 증권회사에서도 이에 관계되는 자료를 수시로 발표하고 있다.

(1) 주당순이익과 주당배당

주당순이익(earnings per share; EPS)은 주식을 평가할 때 가장 기본이 되는 자료로, 발행주식 1주당 순이익이 얼마인가를 보여 주는 수치이다. 주당순이익은 당기순이익을 보통주의 발행주식수로 나누어 계산한다. 연도 중에 증자나 주식소각이 발생할 경우 기말 발행주식수가 변동하므로, 이를 고려하여 기초 발행주식수와 기말 발행주식수의 평균을 사용한다. EPS가 높을수록 그 기업의 주식가격은 높은 것이 보통이다. 〈표 5-5〉에 의하면 포스코의 2018년 말 보통주의 발행주식수는 87,186,835 주이므로 2018년 말 주당순이익은 〈표 5-8〉과 같이 계산된다. 앞서 다루었던 것처럼, 연결재무제표가 해당기업의 주재무제표인 경우에는 지배주주 부문을 따로 보는 것이 해당기업의 성과를 분석하는데 왜곡을 줄일 수 있다. 반면에, 별도(또는 개별) 재무제표가 주재무제표인 기업들은 별도(또는 개별) 재무제표의 당기순이익을 연평균발행주식수로 나누어 EPS를 구하면 된다.

〈표 5-8〉 IFRS 연결재무제표 하에서의 EPS

	식	계산값
주당순이익 (EPS, 지배주주)	$\frac{\text{(지배주주)당기순이익}}{\text{연평균발행주식수}}$	$\frac{1,690,612,430,737}{87,186,835}$ = 19,391원
주당순이익 (EPS, 당기순이익)	$\frac{\text{당기순이익}}{\text{연평균발행주식수}}$	$\frac{1,892,064,406,279}{87,186,835}$ = 21,701원

산업평균 = 2,865원[2)]

2) 여기서 산업평균 발행주식수는 한국은행 기업경영분석에 나와있지 않아 국가통계포털에서 제공하는 산업별 상장주식 총괄자료 중 철강금속 업종의 상장주식수를 이용하여 계산하였다.

이와 같은 방법으로 주당배당(dividend per share; DPS)을 계산하기도 하는데, 이것은 1주당 지급한 배당금을 말한다. 포스코의 2018년도 이익잉여금처분계산서에서 배당금은 4,000억 원이므로 주당배당금은 4,588원이다.

$$\text{주당배당(DPS)} = \frac{\text{배당금}}{\text{연평균발행주식수}} = \frac{4{,}000\text{억}}{87{,}186{,}835} = 4{,}588\text{원}$$

(2) 주가수익비율

주가수익비율(price-earnings ratio; PER)은 보통주의 주가를 주당순이익으로 나눈 것으로, P/E 비율 또는 PER이라 하며, 그 단위는 배가 된다. 이것은 주가가 주당순이익의 몇 배로 형성되는가를 보여 준다. 수익성에서 높은 성장이 기대되는 기업은 이 비율이 높게 나타나며, 성장이 낮을 것이라고 생각되는 기업은 이 비율이 낮다. 한편, 이 비율은 주가를 예측하는 투자전략에도 활용된다. 주당순이익이 높은데도 주가수익비율이 낮은 기업은 현재 주가가 저평가상태에 있기 때문에, 향후 시장에서 적정한 평가가 되면 잠재적으로 주가가 상승할 것으로 예상되는 기업으로 간주할 수 있다. 이와 반대로, 낮은 주당순이익에 비해 상대적으로 주가수익비율이 높은 기업의 주가는 향후 하락할 것으로 투자자들은 판단할 수 있다. PER가 음(−)의 값을 가지는 것은 포스코가 당기결산에서 적자가 나타났기 때문이다. 주의할 점은 PER는 0이상의 양(+)수 값을 가질 경우에만 의미가 있다. 때에 따라서 음(−)의 PER를 보였을 때 N/A로 표기하기도 한다. 2018년 12월 말 포스코의 주가는 24만 3,000원이므로 주당순이익을 적용하면 PER은 12.53이다. 반면에, IFRS-연결 손익계산서의 당기순이익 항목으로 계산한 PER는 11.20배로 지배주주의 몫으로 계산한 PER와 비교했을 때 다른 결과를 가져온다는 점을 알 수 있다.

한편, 산업평균 PER은 산업에 속한 모든 기업들의 주가에 발행주식수를 곱하여 합산한 값을 주당순이익에 발행주식수를 곱하여 합산한 값으로 나누면 된다. 즉, 산업평균 PER은 산업의 총 시장가치를 산업의 전체 순이익으로 나눈 값이다. 포스코가 속한 철강금속의 2018년 말 산업평균 PER는 10.13이다. 따라서 주가수익비율로 보았을 때 포스코는 산업평균을 다소 상회하는 것을 알 수 있다.

〈표 5-9〉 IFRS 연결재무제표 하에서의 PER

	식	계산값
주가수익비율 (PER, 지배주주)	$\frac{\text{주가}}{\text{주당순이익(EPS, 지배)}}$	$\frac{243,000}{19,391}$ = 12.53배
주가수익비율 (PER, 당기순이익)	$\frac{\text{주가}}{\text{주당순이익(EPS)}}$	$\frac{243,000}{21,701}$ = 11.20배

(3) 주가순자산비율

주가순자산비율(price−to−book value ratio; PBR)은 주가를 1주당 자기자본의 장부가치로 나눈 수치로, 주가 대 장부가치비율이라고도 한다. PBR은 시장가치가 자기자본의 몇 배인가를 나타내므로, PER과 마찬가지로 주가의 상대적 수준을 나타낸다. 하지만 PER은 기업의 수익성 측면에서 주가를 판단하는 지표이고, PBR은 재무 상태로 주가를 판단하는 지표이다. 성장성이 높은 기업일수록 주가가 장부가치보다 높게 형성되므로 PBR은 높다. 한편, 성장성이 높은 기업이라 하더라도 자기자본 규모에 비해 PBR이 낮은 기업일수록 장부가치에 비해 주가가 저평가되었다고 해석할 수 있다. PER과 마찬가지로, 이러한 기업은 시장에서 적정한 평가를 받으면 주가가 상승할 것으로 예상할 수 있다. 주당 자기자본의 장부가치는 재무상태표의 자기자본을 보통주 발행주식수로 나누면 된다. 자기자본은 연도 말에 측정되므로, 주당순이익을 산출할 때처럼 별도로 연평균 발행주식수를 구할 필요가 없이 기말 발행주식수를 적용하면 된다. 연결재무제표하에서는 이전의 회계기준과의 연속성을 위해서 주당장부가치를 구할 때 지배주주부분을 분리해서 보아야 할 필요가 있다. 일반적으로 IFRS−연결 재무제표를 이용한 주당장부가치는 지배주주순자산을 기말 발행주식수로 나누어 주당장부가치를 구한다. 포스코의 2018년말 주당장부가치는 497,449원이다.

〈표 5-10〉 IFRS 연결재무제표 하에서의 BPS

	식	계산값
주당장부가치 (BPS, 지배주주)	$\frac{\text{지배주주순자산}}{\text{발행주식수}}$	$\frac{\text{43조3,710억}}{87,186,835}$ = 497,449원
주당장부가치 (BPS, 자기자본)	$\frac{\text{자기자본}}{\text{발행주식수}}$	$\frac{\text{43조7,600억}}{87,186,835}$ = 536,320원

2018년 12월 말 포스코의 주가는 243,000원이므로 앞에서 구한 주당장부가치를 적용하면 PBR

은 0.49이다. 산업평균 PBR은 산업의 총시장가치를 산업의 전체 자기자본으로 나누면 된다.

$$\text{주가순자산비율(PBR, 지배주주)} = \frac{\text{주가}}{\text{주당장부가치(BPS, 지배주주)}} = \frac{243{,}000}{497{,}449} = 0.49\text{배}$$

$$\text{주가순자산비율(PBR, 자기자본)} = \frac{\text{주가}}{\text{주당장부가치(BPS)}} = \frac{243{,}000}{536{,}320} = 0.45\text{배}$$

이와 유사한 개념으로 시장가치 대 장부가치비율(market to book ratio; MBR)이 있다. PBR이 1주당 장부가치에 대한 시장가치의 비율인 데 비해, MBR은 전체 소유주지분의 장부가치에 대한 시장가치의 비율이다. 따라서 MBR은 PBR의 분자와 분모에 각각 발행주식수를 곱하므로 PBR의 값과 동일하다.

(4) 주가 대 매출액비율

주가 대 매출액비율(price−to−sale ratio; PSR)은 주식가격을 주당매출액으로 나눈 수치이다. 순이익이나 자기자본이 음수일 경우에는 PER이나 PBR이 음수이므로 비율로서 의미가 없는 데 비해 PSR은 항상 양수이다. 따라서 PSR은 PER과 PBR을 측정하기 어려운 기업에 대해 사용할 수 있는 이점을 가지고 있다. 특히 창업 초기단계에서 대규모 투자로 인해 손실을 기록하는 기업이나 부실로 인해 자본잠식에 처한 기업의 주가수준을 비교하는 데 PSR을 활용할 수 있다. 주당매출액을 산출할 때에는 주당순이익과 마찬가지로 연평균발행주식수를 구하여 매출액을 나누면 된다.

$$\text{주당매출액} = \frac{\text{매출액}}{\text{연평균발행주식수}} = \frac{\text{64조9,778억 원}}{87{,}186{,}835} = 745{,}271\text{원}$$

2018년 12월 말 포스코의 주가는 243,000원이므로 주당매출액을 적용하면 PSR은 0.33배이다.

$$\text{주가 대 매출액비율(PSR)} = \frac{\text{주가}}{\text{주당매출액}} = \frac{243{,}000}{745{,}271} = 0.33\text{배}$$

(5) q비율

q비율(Tobin's q)이란 기업이 보유하는 부채와 지분의 시장가치를 기업이 보유하는 자산의 대체원가(replacement cost)로 나눈 비율을 말한다.

$$q\text{비율} = \frac{\text{자산의 시장가치}}{\text{추정된 대체원가}}$$

q비율의 분모는 현금 · 예금, 유가증권, 매출채권, 재고자산, 토지, 특허권 등 기업이 보유하는 모든 자산을 취득원가가 아닌 대체원가로 계산한다. 인플레이션이 진행될 경우에는 대체원가가 자산의 장부가치를 초과하게 되며, 이 경우 대체원가를 추정하는 것이 중요하게 된다. 그러면 q비율은 어떤 의미를 가지는지 살펴보자. 기업은 q비율이 1을 초과할 때 투자를 할 유인을 갖게 되고 q비율이 1이 될 때 투자를 중단한다고 토빈은 주장한 바 있다. 물론 보유하고 있는 자산의 가치가 대체원가를 상회하고 있는데도 수익성 있는 투자기회를 발견하지 못하는 경우도 있다. 그러나 자산에 대하여 높은 시장가치가 부여된다는 것은 그 기업이 좋은 투자기회를 가지고 있음을 투자자들이 믿고 있다는 증거가 된다. 또한 강력한 경쟁우위를 가지는 기업일수록 q비율이 높을 것으로 기대된다. 높은 q비율을 갖는 기업은 앞으로 성장 가능한 기업임을 의미하고, 낮은 q비율을 갖는 기업은 경쟁이 심한 산업이나 사양산업에 속하는 경우가 많다.

2018년 한국은행 기업경영분석 결과

매년 한국은행이 발표하는 기업경영분석 자료에는 업종별 또는 기업규모(대기업/중소기업)별의 재무상태표, 손익계산서, 현금흐름표를 제시하고 있다. 한국은행이 발표한 2018년 기업경영분석은 현재 금융감독원 지정 외감기업(자산 120억 원이상 등)으로서 12월 결산법인을 대상으로하며, 24,539개 업체를 분석하였다.

주요성장성지표[1)]

	매출액증가율			총자산증가율		
	2016	2017	2018	2016	2017	2018
전산업	1.1	9.9	4.2	4.3	5.5	3.7
제조업	−1.4	9.8	4.5	4.5	6.3	4.5
비제조업	4.4	9.9	3.8	4.0	4.7	2.7
대기업	−0.3	9.5	4.3	3.6	5.3	3.4
중소기업	7.4	11.3	3.9	7.2	6.4	4.8

주: 1) 당해년말 현재 외감기업 비교재무제표 기준

자료: 한국은행

그 결과 우리나라 기업들의 성장성 및 수익성은 전년보다 하락하였으나 안정성은 개선된 것으로 파악되었다. 2018년 기업경영분석에 따르면, 우리나라 기업들의 매출액 증가율은 4.2%로 2017년 9.9%보다 하락하였고, 총자산증가율도 3.7%로 2017년 5.5%에 비해 하락한 것으로 나타났다.
수익성을 대변하는 매출액영업이익률은 6.9%로 2014년의 7.3%보다 다소 하락했다. 기업규모별로는 대기업(7.6%→7.1), 중소기업(6.4%→5.9%)로 모두 하락하였다. 또한 업종별로도 제조업(8.4%→8.1%)이 석유화학 등을 중심으로, 비제조업(6.0%→5.3%)도 전기가스, 서비스를 중심으로 모두 하락한 것으로 나타났다.

주요 수익성지표[1)]

	매출액영업이익률			매출액세전순이익률		
	2016	2017	2018	2016	2017	2018
전산업	6.2	7.3	6.9	6.0	7.4	6.6
제조업	6.5	8.4	8.1	6.9	9	8.1
비제조업	5.7	6.0	5.3	4.7	5.3	4.5
대기업	6.2	7.6	7.1	6.1	8.0	7.0
중소기업	6.1	6.4	5.9	5.4	5.0	4.7

주: 1) 2016년 및 2017년은 각각 2017년과 2018년말 현재 외감기업 비교재무제표의 전기 실적 기준
자료: 한국은행

안정성의 지표인 부채비율은 2017년 95.7%에서 2018년 91.5%로 보여서 하락하였고, 차입금의존도 역시 전년 26.0%에서 25.6%로 소폭 하락하였다. 업종별 부채비율은 제조업(67.1→63.9%), 비제조업(141.3%→136.1)로 대부분의 업종에서 하락한 것으로 파악된다. 순현금흐름은 업체당 −3억 원 순유출로 전년 순유입(6억 원)에서 전환되었다.

주요안정성지표[1)]

	부채비율[2)]			차입금의존도[3)]		
	2016	2017	2018	2016	2017	2018
전산업	98.2	95.7	91.5	26.5	26.0	25.6
제조업	69.6	67.1	63.9	20.8	19.9	19.4
비제조업	144.6	141.3	136.1	32.8	32.8	32.6
대기업	85.8	83.1	79.9	22.9	22.2	21.8
중소기업	160.2	160.8	148.5	39.2	39.9	39.0

주: 1) 2016년 및 2017년은 각각 2017년과 2018년말 현재 외감기업 비교재무제표의 전기 실적 기준
2) 부채/자기자본 × 100
3) (차입금+회사채)/총자산 × 100
자료: 한국은행

따라서 성장성 및 수익성은 전년대비 저조하였으나 안정성은 개선된 것으로 사료된다.

5.6 비율분석의 유용성과 한계

1. 비율분석의 유용성

비율분석은 일반기업은 물론 은행, 보험회사, 증권회사 등에서도 많이 이용하고 있다. 물론 이용자에 따라 다른 재무분석의 방법들도 병행하고 있으며, 분석목적에 따라서 사용하는 비율도 서로 다를 수 있다. 그러면 기업에서 재무분석을 할 때 비율분석을 많이 이용하는 이유는 무엇일까? 다른 분석방법이 많이 개발되어 있지만, 비율분석을 사용하는 이유는 다음과 같다.

첫째, 간단하며 이해가 쉬워 경영학이나 재무관리를 공부하지 않은 사람도 쉽게 사용할 수 있기 때문이다.

둘째, 의사결정을 위한 자료수집이 거의 필요 없기 때문이다. 이미 작성된 재무제표를 사용함으로써 많은 시간과 비용을 절약할 수 있다.

셋째, 구체적이고 복잡한 기업분석을 하기 이전의 예비분석으로서의 가치가 있기 때문이다.

재무분석의 기초단계에서 비율분석을 수행하면 기업운영의 문제점을 쉽게 발견할 수 있으며, 그 문제점을 정밀하게 분석 · 평가할 때는 좀 더 고차원적인 분석방법을 적용하여 효과적이고 능률적인 분석을 할 수 있다. 특히 1960년대 이후부터는 재무비율이 기업부실예측, 채권등급예측, 유가증권투자 등의 의사결정에 효과적으로 이용될 수 있다는 사실이 실증적으로 확인되면서 오늘날에도 비율분석은 그 적용범위가 여러 영역으로 확대되어 가는 추세에 있다.

2. 비율분석의 한계점

비율분석은 실무적으로 적용하기에 쉽고 간단하다는 장점을 가지고 있지만, 비율분석에 지나치게 의존하는 태도는 매우 위험하다. 그 이유는 여러 가지를 들 수 있는데, 그 하나하나의 이유가 비율분석의 결정적인 한계점과 관련된다.

첫째, 재무분석의 근본목적은 기업이 앞으로의 의사결정을 하는 데 필요한 정보를 획득하기 위한 것인데, 비율분석은 과거의 회계정보에 의존하고 있다. 경제상황과 생산구조가 급변하여 새로운 경영기법들이 신속히 개발되는 상황에서 과거자료를 기준으로 미래를 예측한다는 것은 많은 한계점이 있다.

둘째, 비율분석은 재무제표를 중심으로 계산되어 평가되는데, 재무제표는 일정한 시점과 회계기간을 기준으로 작성되므로 회계기간 동안의 계절적인 변화를 나타내지 못한다. 예를 들어, 회기가 11월에 끝나는 의류업체의 재고는 재무상태표의 다른 항목과 비교하여 볼 때 재무상태표에서 엄청난 비중을 차지할 것이다. 이는 크리스마스와 신년을 대비하여 많은 완제품, 반제품, 원료가 준비되어 있기 때문이다. 이때의 재고량을 기준으로 재고자산회전율을 계산한다면 이 기업의 활동성을 바르게 측정하지 못할 것이다. 또한 이 의류업체를 3월에 회기가 끝나는 같은 업종의 기업과 비교한다면 커다란 차이가 있을 것이다.

셋째, 한 기업의 회계처리는 다른 기업의 회계처리와 다를 수 있다. 회계처리방법이 어느 기업에나 동일한 것은 아니며, 일반적으로 인정된 회계기준하에서는 동일한 경제적 사건에 대해 여러 가지 다른 회계처리방법이 사용될 수 있음을 주의해야 한다. 이렇게 서로 다른 회계처리방법이 적용되어 작성된 재무제표에서 얻은 재무비율들은 비교가능성을 저해한다.

넷째, 동일한 산업에 속하는 기업들 사이에도 기업의 경영방침이나 고유한 특성에 따라 재무비율에는 커다란 차이가 생긴다. 예를 들어, 고급품을 취급하는 의류상은 신용거래가 많으며, 저가품을 취급하는 곳은 현금거래가 많으므로, 두 기업 간의 매출채권의 회수기간을 단순히 비교하여 우열을 평가할 수 없다.

다섯째, 표준비율을 설정하는 데 어려움이 있다. 어떤 기업이 비율을 정확하게 계산하여 이것을 산업평균비율과 비교한다 하더라도, 산업평균비율이 그 기업의 특성에 맞는 최선의 비교기준이라고 단언할 수는 없다. 즉, 표준비율은 자의적으로 선택될 수 있으므로, 표준비율로 선정된 비율이 진정한 의미의 기준이 될 수 있는가 하는 점은 의문시된다. 특정기업에 맞는 표준비율이 이론상으로는 있을 수 있으나, 실제로 그 비율의 객관적인 계산이 거의 불가능하기 때문에, 비율분석의 평가기준에 대하여는 회의적일 수밖에 없다.

〈CASE STUDY〉

〈재무비율분석 - 경동나비엔〉

[1단계: 재무비율 사례연구 대상 기업선정]

1) 소개

경동나비엔은 1978년 설립된 대한민국 중견기업으로서 보일러, 온수기, 온수매트 등을 전문적으로 제조하는 회사이다. 보일러 전문 기업으로 시작했지만 현재는 보일러 외에도 온수기, 온수매트, 실내 청정 환기 제품, 홈네트워크 시스템 등을 선보이며 '생활환경기업'으로 확장하고 있다. '경동기계주식회사'로 시작해 '경동보일러'를 거쳐 2006년 '경동나비엔'으로 사명을 변경했다.

① 산업분류(산업분류코드 10차 기준):

-제조업(c), 전기장비 제조업(28), 가정용 기기 제조업(285)

② 설립일자 및 기업개요:

-1978년 3월 16일 '경동기계주식회사'를 설립하고 본격적으로 보일러 사업 시작
-1979년 평택읍 세교리에 공장 건설
-1988년 네덜란드 네피트 사와의 기술제휴를 통해 아시아 최초로 콘덴싱보일러 개발
-1991년 사명을 '경동기계주식회사'에서 '경동보일러'로 변경
-1993년에는 업계 최초로 주식 상장
-2006년 다시 사명을 '경동나비엔'으로 변경
* '나비엔'은 'Navigator'와 'Energy', 'Environment'의 합성어로, 생활환경기업으로의 확장과 글로벌기업으로의 도약의 뜻을 담았다.

③ 소유 지배구조 (최대주주 및 특수관계인 주식소유 현황):

(2019년 6월 현재)

성명	관계	소유주식수 및 지분율	
		주식수 ㈜	지분율 (%)
㈜경동원	최대주주	6,434,205	50.51
㈜경동에너아이	특수관계인	751,400	5.90
손연호	특수관계인	129,262	1.01

④ 사업구조 ; 부분별 매출 (단위: 백만 원)

부문	구분	2018년	2017년	2016년
냉난방기 제조판매	총매출액	1,155,191	1,082,204	914,395
	내부매출액	(−)428,450	(−)397,543	(−)331,142
	순매출액	726,742	684,661	583,253
	영업이익	40,802	47,757	45,832
	총자산	583,596	503,697	429,755

※ K-IFRS 연결 기준으로 작성되었음

2) 사업현황

경동나비엔은 보일러 및 냉난방기를 제조 및 판매하는 사업을 주 사업으로 영위하고 있다. 과거 경동보일러에서 경동나비엔으로 상호를 변경하며, 에어컨, 환기시스템, 홈네트웍 시스템까지 사업영역을 확장한 생활환경 에너지 전문 기업이다. 주요 상표는 콘덴싱으로 주력 제품은 가스보일러와 온수기를 판매하고 있으며, 2015년 3분기 기준 가정용 보일러가 62%, 온수기가 29%의 매출비중을 차지하고 있다. 우수한 기술력을 바탕으로 북미, 중국, 유럽 등에 진출하여 꾸준한 외형성장을 보이고 있다. 2013년 북미시장에서 가스 보일러 시장에서 1위를 달리고 있고, 러시아 시장에서도 벽걸이 보일러로 시장점유율 1위를 달리고 있다. 또한 이를 계기로 중국에 신규 공장 건설을 추진하면서 지속적인 매출 확대 및 수익성이 개선 될 것으로 기대되고 있다.

① 영업개황:

가스보일러는 건설경기 부진과 체감경기 악화 등 원인에도 불구하고 경동나비엔은 품질 및 기술력을 토대로 내수 시장 판매우위를 지속유지하고 있으며, 미국법인, 중국법인, 러시아법인 및 영국법인을 비롯하여 적극적인 해외시장 판매비중을 지속적으로 확대하고 있다. 최근 친환경, 고효율 제품에 대한 사회 인식변화로 향후 콘덴싱보일러 보급이 활성화될 것으로 예상되며, 1988년 업계최초로 콘덴싱보일러를 개발해 보급해온 경동나비엔은 타 제조사들보다 제품에 대한 기술과 품질, 노하우 등 모든 면에 월등히 앞서있어 점유율 확대 및 매출 신장이 예상된다. Premium 보일러 등 신제품 출시를 통해 다양한 제품 Line-Up을 바탕으로 소비자 요구에 부합하자 하며, Cascade 통합관리시스템을 개발, 보급함으로써 기존의 중대형 보일러 수요를 대체하는 등 보일러 시장을 선도하고 있다.

② 시장상황

보일러 산업은 에너지 소비 변천 과정과 같이 하고 있어 국내의 난방연료의 변천 과정인 석탄→기름→가스 등으로 따라 가고 있다. 기름보일러 시장형성은 도시가스 보급이 부진한 지방 중소도시와 농어촌 지역에 집중되어 있으나, 2000년대부터는 신규수요가 현격히 감소하고 일부 교체수요 시장이 대부분을 이루고 있다. 가스보일러 시장은 도시가스 보급률 및 신규 건축물량과 매우 밀접한 상관관계를 가지고 있어 대부분의 시장이 수도권과 도시지역에 밀집되어 형성되어 있다. 근년에 이르러 신규수요보다는 교체수요가 점차 확대되고 있으며 에너지 절감과 친환경에 대한 관심이 높아짐에 따라 콘덴싱 보일러 보급이 활성화 되면서 점차 수요가 증가되고 있다.

3) 계열회사의 현황

상호	최초취득일자	소재지국	2018년도 재무현황 (단위: 백만 원)		지분율 (%)
			자산총액	당기순손익	
(주)경동인베스트	99.04.23	국내	318,777	1,575	1.39
(주)경동도시가스	17.04.01	국내	775,881	33,981	1.72
(주)경동에버런	92.02.02	국내	84,359	7,091	100
(주)경동티에스	02.07.26	국내	13,922	760	100
Beijing Kyungdong Navien Heat Energy Equipment Co., Ltd.	95.04.28	중국	97,781	-6,721	100
Navien, Inc.	06.03.31	미국	75,607	4,173	100
Navien RUS LLC	14.10.01	러시아	26,286	1,940	100
Navien Ltd	14.12.31	영국	1,959	-1,316	100

[2단계: 사례연구 대상의 재무제표와 표준비율 자료 확보]

1) 요약 재무상태표

(단위: 백만 원)

	2018	2017	2016	2015	2014
자산					
1. 유동자산	287,002	230,895	175,420	158,255	155,434
(1)당좌자산	136,952	120,520	85,423	71,069	71,908
(2)재고자산	150,050	123,253	119,285	113,310	119,351
2. 비유동자산	296,594	272,803	254,334	243,829	246,225
(1)투자자산	25,933	29,812	29,883	30,589	35,571
(2)유형자산	248,979	221,946	203,718	195,089	190,971
(3)무형자산	9,587	8,811	8,563	8,759	9,274
(4)기타비유동자산	12,095	12,234	12,171	9,392	10,410
자산총계	583,596	503,697	429,755	402,084	401,659
부채					
1. 유동부채	275,122	219,840	170,094	177,126	186,325
2. 비유동부채	28,370	27,351	20,898	18,882	25,312
부채총계	303,492	247,191	190,993	196,008	211,637
자본					
지배기업소유주지분	279,869	256,506	236,057	203,881	187,943
(1)자본금	33,810	33,810	33,810	33,810	33,810
(2)이익잉여금(결손금)	246,508	220,040	196,203	162,501	147,073
(3)기타포괄손익누계액	1,622	4,728	7,183	8,708	8,199
(4)기타자본조정	−2,071	−2,071	−1,139	−1,139	−1,139
비지배지분	234	0	2,706	2,196	2,078
자본총계	280,104	256,506	238,762	206,077	190,022
자본과부채총계	583,596	503,697	429,755	402,084	401,659

2) 요약 손익계산서

(단위: 백만 원)

	2018	2017	2016	2015	2014
1. 매출액	726,742	684,661	583,253	512,031	428,985
2. 매출원가(−)	487,844	446,079	382,333	352,051	313,841
3. 매출총이익	238,897	238,582	200,920	159,980	115,145
4. 판매비와관리비(−)	198,095	190,825	155,088	135,757	101,680
5. 영업이익	40,802	47,757	45,832	24,223	13,465
6. 영업외수익(+)	9,253	6,338	18,547	16,395	11,197
7. 영업외비용(−)	15,657	17,541	15,518	18,334	13,640
8. 법인세비용차감전순이익	34,398	36,554	48,861	22,283	11,021
9.. 법인세비용(−)	9,650	9,534	11,391	5,531	1,641
10. 당기순이익	24,749	27,019	37,470	16,752	9,380
11. 지배주주순이익	24,759	26,424	36,924	16,618	9,183

3) 표준 비율: 산업평균(기계 · 전기전자)

(단위: %)

업 종 별		산업평균(기계, 전기전자)				
지표	시점	2018	2017	2016	2015	2014
성장성 지표 (%)	총자산증가율	8.36	11.53	4.87	1.91	4.76
	유형자산증가율	7.55	19.17	6.56	1.53	1.52
	매출액증가율	3.85	18.22	−1.03	−0.61	−6.53
수익성 지표 (%)	총자산세전순이익률	7.26	11.72	5.08	5.45	6.46
	매출액세전순이익률	9.05	13.31	6.22	6.37	7.39
	매출액영업이익률	9.06	12.98	6.00	6.70	7.15
	매출액순이익률	6.68	10.66	4.81	5.11	5.86
	자기자본순이익률(ROE)	8.66	14.76	6.03	6.76	7.99
	매출원가/매출액	76.12	73.55	78.89	79.08	77.84
	금융비용/매출액	1.02	0.61	0.73	0.73	0.76
	차입금평균이자율	3.79	3.42	3.79	4.05	4.54
	이자보상비율	1429.65	2124.39	825.62	914.76	942.24
안정성 지표 (%)	자기자본비율	58.64	63.45	64.71	65.54	65.07
	유동비율	148.55	141.53	155.16	162.09	152.52
	당좌비율	116.38	118.58	131.50	135.30	128.81

	비유동비율	96.93	95.36	91.17	89.85	94.04
	비유동장기적합률	80.13	83.92	80.19	78.90	82.07
	부채비율	73.42	57.60	54.55	52.58	53.68
	차입금의존도	20.65	15.57	15.47	15.57	14.20
	차입금/매출액	25.95	17.88	19.19	18.08	16.71
회전율 (회)	총자산회전율	0.81	0.88	0.82	0.86	0.87
	유형자산회전율	2.75	2.71	2.59	2.75	0.75
	재고자산회전율	9.61	14.02	12.81	13.21	14.86
배당 지표 (%)	사내유보율	94.48	92.86	92.98	94.49	91.93
	〈사내유보/처분전잉여금등〉					
	배당률	30.06	34.66	25.72	20.63	22.10
	〈배당금/자본금〉					
	배당성향	20.76	16.33	25.50	18.71	17.31
	〈배당금/당기순이익〉					
CF 지표 (%)	현금흐름보상비율	96.69	138.77	104.00	105.39	121.11
	현금흐름이자보상비율	1685.71	2622.65	1716.61	1680.84	1413.44
	〈(영업활동CF+이자비용)/이자비용〉					

※ 자료 출처
재무제표: 금융감독원 전자공시시스템에 있는 사업보고서
표준비율: 한국은행 홈페이지 기업경영분석자료

[3단계: 재무비율분석 및 진단]

1) 재무비율의 추세 파악, 원인 분석 및 진단

① 성장성 비율

(단위: %)

재무비율	2018	2017	2016	2015	2014
총자산증가율	15.86	17.21	6.88	0.11	13.21
유형자산증가율	12.18	8.95	4.42	2.16	3.55
자기자본증가율	9.20	7.43	15.86	8.45	1.46
매출액증가율	6.15	17.39	13.91	19.36	3.58

• 총자산 증가율은 2015년에 전년대비 큰 차이가 없었으나 그 이후로 상승하였고 특히 최근 2년간 큰폭으로 증가하여 기업의 외형적 규모의 성장을 가늠해 볼 수 있음.

- 성장성비율 가운데서도 특히 매출액증가율의 성장이 현저하게 나타남
- 유형자산의 증가율도 최근에 상승하여 총자산의 성장이 유형자산의 상승으로 기인한 것임을 유추할 수 있음.
- 매출액증가율 역시 2018년 전년대비 상승하였으며, 매출액이 지속적으로 증가추세를 보이고 있어 성장잠재력이 높게 평가됨.

② 수익성 비율

(단위: %)

구분	2018	2017	2016	2015	2014
총자산순이익률(ROA)	4.24	5.36	8.72	4.17	2.34
총자산영업이익률(ROA)	6.99	9.48	10.66	6.02	3.35
자기자본순이익률(ROE,당기순이익)	8.85	10.30	15.64	8.15	4.89
자기자본순이익률(ROE, 지배주주)	8.84	10.30	15.46	8.06	4.83
매출액순이익률	3.41	3.95	6.42	3.27	2.19
매출액영업이익률	5.61	6.98	7.86	4.73	3.14
매출액세전순이익률	4.73	5.34	8.38	4.35	2.57
매출원가/매출액	67.13	65.15	65.55	68.76	73.16
금융비용/매출액	0.50	0.23	0.31	0.68	0.64
이자율보상비율	1131.88	3032.51	2505.22	698.42	492.60

- 2018년 수익성 비율은 2017년 대비 전반적으로 하락하고 있음
- 2014년도부터 증가하던 수익성 비율이 2016년에 정점을 찍고 2018년까지 다소 하락하는 추세를 보임.

③ 레버리지비율

(단위: %)

구분	2018	2017	2016	2015	2014
부채비율	108.35	96.37	79.99	95.11	111.38
자기자본비율	48.00	50.92	55.56	51.25	47.31
유동비율	104.32	105.03	103.13	89.95	83.42

당좌비율	49.78	54.82	50.22	40.12	38.59
비유동비율	105.89	106.35	106.52	118.32	129.58
비유동장기적합률	96.15	96.11	97.95	108.39	114.35

- 부채비율은 2014년 110%대였으나, 해를 거듭하면서 감소추세를 보여 2016년 79.99%로 큰 폭으로 감소함. 2016년부터 2년 동안 다시 증가하여 2014년의 부채비율만큼 올라옴.
- 자기자본비율은 2014년 47.31%에서 2년 동안 점차 증가하여 2016년에 55.56%까지 도달하였다가 2018년까지 서서히 감소함.
- 유동비율과 당좌비율은 2014년부터 꾸준히 상승하는 추세를 보이다가 2018년에만 직전 년도 대비 다소 하락함. 재무의 유동성이 과거대비 다소 상승 추세라고 볼 수 있음.
- 유동자산은 안정성은 높지만 수익성이 낮은 자산임. 이러한 유동자산을 많이 보유하여 장기적 자금이 사용되는 것은 바람직하지 않기 때문에, 경동나비엔은 비유동자산에 대한 투자를 늘려갈 필요가 있음. 참고로 경동나비엔의 비유동비율은 2041년 129.58%에서 2018년 105.89%로 낮아져서 재무 안정성은 높아졌지만 성장성에 있어서 적극적 투자전략의 필요성이 커짐.
- 비유동장기적합률은 2014년부터 2015년까지는 100%를 넘는 수치를 보여주지만, 2016년부터는 100% 근접한 수치를 유지하고 있어서 장기적 자금(자본금, 비유동부채)이 장기적인 용도(비유동자산)에 효과적으로 사용되고 있다고 해석 됨.

④ 활동성 비율

(단위: 회, 일)

구분	2018	2017	2016	2015	2014
총자산회전율	1.25	1.36	1.36	1.27	1.07
고정자산회전율	2.45	2.51	2.29	2.10	1.74
재고자산회전율	4.84	6.20	6.48	5.87	5.14
매출채권회전율	7.73	8.84	11.83	13.13	11.04
매출채권 회수기간	47.22	41.31	30.85	27.80	33.08
매입채무회전율	9.41	7.43	6.97	7.85	7.91

- 2014년 이후로 총자산회전율, 고정자산회전율이 대체로 점차 증가함. 따라서 설비운용의 능률이 좋고 고정자산이 효율적으로 이용되고 있다고 판단됨.
- 자기자본의 운용효율성을 나타내는 재고자산회전율은 2014년 5.14였지만 점차 증가하여 2016년 6.48까지 증가했다가 감소하여 최근 들어 매출액에 비해 재고 보유가 증가하고 있다고 판단됨.
- 매출채권의 현금화 속도를 나타내는 매출채권회전율은 감소추세를 보임. 이러한 결과는 현금화 속도가 지연되고 있음을 의미함으로 유동성이 약화되었다고 판단됨. 매출채권 회수기 기간 역시 2014년에 33.08일에서 2018년엔 47.22일로 치솟아 유동성이 다소 약화되었음을 의미. 그러나 전체적인 그림에서 보아야 할 필요성이 있기 때문에 산업평균 또는 업계평균과 비교해서 평가할 필요가 있음.
- 활동성 비율로 보았을 때 전반적으로 총자산회전율과 고정자산회전율은 증가하였으나 매출채권회전율은 감소하고 회수기간은 길어져 판매, 재무활동이 비효율적으로 수행되고 있다고 판단됨.

◎ 다음의 매출채권, 매입채권, 배당금, 발행주식수에 대한 자료를 추가적으로 확보하여 계산에 이용함

(단위: 백만 원 / 주)

구분	2018	2017	2016	2015	2014
매출채권	94,018	77,490	49,297	38,994	38,874
매입채무	77,239	92,110	83,657	65,252	54,242
배당금(현금+주식)	3,156	2,525	1,894	1,262	1,262
배당금(현금)	3,156	2,525	1,894	1,262	1,262
배당금(주식)	0	0	0	0	0
주가(원)	41,550	51,300	43,050	31,250	29,000
평균발행주식수(주)	12,623,850	12,623,850	12,623,850	12,623,850	12,623,850

⑤ 주가관련비율

구분	2018	2017	2016	2015	2014
주당순이익 (EPS, 지배주주)	1,961	2,093	2,925	1,316	727
(EPS, 당기순이익)	1,960	2,140	2,968	1,327	743

주당배당 (DPS)	250	200	150	100	100
배당성향	12.75%	9.34%	5.05%	7.54%	13.46%
주당수익비율 (PER, 지배주주)	21.19	24.51	14.72	23.74	39.87
(PER,당기순이익)	21.19	23.97	14.50	23.55	39.03
주당장부가치 (BPS, 지배주주)	22,170	20,319	18,699	16,150	14,888
(BPS, 자기자본)	22,188	20,319	18,914	16,324	15,053
주가순자산비율 (PBR, 지배주주)	1.87	2.52	2.30	1.93	1.95
(PBR, 자기자본)	1.87	2.52	2.28	1.91	1.93

- 경동나비엔의 주당순이익은 2014년 727원이었지만 2016년 2,925원으로 대폭 상승함. 그 이후로 2년간 다소 감소하긴 했으나 이는 경영실적 양호와 배당 여력이 많다는 점을 의미함.
- 주당배당도 2014년부터 2018년부터 점차 상승한 점을 보았을 때, 주당순이익의 상승이 배당을 증가시켰다고 판단됨. 배당성향도 2014년도에 13.45%였으나 2년간 대폭 하락했다가 다시 반등하여 2018년 12.75% 수준까지 상승함.
- 주당수익비율은 2014년 39.87%에서 2015년 14.72%로 큰 하락폭을 보였으나 다시 반등하여 2018년도에는 21.19%로 올라옴.
- 주당장부가치가 2014년 14,888원이었던 것이 대폭 상승하여 2018년 22,170원이 됨
- 주가순자산비율은 2014년부터 꾸준히 1보다 큰 값을 보여주어 주가가 장부상 순자산가치를 크게 상회함을 알 수 있음. 성장성이 높은 기업일수록 주가가 장부가치보다 높게 형성됨.

2) 표준비율과 대비한 해당 기업의 실적 비교 및 평가(해당 업종의 동향에 대한 배경 원인 및 산업의 경쟁구조)

① 성장성 비율

(단위: %)

재무비율	경동나비엔					산업평균				
	2018	2017	2016	2015	2014	2018	2017	2016	2015	2014
총자산증가율	15.86	17.21	6.88	0.11	13.21	1.58	6.22	3.98	1.19	7.84
유형자산증가율	12.18	8.95	4.42	2.16	3.55	4.00	2.29	10.84	7.28	3.88
자기자본증가율	9.20	7.43	15.86	8.45	1.46	2.17	8.18	1.09	0.62	8.62
매출액증가율	6.15	17.39	13.91	19.36	3.58	−3.03	9.67	1.58	−4.04	0.6

- 기업의 성장성을 나타내는 지표 중 총자산 증가율, 자기자본증가율, 매출액증가율 모두 매년 산업평균(가정용 기기)보다 월등히 높음.
- 유형자산증가율은 과거엔 산업평균보다 다소 낮았으나 최근 들어 산업평균을 상회하는 수치를 보이며, 매년 상승하는 추세임. 이는 적극적인 설비투자 등의 유형자산에 대한 투자 실시의 결과로 보임.
- 매출액증가율은 산업평균 대비 2018년에 다소 낮았으나 2015년도부터 2017년도 까지는 산업평균을 크게 상회함. 2018년도에 전년대비 증가율이 주춤하나 음의 값을 보고하고 있는 산업평균과 비교하면 월등히 높은 수치임.

② 수익성 비율

(단위: %)

구분	경동나비엔					산업평균				
	2018	2017	2016	2015	2014	2018	2017	2016	2015	2014
총자산순이익률	4.24	5.36	8.72	4.17	2.34	0.58	3.31	0.05	0.53	3.73
자기자본순이익률 (당기순이익)	8.85	10.30	15.64	8.15	4.89	2.86	8.59	0.14	1.35	7.42
매출액순이익률	3.41	3.95	6.42	3.27	2.19	0.54	2.92	0.05	0.48	3.09
매출액영업이익률	5.61	6.98	7.86	4.73	3.14	2.03	2.33	0	0.80	2.70
매출액세전순이익률	4.73	5.34	8.38	4.35	2.57	1.05	3.12	0.60	0.93	4.00
매출원가/매출액	67.13	65.15	65.55	68.76	73.16	78.39	78.57	78.35	79.27	80.34
금융비용/매출액	0.50	0.23	0.31	0.68	0.64	0.81	0.68	0.79	0.83	0.78
이자율보상비율	1131.88	3032.51	2505.22	698.42	492.60	248.88	345.15	−0.21	96.69	347.67

- 경동나비엔의 수익성비율은 전반적으로 산업평균보다 높음을 확인할 수 있음.
- 경동나비엔의 총자산순이익률(ROA)는 조사기간 전기간에 걸쳐 평균 5%를 유지하고 있으며 산업평균의 3~4%p 이상 상회함.
- 자기자본순이익률(ROE) 역시 2014년도만 제외하고 전년도에서 경동나비엔이 산업평균의 ROE를 상회하는 것으로 나타남.
- 매출원가/매출액 비율에서 경동나비엔은 65%~73%대의 매출원가율을 보였고, 이 수치는 산업평균에 비해 평균 10% 이상 낮은 수준임.
- 산업평균 대비 낮은 수준의 금융비용을 보이고 있음.

- 전반적으로 경동나비엔의 수익성 비율이 산업평균에 비해 높은 수준이며, 경동나비엔은 매년 비교적 일정한 이익률을 보이고 있어 수익구조가 안정권에 접어들었다고 평가할 수 있음.

③ 레버리지비율

(단위: %)

구분	경동나비엔					산업평균				
	2018	2017	2016	2015	2014	2018	2017	2016	2015	2014
부채비율	108.35	96.37	79.99	95.11	111.38	155.63	157.27	160.5	153.35	98.12
자기자본비율	48.00	50.92	55.56	51.25	47.31	39.12	38.87	38.39	39.47	50.48
유동비율	104.32	105.03	103.13	89.35	83.42	88.13	94.57	92.28	96.71	138.55
당좌비율	49.78	54.82	50.22	40.12	38.59	68.84	78.16	76.3	80.69	106.53
비유동비율	105.89	106.35	106.52	118.32	129.58	172.90	163.56	169.58	163.84	98.61
비유동장기 적합률	96.15	96.11	97.95	108.39	114.35	106.89	103.4	104.7	101.89	78.08

- 경동나비엔의 부채비율은 산업평균보다 낮게 유지되고 있으며, 자기자본비율은 산업평균보다 높게 유지되고 있음. 따라서 경동나비엔의 재무구조가 타인자본에 의존하는 경향이 낮아 산업평균대비 양호한 재무구성을 갖고 있다고 볼 수 있지만, 한편으로는 재무레버리지효과를 충분히 활용하지 못하다는 증거도 됨.
- 단기 채무 상환능력을 나타내는 유동비율이 과거 2014년과 2015년에는 80%대로 산업대비 많이 낮은 수치를 보여줬으나 2016년도 이후부터 증가하기 시작하여 그 이후로는 산업대비 높은 수치를 지속적으로 보이고 있음. 특히 2016년도 이후에는 유동비율이 100%를 상회하여 유동부채를 모두 갚고도 기업운영에 필요한 유동자산이 남아있다고 판단됨으로 단기부채상환 능력이 어느 정도 확보되고 있음을 알 수 있음.
- 유동비율의 보조비율인 당좌비율은 산업평균 보다 낮게 유지되고 있으며, 이는 판매과정을 거치지 않고 즉시 현금화 하여 부채를 충당할 수 있는 자산은 산업평균대비 부족하다고 볼 수 있음.
- 경동나비엔 고정화 위험을 측정하는 비유동비율의 적정기준인 100% 보다 다소 상회하는 경향을 보이지만, 산업평균보다도 낮은 수치를 유지하고 있고 과거에 비해 그 수치가 100%에 가깝게 유지하는 것을 볼 수 있음. 이는 경동나비엔가 고정화 위험을 양호하게 관리하고 있음을 의미함.

④ 활동성비율

(단위: 회 / (기간: 일))

구분	경동나비엔					산업평균				
	2018	2017	2016	2015	2014	2018	2017	2016	2015	2014
총자산회전율	1.25	1.36	1.36	1.27	1.07	1.06	1.13	1.09	1.1	1.21
고정자산회전율	2.45	2.51	2.29	2.10	1.74	1.62	1.76	1.68	1.74	2.4
재고자산회전율	4.84	6.20	6.48	5.87	5.14	15.79	18.19	18.32	18.33	10.46
매출채권회전율	7.73	8.84	11.83	13.13	11.04	6.30	6.15	5.74	5.34	7.18
매입채무회전율	9.41	7.43	6.97	7.85	7.91	5.89	6.04	6.1	6.1	8.98

- 총자산 이용의 효율성을 나타내는 총자산 회전율이 산업대비 높은 수치를 보임. 이러한 높은 수치는 설비운용의 능률이 좋고 고정자산이 효율적으로 이용되고 있다고 판단됨.
- 경동나비엔의 재고자산은 산업평균대비 낮은 수치를 보이고 있음. 산업대비 매출액에 비해 재고 보유가 증가하고 있다고 판단됨. 이는 재고자산으로 생산 및 판매활동이 비효율적으로 이루어지고 있음을 의미하기 때문에 현금흐름에 부정적인 효과가 있을 것으로 예상됨.
- 매출채권의 현금화 속도를 나타내는 매출채권회전율은 증가하다가 2016년 다소 낮아지고 그 이후로 감소추세를 보임. 그러나 산업평균대비 높은 수치를 보이고 있어서 매출채권이 대손발생 및 수익감소 없이 순조롭게 회수되어 유동성에 긍정적인 영향을 줄 것으로 보임
- 경동나비엔의 매입채무 회전율(매입채무 대비 매출액)은 평균 약 8회 정도로 나타나며 과거에 비해 산업평균대비 높은 수치를 보이고 있음.

[4단계: 해당기업의 경영성과에 대한 종합적 결론 및 향후 전망]

1) 경동나비엔의 강점 및 약점

- 경동나비엔는 전반적으로 산업평균보다 우월한 성장과 수익성을 보이고 있으므로 영업 및 재무구조가 양호한 것으로 판단됨.
- 경동나비엔의 수익성비율은 2014년도부터 꾸준히 증가하여 2016년에 정점을 찍고 2018년 까지 다소 감소하는 경향을 보여주지만 해마다 일정수준을 유지하고 있음.
- 성상성 비율 중에 경동나비엔과 산업평균의 총자산증가율은 2015년도에 일시적으로 증

가율이 주춤하다가 다시 증가하는 일정한 패턴을 같이하고 있음을 파악할 수 있음. 그러나 자기자본증가율, 매출액증가율과 같은 성장성 비율과 다양한 수익성 비율들은 산업평균의 수치가 하락세일 때 오히려 증가하는 양상을 보여주고 있어 경동나비엔은 산업의 호재나 악재등에 크게 영향을 받지 않고 회사 자체의 펀더멘탈이 견고함을 엿볼 수 있음.

- 경동나비엔의 유형자산증가율은 2014년부터 2016년까지 산업평균보다 낮은 증가율을 보이고 있으나 2017년부터 산업평균을 앞질렀고, 매년 꾸준히 증가하는 양상을 보이고 있음. 이는 안정적인 유동자산 비율에서 보다 새로운 제품개발과 설비투자에 임하기 위하여 점진적으로 유형자산에 대한 투자를 증가시키고 있음을 알 수 있는 대목임.
- 경동나비엔의 부채비율은 산업평균보다 낮으며, 이러한 수치는 기업의 자본구조가 건실하다는 긍정적인 평가로 볼 수 있음. 유동비율이 과거에는 산업평균보다 낮았으나 2016년에 접어들면서 산업평균을 상회하며 100%를 살짝 넘는 수치를 보여줌. 이는 단기부채 상환 능력이 어느 정도 확보되고 있다고 판단됨. 그러나 유동비율의 보조비율인 당좌비율은 산업평균보다 낮게 유지되고 있어 판매과정을 거치지 않고 즉시 현금화하여 부채를 충당할 수 있는 자산은 산업평균대비 부족하다고 볼 수 있음.
- 경동나비엔의 총자산회전율은 산업평균보다 높으나, 재고자산회전율은 산업평균보다 낮게 나타나고 있음. 높은 총자산회전율은 설비운용의 능률이 좋고 고정자산이 효율적으로 이용되고 있다고 판단됨. 반번에 낮은 재고자산회전율은 생산 및 판매활동이 비효율적으로 이루어지고 있음을 의미하기 때문에 현금흐름에 부정적인 영향이 있을 수 있음.

2) 필요한 경영의사결정

- 기업의 성장성 비율은 꾸준히 증하고 있으나 수익성비율은 2014년에서 2016년까지는 증가세였다가 2016년 정점을 찍고 2018년까지 하락세를 보임. 기업의 성장동력과 제품라인업을 정확히 방향성 결정하여 일정하게 유지 및 추진해나갈 필요가 있음.
- 유동자산은 안정성은 높지만 수익성은 낮은 자산임. 이러한 유동자산에 장기적 자금이 사용되는 것은 바람직하지 않은데, 2014년부터 지속적으로 비유동자산, 특히 유형자산에 대한 증가가 명확함. 지속적인 설비투자와 제품개발에 대한 투자의 움직임과 노력은 긍정적으로 평가할수 있음.
- 레버리지 비율 중, 부채비율은 2014년부터 2016년까지 지속적으로 꾸준히 감소하다가 최근 2년동안 반등하여 2014년 수준으로 회귀함. 그러나 산업평균보다 한참 낮은 수치를 유지하고 있어 재무건전성에서 비교적 긍정적인 측면임. 그러나 동시에 부채의 구성항목을

세부적으로 분석하면 2014년부터 2018년까지 유동부채가 90%, 비유동부채가 10%의 비율을 지속적으로 보이고 있고 당좌비율이 산업평균보다 낮게 유지되고 있어 즉시 현금화하여 부채를 충당할 수 있는 자산이 산업평균대비 부족하므로 유동부채보다 비유동 부채를 활용하여 자금을 확보해야 할 것으로 판단됨. 즉, 장기적 자금(자본금, 비유동부채)는 장기적 용도에 사용하고 이러한 자금여력을 효과적으로 집행하도록 해야 할 것임.

3) 향후 전망

경동나비엔은 국내 가정용 기기 산업 가운데서 탄탄한 사업구조로 업계에서 높은 평판을 쌓은 기업으로 알려져 있다. 국내 보일러 시장이 포화상태에 접어든 상황에서 높은 기술력과 제품 다변화, 품질 실적 등을 이루어 냈으며, 콘텐싱 등 친환경환경 보일러를 앞세워 해외시장 진출에 지속적인 투자를 하여 해외시장에서 좋은 성과 창출하였다.

경동나비엔은 2016년 한국품질만족지수 평가에서 가스보일러 부문 10년 연속, 보일러 전 부분 7년 연속 1위, 콘덴싱 가스보일러 부문이 만들어진 2010년 이후 연속1위를 차지할 정도로 품질의 우수성과 분야 최고 기술력을 가진 기업임을 입증하였으며 특히, 독보적인 콘덴싱 기술력이 특징이다.

경동나비엔은 보일러 분야에만 그치지 않고 보일러 온도제어 기술력을 적용하여 프리미엄 온수매트 "나비엔 메이트"를 개발하여 온수매트 부분에서도 수상을 하는 등 B2C 기업으로도 도약을 하고 있다.

뿐만 아니라 우수한 기술력을 바탕으로 북미, 중국, 유럽 등에 진출하여 꾸준한 외형성장을 보이고 있다. 2013년 북미시장에서 가스 보일러 시장에서 1위를 달리고 있고, 러시아 시장에서도 벽걸이 보일러로 시장점유율 1위를 달리고 있다. 또한 이를 계기로 중국에 신규 공장 건설을 추진하면서 지속적인 매출 확대 및 수익성이 개선될 것으로 기대되는 기업이다.

연·습·문·제

1. 다음 각 문장이 옳으면 T, 옳지 않으면 F로 답하고 그 이유를 설명하시오.

(1) 비유동비율과 이자보상비율은 모두 낮을수록 재무적 안정성이 높다. ( )
(2) 자기자본순이익률은 총자산순이익률보다 항상 크다. ( )
(3) 주가수익비율이 높은 기업일수록 투자자들은 높은 수익률을 기대할 수 있다. ( )
(4) 주주 입장에서는 부채비율이 높을수록 수익성이 악화되므로, 항상 부채비율을 낮추는 것이 바람직하다. ( )
(5) 당좌비율은 유동비율보다 항상 크거나 같다. ( )
(6) 순이익증가율이 0보다 크면 영업이익증가율도 0보다 크다. ( )

2. 다음은「방송기업」의 2019년 재무제표이다. 이 자료를 바탕으로 다음 물음에 답하라.

〈재무상태표〉

(단위: 억 원)

자산	금액	부채 · 자본	금액
현금	775	외상매입금	1,290
외상매출금	3,360	지급어음	840
재고자산	2,415	기타유동부채	1,170
비유동자산	2,925	장기차입금	2,565
		보통주	3,610
자산총계	9,475	부채 · 자본총계	9,475

〈손익계산서〉

(단위: 억 원)

매출액	16,075
매출원가	13,510
감가상각비	415
판매비와 일반관리비	1,450
영업이익	700
지급이자	245
법인세(40%)	182
당기순이익	273

① 「방송기업」의 다음의 재무비율을 구하라.

재무비율	방송기업	산업평균
유동비율		200%
당좌비율		150%
재고자산회전율		6.7회
총자산회전율		3.0회
매출액순이익률		1.2%
총자본순이익률		3.6%
자기자본순이익률		9.0%
부채비율		100%
이자보상비율		110%

② 산업평균과 비교하여 「방송기업」의 재무적 건전성을 평가하라.

3. 다음의 재무비율을 바탕으로 재무상태표의 빈칸을 채우라.

유동비율: 120%
당좌비율: 60%
총자산회전율: 0.73회
매출채권회전율: 4.0회
부채비율: 214%

자산	금액	부채 · 자본	금액
현금 및 유가증권 외상매출금 재고자산 비유동자산	200	유동부채 장기차입금 보통주	
자산총계	2,200	부채 · 자본총계	

연·구·과·제

1. 한국거래소에 상장된 기업을 선택하여 금융감독원 전자공시 시스템의 재무제표를 이용하여 유동성, 레버리지, 활동성, 수익성, 성장성에 대한 비율분석을 하시오. 표준비율은 한국은행『기업경영분석』의 해당 산업비율을 참조하시오.

2. 한국거래소에 상장된 기업을 선택하여 금융감독원 전자공시 시스템의 개별재무제표, 연결재무제표, 결합재무제표를 비교하고, 차이점에 대해 논의하시오.

3. 금융업에 속한 기업과 제조업에 속한 기업을 정하여 재무제표를 비교하고, 재무제표 항목 및 구조에서 어떠한 차이가 있는지 비교하시오.

6

CHAPTER

재무비율분석의 확장

재무비율을 개별적으로 분석하는 것만으로는 기업의 재무상태를 종합적으로 평가하고, 의사결정에 필요한 정보를 획득하는데 한계가 있다. 이 장에서는 재무제표를 이용하여 제3장에서 소개된 재무비율의 기초적 분석을 보완하고 유용한 의미를 도출할 수 있는 제반 분석을 실제 사례를 통해 학습하도록 한다. 먼저 기업간 재무분석에 유용한 비율분석인 공통형 재무제표분석에 대해 학습하고, 여러 재무비율을 종합적으로 평가하는 지수법에 대해 알아보기로 한다. 또한 비율분석의 시간적 변화를 고려하는 방법인 추세분석에 대해 학습한다.

6.1 공통형 재무제표

1. 공통형 재무제표의 의미

공통형 재무제표(common-size financial statements)는 일정 시점 또는 일정 기간 동안 기업들의 재무상태나 경영성과를 상호비교할 때 유용한 기법으로, 재무상태표나 손익계산서의 각 항목을 총액에 대한 구성비율 형태로 표시한 재무제표이다. 공통형 재무제표는 규모가 상이한 기업들의 재무구조와 손익구조를 비교하는 데 보편적으로 활용되지만, 특정기업의 재무구조와 손익구조의 시간의 경과에 따른 추세변화를 검토하는 데에도 활용가능하다. 공통형 재무제표는 공통형 재무상태표와 공통형 손익계산서로 분류된다. 공통형 재무상태표는 자산총계를 100%로 정할 경우 자산, 부채, 자본의 각 항목의 구성비를 백분율로 표시하여 작성한다. 즉, 공통형 재무상태표는 각 자산, 부채, 자본의 항목을 자산총계로 나누어 비율로 표시한 것이다. 이렇게 자산총계를 100%로 놓고 재무상태표를 작성하는 이유는 각 기업들의 재무구조 및 그 변화를 비교할 때, 자산규모의 차이를 통제하기 위해서이다. 즉, 기업규모가 다른 기업들의 재무구조를 상호 비교분석하기 위하여 공통형 재무상태표를 작성한다. 또한 공통형 재무제표는 총자산이나 매출액 규모의 변화를 감안하고 있기 때문에 한 기업의 시계열 추세분석에도 용이하다.

공통형 손익계산서는 매출액을 100%로 정하고 손익계산서의 각 항목의 구성비를 백분율로 표시하여 작성한다. 따라서 공통형 손익계산서는 손익계산서의 각 항목을 매출액으로 나누어 비율로 표시하면 된다. 공통형 재무상태표와 마찬가지로, 각 기업들의 규모를 통제한 상태에서의 수익 및 비용구조와 그 변화를 비교하기 위해서 공통형 손익계산서를 작성한다.

공통형 재무제표(common-size financial statements)	
공통형 재무상태표	자산총계(총자산)를 100%로 보고 각각의 재무항목의 구성비를 백분위 비율로 작성
공통형 손익계산서	매출액을 100%로 하고 비용 및 수익의 각 항목 구성비를 백분위 비율로 작성

2. 공통형 재무제표의 분석

공통형 재무상태표와 손익계산서를 실제 사례를 들어 설명하기로 하자. 〈표 6-1〉은 제5장에서 분석한 사례대상기업인 포스코와 동일한 업종에 속한 기업인 현대제철의 2018년도 공통형 요약 재무상태표와 공통형 요약 손익계산서가 제시되어 있다. 각 기업의 공통형 재무상태표는 자산, 부채, 자본에 속한 각 항목을 자산총액으로 나누었으며, 공통형 손익계산서는 각 항목을 매출액으로 나누어 백분율로 표시하였다. 또한 제5장의 [그림 5-1]에 제시된 제1차 금속 산업의 재무제표도 금액과 아울러 구성비로 표현되어 있으므로 역시 공통형 재무제표이다.

1) 공통형 재무상태표

포스코는 자산규모나 매출규모에서 모두 현대제철보다 높지만, 공통형 재무제표분석에서는 자산규모와 매출규모를 통제한 상대적인 비율로 각 항목의 크기를 비교하게 된다. 공통형 재무상태표를 보면 포스코와 현대제철의 유동자산은 총자산 중 각각 43.0%와 26.3%를 차지하고 있고, 비유동자산은 각각 57.0%와 73.7%이므로 자산구조에 다소 차이가 있다. 재무구조를 보면, 포스코의 부채 구성비율은 40.2%로 현대제철의 부채 구성비율인 48.9%를 다소 하회한다. 포스코는 현대제철에 비해 상대적으로 재무구조에서 우위를 보이고 있다고 할 수 있다. 포스코와 현대제철이 속한 산업의 부채구성비율은 [그림 5-1]의 재무상태표에서 알 수 있듯이 유동부채 구성비율과 비유동부채 구성비율을 더한 33.21%이다. 따라서 재무구조의 안정성 면에서 포스코와 현대제철 모두 산업평균비율보다 부채의존도가 높은 편이다. 2018년의 포스코의 부채를 구성하는 세부 항목을 보면, 유동부채의 구성비율이 24.2%로 현대제철의 유동부채 구성비율보다 다소 높고, 비유동부채의 구성비율은 16.0%로 현대제철보다 낮다. 단기차입금과 외상매입금, 지급어음 등으로 구성된 유동부채의 비중이 크다는 것은 현대제철에 비해서 단기(1년)내에 상환해야 하는 의무가 있는 부채들이 많다는 것을 의미한다. 반면, 사채, 장기차입금, 장기성매입채무 등으로 구성된 비유동부채가 많다는 것은 장기(1년 이상)뒤에 갚아도 되는 부채가 많다는 것을 의미한다. 이를 합산한 부채 비율이 포스코가 현대제철에 비해 낮기 때문에, 결과적으로 유동성 측면에서도 포스코는 현대제철보다 우위에 있음을 나타낸다.

〈표 6-1〉 포스코와 현대제철의 공통형 요약재무상태표와 공통형 요약손익계산서(K-IFRS 연결기준)

a. 공통형 요약재무상태표

계정과목	포스코(2018)		현대제철(2018)	
	금액(10억 원)	백분율(%)	금액(10억 원)	백분율(%)
자산				
Ⅰ.유동자산	33,651	43.0%	8,769	26.3%
현금및현금성자산	2,644	3.4%	762	2.3%
매출채권	9,283	11.9%	2,672	8.0%
재고자산	11,500	14.7%	4,919	14.8%
Ⅱ.비유동자산	44,597	57.0%	24,536	73.7%
투자자산	4,579	5.9%	535	1.6%
유형자산	30,018	38.4%	20,785	62.4%
무형자산	5,171	6.6%	1,653	5.0%
자산총계	78,248	100.0%	33,305	100.0%
부채				
Ⅰ.유동부채	18,938	24.2%	6,703	20.1%
Ⅱ.비유동부채	12,551	16.0%	9,579	28.8%
부채총계	31,489	40.2%	16,282	48.9%
자본				
Ⅰ. 지배기업소유주지분	43,371	55.4%	16,696	50.1%
자본금	482	0.6%	667	2.0%
자본잉여금	1,411	1.8%	3,914	11.8%
자기주식	−1,533	−2.0%	−129	−0.4%
이익잉여금	44,216	56.5%	11,561	34.7%
Ⅱ.비지배지분	3,388	4.3%	327	1.0%
자본총계	46,760	59.8%	17,023	51.1%
부채와자본총계	78,248	100.0%	33,305	100.0%

b. 공통형 손익계산서

계정과목	포스코(2018)		현대제철(2018)	
	금액(10억 원)	백분율(%)	금액(10억 원)	백분율(%)
Ⅰ.매출액	64,978	100.0%	20,780	100.0%
Ⅱ.매출원가	57,005	87.7%	18,708	90.0%

III. 매출총이익	7,972	12.3%	2,072	10.0%
IV. 판매비와관리비	2,430	3.7%	1,046	5.0%
V. 영업이익	5,543	8.5%	1,026	4.9%
VI. 영업외수익(+)	2,230	3.4%	340	1.6%
VII. 영업외비용(−)	−4,322	−6.7%	−814	−3.9%
VIII. 법인세비용차감전이익	3,563	5.5%	570	2.7%
IX. 법인세비용	1,671	2.6%	162	0.8%
X. 당기순이익	1,892	2.9%	408	2.0%
(지배주주순이익)	1,691	2.6%	399	1.9%

2) 공통형 손익계산서

이제 공통형 손익계산서를 통하여 두 기업의 손익 구조를 비교하기로 하자. 포스코의 매출액총이익률을 나타내는 매출총이익 구성비는 12.3%로 현대제철의 매출액총이익률인 10.0%보다 다소 높다. 이는 포스코가 현대제철에 비해서 매출원가에서 우위를 보이는 데 기인한다. 판매비와 관리비의 구성비율은 포스코는 3.7%이고 현대제철은 5.0%로 포스코가 다소낮다. 포스코의 영업이익의 구성비율은 8.5%로 현대제철에 비해 2배 가까이 높은 수치이다. 이자수익, 배당수익, 외환차익 등으로 구성되는 영업외수익 및 이자비용, 투자증권처분손실, 외환차손 등으로 구성되는 영업외비용 역시 포스코가 많은 편이다. 따라서, 포스코는 비용이 큰 만큼 손익도 크기 때문에 영업손익에서 영업외수익을 가산하고 영업외비용을 차감한 법인세차감전순이익(경상손익)의 구성비율도 포스코는 5.5%를 차지해 현대제철 2.7%을 상회한다. 결과적으로 양 기업의 이익구조를 결정하는 이유는 매출원가와 영업외수익, 비용 구조에서 기인하는 것으로 파악할 수 있다. 이상과 같이 공통형 재무제표는 규모가 서로 다른 기업간의 비교에 유용하게 사용될 수 있음을 알 수 있다.

6.2 지수형 재무제표

1. 지수형 재무제표의 의미

지수형 재무제표(common base-year financial statements)는 재무상태표나 손익계산서의 계정과목들의 금액이 일정 기간에 걸쳐 어떤 증감 추세를 보이는가를 파악하기 위해 작성된다. 지수형 재무제표는 어느 한 기준연도의 재무제표를 설정하고, 이후 분석기간의 비교연도의 재무제표 항목을 기준연도의 재무제표에 속한 항목으로 나눈 다음 100을 곱하여 지수(index)화한다. 지수형재무재표를 작성할 때는 다음의 식을 이용하여 기업의 재무상태 및 경영성과의 추세를 파악할 수 있다.

$$\frac{\text{비교시점의 항목값}}{\text{기준시점의 항목값}} \times 100$$

따라서 기준연도 재무제표의 계정과목의 지수는 모두 100이다. 만일 비교연도의 재무제표 항목이 기준연도의 항목보다 증가한 경우에는 지수가 100보다 크며, 감소한 경우에는 100보다 낮다. 또한 비교연도 재무제표 항목의 지수에서 100을 차감한 값은 기준연도부터 비교연도까지의 증가율을 나타낸다.

지수형 재무제표는 다음과 같은 두 가지 장점을 가진다. 첫째, 기준시점을 기준으로 비교시점의 값을 지수로 나타낸 것이기 때문에 개별기업의 기간별 기업성과를 분석할 수 있다는 장점이 있다. 둘째, 기준시점을 중심으로 지수화한 수치이기 때문에 기업 간의 규모의 차이를 통제하고 있기 때문에, 기업 간의 비교에도 유용하다는 장점이 있다.

지수형 재무제표를 분석하면 자산의 규모나 이익 성과가 어떻게 성장하고 있는지를 파악할 수 있다. 이렇게 구한 지수형 재무제표는 개별항목의 증감추세를 용이하게 파악할 수 있으므로, 단순히 비율의 추세분석에 나타나지 않은 유용한 정보를 제시한다. 재무비율의 추세분석과 마찬가지로 산업의 지수형 재무제표도 산업 재무제표를 이용하여 작성할 수 있으므로, 개별기업의 지수형 재무제표와 산업의 지수형 재무제표를 비교분석하면 유용하다.

2. 지수형 재무제표의 분석

앞에서 본 공통형 재무제표가 일정시점 또는 일정기간동안의 기업들의 재무상태를 평가 및 비교할 때 유용한 재무제표 작성법이라면, 각 기업들의 재무상태 및 경영성과의 추이를 비교분석하기 위해 작성하는 재무제표가 지수형 재무제표이다.

1) 지수형 재무상태표

포스코의 2018년도 재무상태표를 기준으로 지수형 재무상태표를 작성한 결과는 〈표 6-2a〉에 제시된다. 지수형 재무상태표에서 기준연도에 비해 유동자산은 증가하고 비유동자산은 감소하는 추이를 보여준다. 자산은 기준연도에 비해 지속적으로 감소한 모습을 볼 수 있는데 유동자산의 증가폭에 비해 비유동자산의 하락폭이 더 컸음을 알 수 있다. 유동부채는 2016년에 다소 감소하고 2018년까지 같은 추이를 유지하였고, 비유동부채는 지속적으로 감소하는 추세를 보인다. 자본은 소폭 상승하는 추이를 보여주고 있다.

〈표 6–2a〉 **포스코의 지수형 재무상태표(K–IFRS 연결기준)**

	지수형 재무상태표(K–IFRS 연결기준)			
	2015	2016	2017	2018
자산				
Ⅰ.유동자산	100%	100%	107%	115%
현금및현금성자산	100%	50%	54%	54%
매출채권	100%	102%	93%	97%
재고자산	100%	110%	121%	140%
Ⅱ.비유동자산	100%	98%	93%	87%
투자자산	100%	99%	92%	91%
유형자산	100%	98%	92%	87%
무형자산	100%	95%	93%	81%
자산총계	100%	99%	98%	97%
부채				
Ⅰ.유동부채	100%	94%	94%	94%
Ⅱ.비유동부채	100%	99%	83%	83%
부채총계	100%	96%	89%	89%
자본				
Ⅰ. 지배기업소유주지분	100%	103%	106%	105%
자본금	100%	100%	100%	100%
자본잉여금	100%	101%	102%	102%
신종자본증권	100%	100%	100%	20%
적립금	100%	24%	115%	236%
자기주식	100%	100%	100%	100%
이익잉여금	100%	102%	106%	109%
Ⅱ.비지배지분	100%	90%	97%	88%
자본총계	100%	102%	105%	104%
부채와자본총계	100%	99%	98%	97%

2) 지수형 손익계산서

〈표 6-2b〉에 제시된 지수형 손익계산서에서 매출액은 2016년에는 다소 감소했다가 2017년부터 2018년 까지 꾸준히 증가하는 추세를 보인다. 이러한 추세의 여러 원인중 하나로 매출원가를 들 수 있는데, 매출원가의 추세가 매출액 추세와 유사하다는 점을 확인할 수 있다. 매출 총이익은 꾸준히 증가하는 추이를 보여주고, 판매비와 관리비는 소폭 감소하다가 2018년도에 크게 하락하여 영업이익의 뚜렷한 증가세를 확인 할 수 있다. 영업외수익은 등락을 반복하는 추이를 보이고, 영업외비용은 꾸준히 감소하다가 2018년에 상승하는 추세를 보여준다. 당기순이익은 2015년에 적자를 보여주었으나 2016년부터 흑자전환을 보여준다. 대체적으로 2015년부터 2018년까지 매출부문은 소폭 상승하는 추세인 반면에 감소하는 판매비와 관리비와 영업외 비용 등의 효율적인 경영구조가 당기순이익에 긍정적인 영향을 주었다.

〈표 6-2b〉 **포스코 지수형 손익계산서(K-IFRS 연결기준)**

구분	지수형 손익계산서(K-IFRS연결)			
	2015	2016	2017	2018
I. 매출액	100%	91%	104%	112%
II. 매출원가	100%	90%	101%	110%
III. 매출총이익	100%	102%	128%	122%
IV. 판매비와관리비	100%	93%	91%	59%
V. 영업이익	100%	118%	192%	230%
VI. 영업외수익(+)	100%	78%	91%	72%
VII. 영업외비용(−)	100%	78%	68%	89%
VIII. 법인세비용차감전이익	100%	793%	2312%	1971%
IX. 법인세비용	100%	139%	436%	603%
X. 당기순이익	100%	−1090%	−3092%	−1967%
(지배주주순이익)	100%	755%	1545%	936%

6.3 추세분석

1. 추세분석의 의의

비율분석에서 특정연도에 산출된 재무비율만을 대상으로 비교하는 것으로는 충분한 정보를 획득하기 어렵다. 예를 들어, 경영자가 금년도 순이익 중에서 얼마를 배당으로 지급할 것인지를 결정하기 위하여 재무분석을 한다고 하자. 이때 경영자는 단순히 전년도의 순이익과 당기의 순이익을 비교하여 배당지급액을 결정하지는 않을 것이다. 특별히 금년에 순이익이 많이 발생하였기 때문에 배당금을 증가시키는 경우는 거의 없으며, 향후에도 이익이 계속 발생하리라는 예상을 하는 경우에 배당금을 증가시킬 것이다. 따라서 경영자가 올바른 배당의사 결정을 내리기 위해서는 과거 수년간의 이익변동 추세를 분석하여야 한다. 만일 특정연도의 재무비율의 수치가 당해 연도에만 국한될 경우에는 왜곡된 정보를 제공할 가능성이 있기 때문이다.

재무 항목들은 시간적 경과에 따라 일정한 패턴을 유지하면서 변동하는 경우가 많다. 예를 들어, 매출액이나 순이익 같은 재무 항목은 중장기적인 기간에서 추세를 가지며 증가와 감소를 반복한다. 또한 재무 항목들의 추세패턴은 기업의 성장과정에서 나타나기도 한다. 신생기업이나 고성장기업(high growth firm)의 경우 초기에는 성장성이나 수익성과 관련된 재무비율들이 증가하지만, 이후에는 경쟁기업의 진입과 산업 내 경쟁강도의 심화로 인하여 낮아지는 특성을 보인다.

재무비율은 일정 시점을 기준으로 작성한 재무상태표나 일정 기간의 손익계산서 등의 재무제표를 중심으로 한 것이기 때문에, 기업경영의 한 단면만 보여주게 된다. 추세분석(trend analysis)은 이러한 비율분석의 단점을 보완하기 위하여 비율의 시간적인 변화에 관한 동태적인 측면을 고려함으로써 기업의 미래 재무상태와 경영성과를 예측하는 방법이다. 즉, 과거에 그 기업의 여러 비율들이 어떠한 추세를 가지고 변화해 왔는가를 관찰하여 미래를 예측하려는 것이다.

2. 재무비율의 추세분석

재무비율의 추세분석은 두 가지 방법으로 분석가능하다. 하나는 분석대상이 되는 기업의 재무비율의 과거 추이를 분석함으로써 미래를 예측하는 것이다. 예를 들어, 어느 기업의 유동비율이 하락하는 추세를 나타내고 있다면, 미래에도 더욱 하락할 가능성이 클 것으로 가정하는 방법이다. 또 다른 방법은 분석대상기업의 재무비율의 변화를 산업 전체의 변화상태와 비교하는 것이다. 이렇게 표준비율의 변화와 비교하면 분석대상기업의 재무비율이 어떠한 상태로 진행되고 있는지 비교가능성을 제고시키는 장점이 있다.

〈표 6-3〉 포스코와 산업표준의 재무비율의 추세분석

재무비율	분석대상	2014	2015	2016	2017	2018
유동비율	포스코	149.14	144.96	154.92	164.29	177.69
	산업표준	138.67	139.4	148.65	158.14	177.79
부채비율	포스코	88.23	78.41	74.01	66.49	67.34
	산업표준	65.5	56.55	51.71	49.40	49.72
자기자본증가율 (%)	포스코	−1.16	−0.49	1.70	3.55	−1.48
	산업표준	−0.13	0.95	4.07	4.04	−0.21
재고자산회전율 (회)	포스코	6.42	6.22	6.15	6.38	6.06
	산업표준	5.83	5.47	6.21	6.50	5.99
총자산수익률 (ROA, %)	포스코	0.66	−0.12	1.31	3.74	2.41
	산업표준	1.76	2.44	3.16	3.63	1.60
주가수익비율 (PER, 배)	포스코	38.36	80.36	16.47	10.39	12.53
	산업표준	−0.43	22.55	17.63	14.82	10.13

제5장에서 분석한 사례대상기업인 포스코의 2014년부터 2018년까지 5개년 재무제표자료와 포스코가 속한 '철강 금속'산업의 재무비율 추이를 〈표 6-3〉에서 보기로 하자. 〈표 6-3〉은 각 부문의 대표적인 재무비율인 유동비율, 부채비율, 재고자산증가율, 총자본순이익률, 주당순이익, 주가수익비율의 추세를 보고하고 있다.

한편, 추세분석은 [그림 6-1]과 같이 그래프로 표시하면 보다 시각적으로 이해가 용이하다.[1)] [그림 6-1]은 2014년부터 2018년까지 추정된 재무비율의 추이를 나타내고 있다. 유동비율의 5년 간 추세를 살펴보면, 포스코의 유동비율은 2014년부터 대체로 증가하고 있고 산업표준 또한 증가추세이며 포스코가 산업표준을 살짝 상회하는 양상을 보이면서 2017년까지 그 비슷한 격차를 유지해왔다. 그러나 2018년에 산업표준 유동비율이 포스코의 증가세를 능가한 것으로

1) 5장에서와 마찬가지로 여기서 산업평균 발행주식수는 한국은행 기업경영분석에 나와있지 않아 국가통계포털에서 제공하는 산업별 상장주식 총괄자료 중 철강금속 업종의 상장주식수를 이용하여 계산하였다.

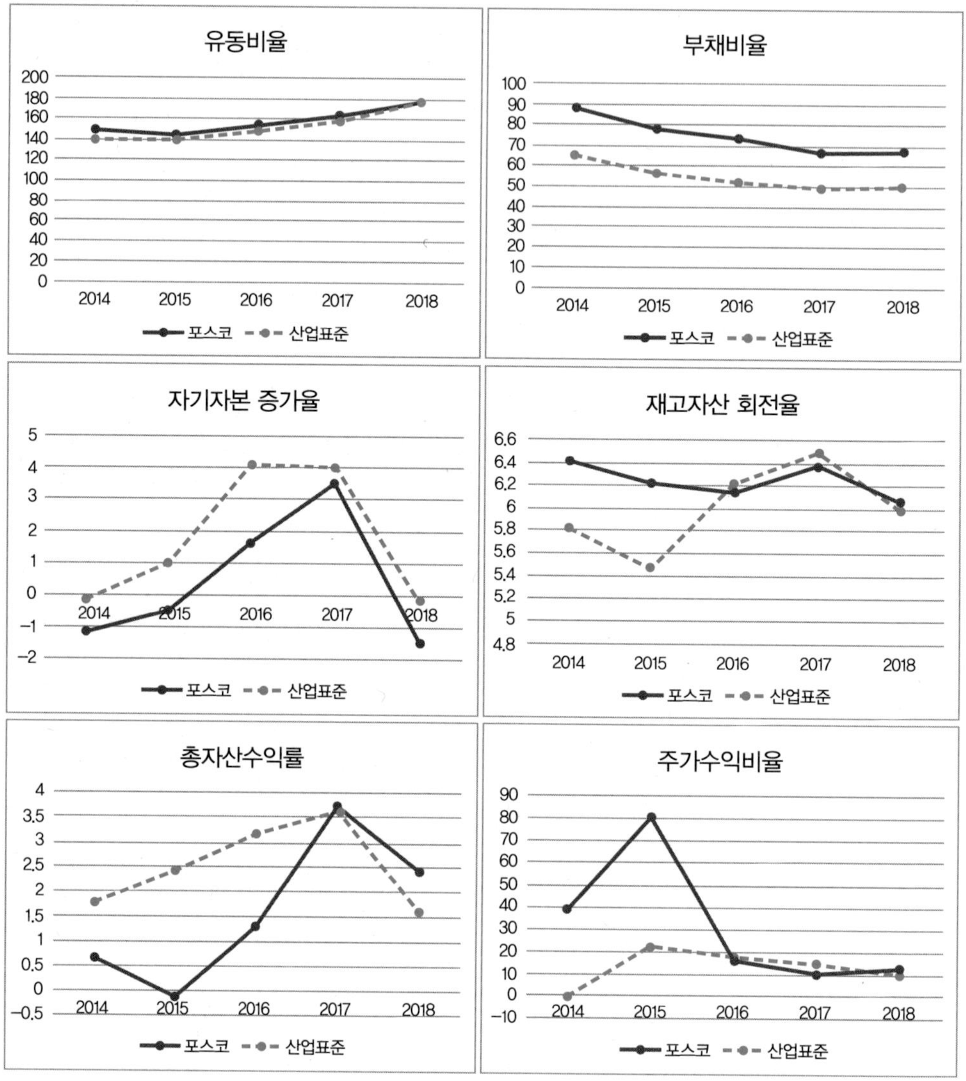

[그림 6-1] **포스코와 산업평균의 재무비율 추세분석**

나타났다. 이러한 추세로 포스코의 단기적 지급능력은 추정기간 초반인 2014년부터 업종 평균을 다소 상회하는 수치를 보여주다가 2018년도에 오면서 그 격차가 감소하였음을 알 수 있다. 포스코의 부채비율은 산업표준보다 높은 수치를 보여주지만 2014년부터 지속적인 감소를 나타내고 있고, 산업평균비율의 흐름과 유사한 추세를 보이고 있다. 따라서 산업 전반적으로 재무적 안정성이 양호해졌다고 평가된다. 성장성을 나타내는 포스코의 자기자본증가율은 2014년 음(−)의 증가율에서 점차 양(+)의 증가율로 전환되고 증가율이 큰폭으로 상승했으나 2017

년 정점을 찍고 2018년에 하락하여 음(−)의 증가율을 보여 2014년도의 수치보다 더 하락하였다. 산업표준도 2014년도부터 계속 증가 추세였다가 2017년도를 기점으로 하락하는 양상을 보여주므로 산업 전반의 변화임을 알 수 있다. 그러나 업종 대비 포스코의 하락세가 더 컸다는 것을 봤을 때 기업의 성장성이 매우 둔화되었음을 파악할 수 있다. 재고자산을 몇 번 회전시켜 매출액을 발생시켰는지를 보여주는 활동성 지표인 재고자산회전율은 2014년도부터 감소추세였다가 2016년도에 다소 반등하는 양상을 보여 포스코의 재고자산이 매출로 전환되는 속도가 증가했음을 알 수 있다. 그러나 2017년도에 다시 하락하는 패턴을 보이는데 이는 산업표준과 같은 양상을 보인다. 수익성을 나타내는 지표인 총자산순이익률은 2014년부터 2016년까지 포스코가 산업평균을 크게 하회하나 2016년부터 급격히 증가하여 2017년 산업표준의 수치보다 웃도는 양상을 보이다 2018년 감소하였다. 이는 추정기간 초반에 포스코가 업종대비 약화된 수익성을 보여주지만 후반부로 갈수록 산업 평균수준으로 회복하는 것을 나타낸다. 다음으로 대표적인 시장가치비율인 주가수익비율은 초반엔 등락을 반복하다가 최근 들어서는 10~13배 내외의 일정한 수치를 보여준다. 일반적으로 주가수익비율이 높으면 주식가격이 고평가 되었다고 평가 받으며, 낮으면 저평가 되었다고 평가된다. 포스코의 주가수익비율은 산업평균에 비해 주가 프리미엄이 크게 붙었다가 2016년 이후로 산업평균으로 회귀함을 알 수 있다.

3. 공통형 재무제표의 추세분석

제1절에서 학습한 공통형 재무제표를 여러 기간에 대해 작성하면 재무상태표와 손익계산서의 주요 구성비율들이 기간이 경과하면서 어떻게 변화하는지를 파악할 수 있다. 〈표 6−4〉는 포스코의 4년 간 공통형 손익계산서와 공통형 재무상태표에서 각 항목의 구성비율의 변화추세를 제시한다.

〈표 6−4〉 **포스코의 공통형 요약재무상태표와 공통형 요약손익계산서의 추세분석(K−IFRS 연결기준)**

a. 공통형 요약재무상태표 (단위: %)

	2015	2016	2017	2018
자산				
Ⅰ.유동자산	36.29%	36.74%	39.39%	43.01%
현금및현금성자산	6.06%	3.07%	3.31%	3.38%
매출채권	11.93%	12.27%	11.33%	11.80%
재고자산	10.23%	11.35%	12.59%	14.70%

II.비유동자산	63.71%	63.26%	60.61%	56.99%
투자자산	6.26%	6.27%	5.85%	5.85%
유형자산	42.93%	42.34%	40.35%	38.36%
무형자산	7.97%	7.63%	7.53%	6.61%
자산총계	100.00%	100.00%	100.00%	100.00%
부채				
I.유동부채	25.04%	23.71%	23.97%	24.20%
II.비유동부채	18.91%	18.82%	15.96%	16.04%
부채총계	43.95%	42.53%	39.94%	40.24%
자본	0.00%	0.00%	0.00%	0.00%
I.지배기업소유주지분	51.28%	53.12%	55.34%	55.43%
자본금	0.60%	0.60%	0.61%	0.62%
자본잉여금	1.72%	1.75%	1.79%	1.80%
신종자본증권	1.24%	1.25%	1.26%	0.25%
적립금	−0.74%	−0.18%	−0.86%	−1.79%
자기주식	−1.91%	−1.92%	−1.94%	−1.96%
이익잉여금	50.37%	51.62%	54.48%	56.51%
II.비지배지분	4.77%	4.34%	4.72%	4.33%
자본총계	56.05%	57.47%	60.06%	59.76%
부채와자본총계	100.00%	100.00%	100.00%	100.00%

b. 공통형 요약손익계산서

	2015	2016	2017	2018
I.매출액	100.00%	100.00%	100.00%	100.00%
II.매출원가	88.77%	87.40%	86.22%	87.73%
III.매출총이익	11.23%	12.60%	13.78%	12.27%
IV.판매비와관리비	7.09%	7.24%	6.16%	3.74%
V.영업이익	4.14%	5.36%	7.62%	8.53%
VI.영업외수익(+)	5.34%	4.59%	4.65%	3.43%
VII.영업외비용(−)	8.30%	7.08%	5.40%	6.65%
VIII.법인세비용차감전이익	0.31%	2.70%	6.89%	5.48%
IX.법인세비용	0.48%	0.72%	1.99%	2.57%
X.당기순이익	−0.17%	1.97%	4.90%	2.91%
(지배주주순이익)	0.31%	2.57%	4.60%	2.60%

포스코의 연도별 공통형 재무상태표의 추세를 보면 분석하면 다음과 같다. 첫째, 자산항목에서는 유동자산의 비중은 증가하고 비유동자산의 비중은 그만큼 감소하는 추세를 보였다. 구체적으로, 현금 및 재고 등 비교적 1년 내에 현금화 할 수 있는 자산을 나타내는 유동자산의 비중이 2015년에 36.29%였고 이후 증가 추세를 보이다가 2018년 43.01%로 2015년 대비 증가하였다. 이 같은 추세는 지수형 재무상태표를 제시한 〈표 6-2〉에서 유동자산의 패턴과 유사하다. 한편, 비교적 장기에 현금화 가능한 자산인 유형자산, 무형자산 등으로 나누어지는 비유동자산의 구성비율은 유동자산의 패턴과 반대의 모습을 보였다. 예를 들어, 2015년 63.73%였던 비중이 2018년 56.99%로 다소 감소하였다. 이러한 추세를 보아 기업이 상품을 생산할 수 있는 동력이 되는 비유동자산의 비중을 낮추고 유동자산을 높였다는 것은 포스코내 단기간의 현금유동성보다 장기적인 생산능력을 중요시하는 경영 정책상의 변화로 파악된다. 둘째, 부채 및 자본항목에서 부채는 매년 감소하는 추세를 보였고, 자본은 그만큼 매년 증가하는 추세를 보였다. 따라서 포스코의 고정적인 지출인 임금이나 이자 등 기업에게 부담이 되는 부채의 비중은 다소 감소하였고 반면에 자기자본의 비중을 늘려 기업의 지구력이 상승하였다고 평가된다.

다음으로 매출액대비 각 부분의 비율을 나타내고 있는 공통형 손익계산서를 통해서 포스코의 재무구조의 변화추이를 살펴보자. 매출원가의 구성비율이 크게 변화 없이 2015년을 기준으로 소폭 감소하는 추세를 보이고 있다. 비용부문중 하나인 매출액에서 판매비와 관리비가 차지하는 구성비율의 추세는 큰 차이가 없이 약 6~7%대를 2015년부터 2017년까지 유지하다가 2018년 3.74%로 급락하였다. 이자비용과 외환차손이 포함된 영업외비용의 구성비율 역시 꾸준히 감소하는 추세를 보였다. 이러한 비용의 감소는 결과적으로 지배주주순이익 또는 당기순이익의 증가를 가져왔다. 2018년 매출액 대비 당기순이익은 2.91%였고 매출액 대비 지배주주순이익은 2.60%였다. 두 수치를 비교했을 때 포스코의 종속기업들의 경영성과가 개선되었을 것으로 보인다.

5. 추세분석의 주의점

추세분석을 할 때 지켜야 할 점은 적절한 분석기간을 설정해야 한다는 것이다. 분석기간이 너무 짧으면 명확한 추세를 파악하기 어렵기 때문에 분석에 필요한 충분한 기간을 설정해야 한다. 일반적으로 5년 정도면 충분한 기간이기는 하지만, 분석기간 동안 산업 전체의 재무비율에 전면적인 변동을 초래한 사건이 없었는지를 파악하여 그 이전 기간은 제외하여야 한다. 예를 들면, 1997년에 발생한 외환위기나 2008년의 글로벌 금융위기는 기업경영에서 양적으로나 질적으로 많은 변화를 초래한 사건이므로, 외환위기가 발생한 이전 기간을 추세분석 기간에서 제외하는 것이 바람직하다.

특히 지수형 재무제표로 추세를 분석할 때에는 적절한 기준연도를 선정해야 한다. 비교연도의 지수는 어떤 기준연도를 선정하느냐에 따라 증가와 감소추세가 변동할 수 있기 때문이다.

6.4 지수법

1. 지수법의 의의와 절차

개별 재무비율에 의하여 기업의 경영성과 및 재무상태를 평가하고자 하는 비율분석은 평가결과를 단일지표로 나타낼 수 없는 문제가 있다. 지수법(index method)은 여러 개의 재무비율을 동시에 고려하여 기업의 경영성과와 재무상태를 종합적으로 평가할 수 있는 분석기법으로, 1919년에 월(A. Wal1)에 의해 제안된 것이다.

지수법은 전통적인 비율분석이 기업경영을 평가하는 데 재무비율을 개별적으로 이용한다는 점에서 오는 한계를 극복하기 위해 개발되었다. 하나의 재무비율만 가지고는 기업의 경제적 실태를 종합적으로 평가하기가 곤란하고, 동일한 경제적 측면을 측정하는 재무비율이라도 서로 다른 정보를 제공할 경우 재무비율의 해석이 모호하게 될 우려가 있기 때문이다. 예를 들면, 어느 기업의 유동성이나 지급능력은 산업평균비율보다 높지만 수익성은 산업평균비율 이하로 나타날 경우 그 기업의 경영상태를 종합적으로 판단하기 어렵다. 또한 같은 수익성비율이라도 매출액순이익률은 산업평균비율 이상이지만 총자산순이익률은 산업평균비율 이하일 경우, 그 기업의 수익성을 어떻게 평가해야 할지가 곤란하게 된다. 따라서 여러 재무비율을 이용하여 의사결정을 내릴 때 객관적인 기준을 마련하기 위해서는 지수법과 같은 종합적 비율분석기법이 필요하다. 지수법은 개별 재무비율에 가중치를 부여하여 지수를 산출하기 때문에, 가중비율종합법(weighted ratio method)이라고도 한다.

학자에 따라 중요한 재무비율을 선정하거나 가중치를 부여하는 과정에서 차이가 있지만 지수법을 적용하는 일반적인 절차는 다음과 같다.

① 중요 재무비율의 선정: 재무비율 가운데 분석 목적에 적당하다고 판단되는 몇 개의 중요 재무비율을 선정한다.

② 가중치의 부여: 선정된 중요 재무비율의 중요도에 따라 가중치를 부여한다. 부여된 가중치의 합계는 100이 되도록 한다.

③ 관계비율의 계산: 선정된 중요 재무비율에 대한 각 기업의 실제비율과 표준비율을 구하고, 실제비율을 표준비율로 나누어 관계비율을 계산한다. 부채비율과 같은 특정한 재무비율은 표준비율보다 낮을수록 양호한 것으로 해석하므로, 이러한 재무비율에 대해서는 표준비율을 실제비율로 나누어야 한다는 점에 주의한다. 기업의 재무비율이 표준비율보다 좋으면 관계비율은 1보다 높으며, 표준비율보다 나쁘면 관계비율은 1보다 낮다.

④ 종합지수의 계산과 종합평가: 관계비율에 가중치를 곱하여 비율별 평점을 계산한 뒤, 중요 비율별 평점을 모두 합계하여 종합지수를 계산하고 종합적 평가를 내린다. 종합지수가 100 이상이면 기업의 경영성과 및 재무상태가 표준보다 양호한 것으로, 이에 미달하면 저조한 것으로 평가한다. 이상의 절차를 요약하면 종합지수의 계산은 다음과 같이 나타낼 수 있다.

$$\text{종합지수} = \sum_{i=1}^{n} W_i \left(\frac{FR_i}{BR_i} \right)$$

W_i : 비율항목의 가중치 $\left(\sum_{i=1}^{n} W_i = 100 \right)$

FR_i: 재무비율

BR_i: 표준비율

2. 지수법의 제 유형

주요한 지수법으로는 월(A. Wall)의 지수법, 트랜트(J. B. Trant)의 지수법, 뷰리체트(F.F. Burtchett)의 지수법 등이 있다. 〈표 6–5〉에서 세 가지 지수법을 비교해 보자.

〈표 6-5〉 지수법의 주요비율과 가중치

비율항목	Wall	Trant	비율항목	Burichett	
				금융기관	사채권자
유동비율	25	15	유동비율	20	3
부채비율	25	10	당좌비율	20	3
비유동비율	15	10	매출채권/재고자산	5	3
매출채권회전율	10	10	부채비율	5	20
재고자산회전율	10	20	재고자산회전율	10	4
비유동자산회전율	10	20	매출채권회전율	25	4
자기자본회전율	5	–	총자산회전율	5	20
매입채무회전율	–	15	이자보상비율	2	30
			매출액순이익률	5	8
			총자산순이익률	3	5
합계	100	100	합계	100	100

〈표 6-5〉에서 볼 수 있는 바와 같이 월의 지수법에서는 정태비율인 유동비율, 부채비율, 비유동비율 등 3개의 재무비율에 높은 가중치를 부여하고 있는 반면, 트랜트의 지수법에서는 매입채무회전율, 재고자산회전율, 비유동자산회전율 등 활동성비율에 높은 가중치를 부여하고 있다. 월의 지수법과 트랜트의 지수법에서는 단기채권자의 입장에서 기업의 단기채무 변제능력을 종합적으로 평가한다. 그러나 뷰리체트의 지수법에서는 단기채권자(금융기관)와 장기채권자(사채권자)의 입장에서 기업의 채무지급능력을 평가하기 위한 목적으로 유동성 및 자본구조비율 5개, 활동성비율 3개, 수익성비율 2개를 선정하여 각각에 대한 가중치를 달리 부여하고 있다. 즉, 단기채권자인 금융기관의 지수법에서는 유동비율, 당좌비율, 매출채권회전율 등 단기유동성을 나타내는 비율에 높은 가중치를 부여하고, 장기채권자인 사채권자의 지수법에서는 부채비율, 이자보상비율 등 장기지급능력을 나타내는 비율에 높은 가중치를 부여하고 있다. 이러한 의미에서 월의 지수법은 재무안정성을 중시하기 때문에 여신제공자 입장에서의 분석으로 평가되고 있고, 트랜트의 지수법은 기업자산을 얼마나 잘 활용하는 활동성을 중시하기 때문에 경영자 입장에서의 분석으로 평가되고 있다.

3. 지수법을 이용한 분석 사례

월과 트랜트의 지수법을 이용하여 2018년도의 포스코와 현대제철의 경영상태를 종합적으로 평가해 보기로 하자. 이를 위해서는 먼저 월과 트랜트의 지수법에 이용되는 포스코와 현대제철의 재무비율을 구해야 한다. 표준비율은 한국은행의『기업경영분석』에서 포스코와 현대제철이 속한 제1차 금속산업의 대기업군의 산업평균비율로 선정하였다. 관계비율을 계산할 때 주의할 점은 부채비율과 비유동비율은 표준비율보다 낮을수록 양호하므로, 다른 비율과 달리 산업평균비율을 해당 기업의 비율로 나누어야 한다.

〈표 6-6〉 지수법을 이용한 포스코와 현대제철의 비율분석

비율항목	가중치(A)		비율		관계비율*	평점(E=A×D)	
	Wall	Trant	실제비율(B)	표준비율(C)	(D=B/C)	Wall	Trant
포스코							
유동비율	25	15	177.69	177.79	1.00	25	15
부채비율※	25	10	67.34	49.72	0.74	18	7
비유동비율※	15	10	95.38	98.18	1.03	15	10
매출채권회전율	10	10	7.13	7.81	0.91	9	9
재고자산회전율	10	20	6.06	5.99	1.01	10	20
비유동자산회전율	10	20	1.41	1.17	1.21	12	24
자기자본회전율	5	–	1.39	1.17	1.19	6	
매입채무회전율	–	15	16.10	7.81	2.06		31
	100	100				96	117
현대제철							
유동비율	25	15	130.83	177.79	0.74	18	11
부채비율※	25	10	95.65	49.72	0.52	13	5
비유동비율※	15	10	144.13	98.18	0.68	10	7
매출채권회전율	10	10	7.78	7.81	1.00	10	10
재고자산회전율	10	20	4.22	5.99	0.70	7	14
비유동자산회전율	10	20	0.85	1.17	0.73	7	15
자기자본회전율	5	–	1.22	1.17	1.04	5	
매입채무회전율	–	15	6.21	7.81	0.80		12
	100	100				71	74

* 자기자본회전율 = 매출액 / 총자본

* 매입채무회전율 = 매출액/ 매입채무(평균, t, t−1)

※ 단, 부채비율과 비유동성비율과 같이 표준비율보다 낮을수록 양호하다고 평가되는 비율은 관계비율을 계산시 (D=C/B)로 계산한다.

포스코의 재무비율과 산업평균비율을 이용하여 관계비율을 산출한 결과, 포스코는 부채비율, 재고자산회전율, 비유동자산회전율, 자기자본회전율, 매입채권회전율이 산업평균비율보다 높았다. 관계비율에 각 비율항목에 부여된 가중치를 곱하여 비율별 평점을 계산한 다음, 이를 모두 합산하면 종합지수가 산출된다. 월의 지수법을 이용한 포스코의 종합지수는 96로 산엽평균에 비해 다소 낮았으며, 트랜트의 지수법을 이용한 종합지수는 117로 산업평균에 비해 높았다.

현대제철은 부채비율, 비유동비율, 자기자본회전율을 제외한 모든 부분이 산업평균보다 낮다. 각 비율들의 관계비율을 산출하고 월과 트랜트의 가중치를 곱하여 종합점수를 산출한 결과에서 월과 트랜트의 종합지수는 각각 71과 74로 나타나 산업평균인 100에 크게 미달했다. 따라서 2018년도에 현대제철의 종합적인 경영상태는 산업평균에 비해서도 저조한 성과인 것으로 나타났다.

4. 지수법의 유용성과 한계점

지수법은 여러 재무비율을 동시에 고려하여 기업의 재무상태와 경영성과를 종합적으로 평가할 수 있고, 적용과 결과의 해석이 쉽기 때문에 실무에서 많이 사용된다. 특히 금융기관은 여신결정을 할 때 지수법을 골격으로 하는 신용평가모형에 주로 의존한다. 그러나 지수법은 다음과 같은 한계를 갖는다는 점을 염두에 두고 이용하여야 한다.

첫째, 지수법은 지수산출에 이용되는 재무비율과 가중치가 임의로 선택된다는 결함이 있다. 즉, 비율과 가중치가 대체로 체계적인 이론이나 실증적인 증거의 뒷받침 없이 분석자의 경험에 의존하여 선택된다는 점이다.

둘째, 관계비율을 계산할 때 이용하는 표준비율에 대한 명확한 기준을 세우기가 곤란하다. 대체적으로 산업평균비율을 이용하지만, 오히려 경쟁기업의 재무비율이나 산업 내에서 가장 성공적인 기업의 재무비율을 표준비율로 이용하는 것도 의미가 있다.

셋째, 월이나 트랜트의 중요 재무비율에서 보는 것처럼 중요비율의 선정시 재무비율 상호간에 존재하는 상관관계가 고려되고 있지 않다. 가령, 부채비율과 비유동비율 간에는 높은 상관관계가 있을 수 있으므로, 두 비율이 중요비율에 중복적으로 선정될 가능성이 많다.

6.5 ROE분석

1. ROE분석의 의의

기업이나 사업부의 경영성과를 측정할 수 있는 재무적 기준에는 여러 가지가 있다. 예를 들면, 일정기간 중 매출액, 당기순이익 또는 생산액의 증가율 등이 자주 이용되고 있는 기준들이다. 그러나 이들 기준은 일정한 경영성과를 달성하는데 필요한 투자액을 고려하지 않기 때문에 불완전하다. 순이익을 투자액으로 나누어 구하는 투자수익률(ROE)은 가장 널리 이용되고 있는 측정도구이다.

ROE분석은 ROE를 결정하는 요인을 수익성과 회전율로 분해한 다음, 각 결정요인의 세부항목에 대한 관리를 통해 궁극적으로는 회사의 경영성과를 계획 통제하는 것을 목적으로 한다. 그러나 최근에는 ROE분석이 기업 전체 경영성과의 계획 및 통제, 내부통제 및 기업 내의 자원배분결정, 이익예측, 채권자 투자자에 의한 기업경영성과의 평가 등 여러 목적에 활용되고 있다.

2. 총자산순이익률(ROA)

총자산순이익률(return on assets; ROA)은 총자본순이익률이라고도 한다. 총투자는 재무상태표상의 총자산의 금액이며, 이것은 총자본과 같기 때문에 투자수익률도 총자산이익률 또는 총자본이익률과 같은 의미로 쓰인다. 총자산순이익률은 다음 식 (6−1)과 같이 수익성을 나타내는 매출액순이익률과 활동성을 표시하는 총자산회전율로 분해된다.

$$ROA = \frac{\text{당기순이익}}{\text{연평균총자산}} = \frac{\text{당기순이익}}{\text{매출액}} \times \frac{\text{매출액}}{\text{연평균총자산}} \quad (6-1)$$

$$= \text{매출액순이익률} \times \text{총자산회전율}$$

ROA는 총자산을 활용한 경영성과를 측정하며, 수익성과 활동성의 양면을 동시에 고려하는 경영성과의 측정수단이다. ROA를 분해하면 기업의 경영성과를 결정하는 요인이 어디에 있는가를 명확히 보여 준다. 예를 들어, 기업 A는 10%의 매출액순이익률과 1회의 총자산회전율에 의하여 10%의 ROA를 올리고 있고, 기업 B는 1%의 매출액순이익률과 10회의 총자산회전율에 의하여 10%의 ROA를 올리고 있다고 하자. 산술적으로 두 기업 모두 10%의 ROA를 달성하고 있으나 그 내용은 질적으로 차이가 있다.

동일한 ROA를 올리는 기업들에서 이와 같이 수익성과 활동성의 차이가 나타나는 것은 특정 기업의 매출액순이익률과 총자산회전율이 대개 그 기업이 속한 산업의 성격에 따라 결정되기 때문이다. 일반적으로 진부화의 속도가 빠른 제품을 취급하는 업종에서는 고회전율 · 저마진의 결합으로 일정한 ROA를 달성하게 되고, 반면에 설비투자의 규모가 큰 화학 · 선박 · 철강 등 중화학 분야에서는 저회전율 · 고마진으로 일정한 ROA를 달성하는 특징이 있다. 또한 동일한 산업에 속한 기업이라도 기업의 규모나 시설의 자동화 정도에 따라서 회전율이나 수익성에서 차이가 나는 경우가 있다.

ROA는 타인자본과 자기자본의 합계인 총자본만을 고려하므로, 타인자본의 사용으로 인한 수익성의 영향을 파악할 수 없다. 따라서 ROA기법으로는 레버리지의 증가에 따른 재무위험과 수익성 간의 관계를 분석할 수 없다는 한계를 지닌다.

3. 자기자본순이익률(ROE)

ROA와 더불어 기업의 경영성과를 총체적으로 측정하기 위한 지표로 널리 이용되는 재무비율이 자기자본순이익률(return on equity; ROE)이다. ROE는 당기순이익을 자기자본으로 나눈 비율로, 주주들이 투자한 자본 1원이 당해 연도에 획득한 이익의 증식분을 의미한다. ROE는 경영자가 주주가 출자한 자본을 활용하여 효율적인 경영성과를 달성하였는지를 나타낸다. 즉, ROA가 주주와 채권자의 지분을 더한 총자본을 측정한 것이라고 해석한다면, ROE는 주주의 지분에 대한 성과에 대한 성과를 측정한 것으로 볼 수 있다. ROA를 수익성과 활동성의 재무비율로 분해하였듯이, ROE도 계산식을 변형하면 다음 식 (6−2)와 같이 세 가지의 대표적인 재무비율로 분해된다.

$$ROE = \frac{\text{당기순이익}}{\text{연평균자기자본}} = \frac{\text{당기순이익}}{\text{매출액}} \times \frac{\text{매출액}}{\text{연평균 총자산}} \times \frac{\text{연평균 총자산}}{\text{연평균자기자본}} \qquad (6-2)$$

$$= \text{매출액순이익률} \times \text{총자산회전율} \times (1+\text{부채비율})$$

$$= \text{ROA} \times \text{재무레버리지}$$

※ 연결 재무제표일 경우 당기순이익은 지배주주순이익으로, 총자본은 지배주주지분으로 놓고 투자자본수익률의 구성요소를 분석할 수 있다.

식 (6−2)에서 매출액순이익률은 수익성, 총자산회전율은 활동성을 나타내며, 자기자본승수(equity multiplier)라고 하는 세 번째 비율은 재무구조의 안정성인 재무레버리지를 나타낸다.

자기자본승수는 총자산이 자기자본의 몇 배인가를 나타내며, 부채비율에 1을 더한 값이다. 결과적으로 ROE는 매출액순이익률과 총자산회전율로 구성된 ROA에 자기자본승수를 곱한 값과 동일하다. ROE를 계산시 분모에 해당하는 자기자본을 기초 자기자본과 기말 자기자본의 연평균 자기자본으로 사용할 경우에는 총자산회전율에서 분모의 총자산도 연평균 총자산이 되어야 한다. 위의 식에서 볼 수 있듯이, ROE가 증가한다는 것은 기업의 순이익이 증가, 또는 매출이 증가, 또는 타인자본의 효율적 활용을 통한 매출증대 등의 요인으로 예상해볼 수 있다. 이처럼 ROE는 기업의 내재가치를 분석하는데 매우 유용한 지표이다. 그러나 ROE만을 가지고 기업의 가치를 분석하는데 다소 왜곡이 발생하는 경우가 있다. 예를들어, ROE가 높지만 과다한 재무레버리지가 있는 경우 향후 유동성 문제가 대두될 수도 있다. 사례기업인 포스코의 2018년 ROE는 다음과 같이 매출액순이익률, 총자산회전율, 자기자본승수로 분해된다.

$$ROE = \frac{1,892}{(47,464+46,760)/2} = \frac{1,892}{64,978} \times \frac{64,978}{78,248} \times \frac{78,248}{47,112}$$
$$= 0.0291 \times 0.8304 \times 1.6609 = 0.0401$$

만약 연결 재무제표를 통해 구성요소를 분석할 경우에는 다음과 같이 분해될 수 있다.

$$ROE(\text{연결재무제표}) = \frac{\text{지배주주순이익}}{\text{연평균 지배주주지분}} \qquad (6-2a)$$
$$= \frac{\text{지배주주순이익}}{\text{매출액}} \times \frac{\text{매출액}}{\text{연평균 총자산}} \times \frac{\text{연평균 총자산}}{\text{연평균 지배주주지분}}$$
$$= \text{수정매출액순이익률} \times \text{총자산회전율} \times \text{재무레버리지}$$
$$= \frac{1,691}{64,978} \times \frac{64,978}{78,248} \times \frac{78,248}{43,552} = 0.0388$$

4. ROE와 ROA의 비교

ROE는 ROA와 더불어 경영성과를 측정하고 그 원인을 분석하는 데 유용한 측정치라고 할 수 있다. ROE를 세 가지 재무비율로 분해할 수 있다는 것은 곧 경영자가 ROE를 통제하기 위하여 사용할 수 있는 수단이 세 가지 있다는 의미이다. 경영자가 ROE라는 경영성과 지표를 높이기 위해서는 첫째, 매출액에서 실현되는 순이익의 규모를 증가시켜야 하며, 둘째, 자산의 활용도를 제고시켜야 하고, 셋째, 타인자본을 활용하여 레버리지효과를 증대시켜야 한다.

ROE와 ROA의 차이점은 ROA에 레버리지비율과 관련된 자기자본승수가 곱해진다는 점이다. ROA에서는 자산의 활용도를 측정시 자기자본과 타인자본의 총계인 총자본의 활용도만을 측정하므로 재무구조의 위험에 대한 정보는 제시하지 못한다. 그러나 ROE는 기업의 경영성과를 측정할 때 ROA에서 나타나지 않은 재무구조 측면도 분석한다. 예를 들어, 기업 A의 ROA는 10%이며 부채비율은 50%인 반면, 기업 B의 ROA는 기업 A와 마찬가지로 10%이지만 부채비율은 80%이라 가정하자. 이 경우 기업 A의 ROE는 15%이지만, 기업 B의 ROE는 18%로 기업 A보다 성과가 높은 것으로 측정된다. 따라서 ROE를 결정하는 요인에서는 기업의 재무구조 정책이 높게 반영된다는 사실을 알 수 있다.

ROE를 분석할 때에는 ROE를 결정하는 요인 중에서 레버리지비율이 과도한 부채의존도에 의해 이루어지지 않는지에 대해서 검토해 볼 필요가 있다. 경영자가 ROE를 증가시키기 위해 과도한 부채를 부담할 경우 단기적인 경영성과는 향상될지 모르지만 이에 수반하는 재무위험이 증가하는 양면성이 존재하기 때문이다.

5. 듀퐁 시스템

듀퐁 시스템(Du Pont system)은 미국의 듀퐁(Du Pont)사가 개발하여 1920년대부터 사용되기 시작한 기법으로 ROA 또는 ROE를 결정하는 재무요인을 체계적으로 관찰해서 문제가 발생되는 재무요인을 중점적으로 통제하는 방법이다.

듀퐁 시스템은 [그림 6-2]와 같이 ROE와 관련된 재무요인들의 관계를 나타낸 그림인 ROE차트로 표현된다.

ROE차트에서 ROE를 구성하는 매출액순이익률, 총자산회전율, 자기자본승수는 비율분석에서 사용되는 각 항목들의 결합으로 표시된다. 경영자들은 ROE차트를 활용하여 수익성과 활동성, 재무구조의 세부 항목들을 조정할 수 있으므로 기업 전체적인 통제 측면에서 유용한 기법이다. 듀퐁 시스템은 기업의 경영성과와 그 효율을 ROE와 관계된 재무요인을 중심으로 체계적으로 분석 · 통제하는 것으로, 재무비율들을 기업 전체적 입장에서 유기적으로 파악하는 종합적인 비율분석의 하나이다.

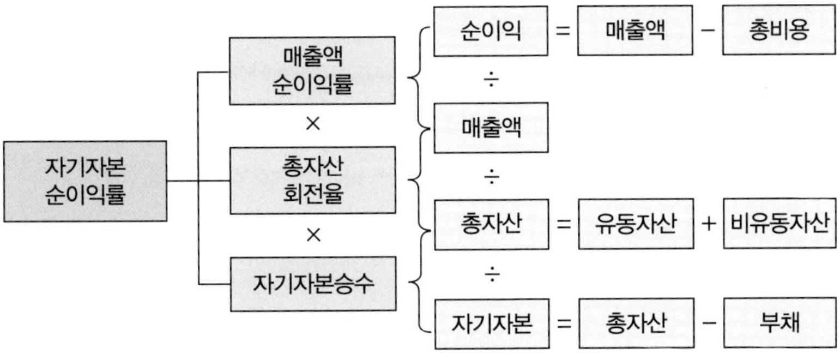

[그림 6-2] **듀퐁시스템에 의한 ROE차트**

듀퐁 시스템은 다음과 같은 면에서 유용성을 갖는다.

첫째, ROE는 기업의 활동성비율과 수익성비율, 레버리지비율로 분해되므로 경영자는 대표적인 기업활동의 측면을 동시에 분석할 수 있으므로, 기업의 경영성과와 문제점을 기업 전체적인 입장에서 종합적으로 진단하고 평가할 수 있다.

둘째, 기업 내 각 부서에 종사하는 경영자나 종업원들에게 그들 부서의 업무에 대한 책임과 경영성과의 극대화라는 기업목표와의 관계를 명확하게 인식시킴으로써 각 부문활동이 기업의 목표와 직결되도록 한다.

셋째, ROE와 이에 관계된 모든 재무요인을 하나의 그림으로 표현해 주므로 재무제표에 대한 지식이 없는 사람도 한눈에 쉽게 이해할 수가 있다.

6. ROA와 ROE의 구성요소

(1) 매출액순이익률

ROA와 ROE에 공통적으로 영향을 미치는 첫째 구성요소는 매출액순이익률이다. 매출액순이익률은 당기순이익을 매출액으로 나눈 비율로, 생산 및 판매활동에 따른 기업의 총체적인 수익성을 나타내는 지표이다. 매출액순이익률은 기업의 가격정책이나 영업환경에 영향을 받는다. 산업마다 제품의 특성이나 경쟁정도가 상이하기 때문에 매출액순이익률은 큰 차이를 보인다. 이때 매출액순이익률 자체만을 대상으로 산업 간의 특성을 비교하기보다는 총자산회전율과 관련하여 비교하는 것이 더욱 의미가 있다. 대체로 매출액순이익률이 높은 회사는 총자산회전율이 낮고, 매출액순이익률이 높은 회사는 총자산회전율이 낮은 경향을 보이는 등 매출액순이익률과 총자산회전율은 역의 관계를 갖는다.

첨단기술을 활용하고 부가가치가 높은 제품을 생산하는 산업은 제품 단위당 높은 이익을 실현하므로 매출액순이익률이 높다. 하지만 이러한 제품을 생산하는 과정에서는 고가의 기계나 첨단설비 등을 활용해야 하기 때문에, 자산투자액이 증가해서 자산회전율은 낮아진다. 반면에 원가가 저렴하고 부가가치가 낮은 제품은 대량생산이 주종을 이루므로, 매출액순이익률이 낮지만 자산회전율은 매우 높다.

(2) 총자산회전율

ROA와 ROE를 결정하는 둘째 요소는 총자산회전율이다. 총자산회전율은 매출액을 총자산으로 나눈 비율로, 전체 자산이 매출을 발생시키는 데 어느 정도 활발하게 이용되었는가를 나타내는 척도이다.

총자산회전율은 생산되는 제품의 특성이나 기업의 경쟁전략에 따라서 기업마다 상당히 다르다. 총자산회전율이 낮다는 것은 기업이 자산에 많은 투자를 해서 자본집약적인 생산방식을 취하고 있다는 의미이며, 총자산회전율이 높다는 것은 규모가 낮은 자산을 활발하게 이용하고 있다는 의미이다.

자산의 이용도를 구체적으로 알기 위해서는 전체 자산에서 유동자산과 비유동자산이 어느 정도 차지하는지에 대한 자산구조를 파악해야 한다. 또한 유동자산과 비유동자산의 회전율을 별도로 측정하여야 한다. 비유동자산회전율은 기업이 비유동자산을 얼마나 효율적으로 활용하고 있는지를 측정하는 자료이다. 이 비율이 낮다는 것은 주어진 비유동자산을 비효율적으로 사용하고 있거나 비유동자산을 과다하게 보유하고 있다는 의미이다.

비유동자산회전율이 높다고 해서 반드시 좋은 것만은 아니다. 감가상각이 거의 완료된 낙후된 설비를 가지고 있는 경우에도 비유동자산회전율이 높게 나타나기 때문이다. 도소매업은 건물 이외에는 별다른 비유동자산 없이 박리다매 형태의 영업을 하므로, 비유동자산회전율이 높다. 제조기업은 기계설비 등의 비유동자산에 대한 투자가 많으므로, 비유동자산회전율이 낮은 것이 일반적이다.

(3) 재무레버리지

ROE에 영향을 미치는 셋째 변수는 재무레버리지이다. 재무레버리지는 총자산을 자기자본으로 나눈 값인 자기자본승수로, 기업이 타인자본을 많이 사용할수록 증가한다. 하지만 경영자가

ROE를 제고시키기 위해 매출액순이익률, 총자산회전율, 재무레버리지를 가능한 모두 높이는 것이 반드시 최선은 아니다. 재무레버리지를 높이면 ROE가 증대되는 효과가 있는 반면에, 재무위험도 같이 증대된다는 부정적인 측면도 존재하기 때문이다. 부채사용에 따른 이자비용은 저렴하기 때문에 경영자는 높은 이익을 달성하기 위해서는 자기자본보다는 부채에 의존할 유인을 갖는다. 하지만 과도한 부채사용에 따른 재무레버리지 증가에는 파산위험도 수반되어 증대된다는 부정적인 측면도 있으므로, 경영성과를 평가시에는 재무구조의 안전성을 어떻게 결정하는가도 중요한 사항이라고 할 수 있다.

[사례: 산업별 ROA와 ROE분석]

포스코가 속한 제1차 금속산업과 도매 및 상품중개업의 ROA와 ROE를 비교 분석하기로 하자.

〈2018년 기업경영분석〉

	제1차 금속 (대기업)	가정용 기기 (대기업)
ROA (%)	**1.60**	**0.58**
매출액순이익률 (%)	2.04	0.54
총자산회전율 (times)	0.78	1.06
ROE (%)	**2.38**	**1.48**
매출액순이익률 (%)	2.04	0.54
총자산회전율 (times)	0.78	1.06
부채레버레지율 (%)	49.72	155.63

한국은행의 기업경영분석에서 2018년도 제1차 금속산업의 ROA는 1.60%이며 이는 매출액순이익률인 2.04%와 총자산회전율 0.78로 분해된다. 한편 2018년도의 가정용 기기산업의 ROA는 0.58%인데 이를 매출액순이익률과 총자산회전율로 분해하면 각각 0.54%와 1.06이다. 따라서 제조업 중에서 중화학산업인 제1차 금속산업의 ROA는 가정용 기기산업에 비해 상대적으로 매출액순이익률이 약 4배 정도 크고 총자산회전율은 다소 지조하여 ROA는 월등히 높은 것을 확인할 수 있다.

제1차 금속산업의 ROA= 2.04%×0.78=1.60%

가정용 기기산업의 ROA= 0.54%×1.06=0.58%

이제 제1차 금속산업과 도매 및 상품중개업의 ROE를 비교 분석해보자. 제1차 금속산업의 ROE는 2.38%이다. ROE는 ROA에 자기자본비율의 역수를 곱하여 산출되기 때문에, ROE를 ROA로 나누면 자기자본의 비율(제1차 금속산업 = 66.79%)의 역수인 1.50이 산출된다. 또한 2015년도 가정용 기기산업의 자기자본비율은 39.12%이므로 이에 대한 역수는 2.56이다. 가정용 기기산업의 ROE는 1.48%로 제1차 금속산업보다 낮다. 가정용 기기산업의 부채레버레지는 높았으나 낮은 매출액순이익률로 인해 ROA가 크게 낮았기 때문에 ROE 낮은 수치를 보여준다.

제1차 금속산업의 ROE= 2.04%×0.78×(1+0.50)=2.38%
가정용 기기산업의 ROE= 0.54%×1.06×(1+1.56)=1.48%

6.6 재무비율을 이용한 종합평가

제5장에서 학습한 비율분석과 이 장에서 학습한 내용을 중심으로 사례분석 대상기업인 포스코의 경영활동에 관한 제반 부문에 대해 종합적인 결과를 평가하기로 한다. 종합적인 분석에서는 분석대상기업의 평가는 물론 이에 대한 경제 전체적인 측면과 산업적 측면에서도 원인분석이 병행되어야 한다.

1. 유동성 부문

포스코는 유동성 측면에서 산업표본과 같이 움직이는 추이를 보여주어 단기채무 지급능력이 산업평균과 비교했을 때 양호한 것으로 보인다. 유동비율의 5년 간 추세를 살펴보면, 포스코의 유동비율은 2014년부터 대체로 증가하고 있고 산업표준 또한 증가추세이며 포스코가 산업표준을 살짝 상회하는 양상을 보이면서 2017년까지 그 비슷한 격차를 유지해왔다. 그러나 2018년에 산업표준 유동비율이 포스코의 증가세를 능가한 것으로 나타난다. 이러한 추세로 포스코의 단기적 지급능력은 추정기간 초반인 2014년부터 업종 평균을 다소 상회하는 수치를 보여주다가 2018년도에 오면서 그 격차가 감소하였음을 알 수 있다.

이러한 양호한 유동성이 신용등급의 순항으로 이어지고, 신용등급의 긍정적인 변화가 양호한 경영성과를 가져와 지급능력이 더 향상되는 선순환을 가져올 수 있다. 포스코의 S&P 신용등급은 2013년에는 부정적 의견이었으나 점차 안정화 되었고 2018년도에는 긍정의견을 보인다. Moody's 신용등급은 2017년에 한 계단 상승하여 2018년에는 안정화 된 양상을 보인다.

〈포스코의 신용등급 변화 추이〉

신용 평가기관	2013	2014	2015	2016	2017	2018
S&P	BBB+ (Negative)	BBB+ (Negative)	BBB+ (Stable)	BBB+ (Negative)	BBB+ (Stable)	BBB+ (Positive)
Moody's	Baa2 (Stable)	Baa2 (Stable)	Baa2 (Stable)	Baa2 (Stable)	Baa1 (Positive)	Baa1 (Stable)

2. 레버리지 부문

포스코의 부채비율은 산업표준보다 높은 수치를 보여주지만 2014년부터 지속적인 감소를 나타내고 있고, 산업평균비율의 흐름과 유사한 추세를 보이고 있다. 따라서 산업 전반적으로 재무적 안정성이 양호해졌다고 평가된다. 한편, 자기자본비율은 매년 상승하는 추이를 보여주고 있기 때문에 재무적 안정성에 긍정적인 신호를 주고 있다. 이러한 결과는 최근 수년간 세계 경기침체와 철강업의 불황에도 포스코가 2014년부터 재무구조의 개선을 목적으로 54개의 계열사 정리 또는 매각등의 구조조정을 단행한 점이 반영된 결과로 해석된다.

3. 활동성 부문

재고자산을 몇 번 회전시켜 매출액을 발생시켰는지를 보여주는 활동성 지표인 재고자산회전율은 2014년도부터 감소추세였다가 2016년도에 다소 반등하는 양상을 보여 포스코의 재고자산이 매출로 전환되는 속도가 증가했음을 알 수 있다. 그러나 2017년도에 다시 하락하는 패턴을 보이는데, 2016년도부터 2018년도까지 포스코의 재고자산회전율은 산업평균과 거의 유사한 수치를 보이고 있으며 그 패턴 역시 매우 유사하다. 재고자산이 당좌자산으로 변하는 속도가 산업평균과 비슷하기 때문에 포스코의 생산과 판매활동이 비교적 효율적으로 이루어 지고 있을것으로 예상된다.

반면에, 매출채권회전율은 산업평균비율을 하회하고 있으며, 이는 결과적으로 유동자산이 매출로 신속히 전환되지 못하고 있음을 의미한다. 따라서 대손발생의 위험 및 수익의 감소가 예상된다. 한편, 비유동자산회전율과 총자산회전율 모두 산업평균보다 높기 때문에 유동자산과 비유동자산 모두 비교적 효율적으로 이용되고 있다고 해석된다.

4. 수익성 부문

포스코는 2014년이후 전반적인 수익성 지표들은 지속적으로 악화되는 추세를 보인다. 저조한 수익성의 주요한 이유는 매출액은 하락한 반면, 판매비와 관리비 및 영업외비용의 증가 등의 비용구조의 악화에 기인한다고 볼 수 있다. 또한 철강산업내 경쟁화가 가속화되면서 포스코의 독점적 경쟁지위가 약화되고, 글로벌 경제 시장의 성장둔화 및 내수부진으로 인한 수요의 감소에서 수익성 악화의 원인을 찾아볼 수 있다. 그러나 총자산 수익률을 보면 2015년부터 반등하여 증가추세로 돌아서고 2017년부터는 산업표준을 상회하는 수치를 보여주어 수익성이 과거에 비교하여 비교적 개선되었음을 알 수 있다.

〈CASE STUDY〉

〈재무비율분석의 확장-경동나비엔〉

[제1단계: 증감형 재무상태표 작성 및 자산, 부채의 변화분석]

제 5장의 〈CASE STUDY〉 자료를 이용하여 증감형 재무상태표를 작성한다.

1. 증감형 재무상태표

1) 증감액 기준 $(x_t - x_{t-1})$

(단위: 백만 원)

	2018	2017	2016	2015
자산				
1. 유동자산	56107	55474	17165	2821
(1)당좌자산	16432	35097	14354	−839
(2)재고자산	39675	20,377	2,811	3,660
2. 비유동자산	23791	18468	10505	−2396
(1)투자자산	−3879	−70	−706	−4982
(2)유형자산	27034	18228	8629	4119
(3)무형자산	776	248	−196	−514
(4)기타비유동자산	−139	63	2779	−1018
자산총계	79899	73943	27670	425
부채				
1. 유동부채	55283	49746	−7032	−9199
2. 비유동부채	1019	6453	2016	−6430
부채총계	56301	56198	−5015	−15629
자본				
지배기업소유주지분	23363	20450	32176	15937
(1)자본금	0	0	0	0
(2)이익잉여금(결손금)	26468	23837	33701	15478
(3)기타포괄손익누계액	−3105	−2455	−1525	509
(4)기타자본조정	0	−932	0	0
비지배지분	234	−2706	510	117
자본총계	23597	17744	32686	16055
자본과부채총계	79899	73943	27670	425

2) 증가율 기준

	2018	2017	2016	2015
자산				
1. 유동자산	24.3%	31.6%	10.8%	1.8%
(1)당좌자산	13.6%	41.1%	20.2%	−1.2%
(2)재고자산	35.9%	22.6%	3.2%	4.4%
2. 비유동자산	8.7%	7.3%	4.3%	−1.0%
(1)투자자산	−13.0%	−0.2%	−2.3%	−14.0%
(2)유형자산	12.2%	8.9%	4.4%	2.2%
(3)무형자산	8.8%	2.9%	−2.2%	−5.5%
(4)기타비유동자산	−1.1%	0.5%	29.6%	−9.8%
자산총계	15.9%	17.2%	6.9%	0.1%
부채				
1. 유동부채	25.1%	29.2%	−4.0%	−4.9%
2. 비유동부채	3.7%	30.9%	10.7%	−25.4%
부채총계	22.8%	29.4%	−2.6%	−7.4%
자본				
지배기업소유주지분	9.1%	8.7%	15.8%	8.5%
(1)자본금	0.0%	0.0%	0.0%	0.0%
(2)이익잉여금(결손금)	12.0%	12.1%	20.7%	10.5%
(3)기타포괄손익누계액	−65.7%	−34.2%	−17.5%	6.2%
(4)기타자본조정	0.0%	81.8%	0.0%	0.0%
비지배지분		−100.0%	23.2%	5.7%
자본총계	9.2%	7.4%	15.9%	8.4%
자본과부채총계	15.9%	17.2%	6.9%	0.1%

2. 변화에 대한 설명

1) 자산 측면

- 유동자산은 현금 및 현금성 자산, 단기금융상품, 매출채권, 단기대여금, 재고자산 등이 해당되며, 유동자산의 크기는 지속적으로 증가함을 알 수 있다.
- 당좌자산은 즉시 현금화되어 유동부채의 지급에 충당가능한 자산으로 증가하는 추세이나 증가율은 변동이 큰 편이다.
- 2014년부터 2018년까지 유동자산과 비유동자산은 증가하는 추세를 보인다. 유동자산 중

에서는 재고자산의 증가세가 크고 당좌자산의 증가세는 변동폭이 크다. 비유동자산의 경우 유형자산을 늘린 반면, 투자자산은 감소하는 추세를 보인다.

2) 자본과 부채 측면

- 유동, 비유동부채 모두 초반에는 감소하다가 후반부에 증가세를 보인다. 2016년과 2017년에 비유동부채의 증가율이 다소 높은 것으로 보아 부채를 조달하는 형태가 안정적으로 운용되고 있는 것으로 보이나 최근 2018년에 들어서 증가율이 감소한 것을 확인 할 수 있다.
- 2015~2016년에는 유동부채를 크게 감소시켰다가 2017~2018년에는 급격한 증가세를 보인 것이 눈에 띈다. 이것은 경동나비엔의 단기부채 상환능력이 우려된다고 평가할 수 있다.

3) 자본 측면

- 자본금 변화가 없었으며, 이는 지난 5년간 주식발행이 없었던 점이 반영된다. 또한 증자나 감사 등의 자본활동으로 발생되는 잉여금인 자본금 역시 제로 변화를 보이고 있다.
- 매도가능증권평가이익과 해외사업환산이익이 포함되는 기타포괄손익누계액은 감소하는 추세에 있음을 알 수 있다.

[제2단계: 공통형 재무제표 작성 및 추세분석]

1. 공통형 재무상태표 작성

	2018	2017	2016	2015	2014
자산					
1. 유동자산	49.2%	45.8%	40.8%	39.4%	38.7%
(1)당좌자산	23.5%	23.9%	19.9%	17.7%	17.9%
(2)재고자산	25.7%	21.9%	20.9%	21.7%	20.8%
2. 비유동자산	50.8%	54.2%	59.2%	60.6%	61.3%
(1)투자자산	4.4%	5.9%	7.0%	7.6%	8.9%
(2)유형자산	42.7%	44.1%	47.4%	48.5%	47.5%
(3)무형자산	1.6%	1.7%	2.0%	2.2%	2.3%
(4)기타비유동자산	2.1%	2.4%	2.8%	2.3%	2.6%
자산총계	100.0%	100.0%	100.0%	100.0%	100.0%
부채					
1. 유동부채	47.1%	43.6%	39.6%	44.1%	46.4%

2. 비유동부채	4.9%	5.4%	4.9%	4.7%	6.3%
부채총계	52.0%	49.1%	44.4%	48.7%	52.7%
자본	0.0%	0.0%	0.0%	0.0%	0.0%
지배기업소유주지분	48.0%	50.9%	54.9%	50.7%	46.8%
(1)자본금	5.8%	6.7%	7.9%	8.4%	8.4%
(2)이익잉여금(결손금)	42.2%	43.7%	45.7%	40.4%	36.6%
(3)기타포괄손익누계액	0.3%	0.9%	1.7%	2.2%	2.0%
(4)기타자본조정	−0.4%	−0.4%	−0.3%	−0.3%	−0.3%
비지배지분	0.0%	0.0%	0.6%	0.5%	0.5%
자본총계	48.0%	50.9%	55.6%	51.3%	47.3%
자본과부채총계	100.0%	100.0%	100.0%	100.0%	100.0%

2. 추세 분석

1) 자산

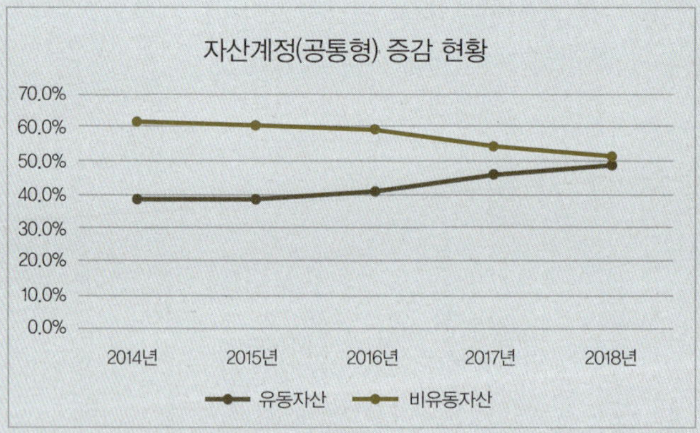

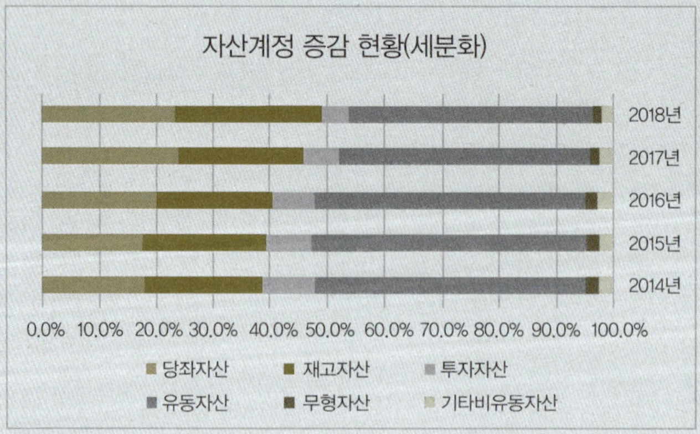

[자산항목]

- 경동나비엔은 과거에 유동자산보다 비유동자산의 비중이 큼으로 자본집약적 기업의 특성을 가졌으나 최근 들어 그 차이가 줄어들어 거의 비슷한 수치를 보인다.
- 2014년부터 2018년까지 경동나비엔의 유동자산의 비중은 다소 증가하는 추세였고 비유동자산의 비중은 다소 감소하는 추세를 보여 2018년 현재 그 비중이 거의 비슷하다.
- 구체적인 경동나비엔의 유동자산과 비유동자산의 항목을 살펴보면, 현금 및 현금성자산 등으로 구성되는 당좌자산은 증가하는 추세였다가 2018년에 소폭 감소했고, 상품과 제품 등 생산과정 중에 있는 원재료로 등으로 구성되는 재고자산의 비중은 2014년도부터 비슷한 비중을 유지하다가 2018년 다소 증가하였다. 반면에, 투자목적 또는 기업지배 목적으로 보유하고 있는 장기금융상품, 투자유가증권 등으로 구성되는 투자자산의 비중은 점차 감소하였다.

2) 부채 및 자본

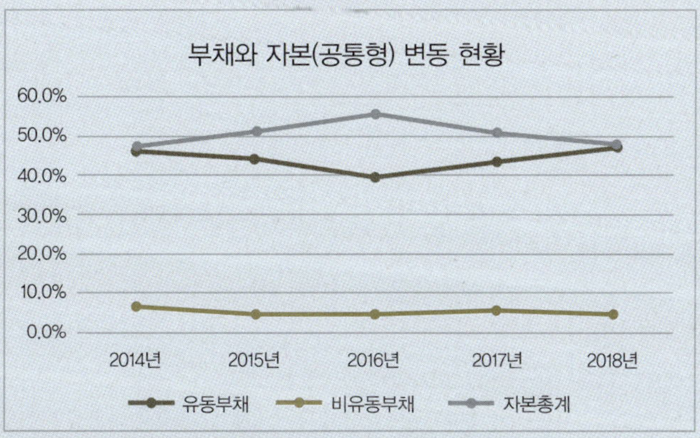

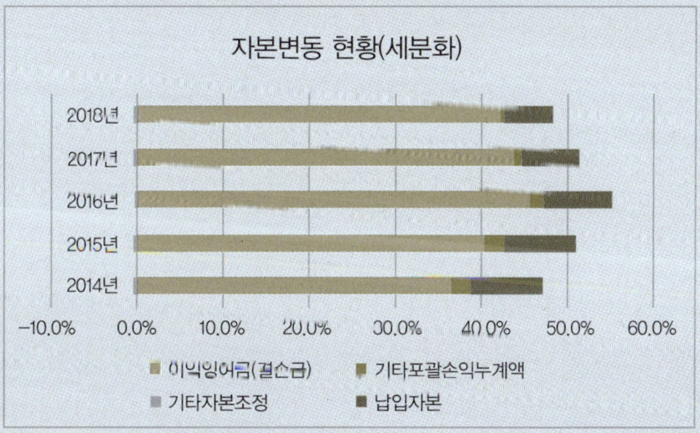

[부채와 자본]

- 경동나비엔 비유동부채의 비중은 2014년~2018년 동안 큰 변화 없이 유지된다. 반면 유동부채는 2016년까지 감소하다가 2016년부터 2018년까지 증가하는 추세를 보인다. 이에 따라, 2016년 44.4%였던 부채의 비중이 2018년 52.7%로 증가하였다.
- 비교적 단기채무에 해당하는 유동부채와 장기채무에 해당하는 비유동부채의 비중은 큰 차이를 보이고 있으며, 유동부채가 비유동부채의 약 8배정도의 비중을 차지하고 있다.
- 경동나비엔의 자본의 비중은 점차 증가하는 추세를 보이다가 2016년부터 감소하는 경향을 보인다.

3. 공통형 손익계산서

	2018	2017	2016	2015	2014
매출액	100.0%	100.0%	100.0%	100.0%	100.0%
매출원가	67.1%	65.2%	65.6%	68.8%	73.2%
매출총이익	32.9%	34.8%	34.4%	31.2%	26.8%
판매비와관리비	27.3%	27.9%	26.6%	26.5%	23.7%
영업이익	5.6%	7.0%	7.9%	4.7%	3.1%
영업외수익(+)	1.3%	0.9%	3.2%	3.2%	2.6%
영업외비용(−)	2.2%	2.6%	2.7%	3.6%	3.2%
법인세비용차감전순이익	4.7%	5.3%	8.4%	4.4%	2.6%
법인세비용	1.3%	1.4%	2.0%	1.1%	0.4%
당기순이익	3.4%	3.9%	6.4%	3.3%	2.2%
지배주주순이익	3.4%	3.9%	6.3%	3.2%	2.1%

- 매출액 대비 매출원가는 2014년부터 지속적으로 감소하는 추세를 보이다가 최근에 소폭 증가하였다. 이는 제조공정의 원가절감활동 등을 통한 원가경쟁력 향상의 노력이 강조되고 있음을 알 수 있다. 또한, 판매비와 관리비(판관비)의 비중은 2014년 이후 매년 소폭 상승하는 추세를 보인다.
- 판관비의 비중은 상승하였지만 매출 총이익의 증가로 매출액 대비 영업이익은 2014년 3.1%, 2015년 4.7%, 2016년 7.9%로 상승하는 추세를 보여 수익성이 개선된 것으로 나타났다. 2018년도에 매출원가의 비중이 소폭 상승하고 매출총이익은 소폭하락 매출액 대비

영업이익이 하락하였다.

- 당기순이익은 2018년도를 제외하면 2014년도부터 꾸준히 증가세를 보여 수익성의 개선을 보여주었으나 2017년도부터 하락하는 추세를 보인다. 당기순이익에서 종속회사에 대한 비지배지분을 빼주고 지배기업 지배주주의 귀속분, 즉 지배기업의 순이익만을 고려한 지배주주 순이익도 당기순이익과 비슷한 추세를 보이는 것으로 확인되었다.

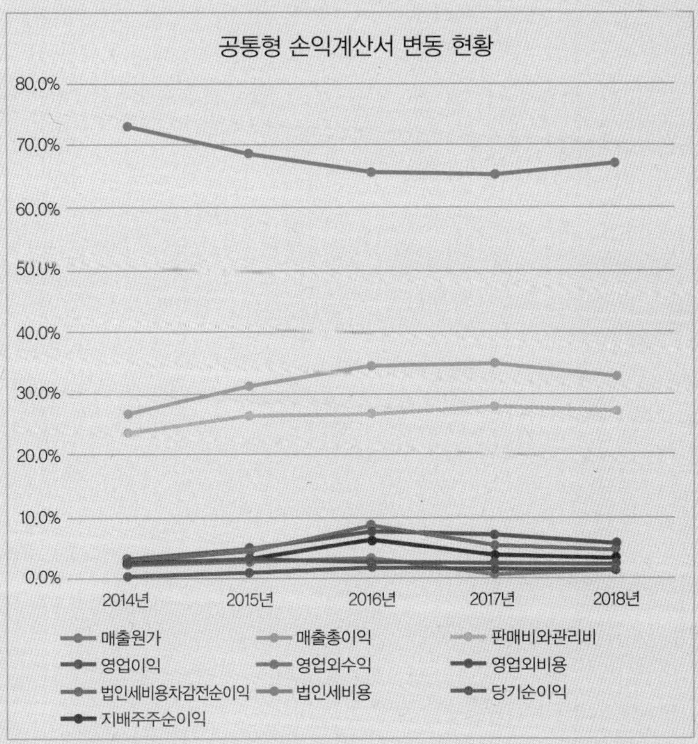

[제3단계: 지수형 재무상태표 작성 및 추세분석]

1. 지수형 재무상태표 작성

	2018	2017	2016	2015	2014
자산					
1. 유동자산	184.6%	148.5%	112.9%	101.8%	100.0%
(1)당좌자산	190.5%	167.6%	118.8%	98.8%	100.0%
(2)재고자산	179.6%	132.1%	107.7%	104.4%	100.0%
2. 비유동자산	120.5%	110.8%	103.3%	99.0%	100.0%

(1)투자자산	72.9%	83.8%	84.0%	86.0%	100.0%
(2)유형자산	130.4%	116.2%	106.7%	102.2%	100.0%
(3)무형자산	103.4%	95.0%	92.3%	94.5%	100.0%
(4)기타비유동자산	116.2%	117.5%	116.9%	90.2%	100.0%
자산총계	145.3%	125.4%	107.0%	100.1%	100.0%
부채					
1. 유동부채	147.7%	118.0%	91.3%	95.1%	100.0%
2. 비유동부채	112.1%	108.1%	82.6%	74.6%	100.0%
부채총계	143.4%	116.8%	90.2%	92.6%	100.0%
자본					
지배기업소유주지분	148.9%	136.5%	125.6%	108.5%	100.0%
(1)자본금	100.0%	100.0%	100.0%	100.0%	100.0%
(2)이익잉여금(결손금)	167.6%	149.6%	133.4%	110.5%	100.0%
(3)기타포괄손익누계액	19.8%	57.7%	87.6%	106.2%	100.0%
(4)기타자본조정	181.8%	181.8%	100.0%	100.0%	100.0%
비지배지분	11.3%	0.0%	130.2%	105.7%	100.0%
자본총계	147.4%	135.0%	125.6%	108.4%	100.0%
자본과부채총계	145.3%	125.4%	107.0%	100.1%	100.0%

2. 추세 분석

1) 자산

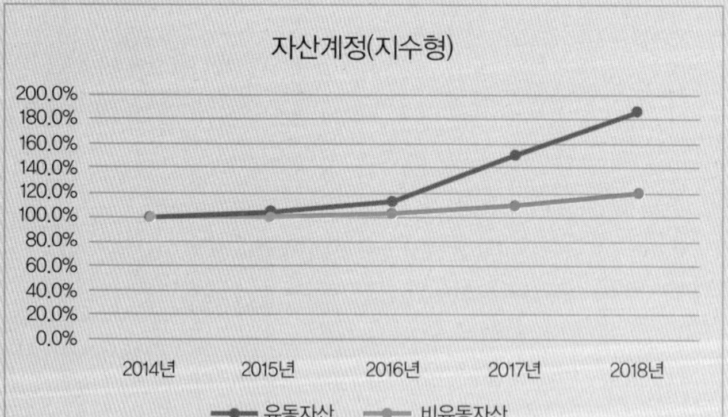

[자산 항목]

• 2014년을 기준시점으로 하여 각 재무제표의 항목 값을 계산한 결과 유동자산과 비유동 자산 모두 2014~2018년까지 지속적으로 증가 추세를 유지하고 있기 때문에 재무구조가 개선되었음을 시사한다. 특히 2016년 이후 유동자산의 증가가 뚜렷하게 나타난다.

2) 부채 및 자본

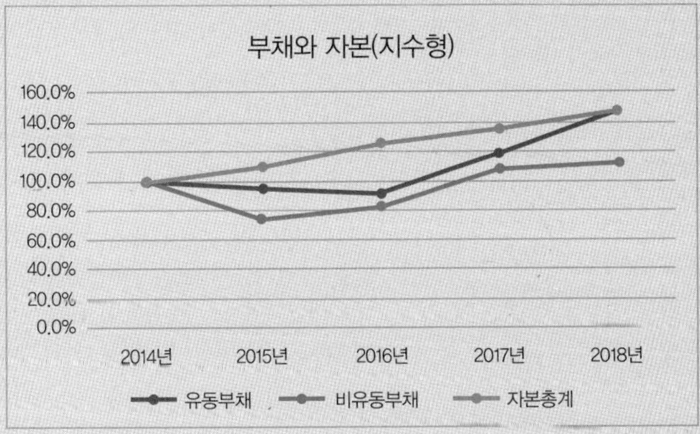

[부채항목]

• 부채는 비유동부채가 2014~2018년 까지 지속적으로 증감을 반복하다가 최근에는 소폭 증가하는 추세이다. 같은 기간 동안 유동부채는 마찬가지로 2014~2016년도에는 소폭 감소를 보이나 2016년부터 2018년까지는 급격히 상승했다. 따라서 장기상환보다 단기상환의 타인자본을 지속적으로 조달하는 추세가 증가하고 있다는 것을 알 수 있다.

[자본항목]

• 자본 총계는 2014년 대비 2018년 147.4% 상승하였다. 상승요인 중 가장 눈에 띄는 요인은 이익잉여금이다.
• 기업의 영업활동으로 발생한 순이익을 원천으로 하는 이익잉여금은 2014년을 기준으로 2018년 167.6% 크게 성장하여 기업가치가 크게 상승했다고 평가된다. 일반적으로 이익잉여금이 클수록 채무에 대한 지급능력이 상승하기 때문에 기업가치가 상승되었다고 평가된다.

연·습·문·제

1. HSE㈜은 월의 지수법을 적용하여 경영상태를 분석하고자 한다. 재무제표자료를 이용하여 재무비율과 관계비율을 계산하고, 종합점수를 계산하시오.

(단위: 백만 원)

재무상태표		손익계산서	
자산	1,760	매출액	660
유동자산	810	매출원가	300
현금	110	매출총이익	360
매출채권	300	판매비 및 관리비	150
재고자산	400	급여	50
비유동자산	950	광고선전비	20
토지	450	임차료	70
건물	500	감가상각비	10
부채	1,140	영업이익	210
유동부채	670	영업외수익	20
매입채무	330	이자수익	20
미지급비용	340	영업외비용	100
비유동부채	470	이자비용	100
장기차입금	270	법인세차감전순이익	130
사채	200	법인세비용(30%)	39
자본	620	당기순이익	91

항목	가중치(%)	재무비율	표준비율	관계비율
유동비율(%)	25		110.18	
부채비율(%)	25		120.36	
비유동비율(%)	15		140.02	
매출채권회전율(회)	10		3.28	
재고자산회전율(회)	10		9.24	
비유동자산회전율(회)	10		1.24	
자기자본회전율(회)	5		0.94	
매입채무회전율(회)	–		1.52	

2. 다음 표는 S전자와 L전자의 지난 4년간 재무비율의 일부를 나타내고 있다. 물음에 대해 답하시오.

재무비율	S전자				L전자			
	2015	2016	2017	2018	2015	2016	2017	2018
유동비율(%)	143.5	146.7	160.1	1704	62.6	74.1	82.9	76.5
부채비율(%)	41.7	33.3	27.2	27.4	237.2	221.8	163.8	127.8
비유동장기적합률(%)	86.0	85.7	85.1	86.1	132.9	121.3	110.3	113.9
총자산회전율(회)	1.3	1.2	1.4	1.2	1.4	1.9	2.0	1.7
매출액순이익률(%)	17.7	13.7	18.7	13.3	2.0	3.3	6.3	3.0
자기자본순이익률(%)	32.2	22.2	33.8	20.6	9.2	20.4	36.3	12.6

(1) S전자와 L전자의 재무비율에 대한 추세분석을 실시하여, 각 기업의 상대적 강점과 약점을 평가하시오.
(2) 두 기업의 자기자본순이익률이 차이가 나는 이유에 대해서 설명하시오.

연·구·과·제

1. 한국거래소에 상장된 기업을 선택하고, 2014~2018년도 금융감독원 전자공시 시스템의 재무제표자료를 이용하여 지수형 재무상태표를 작성하고 분석하시오,

2. 한국거래소에 상장된 기업 중 동일한 산업에 속한 2개의 기업을 선택하고, 2014~2018년도 금융감독원 전자공시 시스템의 재무제표자료를 이용하여 공통형 재무제표를 작성하고 비교 · 분석하시오.

3. 한국거래소에 상장된 기업을 선택하고 2014~2018년도 금융감독원 전자공시 시스템의 재무제표자료와 한국은행의『기업경영분석』을 이용하여 월의 지수법으로 평가하시오.

4. 음식료품업과 화학제품업에 속한 기업의 ROE를 매출액순이익률, 총자산회전율, 자기자본승수로 분해하여 각 비율을 비교하고, ROE를 증대시키기 위한 전략을 수립하시오.

재무분석
이론과 사례

PART III 재무분석의 실천적 이슈

7

CHAPTER

영업위험과 재무위험 분석

기업경영에서 발생하는 총비용은 생산 및 판매활동과 관련된 영업비용과 자본조달활동에서 타인자본(부채)의 대가로 지급되는 이자비용으로 구분된다. 영업활동 수준과 관계없이 발생하는 고정영업비용과 이자비용인 고정금융비용을 부담하는 것이 레버리지(leverage)다. 레버리지분석은 바로 총비용 중에서 고정영업비용과 고정금융비용이 차지하는 비중이 영업이익 및 세후순이익의 변동에 미치는 영향을 분석하는 방법이다. 이 장에서는 먼저 레버리지가 영업위험과 재무위험에 미치는 영향을 학습한다. 또한 고정영업비용과 관련된 영업레버리지와 고정금융비용과 관련된 재무레버리지를 계산과정을 이해하고, 이 두 레버리지가 결합된 레버리지를 설명하도록 한다.

7.1 레버리지분석의 의의

1. 레버리지의 개념

레버리지(leverage)의 사전적 의미는 '지렛대의 작용' 또는 '어떤 목적에 영향을 미치는 추가된 수단' 등이다. 지렛대의 원리를 이용하면 무거운 물건을 힘들이지 않고 쉽게 들어 올릴 수 있다. 레버리지는 이와 같은 지렛대의 원리를 기업경영에도 활용하여 나타나는 현상을 의미한다.

기업경영에서 지렛대 장치의 역할을 하는 것은 고정영업비용(fixed operating costs)과 고정금융비용(fixed financial costs)이다. 총비용 중에서 고정영업비용이 차지하는 비중을 높게 조정함으로써 판매량의 변동에 따라 그보다 높은 비율로 영업이익이 변동하는 효과를 얻을 수 있으며, 고정금융비용의 비중을 높게 조정함으로써 영업이익의 변동에 따라 순이익이 그보다 높은 비율로 변동하는 효과를 얻을 수 있다. 이와 같이 고정영업비용과 고정금융비용이 지렛대 역할을 하기 때문에 판매량이 낮은 비율로 변동하더라도 영업이익이나 순이익이 그보다 높은 비율로 변동하는 현상이 일어난다. 이러한 효과를 레버리지효과(leverage effect)라고 한다.

2. 레버리지의 종류

레버리지는 비유동자산을 보유함으로써 고정영업비용을 부담하는 영업레버리지(operating leverage)와 타인자본을 사용함으로써 고정금융비용을 부담하는 재무레버리지(financial leverage), 그리고 영업레버리지와 재무레버리지를 결합한 것으로서 비유동자산과 타인자본의 사용으로 인해 고정비용을 부담하는 결합레버리지(combined leverage)로 구분할 수 있다. 〈표 7-1〉은 매출액으로부터 순이익이 계산되는 과정에서 영업레버리지와 재무레버리지 그리고 결합레버리지를 나타내고 있다.

A사의 금년 매출액이 2,000억 원이라 가정하자. 만일 내년의 경기가 호

황일 경우 A사의 매출액이 10% 증가한 2,200억 원이 되면 영업이익은 600억 원에서 30%가 증가하여 780억 원이 되고, 반대로 불황일 경우 매출액이 10% 감소하여 1,800억 원이 되면 영업이익은 600억 원에서 30%가 감소하여 420억 원이 된다. 따라서 A사의 금년도의 매출액을 기준으로 내년도에 예상되는 증감률인 10%에 따라 변동하는 영업이익의 증감률은 30%이다. 이와 같이 매출액의 증감률보다 영업이익의 증감률이 크게 증폭되는 것은 고정영업비용 때문이며, 이것이 영업레버리지효과이다.

또한 영업이익이 30% 증가할 경우 당기순이익은 160억 원에서 90% 증가한 304억 원이 되며, 반대로 영업이익이 30% 감소하면 당기순이익은 16억 원으로 90% 감소하여 영업이익의 증감률에 비해 세후순이익의 증감률의 확대효과가 나타난다. 이 같은 확대효과는 고정금융비용인 이자비용 때문에 발생하며, 이것을 재무레버리지효과라고 한다.

종합적으로 매출액이 금년보다 10% 변동하면 당기순이익은 매출액 변동의 9배인 90% 증감하는 효과를 가져 온다. 이것은 고정영업비용과 고정금융비용이 모두 지렛대 역할을 하여 확대효과가 나타난 결과이며, 이것을 결합레버리지효과라고 한다.

이와 같이 기업이 의사결정을 할 때에는 미래의 매출액을 예측하는 것도 중요하지만, 매출액의 변화에 따른 이익의 변화 양상을 분석하는 일도 중요하다. 이러한 분석을 레버리지분석(leverage analysis)이라고 한다.

〈표 7–1〉 손익계산서와 레버리지 (단위: 억 원)

<table>
<tr><th></th><th>불황</th><th></th><th>현재</th><th></th><th>호황</th><th rowspan="7">영업
레버리지</th><th rowspan="12">결합
레버리지</th></tr>
<tr><td rowspan="2">매출액</td><td>1,800</td><td>←</td><td>2,000</td><td>→</td><td>2,200</td></tr>
<tr><td>(−10%)</td><td></td><td></td><td></td><td>(+10%)</td></tr>
<tr><td>변동영업비용</td><td>180</td><td></td><td>200</td><td></td><td>220</td></tr>
<tr><td>고정영업비용</td><td>1,200</td><td></td><td>1,200</td><td></td><td>1,200</td></tr>
<tr><td rowspan="2">영업이익</td><td>420</td><td>←</td><td>600</td><td>→</td><td>780</td></tr>
<tr><td>(−30%)</td><td></td><td></td><td></td><td>(+30%)</td></tr>
<tr><td>이자비용</td><td>400</td><td></td><td>400</td><td></td><td>400</td><td rowspan="5">재무
레버리지</td></tr>
<tr><td>법인세차감전이익</td><td>20</td><td></td><td>200</td><td></td><td>380</td></tr>
<tr><td>법인세(20%)</td><td>4</td><td></td><td>40</td><td></td><td>76</td></tr>
<tr><td rowspan="2">당기순이익</td><td>16</td><td>←</td><td>160</td><td>→</td><td>304</td></tr>
<tr><td>(−90%)</td><td></td><td></td><td></td><td>(+90%)</td></tr>
</table>

3. 기업위험과 레버리지

기업경영분석에서 말하는 위험(risk)이란 보통 이익의 변동성(volatility)을 의미한다. 위험은 이익이 감소하는 하방위험(downside risk) 뿐만 아니라 이익이 증가하는 상방위험(upside risk)도 포함한다. 기업의 경영활동과정에서 발생하는 위험은 크게 영업위험과 재무위험으로 분류된다.

영업위험(operating risk)이란 기업의 투자결정, 생산활동, 마케팅활동 등 영업활동에 따른 영업이익의 변동성을 말한다. 영업위험, 즉 영업이익의 변동성을 가져오는 기본적인 원인은 비용 중에 고정영업비용이 존재하기 때문이다. 총영업비용 중 고정영업비용이 차지하는 비중이 높을수록 영업위험은 높아진다. 즉, 투자정책이나 영업정책에 따라 비유동자산에 많이 투자하여 총영업비용에서 고정영업비용이 차지하는 비중이 높을수록 판매량의 변화에 따라 영업이익의 변동이 커지므로 영업위험은 영업비용의 구조에 의하여 결정된다. 자동차, 철강, 장치산업 등과 같은 자본집약적 산업은 비유동자산의 비중이 높기 때문에 영업위험이 높고, 노동집약적 산업은 상대적으로 영업위험이 낮다.

결국 영업레버리지효과는 총영업비용에서 고정영업비용이 존재하기 때문에 매출액의 변동보다 영업이익의 변동이 크게 나타나는 현상을 말하며, 고정영업비용의 비중이 클수록 영업레버리지효과가 크게 나타난다.

재무위험(financial risk)은 자본조달정책 결정과정에서 고정금융비용을 발생시키는 부채를 이용할 때 나타나는 위험을 의미한다. 부채의존도가 높을수록 고정금융비용의 비중이 증가하기 때문에 영업이익이 변동할 때 순이익이 그보다 높은 비율로 변동하는 재무위험을 수반한다. 따라서 업종에 관계없이 부채를 많이 사용하는 기업일수록 재무위험이 높아진다. 재무레버리지효과는 부채를 활용함에 따라 고정금융비용인 이자비용을 부담하게 되어 영업이익의 변동보다 순이익의 변동이 크게 확대되는 현상을 말한다.

투자정책과 자본조달정책이 기업의 수익력의 크기와 질에 미치는 영향을 분석하는 일은 매우 중요한 의미를 갖는다. 수익력의 크기와 질을 분석하는 것은 비용구조의 변화에 따른 위험과 수익 간의 관계(risk-return relationship)를 검토함으로써 가능하다. 이러한 레버리지분석은 기업의 경영위험과 재무위험을 분석하는 수단이 된다. 이 장에서는 먼저 영업레버리지와 재무레버리지의 구체적인 분석방법을 알아보고, 두 레버리지를 통합한 결합레버리지분석 방법을 설명하기로 한다.

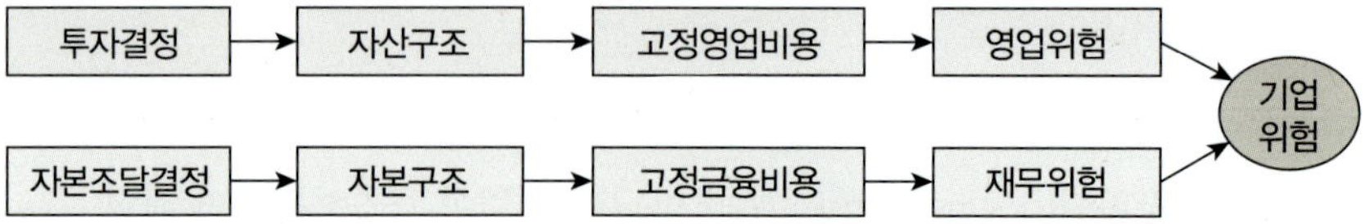

[그림 7-1] 기업위험과 레버리지

7.2 영업레버리지분석

1. 영업레버리지의 개념

영업레버리지(operating leverage)는 총영업비용 중에서 고정영업비용이 차지하는 비중을 의미한다. 총자산 중에서 비유동자산의 비중이 높아질수록 고정영업비용의 부담이 증가하기 때문에 매출액의 변화가 영업이익의 크기와 질에 영향을 미치는데, 이러한 효과를 영업레버리지효과(operating leverage effects)라고 한다. 따라서 기계설비, 공장 등과 같은 유형자산에 투자할 때는 이와 같은 비용구조의 변화가 영업이익의 크기와 질에 어느 정도 영향을 미치는가를 검토해야 한다. 다시 말해서 매출액과 영업이익의 관계를 살펴보아야 한다. 많은 자본을 투자하는 자본집약적 기업들이 매우 높은 고정비를 부담하는 것은 고정영업비용이 이익확대의 요인으로 작용하기 때문이다. 고정영업비용(fixed cost)은 기업의 매출 수준에 관계없이 일정하게 발생하는 비용으로 건물과 기계의 감가상각비, 임차료, 경영진의 보수 등이 이에 속한다. 반면에 변동영업비용(variable cost)은 매출 수준에 정비례하여 발생하는 비용으로 직접재료비, 직접노무비, 판매수수료 등이 이에 속한다. 고정영업비용은 기업에 영업레버리지를 발생시키고, 영업레버리지를 사용하여 매출의 변화율보다 높은 영업이익을 창출한다.

영업레버리지를 이해하기 위해 다음의 예를 들어 보자. 〈표 7-2〉는 A기업과 B기업의 영업비에 관한 내역이다. A기업은 부분적으로 자동화 시설을 갖춘 회사이고, B기업은 완전 자동화 시설을 갖춘 자본집약적 기업이다. B기업은 A기업보다 자본집약적이므로 비유동자산에 대한 투자규모가 크며, 이는 B기업이 A기업보다 고정영업비용을 보다 많이 지출함을 의미한다. A기업과 B기업은 모두 총영업비용으로 1,400억 원을 지출하지만, B기업의 고정영업비용은 1,200억 원으로 A기업 고정영업비용의 2배이다. 반면, A기업의 변동영업비용은 800억 원으로 B기업 변동영업비용의 4배이다. 따라서 영업레버리지의 정의에 따르면 A기업보다 B기업의 영업레버리지가 높다.

〈표 7-2〉 **영업레버리지의 사례** (단위: 억 원)

항목	A	B
고정영업비용	600	1,200
변동영업비용	800	200
총영업비용	1,400	1,400
영업레버리지 = $\frac{\text{고정영업비용}}{\text{총영업비용}}$	43%	86%

영업레버리지분석은 매출액, 영업비용, 그리고 영업이익의 변동 사이에 나타나는 영향의 관계를 분석하는 것이다. 이 분석을 위하여 우선 매출액, 영업비용, 영업이익이 서로 어떤 관계에 있는가를 다루는 손익분기점분석(break-even point analysis; BEP)을 설명한다. 손익분기점분석은 영업레버리지분석의 핵심적인 부분으로, 경영자의 의사결정에 유용한 통찰력을 제공한다.

2. 손익분기점분석

손익분기점(break-even point)은 기업의 생산 및 판매활동에서 총수입과 총비용이 일치하므로 순이익이 0이 되는 수준을 말하는 경우가 일반적이다. 그러나 영업레버리지분석에서 손익분기점이란 매출액과 영업비용이 일치하여 영업이익이 0이 되는 수준을 의미한다. 손익분기점분석은 기업의 경영활동과정에서 발생하는 원가(cost), 매출액(또는 매출량: volume), 이익(profit)의 상호관계를 분석하기 때문에, 이것을 CVP분석(cost-volume-profit analysis)이라고도 한다.

기업에서 발생하는 모든 영업비용이 제품의 매출량에 비례하는 변동비라면, 손익분기점분석은 필요가 없다. 제품의 판매가격이 단위당 변동비보다 높다면 기업은 언제나 이익을 실현하며, 판매가격이 단위당 변동비보다 낮다면 기업은 항상 손실을 볼 것이기 때문이다. 그러나 기업이 정상적인 영업활동을 하기 위해서는 어느 정도의 고정영업비용을 부담하기 때문에 판매가격이 단위당 변동비보다 큰 경우에도 매출량이 일정 수준까지 도달하지 못하면 손실을 가져오게 된다. 손익분기점분석은 총영업비용과 매출액의 관계를 고려하는 이익계획으로, 매출액이 어느 정도 되어야 총영업비용을 보상하고도 영업이익이 발생하는가를 알아보는 것이다. 이것을 규명하기 위해서는 먼저 영업비용을 고정영업비용과 변동영업비용으로 나누어 검토해야 한다.

고정영업비용(fixed operating cost; FC)은 기업의 매출량에 관계없이 일정하게 발생하는 비용으로, 건물과 기계의 감가상각비, 임차료, 경영진의 보수 등이 이에 속한다. 변동영업비용

(variable operating cost; VC)은 매출량에 비례하여 발생하는 비용으로, 직접노무비, 직접재료비, 판매수수료 등이 이에 해당된다.

고정영업비용은 매출량에 관계없이 일정하며, 변동영업비용은 매출량에 정비례한다. 그러므로 총변동영업비용은 식 (7−1)과 같이 제품 한 단위를 판매시 소요되는 단위당 변동비에 매출량을 곱하여 산출된다.

$$\text{변동영업비용} = \text{단위당 변동영업비용} \times \text{매출량} \tag{7−1}$$

총영업비용(total operating cost; TC)은 변동영업비용과 고정영업비용을 합한 값으로 식 (7−2)와 같다.

$$\text{총영업비용} = \text{변동영업비용} + \text{고정영업비용} \tag{7−2}$$

반면에 매출액은 단위당 판매가격과 매출량을 곱하여 식 (7−3)으로 계산한다.

$$\text{매출액} = \text{단위당 판매가격} \times \text{매출량} \tag{7−3}$$

(1) 손익분기점의 매출량과 매출액

손익분기점은 총수익과 총영업비용이 일치하는 점으로, 이때 기업의 영업이익은 0이 된다. 이 손익분기점은 매출량 또는 매출액의 두 가지로 나타낼 수 있다. 즉, 제품 몇 단위를 팔아야 영업이익이 0이 되는가 또는 어느 정도의 매출액을 달성해야 영업이익이 0이 되는가 하는 두 가지로 관찰할 수 있다. 우선 매출량의 손익분기점을 살펴보자. 매출액은 식 (7−3)이며, 총영업비용은 식 (7−2)이므로 매출액과 총영업비용이 일치한다면 식 (7−4)로 나타낼 수 있다.

$$\begin{aligned} &\text{단위당 판매가격} \times \text{손익분기점 매출량} \\ &= \text{단위당 변동영업비용} \times \text{손익분기점 매출량} + \text{고정영업비용} \end{aligned} \tag{7−4}$$

위 식을 매출량에 대해서 정리한 손익분기점 매출량은 식 (7−5)와 같다.

$$\text{손익분기점 매출량} = \frac{\text{고정영업비용}}{\text{단위당 판매가격} - \text{단위당 변동영업비용}} \qquad (7-5)$$

$$= \frac{\text{고정영업비용}}{\text{단위당 공헌이익}}$$

위 식의 분모인 단위당 판매가격에서 단위당 변동영업비용을 차감한 이익을 단위당 공헌이익(contribution margin; CM)이라고 한다. 단위당 공헌이익은 제품 1단위 판매시 증가하는 이익을 의미한다. 손익분기점 매출량은 고정영업비용을 단위당 공헌이익으로 나눈 값이며, 손익분기점 매출액은 손익분기점의 매출량에 단위당 판매가격을 곱하여 산출할 수 있다.

[예제 7–1] 손익분기점 매출량

창업을 진행중인 A사는 제품을 단위당 8,000원에 매입해서 10,000원에 판매할 계획이다. 점포 임차료는 월 600,000원이며, 고정 인건비는 월 200,000원이다. 창업 후 영업손실을 면하기 위해서는 최소 월 몇 단위를 판매해야 할까?

풀이

A사의 단위당 변동영업비는 8,000원, 단위당 제품가격은 10,000원, 고정영업비는 점포임차료와 고정인건비이므로 800,000원이다. 따라서 A사의 손익분기점 매출량은 다음과 같이 계산할 수 있다.

$$\text{손익분기점 매출량} = \frac{\text{고정영업비}}{\text{단위당 제품가격} - \text{단위당 변동영업비}}$$

$$= \frac{800{,}000}{10{,}000 - 8{,}000} = 400\text{단위}$$

즉, 손익분기점은 400단위로, 한달에 400단위를 초과하여 팔 때에는 영업이익이 발생하며 월 매출량이 400단위에 미달하면 영업손실이 발생한다.

한편, 단위당 판매가격과 단위당 변동영업비가 주어지지 않는다면 손익분기점의 매출량을 구할 수 없는 경우가 있다. 이 경우는 아래 식 (7–6)을 이용하면 손익분기점 매출액은 구할 수 있다.

$$\text{손익분기점 매출액} = \text{손익분기점 매출량} \times \text{단위당 판매가격} \tag{7-6}$$
$$= \frac{\text{고정영업비용} \times \text{단위당 판매가격}}{\text{단위당 판매가격} - \text{단위당 변동영업비용}}$$

위 식을 정리하면 아래 식 (7–7)과 같다. 변동영업비용과 매출액은 모두 매출량으로 나눌 수 있으므로, 매출액 대비 변동영업비용의 비율은 제품 단위당 판매가격 대비 제품 단위당 변동영업비용의 비율과 동일하다.

$$\text{손익분기점 매출액} = \frac{\text{고정영업비용}}{\left(\dfrac{\text{단위당 판매가격} - \text{단위당 변동영업비용}}{\text{단위당 판매가격}}\right)} \tag{7-7}$$
$$= \frac{\text{고정영업비용}}{\left(1 - \dfrac{\text{단위당 변동영업비용}}{\text{단위당 판매가격}}\right)} = \frac{\text{고정영업비용}}{\left(1 - \dfrac{\text{변동영업비용}}{\text{매출액}}\right)}$$

위 식에서 단위당 공헌이익을 단위당 판매가격으로 나눈 값을 공헌이익률(contribution margin ratio; CMR)이라고 한다. 공헌이익률은 일정 수준의 매출액을 달성했을 때 그 매출액 중에서 고정영업비용을 회수한 다음 기업의 영업이익에 기여하는 비율을 나타낸다. 즉, 매출액 1원이 추가적으로 증가할 때, 기업의 영업이익으로 귀속되는 금액의 비율이다. 예를 들어, 어떤 기업의 공헌이익률이 0.4(40%)라면, 이는 이 기업이 제품을 추가적으로 100만 원 판매한다면, 영업이익도 40%인 40만 원이 추가적으로 증가함을 의미한다. 미래의 영업계획을 수립하려면 매출액의 손익분기점을 구하는 방법이 매출량의 손익분기점을 구하는 방법보다 유용할 수 있다. 기업이 공시하는 손익계산서에는 구체적인 매출량의 정보는 표시되지 않고 매출액과 비용만 공개되기 때문이다.

[예제 7–2] 손익분기점 매출액

B사의 올해 매출액은 5억 원이고, 고정영업비용은 2억 원, 변동영업비용은 4억 원이다. 올해 B사의 영업성과를 계산하고, 영업손실을 면하기 위해서 달성해야 할 매출액은 얼마인지 계산하시오.

풀이

B사의 매출액에서 총영업비용을 차감한 영업손익은 다음과 같다.

$$영업손익 = 매출액 - (고정영업비용 + 변동영업비용) = 5억 - (2억 + 4억) = -1억$$

따라서 B사의 올해 영업실적은 1억 원 손실이다. 손익분기점 매출액은 다음과 같이 계산할 수 있다.

$$손익분기점\ 매출액 = \frac{고정영업비용}{(1 - \frac{변동영업비용}{매출액})} = \frac{2억}{(1 - \frac{4억}{5억})} = 10억$$

즉, B사가 영업손실을 면하기 위해서는 최소 10억 원의 매출액을 달성해야 한다. 매출액 10억 원에서 변동영업비용이 차지하는 비중은 80%이므로 변동영업비용은 8억 원이며, 고정영업비용 2억을 합한 총영업비용은 10억 원이므로 손익분기점에서 매출액과 일치한다.

이상에서 설명한 손익분기점분석은 [그림 7-2]의 손익분기점 그래프로 설명할 수 있다. [그림 7-2]에서 고정영업비용은 매출량에 관계없이 일정하며, 변동영업비용은 매출량에 비례해서 증가한다. 총영업비용은 고정영업비용과 변동영업비용의 합계로, 총영업비용과 매출액이 교차하는 점이 손익분기점이다. 손익분기점 매출액은 손익분기점 매출량에 단위당 판매가격을 곱하여 산출된다. 손익분기점 매출량보다 높은 수준의 매출량에서 매출액은 총영업비용보다 크며, 매출액과 총영업비용과의 차이가 영업이익을 의미한다. 반면에 손익분기점 매출량보다 낮은 수준에서 매출액과 총영업비용과의 차이는 영업손실을 의미한다.

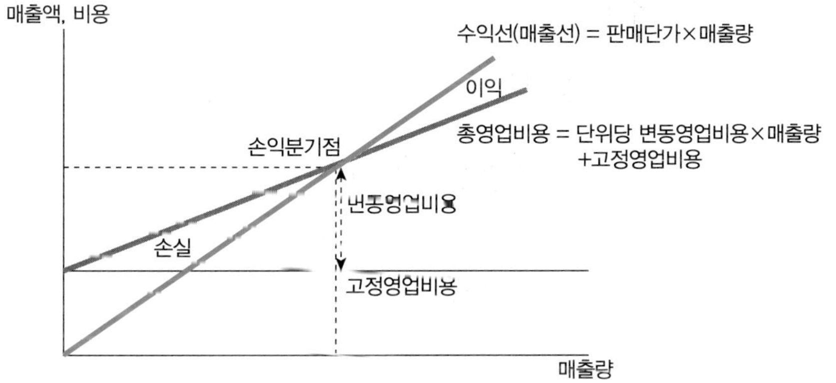

[그림 7-2] 손익분기점 그래프

(2) 손익분기점분석의 응용

① 수익력의 안전도 측정

수익력의 안전도는 영업이익이 실현되는 확실성의 정도를 의미한다. 따라서 예상매출액이 손익분기점 매출액보다 높을수록 수익력의 안전도가 높다고 말할 수 있다. 수익력의 안전도는 안전한계율(margin of safety ratio)을 계산하여 측정한다. 식 (7−8)의 안전한계율은 예산 또는 실제 매출수준이 손익분기점을 초과하는 비율로, 손실이 발생하지 않는 수준에서 허용가능한 매출의 최대 감소폭을 의미한다. 예산 또는 실제 매출액이 증가할수록, 안전한계율은 100%로 수렴한다.

$$\text{안전한계율}(\%) = \frac{\text{예산(실제)매출액} - \text{손익분기점매출액}}{\text{예산(실제) 매출액}} \times 100 \qquad (7-8)$$

$$= \frac{\text{예산(실제)매출량} - \text{손익분기점매출량}}{\text{예산(실제) 매출량}} \times 100$$

위 식에서 예산(실제) 매출액 대비 손익분기점 매출액의 비율을 손익분기점율(break−even ratio)이라고 한다. 따라서 안전한계율은 손익분기점율과 역의 관계에 있으므로, 100% − 손익분기점율로 계산할 수도 있다. 일반적으로 손익분기점율이 낮을수록 영업활동의 채산성이 양호한 반면, 높을수록 채산성이 좋지 않음을 의미한다.

[예제 7−3] 안전한계율의 매출액과 영업이익

예제 7−2에서 B사는 내년도 목표 매출액을 20억 원으로 책정하고 있다. 이 회사의 안전한계율은 얼마인가? 또한 내년도의 목표 안전한계율을 60%로 책정할 경우 영업이익은 얼마인가?

풀이

B사의 손익분기점 매출액은 10억 원이므로, 안전한계율은 다음과 같이 계산한다.

$$\text{안전한계율} = \frac{20\text{억}-10\text{억}}{20\text{억}} \times 100 = 50\%$$

따라서, B사의 내년도 실제 매출액이 목표 매출액의 50%에 미달하는 경우 영업손실이 발생된다는 사실을 알 수 있다. 또한 목표영업이익은 안전한계율이 60%에 해당하는 매출액을 계산한 다음 영업이익을 산출하면 된다.

$$0.6 = \frac{\text{목표 매출액} - 10\text{억}}{\text{목표 매출액}}$$

위 식으로부터 60%의 안전한계율을 달성하기 위한 목표매출액은 25억 원으로 계산된다. 한편 매출액에 대한 변동영업비용의 비율은 일정하므로 예제 7-2에서 총변동영업비용의 비율인 80%를 목표매출액에 곱하면 예상 총변동영업비용은 20억 원이다. 따라서 안전한계율을 60%로 설정할 때 달성해야 할 영업이익은 다음과 같다.

$$\text{영업이익} = 25\text{억} - (25\text{억} \times 0.8 + 2\text{억}) = 3\text{억 원}$$

② 목표영업이익분석

손익분기점은 영업이익이 0일 때의 매출량 또는 매출액으로 나타낸다. 그러나 실제로 기업은 영업이익이 0이 되는 것보다는 일정한 기대이익 또는 목표이익에 도달할 수 있는 매출량이나 매출액을 결정하는 것이 보다 의사결정에 부합한다. 앞의 [예제 7-1]과 [예제 7-2]의 경우와 같이 손실을 면한다는 소극적인 태도가 아니라, 투자액의 일정 비율의 목표영업이익을 획득하기 위해서는 어느 정도의 생산과 매출이 필요한지, 또는 일정 수준의 목표영업이익을 실현하기 위해서는 어느 정도의 매출을 달성해야 하는지를 계획하는 것이 경영자에게 보다 중요한 의사결정일 수 있다. 이러한 경우에도 손익분기점분석을 이용할 수가 있다. 목표영업이익(target profit)을 고려한 손익분기점 공식은 다음 식 (7-9)와 식 (7-10)과 같다.

$$\text{목표영업이익 매출량} = \frac{\text{고정영업비용} + \text{목표영업이익}}{\text{단위당 공헌이익}} \tag{7-9}$$

$$\text{목표영업이익 매출액} = \frac{\text{고정영업비용} + \text{목표영업이익}}{\text{공헌이익률}} \tag{7-10}$$

[예제 7-4] 목표영업이익의 매출액과 안전한계율

[예제 7-2]에서 B사는 내년도 목표영업이익을 2억 원으로 책정하려 한다. 목표영업이익을 달성하기 위한 매출액과 안전한계율을 구하시오.

풀이

식 (7−10)을 이용하여 계산하면 다음과 같이 20억 원의 매출액을 달성해야 한다.

$$\text{목표영업이익 매출액} = \frac{\text{고정영업비용} + \text{목표영업이익}}{\text{공헌이익률}} = \frac{2\text{억} + 2\text{억}}{(1 - \frac{4\text{억}}{5\text{억}})} = 20\text{억}$$

B사의 손익분기점 매출액은 [예제 7−2]에서 10억 원이므로, 안전한계율은 다음과 같이 계산한다. 이는 [예제 7−3]에서 계산한 안전한계율과 동일하다.

$$\text{안전한계율} = \frac{20\text{억} - 10\text{억}}{20\text{억}} \times 100 = 50\%$$

③ 세후손익분기점과 목표세후순이익 분석

지금까지 학습했던 손익분기점은 법인세가 부과되지 않는 상황에서 분석한 것이다. 만일 영업이익에 법인세가 부과된다면, 법인세비용까지 고려하여 세후순이익(after−tax net income)이 0이 되는 매출수준이 세후손익분기점이다. 영업이익에서 법인세비용을 차감한 세후순이익을 0으로 정하면 식 (7−11)과 같다.

$$[(\text{단위당 판매가격} - \text{단위당 변동영업비용}) \times \text{매출량} - \text{고정영업비용}] \times (1 - \text{법인세율}) = 0 \quad (7-11)$$

위 식을 만족시키는 매출량은 법인세율과 관계없이 고정영업비용을 단위당 공헌이익으로 나눈 값이다. 이는 법인세 부과시 세후손익분기점은 법인세가 부과되지 않는 상황에서 영업이익의 손익분기점과 동일하다는 것을 의미한다. 법인세는 영업이익이 흑자일 때 부과되므로, 영업이익이 적자거나 손익분기점에서는 법인세가 면제된다.

이제는 법인세 부과시 목표세후순이익을 구해보자. 목표세후순이익은 목표영업이익×(1−법인세율)이므로 식 (7−9)와 식 (7−10)의 목표영업이익 대신에 목표세후순이익/(1−법인세율)을 대입하면 매출량과 매출액은 다음 식 (7−12)와 식 (7−13)과 같다.

$$\text{목표세후순이익 매출량} = \frac{\text{고정영업비용} + \frac{\text{목표세후순이익}}{(1 - \text{법인세율})}}{\text{단위당 공헌이익}} \quad (7-12)$$

$$\text{목표세후순이익 매출액} = \frac{\text{고정영업비용} + \dfrac{\text{목표세후순이익}}{(1-\text{법인세율})}}{\text{공헌이익률}} \qquad (7-13)$$

위 식에서 (1−법인세율)은 1보다 작기 때문에, 목표세후순이익/(1−법인세율)은 법인세가 부과되지 않을 때, 즉 법인세율이 0일 때의 목표순이익보다 크다. 이는 법인세가 부과될 경우 법인세비용을 부담하여 순이익이 감소하므로, 목표로 설정한 세후순이익을 달성하기 위해서는 법인세가 부과되지 않는 상황에서보다 더 많은 매출을 올려야 한다는 것을 의미한다.

[예제 7-5] 목표세후순이익의 매출액

[예제 7-2]에서 B사에 부과되는 법인세율은 20%이다. 내년도 목표 세후순이익을 2억 원으로 책정할 때 목표 세후순이익을 달성하기 위한 매출액을 구하시오.

풀이

식 (7-13)을 이용하여 계산하면 다음과 같이 22억 5,000만 원의 매출액을 달성해야 한다.

$$\text{목표세후순이익 매출액} = \frac{\text{고정영업비용} + \dfrac{\text{목표세후순이익}}{(1-\text{법인세율})}}{\text{공헌이익률}} = \frac{2\text{억} + \dfrac{2\text{억}}{(1-0.2)}}{(1-\dfrac{4\text{억}}{5\text{억}})} = 22\text{억 } 5{,}000\text{만 원}$$

이 결과를 [예제 7-4]와 비교할 때, 법인세비용의 추가적인 부담으로 인해 영업이익과 동일한 수준의 세후순이익을 달성하기 위해서는 2억 5,000만 원의 매출이 추가되어야 함을 확인할 수 있다.

④ 제품 포트폴리오의 손익분기점 분석

지금까지는 기업이 한 가지 제품만을 제조 · 판매하는 경우를 설명했지만 현실적으로 대부분의 기업은 여러 종류의 제품을 제조하고 판매한다. 제품포트폴리오(product portfolio)는 전체 매출액에서 여러 종류 제품들의 매출구성을 의미하며, 매출배합(sales mix)이라고도 한다. 사업부제를 운영하는 기업은 여러 종류의 제품들을 판매하며, 제품의 종류에 따라 매출배합의 변동은 기업이 달성하고자 하는 이익에 영향을 미친다. 매출배합에서 높은 이익을 창출하는 제품보다 이익이 낮은 제품의 매출액이 증가하면 전체 매출액이 증가해도 총이익은 감소할 수 있다. 반대로 낮은 이익을 가진 제품보다 높은 이익을 가져오는 제품의 매출액이 증가하면 전체 매출액은 감소할지라도 총이익은 증가할 수 있는 효과가 발생한다.

또한 기업이 제품 포트폴리오를 판매하고 있는 경우 손익분기점분석은 단일 제품의 손익분기점분석보다 복잡하다. 그 이유는 제품의 종류에 따라 판매가격과 영업비용이 상이하기 때문이다. 특히 여러 제품을 생산할 때 공통적으로 활용되는 설비로부터 발생하는 고정영업비용은 각 제품에 정확하게 배분하기 어렵다. 복수 제품으로 구성된 매출배합의 손익분기점은 평균공헌이익 또는 평균공헌이익률을 이용할 수 있다.

〈표 7-3〉 **복수제품 포트폴리오의 손익계산서**

	A제품(100개 판매)		B제품(400개 판매)		합계
	총액(₩)	단위당 금액(₩)	총액(₩)	단위당 금액(₩)	총액(₩)
매출액	20,000	200	80,000	200	100,000
변동영업비용	(15,000)	(150)	(40,000)	(100)	(55,000)
공헌이익	5,000	50	40,000	100	45,000
고정영업비용					(27,000)
영업이익					18,000

〈표 7-3〉은 A제품과 B제품을 판매하는 K기업의 손익계산서이다. A제품과 B제품의 단위당 판매가격은 동일하지만 단위당 공헌이익과 공헌이익률은 B제품이 A제품의 2배이다. 먼저 평균공헌이익을 이용하여 손익분기점 매출량을 구해 보자. 손익분기점 매출량은 다음 식 (7-14)와 같이 고정영업비용을 제품 단위당 가중평균공헌이익(weighted average contribution margin)으로 나누어 계산한다.

$$\text{손익분기점 매출량} = \frac{\text{고정영업비용}}{\text{단위당 가중평균공헌이익}} \qquad (7-14)$$

단위당 가중평균공헌이익은 제품별 단위당 공헌이익을 전체 매출량에서 차지하는 제품별 매출량 비율로 가중평균하여 산출한다. K기업의 전체 제품 매출량은 500개로, 이 중 A제품 매출량 비율은 20%이며 B제품 매출량 비율은 80%이다. 따라서 단위당 가중평균공헌이익은 ₩90(=₩50×20%+₩100×80%)이며, 합계 공헌이익 ₩45,000을 매출량 500개로 나눈 값과 같다. 손익분기점 매출량은 고정영업비용 ₩27,000을 단위당 평균공헌이익 ₩90으로 나눈 300개이다.

손익분기점에서 제품별 매출량은 손익분기점 전체 매출량에 제품별 매출량 비율을 곱하면 구할 수 있다. 손익분기점에서 A제품의 매출량은 60개(300개×20%)이며, B제품의 매출량은 240개(300개×80%)이다.

손익분기점 매출액을 구하기 위해서는 다음 식 (7−15)와 같이 고정영업비용을 가중평균공헌이익률(weighted average contribution margin ratio)로 나누어야 한다.

$$\text{손익분기점 매출액} = \frac{\text{고정영업비용}}{\text{가중평균공헌이익률}} \qquad (7-15)$$

가중평균공헌이익률은 제품별 공헌이익률을 전체 매출액에서 차지하는 제품별 매출액 비율로 가중평균하여 산출한다. K기업의 전체 제품 매출액은 ₩100,000이며, 이 중 A제품 매출액 비율은 20%이며 B제품 매출액 비율은 80%이다. 또한 A제품의 공헌이익률은 25%이고 B제품의 공헌이익률은 50%이므로 평균공헌이익률은 45%(=25%×20%+50%×80%)이며, 이는 합계 공헌이익 ₩45,000을 매출액 ₩100,000으로 나눈 값과 동일하다. 손익분기점 매출액은 고정영업비용 ₩27,000을 평균공헌이익률 45%로 나눈 ₩60,000이다.

손익분기점에서 제품별 매출액은 손익분기점 전체 매출액에 제품별 매출액 비율을 곱하면 구할 수 있다. A제품의 매출액은 ₩12,000(=₩60,000×20%)이며, B제품의 매출액은 ₩48,000(=₩60,000×80%)이다. 손익분기점에서 제품별 매출액은 제품별 매출량에 단위당 판매가격을 곱해서 계산해도 된다.

[예제 7−6] 제품포트폴리오변동에 따른 손익분기점 변동

〈표 7−3〉에서 A제품의 매출량이 400개, B제품의 매출량이 100개로 변동할 경우에 손익분기점에서 각 제품의 매출량과 매출액을 구하고 개선해야 할 점을 설명하시오.

풀이

A제품의 매출량이 400개, B제품의 매출량이 100개일 때 K기업의 손익계산서는 다음 〈표 7−4〉와 같다.

〈표 7-4〉 **복수제품 포트폴리오의 손익계산서**

	A제품(400개 판매)		B제품(100개 판매)		합계
	총액(₩)	단위당 금액(₩)	총액(₩)	단위당 금액(₩)	총액(₩)
매출액	80,000	200	20,000	200	100,000
변동영업비용	(60,000)	(150)	(10,000)	(100)	(70,000)
공헌이익	20,000	50	10,000	100	30,000
고정영업비용					(27,000)
영업이익					3,000

매출배합이 변동해도 전체 매출액은 ₩100,000으로 변동하지 않지만 기업 전체의 영업이익은 감소했다. 이는 A제품보다 공헌이익과 공헌이익률이 높은 B제품의 매출량이 대폭적으로 감소하여 기업 전체적으로 수익성이 저하되었기 때문이다. 매출배합의 변동에 따라 단위당 가중평균공헌이익과 가중평균공헌이익률은 다음과 같이 낮아졌다.

단위당 가중평균공헌이익=₩50×80%+₩100×20%=₩60
가중평균공헌이익률=25%×80%+50%×20%=30%

손익분기점 매출량은 450개(=27,000÷60)이며, 매출액은 ₩90,000(=27,000÷0.3)이다. 손익분기점 매출량과 매출액이 〈표 7-3〉의 사례보다 증가한 이유는 제품포트폴리오 구성의 변동으로 인해 평균이익이 감소했으므로 고정영업비용을 회수하기 위해서는 매출이 증가해야 하기 때문이다. 손익분기점에서 제품별 매출량과 매출액은 다음 〈표 7-5〉와 같다.

〈표 7-5〉 **제품별 손익분기점 매출량과 매출액**

	A제품(400개 판매)	B제품(100개 판매)
매출량(개)	450×80%=360	450×20%=90
매출액(₩)	90,000×80%=72,000 또는 360×₩200=72,000	90,000×20%=18,000 또는 90×₩200=18,000

따라서 A제품에 비해 상대적으로 단위당 공헌이익이 높은 B제품이 판매량 증가에 주력해야 기업 전체적으로 영업이익이 증가한다.

3. 영업레버리지도

매출액 또는 판매량이 변동할 때 영업이익이 어느 정도 민감하게 변동할 것인가를 측정하는 데 영업레버리지도(degree of operating leverage; DOL)가 이용된다. 즉, 영업레버리지도는 매출액에 대한 영업이익의 탄력성(elasticity)의 개념이다. 영업레버리지도는 특정한 매출액 수준에서 매출액 증감률에 대한 영업이익 증감률의 비율로 식 (7–16)과 같다.

$$DOL = \frac{\text{영업이익 증감률}}{\text{매출액 증감률}} = \frac{\dfrac{\triangle\text{영업이익}}{\text{영업이익}}}{\dfrac{\triangle\text{매출액}}{\text{매출액}}} \tag{7–16}$$

영업이익(earning before interest and tax; EBIT)은 매출액에서 변동영업비용과 고정영업비용을 차감하여 구할 수 있다. 영업이익은 식 (7–17)과 같다.

$$\text{영업이익} = \text{매출량} \times (\text{단위당 판매가격} - \text{단위당 변동영업비용}) - \text{고정영업비용} \tag{7–17}$$

한편, 단위당 판매가격, 단위당 변동영업비용, 고정영업비용이 향후에도 변동하지 않는다는 가정하에 매출량 변동(△)에 따른 매출액과 영업이익의 증감액은 식 (7–18)과 같다.

$$\triangle\text{매출액} = \triangle\text{매출량} \times \text{단위당 판매가격} \tag{7–18}$$

$$\triangle\text{영업이익} = \triangle\text{매출량} \times (\text{단위당 판매가격} - \text{단위당 변동영업비용})$$

식 (7–17)과 식 (7–18)을 식 (7–16)의 분자항에 대입하여 정리하면 식 (7–19)와 같다. 식 (7–19)는 바로 영업레버리지도의 관계식을 의미한다. 즉 영업레버리지도는 특정한 매출액 수준에서 변동영업비용을 차감한 공헌이익(contribution margin)을 영업이익으로 나눈 값이다. 공헌이익은 고정영업비용을 회수한 다음 영업이익 창출에 공헌할 수 있는 이익으로, 공헌이익이 고정영업비용보다 커야 영업손익분기점을 넘을 수 있다. 아래 식 (7–19)에서 보듯이 고정영업비용이 높을수록 분모가 감소하므로, 영업레버리지도는 증가하게 된다.

$$\text{영업레버리지도} = \frac{\dfrac{\triangle\text{매출량} \times (\text{단위당 판매가격} - \text{단위당 변동영업비용})}{\text{매출량} \times (\text{단위당 판매가격} - \text{단위당 변동영업비용}) - \text{고정영업비용}}}{\dfrac{\triangle\text{매출량} \times \text{단위당 판매가격}}{\text{매출량} \times \text{단위당 판매가격}}} \tag{7–19}$$

$$= \frac{\text{매출량} \times (\text{단위당 판매가격} - \text{단위당 변동영업비용})}{\text{매출량} \times (\text{단위당 판매가격} - \text{단위당 변동영업비용}) - \text{고정영업비용}}$$

$$= \frac{\text{매출액} - \text{변동영업비용}}{\text{매출액} - \text{변동영업비용} - \text{고정영업비용}} = \frac{\text{공헌이익}}{\text{영업이익}}$$

영업레버리지도를 측정하기 위해 〈표 7-2〉의 사례에서 제시된 두 기업 A와 B의 영업손익계산서를 〈표 7-6〉에서 보기로 하자. A기업과 B기업의 현재 매출액은 2,000억 원이며 영업이익은 600억 원이지만, 영업비용구조에서는 차이가 있다. 즉, A기업과 B기업의 총영업비용은 1,400억 원으로 동일하지만 A기업의 고정영업비용은 변동영업비용의 75%에 불과한 반면 B기업의 고정영업비용은 변동영업비용의 600%이다. 따라서 B기업의 영업레버리지는 A기업보다 높다. A기업과 B기업의 영업레버리지도를 계산하면 다음과 같다.

$$\text{A기업 영업레버리지도} = \frac{2{,}000-800}{2{,}000-800-600} = 2$$

$$\text{B기업 영업레버리지도} = \frac{2{,}000-200}{2{,}000-200-1{,}200} = 3$$

A기업의 영업레버리지도가 2라는 의미는 〈표 7-6〉에서 현재 매출액이 2,000억 원에서 10% 변동할 때 영업이익은 매출액 증감률의 2배에 해당하는 20% 변동한다는 것이다. 구체적으로 호황일 경우에 매출액은 2,000억 원에서 2,200억 원으로 10% 증가할 때에 변동영업비는 매출액의 40%를 차지하므로 역시 10% 증가한다. 고정영업비를 차감하면 영업이익은 600억 원에서 720억 원으로 20% 증가하지만, 불황일 경우에 매출액이 1,800억 원으로 10% 감소할 때 영업이익은 60억 원에서 48억 원으로 20% 감소한다. 즉, A기업의 영업이익 증감률은 매출액 증감률의 2배이다. 또한 B기업의 영업레버리지도는 3이며, 이는 B기업의 영업이익 증감률이 매출액 증감률에 대해 3배임을 의미한다. B기업이 A기업보다 영업레버리지도가 높은 이유는 영업비용구조에서 높은 비중을 차지하는 고정영업비용이 지렛대 작용을 하기 때문이다.

〈표 7–6〉 **영업레버리지 분석** (단위: 억 원)

기업	A			B		
상황	불황	현재	호황	불황	현재	호황
확률	0.5		0.5	0.5		0.5
매출액	1,800	2,000	2,200	1,800	2,000	2,200
	(−10%) ←	————	→ (10%)	(−10%) ←	————	→ (10%)
변동영업비용	720	800	880	180	200	220
고정영업비용	600	600	600	1,200	1,200	1,200
영업이익	480	600	720	420	600	780
	(−20%) ←	————	→ (20%)	(−30%) ←	————	→ (30%)
영업레버리지도		2			3	
매출액 영업이익률(%)	27	30	33	23	30	35

4. 영업레버리지도의 실무적 시사점

이상에서 살펴본 바와 같이 영업비용 중에서 고정영업비용의 비중이 높을수록 기업의 수익력은 개선될 수 있지만, 영업위험도 증가하는 결과를 가져오기 때문에 적절한 위험수준에서 수익력을 높일 수 있는 영업비용의 구조를 결정해야 한다.

영업레버리지도가 높다는 의미는 그 기업의 영업이익과 경영성과가 양호하다는 의미가 아니며, 영업이익의 변동성(volatility)인 영업위험이 높음을 의미한다. 이를 확인하기 위해 〈표 7–6〉에서 A와 B의 미래 상황에 예상되는 기대 영업이익과 표준편차(standard deviation)를 각각 구해보자.

A사 기대 영업이익: $0.5 \times 480 + 0.5 \times 720 = 600$

A사 영업이익 표준편차: $\sqrt{0.5 \times (480-600)^2 + 0.5 \times (720-600)^2} = 120$

B사 기대 영업이익: $0.5 \times 420 + 0.5 \times 780 = 600$

B사 영업이익 표준편차: $\sqrt{0.5 \times (420-600)^2 + 0.5 \times (780-600)^2} = 180$

A사의 표준편차는 120억 원이며, 이는 예상되는 영업이익을 중심으로 미래 상황에 따라 120억 원 증감할 가능성이 존재함을 의미한다. 반면 B사의 표준편차는 180억 원으로 A의 변동성보

다 높으며, 이는 호황일 경우에는 A보다 높은 영업이익이 예상되지만 불황일 때에는 상대적으로 낮은 영업이익을 감수해야 함을 의미한다. 따라서 높은 영업레버리지도는 매출액이 증가하면 영업이익이 급속도로 증가한다는 것이며, 또한 매출액이 감소하면 영업이익이 빠르게 감소한다는 것을 의미한다. 대체로 자본집약적 산업은 영업레버리지도가 높은데, 대규모의 자본을 비유동자산에 투하하므로 고정영업비용이 증가하기 때문이다.

또한 주의할 것은 영업레버리지도는 고정된 값이 아니며, 매출액의 수준에 따라 변동한다는 것이다. 예를 들어, 〈표 7-6〉에서 A의 현재 매출액이 2,000억 원이 아닌 1,500억 원이라 가정하면, 영업변동비용은 1,500억 원의 40%인 600억 원이며 고정영업비용도 그대로 600억 원이므로 영업레버리지도는 3으로 증가한다. 반면에 연간 매출액이 2,500억 원으로 상승한다면, 영업레버리지도는 1.67로 감소한다. 일반적으로 매출액 수준과 영업레버리지도는 역(inverse)의 관계를 갖는다. 즉, 매출액이 낮은 수준에서는 영업레버리지도가 높으며, 매출액이 높은 수준에서 영업레버리지도는 낮다. 성숙기 산업에 속한 기업이나 대기업의 매출액 성장률은 둔화되므로 영업레버리지도는 낮은 반면, 신생 기업이나 벤처 기업과 같이 초창기에 매출액 성장률이 높은 기업의 영업레버리지도는 높다.

따라서 기업은 매출액이나 조업도수준에 따라서 영업레버리지효과를 고려하여 노동집약적 생산형태를 취할 것인지 아니면 자본집약적 생산형태를 취할 것인지를 결정하여야 한다. 예를 들어, 미래의 경기상황이 낙관적으로 전망되어 매출량이 크게 증가할 것으로 예측되는 경우에는 고정영업비용을 증가시키는 자본집약적인 생산형태를 취함으로써 영업이익을 크게 증가시킬 수 있다. 반대로 미래에 경기침체가 예상되는 경우에는 변동영업비용을 증가시키는 노동집약적인 생산형태를 취함으로써 영업이익의 감소폭을 낮출 수 있다.

7.3 재무레버리지분석

1. 재무레버리지의 개념

고정영업비용이 매출액의 증감에 따른 영업이익의 증감의 확대효과를 가져올 수 있다면, 영업이익의 증감도 세후순이익의 증감을 확대시키는 효과를 가져온다. 이러한 변화는 기업이 부채를 이용해서 자본을 조달할 때 발생한다. 부채에 의하여 자본을 조달하면 고정금융비용인 이자비용을 지급하여야 한다. 이자비용은 영업이익에서 지급하여야 하므로, 영업이익의 변동에 비하여 세후순이익의 변동을 큰 폭으로 확대시킨다.

재무레버리지(financial leverage)는 총비용 중 고정적인 금융비용이 차지하는 비중을 의미한다. 즉, 재무레버리지는 기업경영에 활용하기 위하여 조달된 부채와 관련된다. 재무레버리지는 총자본에 대한 부채의 비율이 증가함에 따라 증가하므로, 투자자와 채권자들은 재무레버리지와 재무위험을 동일하게 간주하기도 한다. 고정금융비용에는 부채에 대한 이자비용 외에도 우선주에 대한 배당도 포함된다. 우선주는 발행하면서 배당률이 정해지고 의결권이 없는 것이 일반적이며, 보통주의 배당을 지급하기 이전에 일률적으로 지급하기 때문이다.

총자본 중 부채의 비중이 높아 고정금융비용이 많을수록 영업이익의 변동에 대하여 주당순이익(earnings per share; EPS)의 변동폭이 커지며, 부채로 자본을 조달하지 않고 자기자본으로만 자본을 조달하여 고정금융비용이 발생하지 않으면 재무레버리지효과가 발생하지 않는다.

재무레버리지를 이해하기 위해 〈표 7-2〉의 사례에서 제시된 두 기업 A와 B의 자본구조를 〈표 7-7〉에서 보기로 하자. 두 기업이 발행한 주식의 액면가는 5,000원으로 동일하다. 또한 부채와 자기자본의 합계인 총자본도 6,000억 원으로 두 기업이 동일하지만 상대적으로 A기업보다는 B기업의 재무레버리지가 높다. A기업의 자기자본은 4,000억 원으로 부채비율은 50%인 반면, B기업의 자기자본은 2,000억 원이며 부채비율은 200%이기 때문이다. 따라서 B기업은 A기업보다 높은 이자비용을 지출해야 한다. 당기순이익에서 배당금 지급액에서 차지하는 비중인 배당성향(dividend payout ratio)은 두 기업 모두 10%로 동일하다.

〈표 7-7〉 **자본구조와 재무레버리지**

기업	A	B
부채(원)	2,000억	4,000억
자기자본(원)	4,000억	2,000억
발행주식수(주)	8,000만	4,000만
타인자본비용(%)	10	10
배당성향(%)	10	10

2. 재무레버리지도

재무레버리지는 총비용 중에서 고정금융비용이 차지하는 비중, 또는 총자본 중에서 부채가 자지하는 비중이라고 설명했다. 부채의존도가 높을수록 고정금융비용의 부담이 증가하기 때문에 영업이익이 변동할 때 순이익이나 주당순이익이 그보다 높은 비율로 변동하는 재무레버리지효과(financial leverage effects)가 나타난다.

재무레버리지효과를 측정하려면 투자정책에 따른 영업레버리지효과를 통제해야 한다. 투자정책이 일정하다고 가정할 경우, 영업이익의 변동율도 일정하기 때문에 영업이익이 변동할 때 주당순이익이 어느 정도 변동하는가를 검토함으로써 재무레버리지효과를 측정할 수 있다.

재무레버리지효과를 측정하는 척도는 재무레버리지도(degree of financial leverage; DFL)이다. 재무레버리지도도 영업레버리지도와 마찬가지로 영업이익에 대한 주당순이익의 탄력성(elasticity)의 개념이다. 재무레버리지도는 영업이익 증감률에 대한 순이익 또는 주당순이익 증감률의 상대적인 비율로 측정한다. 재무레버리지도는 식 (7−20)과 같다.

$$\text{재무레버리지도} = \frac{\text{주당순이익 증감률}}{\text{영업이익 증감률}} = \frac{\frac{\triangle\text{주당순이익}}{\text{주당순이익}}}{\frac{\triangle\text{영업이익}}{\text{영업이익}}} \qquad (7-20)$$

고정금융비용과 법인세율, 발행주식수가 향후에도 변동하지 않는다는 가정하에 식 (7−20)의 분자항에서 주당순이익 및 주당순이익 증감액은 식 (7−21)과 같다. 단, 고정금융비용 외에 영업외수익이나 영업외비용은 없다고 가정한다.

$$\text{주당순이익} = \frac{(\text{영업이익} - \text{고정금융비용}) \times (1-\text{법인세율})}{\text{발행 주식수}} \qquad (7-21)$$

$$\triangle\text{주당순이익} = \frac{\triangle\text{영업이익} \times (1-\text{법인세율})}{\text{발행 주식수}}$$

식 (7−21)을 식 (7−20)의 분자에 대입하여 정리하면 식 (7−22)와 같다. 식 (7−22)는 재무레버리지도의 관계식을 의미한다. 즉 재무레버리지도는 법인세비용차감전순이익(EBT: earnings before taxes)을 영업이익으로 나눈 값이다. 아래 식에서 보듯이, 고정금융비용이 클수록 분모가 감소하여 재무레버리지도는 높아지게 된다.

$$\text{재무레버리지도} = \frac{\dfrac{\triangle\text{영업이익}}{(\text{영업이익} - \text{고정금융비용})}}{\dfrac{\triangle\text{영업이익}}{\text{영업이익}}} \quad (7-22)$$

$$= \frac{\text{매출액} - \text{변동영업비용} - \text{고정영업비용}}{\text{매출액} - \text{변동영업비용} - \text{고정영업비용} - \text{고정금융비용}}$$

$$= \frac{\text{영업이익}}{\text{법인세비용 차감 전 순이익}}$$

재무레버리지도를 측정하기 위해 〈표 7-6〉에서 제시된 두 기업 A와 B의 이익구조를 〈표 7-8〉에서 보기로 하자. A기업과 B기업의 현재 영업이익은 600억 원으로 동일하다. 이자율이 10%라면 재무레버리지가 높은 B기업이 지출하는 이자비용은 400억 원인 반면, A기업은 200억 원의 이자비용을 부담한다. A기업과 B기업의 재무레버리지도를 계산하면 다음과 같다.

$$\text{A기업 재무레버리지도} = \frac{600}{600-200} = 1.5$$

$$\text{B기업 재무레버리지도} = \frac{600}{600-400} = 3$$

A기업의 재무레버리지도가 1.5라는 의미는 〈표 7-8〉에서 영업이익이 600억 원에서 10% 변동할 때 순이익과 주당순이익은 영업이익 증감률의 1.5배에 해당하는 15% 변동한다는 것이다. 구체적으로 호황일 경우에 영업이익은 600억 원에서 660억 원으로 10% 증가할 때 주당순이익은 400원에서 460원으로 15%증가하지만, 불황일 경우에 영업이익이 540억 원으로 10% 감소할 때 주당순이익은 400원에서 340원으로 15% 감소한다. 또한 당기순이익에서 배당금이 차지하는 비중인 배당성향은 10%로 일정하므로 총배당금과 주당 배당금도 호황과 불황에 따라 15% 증감한다. B기업의 현재 당기순이익 규모는 A기업보다 낮지만, 주당순이익 기준에서는 400원으로 A기업과 동일하다. 이제 영업이익이 10% 증가할 때 주당순이익은 400원에서 520원으로 30% 증가하지만, 불황일 경우에는 영업이익이 10% 감소하면 주당순이익은 280원으로 30% 감소한다. 따라서 호황일 때에 B기업의 주주에게 귀속되는 평균적인 이익은 A기업보다 증가하지만, 불황일 때에는 반대로 A기업의 주당순이익보다 감소한다. 또한 B기업의 배당성향이 10%로 A기업과 동일하다면 호황일 경우 주주에게 지급되는 주당배당금은 현재 40원에서 52원으로 30% 증가하지만, 불황이라면 28원으로 30% 감소한다.

〈표 7-8〉 **재무레버리지 분석** (단위: 억 원, 원)

기업	A			B		
상황	불황	현재	호황	불황	현재	호황
확률	0.5		0.5	0.5		0.5
영업이익	540	600	660	540	600	660
	(−10%)	←——————→	(10%)	(−10%)	←——————→	(10%)
이자비용	200	200	200	400	400	400
법인세차감전순이익	340	400	460	140	200	260
법인세(20%)	68	80	92	28	40	52
당기순이익	272	320	368	112	160	208
	(−15%)	←——————→	(15%)	(−30%)	←——————→	(30%)
주당순이익	340	400	460	280	400	520
	(−15%)	←——————→	(15%)	(−30%)	←——————→	(30%)
배당금	27	32	37	11	16	21
	(−15%)	←——————→	(15%)	(−30%)	←——————→	(30%)
주당배당금	34	40	46	28	40	52
	(−15%)	←——————→	(15%)	(−30%)	←——————→	(30%)
ROE(%)	6.8	8	9.2	5.6	8	10.4
	(−1.2%p)	←——————→	(1.2p%)	(−2.4%p)	←——————→	(2.4%p)
재무레버리지도		1.5			3	

A기업과 B기업의 자본조달방법에 따른 영업이익과 주당순이익 사이의 관계를 그림으로 그려보면 [그림 7-3]과 같다. [그림 7-3]을 보면 현재에는 A기업과 B기업의 영업이익이 600억 원으로 동일할 때 두 기업의 주당순이익도 400원으로 동일하다. 이처럼 자본조달계획에 따라 주당순이익이 동일하게 되는 영업이익수준을 자본조달분기점(financing break-even point: FBEP)이라 한다. 만일 영업이익이 600억 원 이하로 하락하는 불황에서는 부채비율이 낮은 A기업의 자본조달방법이 B기업보다 상대적으로 높은 주당순이익을 창출할 수 있기 때문에 B기업의 자본조달방법보다 유리하다. 반면, 영업이익이 600억 원 이상으로 증가하는 호황에서는 부채비율이 높은 B기업의 자본조달방법이 유리하다. 자본조달분기점은 이와 같이 두 가지 자본조달수단의 주당순이익을 일치시키는 영업이익이므로 식 (7-23)으로 구할 수 있다.

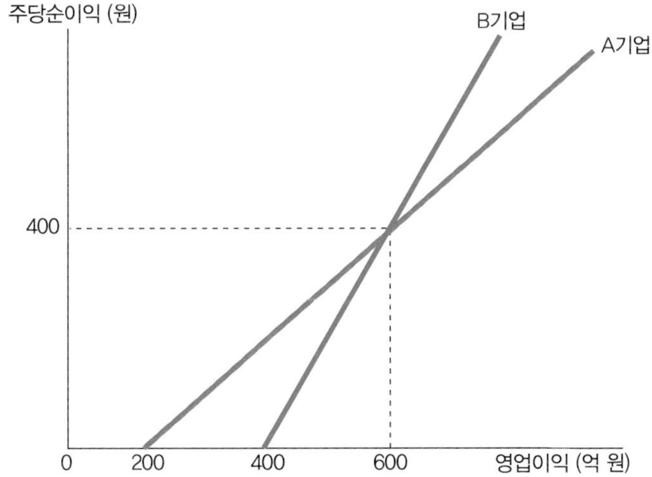

[그림 7–3] 자본조달분기점

$$\frac{(\text{영업이익}-\text{A기업 이자비용})(1-\text{법인세율})}{\text{A기업 발행주식수}}=\frac{(\text{영업이익}-\text{B기업 이자비용})(1-\text{법인세율})}{\text{B기업 발행주식수}} \quad (7-23)$$

$$\text{영업이익}=\frac{\text{A기업 발행주식수}\times\text{B기업 이자비용}-\text{B기업 발행주식수}\times\text{A기업 이자비용}}{\text{A기업 발행주식수}-\text{B기업 발행주식수}}$$

식 (7–23)에 의해서 A기업과 B기업의 주당순이익을 같게 하는 자본조달분기점을 계산하면 600억 원이며, 이때 두 기업의 주당순이익은 모두 400원이다.

$$\frac{8{,}000\text{만주}\times 400\text{억 원}-4{,}000\text{만주}\times 200\text{억 원}}{8{,}000\text{만주}-4{,}000\text{만주}}=600\text{억 원}$$

따라서 A기업과 B기업 중 투자대상을 선택하려는 주주의 입장에서는 호황의 가능성이 높다고 판단하면 호황에서 예상 주당순이익이 높은 B기업에 투자를 하고, 불황의 가능성이 높다고 판단하면 불황에서 예상 주당순이익이 높은 A기업에 투자를 하여 주당배당금을 높일 수 있다.

3. 재무레버리지도의 실무적 시사점

이상의 사례에서 살펴본 바와 같이 자본구조에서 타인자본의존도가 높을수록 주주에게 귀속되는 이익은 개선될 수 있지만, 재무위험도 증가하므로 적절한 재무위험수준에서 주주의 이익을 창출할 수 있는 재무구조를 결정해야 한다. 재무레버리지도가 높다는 의미는 주당순이익의 변동성인 재무위험이 높음을 의미한다. 즉 〈표 7-8〉에서 미래 각 상황이 실현될 확률이 0.5로 동일하다고 가정하면 A기업과 B기업의 주주 입장에서 예상하는 미래 주당순이익은 400원으로 동일하지만, 이에 대한 위험은 B가 A에 비해 높음을 시사한다. 이를 확인하기 위해 〈표 7-8〉에서 A와 B의 미래 상황에 예상되는 기대 주당순이익과 표준편차(standard deviation)를 각각 구해보자.

A기업 기대 주당순이익: $0.5 \times 340 + 0.5 \times 460 = 400$(원)

A기업 주당순이익 표준편차: $\sqrt{0.5 \times (340-400)^2 + 0.5 \times (460-400)^2} = 60$(원)

B기업 기대 주당순이익: $0.5 \times 280 + 0.5 \times 520 = 400$(원)

B기업 주당순이익 표준편차: $\sqrt{0.5 \times (280-400)^2 + 0.5 \times (520-400)^2} = 120$(원)

A기업 주당순이익 표준편차는 60원이며, 이는 예상되는 주당순이익 400원을 중심으로 미래 상황에 따라 60원만큼 증감할 가능성이 존재함을 의미한다. 반면 B의 표준편차는 A의 표준편차의 2배인 120원으로, 이는 호황일 경우에는 주주에게 귀속될 평균 주당순이익과 주당배당금이 A보다 높지만 불황일 때에는 B에 비해 상대적으로 낮은 주당순이익을 감수해야 함을 의미한다. 이는 B기업이 A기업보다 고정금융비용을 많이 부담하므로 이것이 지렛대 작용을 하기 때문이다. 이처럼 이자비용을 많이 부담할수록 순이익증감률이 영업이익증감률보다 크게 나타나는 이유는 투자소요자금을 부채로 조달할 때 부담해야 하는 고정금융비용이 지렛대 역할을 하여 영업이익 변화에 따라 순이익의 변화율을 확대시키는 재무레버리지효과가 나타나기 때문이다. 결과적으로 A기업과 B기업의 ROE는 현재 8%로 동일하지만, 상황에 따라 A기업 ROE는 1.2%p 증감하는 반면, B기업의 ROE는 이보다 확대된 2.4%p 증감한다.

이상에서 살펴본 바와 같이 자본구조에서 타인자본의 비중이 높을수록, 주주에게 귀속되는 기대 이익은 개선될 수 있지만 그만큼 재무위험이 증가하는 결과를 가져오기 때문에 적절한 수준의 자본구조(capital structure)를 결정해야 한다. 즉, 영업레버리지도와 마찬가지로 재무레버리지도가 높다는 의미는 경영성과가 양호하다는 의미가 아니며, 재무위험이 높음을 의미한다.

따라서 기업은 미래의 불확실성하에서 재무레버리지효과를 고려하여 자본구조를 결정하여야 한다. 예를 들어, 미래의 경기상황이 낙관적으로 전망되어 매출량과 영업이익이 크게 증가할 것으로 예측되는 경우에는 부채로 자금을 조달하여 투자한다면 주당순이익을 확대시킬 수 있다. 반대로 미래에 경기침체가 예상되는 경우에는 신규 투자를 확대하기보다 부채상환을 통해 재무구조를 개선하여 주당순이익의 감소폭을 제한해야 한다.

7.4 결합레버리지분석

1. 결합레버리지도의 측정

투자결정에 따른 영업레버리지와 부채조달에 따른 재무레버리지를 통합한 것을 결합레버리지(combined leverage)라고 한다. 결합레버리지는 영업레버리지와 재무레버리지를 통합한 개념으로, 그냥 레버리지라고 부르기도 한다. 따라서 총비용 중에서 고정영업비용과 고정금융비용이 차지하는 비중으로 결합레버리지를 측정할 수 있다.

결합레버리지가 높을수록 고정영업비용과 고정금융비용이 동시에 지렛대 작용을 하기 때문에 매출액의 변화에 따라 주당순이익이 그보다 높은 비율로 변화하는 결합레버리지효과(combined leverage effects)가 나타난다. 결합레버리지효과를 측정하는 척도로 결합레버리지도(degree of combined leverage; DCL)가 이용된다.

결합레버리지도는 매출액 증감률에 대한 주당순이익 증감률의 비율로 식 (7−24)와 같다.

$$\text{결합레버리지도} = \frac{\text{주당순이익 증감률}}{\text{매출액 증감률}} = \frac{\dfrac{\triangle\text{수당순이익}}{\text{주당순이익}}}{\dfrac{\triangle\text{매출액}}{\text{매출액}}} \qquad (7-24)$$

결합레버리지도는 영업레버리지도와 재무레버리지도를 통합한 것이므로 식 (7−24)는 식 (7−25)와 같이 영업레버리지도와 재무레버리지도의 곱으로 나타낼 수 있다.

$$\text{결합레버리지도} = \frac{\text{영업이익 증감률}}{\text{매출액 증감률}} \times \frac{\text{주당순이익 증감률}}{\text{영업이익 증감률}} \qquad (7-25)$$

식 (7−19)와 식 (7−22)를 식 (7−25)에 대입하니 식 (7−26)과 같은 결합레버리지도의 관계식을 얻을 수 있다. 즉 결합레버리지도는 공헌이익을 법인세차감전순이익으로 나눈 값이다.

$$\begin{aligned}\text{결합레버리지도} &= \frac{\text{공헌이익}}{\text{영업이익}} \times \frac{\text{영업이익}}{\text{법인세차감전순이익}} \qquad (7-26)\\ &= \frac{\text{공헌이익}}{\text{법인세차감전순이익}}\end{aligned}$$

식 (7-26)에서 볼 수 있는 것처럼 결합레버리지도는 영업레버리지도와 재무레버리지도에 의해 결정된다.

결합레버리지도를 측정하기 위해 〈표 7-3〉과 〈표 7-8〉을 결합한 두 기업 A와 B의 손익계산서의 구조를 〈표 7-9〉에서 보기로 하자. A기업에 비해 B기업은 영업레버리지와 재무레버리지가 모두 높다. 따라서 A기업과 B기업의 현재 매출액이 2,000억 원으로 동일한 수준에서 향후 10%의 매출액 증감은 A기업보다는 B기업의 영업이익 증감률을 더 크게 확대시키며, 이는 다시 주당순이익 증감률을 증폭시키는 연쇄효과를 발생시킨다.

〈표 7-9〉 **결합레버리지 분석** (단위: 억 원, 원)

	A			B		
	불황	현재	호황	불황	현재	호황
매 출 액	1,800	2,000	2,200	1,800	2,000	2,200
	(−10%) ←――――――――→ (10%)			(−10%) ←――――――――→ (10%)		
변동영업비용	720	800	880	180	200	220
고정영업비용	600	600	600	1,200	1,200	1,200
영업이익	480	600	720	420	600	780
	(−20%) ←――――――――→ (20%)			(−30%) ←――――――――→ (30%)		
영업레버리지도 ①		2			3	
이자비용	200	200	200	400	400	400
법인세차감전순이익	280	400	520	20	200	380
법인세(20%)	56	80	104	4	40	76
당기순이익	224	320	416	16	160	304
	(−30%) ←――――――――→ (30%)			(−90%) ←――――――――→ (90%)		
주당순이익	280	400	520	40	400	760
	(−30%) ←――――――――→ (30%)			(−90%) ←――――――――→ (90%)		
재무레버리지도 ②		1.5			3	
결합레버리지도 ①×②		3			9	

B기업의 결합레버리지도가 9라는 의미는 〈표 7-9〉에서 매출액이 2,000억 원에서 10% 변동할 때 순이익과 주당순이익은 매출액 증감률인 10%의 9배에 해당하는 90% 변동한다는 것이다. 구체적으로 호황일 경우에 매출액은 2,000억 원에서 2,200억 원으로 10% 증가할 때 주당순이익은 400원에서 760원으로 90% 증가하지만, 불황일 경우에 매출액이 1,800억 원으로 10% 감소할 때 주당순이익은 400원에서 40원으로 90% 감소한다. 즉, 주당순이익의 증감률은 매출액 증감

률의 9배이다. 이처럼 매출액이 변동할 때 주당순이익의 증감률이 그보다 높은 비율로 확대되는 결합레버리지효과가 나타나는 이유는 고정영업비용과 고정금융비용이 동시에 지렛대 작용을 하기 때문이다. 즉 B기업의 결합레버리지도 9는 영업레버리지도 3과 재무레버리지도 3의 곱으로 계산되며, 식 (7−26)을 적용하여 현재 공헌이익인 1,800억 원(=2,000억−200억)을 법인세차감전순이익인 200억 원으로 나눈 값과도 일치한다.

또한 A기업의 현재 공헌이익인 1,200억 원(=2,000억−800억)을 법인세차감전순이익인 400억 원으로 나눈 값은 결합레버리지도 3이며 이는 영업레버리지도 2와 재무레버리지도 1.5로 분해할 수 있다.

$$\text{A기업 재무레버리지도} = \frac{2{,}000-800}{2{,}000-800-600-200} = 2\times1.5 = 3$$

$$\text{B기업 재무레버리지도} = \frac{2{,}000-200}{2{,}000-200-1{,}200-400} = 3\times3 = 9$$

2. 기업위험의 측정

기업위험은 영업위험과 재무위험으로 구분된다. 영업위험은 판매량의 변동에 따른 영업이익의 변동성으로 측정되고, 재무위험은 영업이익의 변동에 따른 주당순이익의 변동성으로 측정된다. 따라서 매출액 변화에 따른 주당순이익의 변동성을 분석함으로써 기업위험을 측정할 수 있다.

결합레버리지도의 관계식을 나타내는 식 (7−25)를 주당순이익 증감률에 대한 관계식으로 정리하면 식 (7−27)과 같다.

$$\frac{\triangle\text{주당순이익}}{\text{주당순이익}} = \text{영업레버리지도} \times \text{재무레버리지도} \times \frac{\triangle\text{매출액}}{\text{매출액}} \qquad (7-27)$$

식 (7−27)에서 볼 수 있는 것처럼 기업위험은 영업레버리지도와 재무레버리지도에 의해서 결정된다. 이와 같이 레버리지분석은 투자정책과 자금조달정책이 기업위험에 어느 정도 영향을 미치는지 분석하는데 매우 유용하다.

〈CASE STUDY〉

1. 우리나라 제조업의 손익분기점율과 안전한계율 분석

한국은행 경제통계시스템의 기업경영분석에서 추출한 자료를 활용하여 2015~2017년까지 우리나라 제조업의 업종별 손익분기점율과 안전한계율을 비교해보자. 손익분기점율은 손익의 관계비율에서 631번 지표이다.

손익분기점율은 해당 연도의 실제 매출액 대비 손익분기점 매출액으로 정의되며, 식 (7-8)에 따르면 100% – 안전한계율로 계산할 수도 있다. 즉, 안전한계율은 100% – 손익분기점율이 된다. 또한 손익분기점율은 손익분기점 매출액을 실제 매출액으로 나누어 계산하므로, 식 (7-7)을 실제 매출액으로 나누면 손익분기점율은 $\frac{\text{고정영업비용}}{\text{매출액} - \text{변동영업비용}} = \frac{\text{고정영업비용}}{\text{공헌이익}}$ 과 같다.

기업경영분석에서 손익분기점은 세전영업이익을 기준으로 계산하고 있다.

〈표 7-10〉에서 제조업에 속한 23개 세부 업종의 안전한계율 평균치는 2015년 19.20%에서 2016년에는 8.85%로 대폭 하락했지만, 2017년에는 15.93%로 다시 상승했다. 2015년에 안전한계율이 가장 높은 산업은『코크스, 연탄 및 석유정제품』로 40.86%이었으며, 다음으로는『전자부품, 컴퓨터, 영상, 음향 및 통신장비』로 31.83%였다. 2016년에는 모든 업종의 안전한계율은 20% 미만으로 하락했으며,『화학물질 및 화학제품』의 안전한계율이 13.76%로 가장 높았다. 2017년의 안전한계율이 가장 높았던 산업은『코크스, 연탄 및 석유정제품』로 40.17%이었으며, 다음으로『전자부품, 컴퓨터, 영상, 음향 및 통신장비』로 29.89%였다.

〈표 7-10〉 국내 제조업의 손익분기점율과 안전한계율

업종	손익분기점율 (%)			안전한계율 (%)		
	2015	2016	2017	2015	2016	2017
C11 음료	79.91	93.42	81.37	20.09	6.58	18.63
C13 섬유제품(의복제외)	87.44	91.87	91.26	12.56	8.13	8.74
C14 의복, 의복액세서리 및 모피제품	85.81	97.36	91.50	14.19	2.64	8.50
C15 가죽, 가방 및 신발	75.12	97.23	87.47	24.88	2.77	12.53
C16 목재 및 나무제품(가구 제외)	92.02	87.44	88.59	7.98	12.56	11.41
C17 펄프, 종이 및 종이제품	92.15	89.13	90.69	7.85	10.87	9.31
C18 인쇄 및 기록매체 복제업	89.99	87.71	87.76	10.01	12.29	12.24

C19 코크스, 연탄 및 석유정제품	59.14	86.64	59.83	40.86	13.36	40.17
C20 화학물질 및 화학제품(의약품 제외)	73.08	86.24	75.31	26.92	13.76	24.69
C21 의료용 물질 및 의약품	81.26	95.51	84.27	18.74	4.49	15.73
C22 고무제품 및 플라스틱제품	89.34	87.37	88.08	10.66	12.63	11.92
C23 비금속 광물제품	75.12	86.55	80.90	24.88	13.45	19.10
C24 1차 금속	77.81	91.59	80.77	22.19	8.41	19.23
C25 금속가공제품(기계 및 가구 제외)	92.49	88.03	88.90	7.51	11.97	11.10
C26 전자부품, 컴퓨터, 영상, 음향 및 통신장비	68.17	91.20	70.11	31.83	8.80	29.89
C27 의료, 정밀, 광학기기 및 시계	76.67	88.28	84.94	23.33	11.72	15.06
C28 전기장비	88.61	88.43	88.56	11.39	11.57	11.44
C29 기타 기계 및 장비	72.24	87.13	82.02	27.76	12.87	17.98
C30 자동차 및 트레일러	85.11	94.25	87.19	14.89	5.75	12.81
C31 기타 운송장비	68.29	108.75	76.31	31.71	−8.75	23.69
C32 가구	80.60	88.68	86.97	19.40	11.32	13.03
C33 기타 제품 제조업	73.27	88.93	85.94	26.73	11.07	14.06
C34 산업용기계 및 장비수리업	94.85	94.80	94.81	5.15	5.20	5.19
제조업평균	80.80	91.15	84.07	19.20	8.85	15.93

출처: 한국은행 경제통계시스템 경영분석 2015~2017

2. 우리나라 제조업의 영업레버리지도 측정

한국은행 경제통계시스템의 기업경영분석에서 수록된 자료를 활용하여 우리나라 제조업의 레버리지도를 측정해보자. 〈표 7−11〉에는 2017년도 제조업 전체와 기업 규모에 따른 매출액, 변동비 대 매출액, 영업손익이 제시된다. 기업경영분석에서는 제조업을 기업 규모에 따라 전체 종합, 대기업, 중소기업으로 구분하고 있다.

〈표 7−11〉 **국내 제조업의 매출액, 변동비 대 매출액, 영업이익 (2017년)**

항목	전체	대기업	중소기업
매출액(백만 원)	1,821,878,190	1,243,862,074	578,016,116
변동비 대 매출액	0.6283	0.6195	0.6463
영업손익(백만 원)	138,313,723	112,635,294	25,678,429

기업경영분석의 손익의 관계비율에서 613번 지표인 변동비 대 매출액은 회계연도에 총변동비가 매출액에서 차지하는 비중이다. 따라서 당해연도의 매출액에 이 비율을 곱하면 업종의 변동비를 추정할 수 있고, 식 (7−28)의 영업레버리지도를 구할 수 있다.

$$\text{영업레버리지도}(DOL) = \frac{\text{매출액} - \text{매출액} \times \text{변동비 대 매출액}}{\text{영업손익}} \qquad (7-28)$$

제조업 전체의 DOL은 공헌이익을 영업이익으로 나눈 값이므로 다음과 같이 계산된다.

$$\text{제조업 전체 } DOL = \frac{1{,}821{,}878{,}190 - 1{,}821{,}878{,}190 \times 0.6283}{138{,}313{,}723} = 4.90$$

제조업 전체 DOL이 4.90이라는 의미는 2017년의 단위당 변동영업비용, 고정영업비용 그리고 단위당 판매가격 등이 그대로 유지한다는 가정하에 매출액이 1% 증가한다면 영업이익은 그의 4.9배인 4.9%가 증가한다는 의미이다.

동일한 방법으로 대기업과 중소기업의 영업레버리지도를 구하면 다음과 같다.

$$\text{대기업 } DOL = \frac{1{,}243{,}862{,}074 - 1{,}243{,}862{,}074 \times 0.6195}{112{,}635{,}294} = 4.20$$

$$\text{중소기업 } DOL = \frac{578{,}016{,}116 - 578{,}016{,}116 \times 0.6463}{25{,}678{,}429} = 7.96$$

대기업과 중소기업의 DOL을 비교하면 중소기업의 영업레버리지도가 높으므로 이는 중소기업의 영업위험이 상대적으로 대기업에 비해 높다는 것을 시사한다. 제조업 전체 DOL은 대기업 DOL과 중소기업 DOL을 영업손익의 비중으로 가중평균하여 계산된다. 제조업 전체의 영업이익에서 대기업 영업이익이 차지하는 비중은 81.43%이며, 제조업 전체 DOL이 4.90인 결과는 영업손익에서 높은 비중을 차지하는 대기업의 영향력에 기인한다.

$$\text{제조업 전체 } DOL = \text{대기업 } DOL \times \frac{\text{대기업 영업손익}}{\text{전체 영업손익}} + \text{중소기업 } DOL \times \frac{\text{중소기업 영업손익}}{\text{전체 영업손익}}$$

$$4.90 = 4.20 \times 0.8143 + 7.96 \times 0.1857$$

연·구·과·제

1. 2019년에 2,000억 원의 매출액을 달성한 A기업은 2020년도의 사업계획을 편성하는 단계에서 경제 여건에 따라 매출액이 10% 변동할 것으로 예상하고 있다. 고정영업비용과 판매단가, 제품 단위당 변동영업비용은 2019년 수준으로 동결하기로 결정했으며, 추가적인 자본조달 없이 운영할 계획이다. A기업의 손익계산서를 작성하고 물음에 답하시오.

(단위: 억 원)

	2019년	2020년	
		불황	호황
매출액	2,000	1,800	2,200
변동영업비용	800	( )	( )
고정영업비용	( )	( )	( )
영업이익	600	( )	( )
이자비용	( )	( )	( )
법인세차감전순이익	400	( )	( )
법인세(20%)	( )	( )	( )
당기순이익	( )	( )	( )
주당순이익(원)	40	( )	( )

(1) 손익분기점 매출액을 구하시오.
(2) 2020년에 예상되는 상황별로 안전한계율을 구하시오.
(3) 2020년에 각 상황이 발생할 확률이 0.5로 동일할 때, 영업이익의 변동성과 주당순이익의 변동성을 구하시오.
(4) 영업레버리지도, 재무레버리지도, 결합레버리지도를 구하고 의미를 설명하시오.

2. A사는 1,000억 원의 기존시설을 보유하고 있으며 500억 원 상당의 시설확장을 계획하고 있다. 시설확장 전의 영업이익은 140억 원이나, 확장 후 예상되는 영업이익은 200억 원이다. A사는 보통주 20만 주를 이미 발행했으며, 신규 시설확장자금 500억 원은 부채로 조달하려 한다. 법인세율은 20%이며, 이자율은 10%이다.

(1) 시설 확장 전 500억 원을 부채로 조달할 경우의 주당순이익을 구하시오.
(2) 시설을 확장한 후 A사의 재무레버리지도를 구하시오.

3. 〈표 7-6〉과 〈표 7-8〉에서 A기업과 B기업의 현재 매출액이 2,500억 원이라고 가정하자.

(1) 영업레버리지도, 재무레버리지도, 결합레버리지도를 구하고 비교하시오.
(2) 향후 예상 매출액 증가율이 20% 또는 −20%로 변동할 경우의 매출액영업이익률, 이자보상배율, ROE를 구하고 경영상태를 진단하시오.

4. 2019년도『기업경영분석』에서 특정 산업을 선정하여 매출액 대 변동비, 매출액 대 고정비, 손익분기점률을 이용하여 실제 매출액, 변동비, 고정비, 손익분기점 매출액을 구하고 이를 [그림 7-2]의 그래프에 나타내시오.

8

CHAPTER

재무예측과 재무계획

기업은 장기적인 관점에서 소요되는 자금의 규모와 이에 대한 공급을 예측하여 경영계획을 수립한다. 이와 같이 향후 기업의 성장에 따라 자산과 부채가 어떻게 변화할 것인가를 전망하고 이를 기초로 필요한 자금을 추정하는 것을 재무예측이라 한다. 이 장에서는 먼저 재무예측에 주로 활용되는 계량적 방법과 특성을 소개하고 추정재무제표를 작성하기 위한 출발점이 되는 매출액 예측의 중요성을 이해한다. 또한 추정재무제표를 작성하기 위한 방법에서 가장 보편적으로 활용되는 매출액백분율법을 학습하고, 이를 보완할 수 있는 방법에 대해 살펴보도록 한다.

8.1 재무예측의 중요성과 방법

1. 재무예측의 중요성

재무예측(financial forecasting)이란 기업의 미래 재무상태와 경영성과를 예측하는 활동으로, 특히 기업이 장기적인 관점에서 자금의 수요와 공급을 예측하는 것을 말한다. 즉, 재무예측에서는 재무제표를 구성하는 각 항목의 수치를 예측하여 미래의 매출액, 이익, 자금소요액, 성장률 등을 추정하게 된다. 이와 같은 추정자료는 투자자, 채권자, 경영자 등 기업의 이해관계자들에게 매우 중요한 정보로 이용된다.

경영자의 입장에서 재무예측에 관련된 정보는 여러 의사결정에 필수적으로 활용된다. 경영자는 기업환경을 고려하여 기업목표를 효과적으로 달성하기 위한 경영정책을 결정하고, 그 결과에 따라 경영계획을 수립하여 경영활동을 통제한다. 이는 투자에 소요되는 자금의 추정과 그 조달방법 및 자금사정의 예측이 전제되어야 한다. 즉, 성장에 필요한 재무자원을 기업 내·외적으로 어느 정도 조달할 수 있으며, 재무상 어떤 문제점이 있는지 미리 예측하는 작업이 필요한 것이다. 이와 같은 의사결정에서 필요로 하는 정보는 미래의 매출액, 이익, 소요자금 등에 대한 예측자료이다.

채권자에게는 기업의 차입금상환능력이 주된 관심사이기 때문에, 미래의 현금창출능력에 대한 예측자료가 중요한 의사결정 정보로 이용된다. 예를 들어, 대출위험이 중요시되는 신용분석에서 단기대출의 경우에는 일반적으로 단기적 유동성이 우선적으로 중시되는 요인이지만, 장기대출일수록 미래 이익발생능력에 의해 기업의 상환능력이 결정되므로, 신용분석에서도 미래 이익예측을 중요시하고 있다.

투자자에게는 궁극적으로 기업의 미래 수익성과 위험 혹은 성장성에 따라 증권의 투자가치가 달라지므로 미래 예측정보가 투자의사결정에 중요한 자료로 활용된다. 특히 증권가격의 가장 중요한 결정요인인 기업의 미래 이익을 얼마나 정확히 예측하느냐에 따라서 투자수익률이 달라진다. 이러한 측면 때문에 미래 이익예측의 정확도가 증권분석의 핵심을 이룬다.

2. 재무예측의 방법

기업의 미래 매출액, 이익, 소요자금액, 기타 재무제표의 각 항목 등을 예측하는 데 이용되는 방법은 크게 주관적 예측방법과 객관적 예측방법으로 나눌 수 있다.

(1) 주관적 예측방법

주관적 예측방법(subjective forecasting method)은 경제, 산업, 기업 등에 대한 예측자의 오랜 경험이나 주관적인 판단에 근거하여 미래를 예측하는 방법이다. 따라서 주관적 예측방법은 예측을 담당하는 분석자의 능력이나 전문지식의 정도에 따라 예측결과가 달라지기 때문에 비과학적이라는 단점이 있다. 그러나 주관적 예측방법이 다른 예측방법보다 더 높은 신뢰도를 지니는 예가 많다. 특히 순차적인 질문서법을 사용하여 의견의 합일점을 찾아가는 델파이(Delphi)법을 이용하거나, 개별 분석자의 예측치를 종합하는 방법을 활용함으로써 예측능력을 향상시킬 수 있다. 실무에서는 증권분석을 전문적으로 담당하는 애널리스트들이 전망하는 예측치들의 평균값 또는 중간값으로 평가하며 예측치의 종합적인 수치가 컨센서스(consensus)라는 용어로 활용된다. [사례 8-1]은 증권사들이 주기적으로 발표하는 예측 전망치들이다.

[사례 8-1] 재무지표 예측치의 컨센서스

2019년 10월 14일에 인터넷 포털인 DAUM의 증권 메뉴에서 검색된 [그림 8-1]의 NAVER의 컨센서스의 자료에는 2016년부터 2018년까지 3년간 실적(A)과 2019년과 2020년의 예상치(E)에 대한 정보들이 수록되어 있다. 또한 컨센서스의 주요한 근거인 개별 증권사의 추정실적도 세부적으로 검색할 수 있다. 추정치가 발표된 시기는 7월 12일부터 10월 11일까지로, 총 49건이 발표되었다. 2019년 매출액 추정치의 최저값은 7월 22일에 리딩증권사가 제시한 6조3,285억 원이며, 최고값은 9월 17일에 미래에셋대우가 제시한 6조6,540억 원으로 그 차이는 3,255억 원이다. 또한 2019년 영업이익 추정치의 최저값은 7월 17일에 미래에셋대우가 제시한 6,500억 원, 최고값은 7월 22일에 리딩증권사가 제시한 8,477억 원으로 그 차이는 1,977억 원이다.

추정실적							증권사선택
일자	기준	매출액(억)	영업익(억)	순이익(억)	EPS(원)	PER(배)	증권사
19.10.11	'19/12	65,010	7,800	4,840	2,937	53.12	한화
19.10.08	'19/12	65,896	6,984	4,960	3,009	51.01	메리츠
19.10.08	'19/12	65,800	7,500	3,620	2,196	69.89	한국투자
19.10.07	'19/12	64,981	7,347				리딩
19.10.02	'19/12	65,365	7,414	4,170	2,530	62.05	KTB

컨센서스/실적

결산	매출액(억)	영업이익(억)	당기순이익(억)	EPS(원)	PER(배)
2020(E)	**75,096**	**10,662**	**7,173**	**4,352**	**35.84**
2019(E)	**65,641**	**7,522**	**4,936**	**2,995**	**52.09**
2018(A)	55,869	9,425	6,488	3,937	30.99
2017(A)	46,785	11,792	7,729	4,689	37.10
2016(A)	40,226	11,020	7,493	4,546	

출처: http://finance.daum.net/quotes/A035420#investments/performance

[그림 8–1] NAVER의 주요 재무지표의 예측치

(2) 객관적 예측방법

객관적 예측방법(objective forecasting method)은 적합한 예측모형을 설정하여 관련자료를 토대로 미래의 재무상태와 경영성과를 예측하는 방법이다. 객관적인 예측방법으로는 시계열예측모형(time–series forecasting model)이 가장 보편적으로 활용된다.

[그림 8–2]에서 2010년부터 2014 년까지 유한양행의 매출액은 직선인 추세선을 중심으로 변동하면서 뚜렷한 증가추세를 나타내고 있다. 이처럼 시계열예측모형은 과거 일정 기간 동안의 재무변수 시계열자료로부터 시간의 흐름 속에서 나타나는 체계적인 움직임을 추적하여 미래 재무변수를 예측하는 방법이다. 특히 과거의 재무제표 항목의 시계열자료로부터 일정한 규칙성을 발견할 수 있는 경우가 많기 때문에, 시계열분석은 이러한 규칙성을 토대로 미래예측에도 응용할 수 있는 것으로 평가되고 있다. 이 같은 시계열예측모형에서 주로 활용되는 방법으로는 외삽법(cxtrapolation)이 있다. 외삽법은 시계열예측방법 중 가장 간단한 방법으로 다른 시계열예측분석의 기초가 되는 예비적인 분석방법이다. 외삽법은 미래의 최적 예측치는 과거 추세의 연속선상에 위치한다는 전제로부터 출발한다. 가장 간편하게 이용될 수 있는 외삽법은 과거 수년 동안의 재무변수자료를 수집하여 [그림 8–2]와 같은 시계열그래프를 작성하여 살펴보는 것이다. 시계열그래프로부터 일정한 추세가 발견되면, 추세선의 기울기를 적용하여 예측치를 구

할 수 있다. 외삽법의 단점은 추세의 전환점을 예측하기 어렵다는 점이다. 전환점의 예측을 위해서는 주관적 판단에 의한 예측이나 인과모형에 의한 예측으로 조정하여 보완할 필요가 있다.

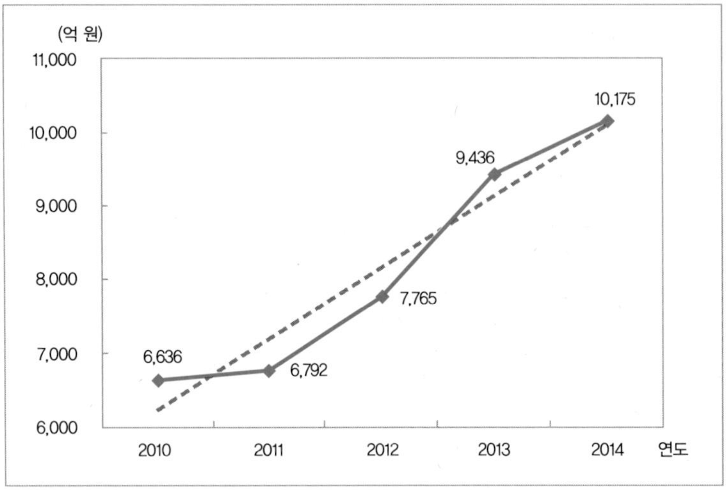

[그림 8–2] 유한양행의 매출액 추이

[그림 8–2]에 제시된 유한양행의 매출액 자료를 가지고 외삽법을 이용하여 2015년도의 매출액을 예측해보도록 하자. 외삽법은 과거 일정 기간 동안의 연평균 매출액 증분을 최근연도에 매출액에 반영하거나, 과거 일정 기간 동안의 연평균 매출액 증가율을 최근연도 매출액에 반영한 값을 예측치로 계산한다. 2010년부터 2014년까지 직선의 기울기는 매출액의 연평균 증가분을 나타낸다. 내년도 매출액이 과거 매출액의 추세를 반영하여 연평균 증가분만큼 증가한다고 가정하자. 2015년도 매출액 예측치는 2014년도 매출액에 과거 매출액의 연평균 증가분을 더한 값인 1조1,060억 원이다.

$$\text{2015년 예상 매출액} = \text{2014년 매출액} + \frac{\text{2014년 매출액} - \text{2010년 매출액}}{2014 - 2010}$$

$$= \text{1조175억} + \frac{\text{1조175억} - \text{6,636억}}{4} = \text{1조 1,060억 원}$$

실제 2015년의 유한양행의 매출액은 1조1,287억 원으로 이 방법은 실제 매출액보다 227억을 과소 예측했으며, 이 예측오차는 실제 매출액의 2%이다.

복리효과를 고려하여 2011년부터 2014년까지 기하평균증가율(geometric average growth rate)로 측정한 유한양행의 연평균 매출액 증가율은 11.3%이다. 2014년 매출액에 연평균 매출액 증가율을 적용한 2015년의 유한양행의 매출액 예측치는 1조1,322억 원이다.

$$r = \sqrt[4]{(1+r_{2011})(1+r_{2012})(1+r_{2013})(1+r_{2014})} - 1$$
$$= \sqrt[4]{\frac{\text{2014년 매출액}}{\text{2010년 매출액}}} - 1 = \sqrt[4]{\frac{\text{1조175억}}{\text{6,636억}}} - 1 = 11.3\%$$
$$\text{2015년 예상 매출액} = \text{1조175억} \times (1+0.113) = \text{1조1,322억 원}$$

기하평균증가율을 적용하여 예측한 매출액은 실제 매출액보다 35억 원보다 높으므로, 과대예측한 결과이다. 이 예측오차는 실제 매출액 대비 0.3%이며, 예측오차로 볼 때 첫 번째 예측방법보다 정확도가 높다.

8.2 추정재무제표의 작성

1. 추정재무제표의 중요성

기업은 여러 가지 형태의 계획과 예산을 작성한다. 생산계획표나 교육훈련예산 등은 부서별로 세밀하게 작성된 것이고, 추정재무제표는 기업 전체의 입장에서 조감하도록 작성된 것이다. 재무관리자는 추정재무제표(pro forma financial statement)를 작성함으로써 미래의 재무적 강점과 약점을 예상할 수 있으며, 투자결정과 자본조달결정에 필요한 정보를 얻게 된다. 추정재무제표를 이용하면 장차 어느 활동에 얼마의 자금이 필요한가를 예측할 수 있고, 외부상황의 변화나 기업의 의사결정이 경영성과와 재무상태에 어떠한 영향을 미치는지 미리 분석해 볼 수 있다.

추정재무제표를 작성하려면 우선 외부변수와 내부변수를 선정해야 한다. 외부변수는 경기변동이나 금리 등과 같이 기업 외적으로 결정되어서 주어진 것으로 기업이 통제할 수 없는 변수이고, 내부변수는 부채비율이나 배당성향 등과 같이 기업이 정책적인 판단 하에 결정하는 변수이다. 기업 내·외적 변수가 선정되면 이들이 기업의 재무상태와 성과에 미치는 영향을 분석하고 재무적 영향의 정도와 내용을 손익계산서와 재무상태표의 형태로 요약한다.

추정재무제표는 개별적인 재무항목을 신중하게 예측하여 세밀하게 작성할 수도 있고 중요한 항목만을 대상으로 대략적으로 작성할 수도 있다. 어떤 경우이든 추정재무제표를 작성하는 목적은 미래의 재무상태와 경영성과를 예측하는 데 있다. 보다 구체적으로는 추정손익계산서에서 미래의 수익과 비용을 예측하고, 추정재무상태표에서 미래의 소요자금을 예측하는 것이 그 목적이다.

2. 소요자금 예측

기업은 자본을 조달하여 각종 자산에 투자를 한다. 기업이 미래의 수익을 증대시키려면 자산의 규모도 그에 대응하여 증가시켜야 한다. 자산에 대한 이러한 투자가 곧 매출액을 증가시키고 기업가치를 성장시키는 것이다. 매출이 증가하면 기계와 설비 같은 비유동자산에 대한 투자액이 증가하며, 또 매출채권이나 재고자산 등의 유동자산도 증가하게 된다. 만일 이러한 자산을 증가시키는 데 필요한 자금이 적시에 공급되지 못하면, 기업은 예상된 매출액을 실현시키지 못하게 되며, 현금흐름에 관한 유동성을 관리하는 데 문제점이 발생할 수 있다.

추정재무제표를 이용하면 미래에 조달해야 하는 소요자금의 크기를 예측할 수 있다. 추정재무상태표에서 자산 항목의 증가분을 모두 더하면 기업의 성장에 필요한 자금수요를 알 수 있다. 이때 기업이 자금수요를 모두 외부에서 조달해야 하는 것은 아니다. 자금수요 중에서 일부는 영업활동을 통하여 내적으로 조달 가능하다. 매출이 증가하면 매입채무나 미지급비용 등의 유동부채 항목도 같이 증가하는데, 이들은 영업활동을 통해서 본연적으로 조달되는 자금이다. 자금수요에서 이러한 영업활동의 자금공급을 차감한 것이 향후 조달해야 할 소요자금이다. 기업은 이 소요자금을 유보이익(retained earnings)으로 내부에서 조달하거나, 차입이나 주식발행을 통하여 외부에서 조달하여야 한다. 즉, 외부에서 조달해야 할 자금(external fund needed: EFN)은 총 소요자금에서 내부에서 유보이익으로 조달된 자금을 차감하여 산출된다.

소요자금 = 자금수요 - 영업활동의 자금공급
= 자산 증가분 - 유동부채 증가분
외부자금조달액 = 소요자금 - 내부자금조달액

3. 매출액의 예측

기업의 미래에 대한 거의 모든 재무예측은 매출액의 예측으로부터 시작된다. 매출액의 예측은 재무계획수립의 출발점이기 때문에 예측의 정확성이 더욱 중요하고, 질 높은 예측이 되도록 세심한 주의가 필요하다. 따라서 매출액 예측의 정확도는 다른 모든 재무예측에 중대한 영향을 미친다. 매출액의 예측은 이익계획, 현금예산 그리고 소요자금 조달계획을 포함하여 많은 재무계획활동 가운데 가장 중요한 부분이기 때문에 대부분의 기업은 매출액 예측의 중요성을 인식하고, 계획적이며 규칙적으로 매출액의 예측에 많은 자원을 할당한다.

매출액의 예측에서 흔히 고려되는 요인은 국내 · 외 경제동향, 산업동향, 기업내적 환경요인 등으로 구분된다. 예를 들어, 총체적인 경제활동의 척도로 이용되고 있는 GDP의 성장추세는 매출액 예측의 기초정보인 산업의 시장규모에 영향을 미친다. 또한 과거의 매출액, 경제활동추세, 산업생산량, 산업전망, 국민총생산, 개인소득, 고용수준, 물가수준, 기업의 가격정책, 경쟁상태, 판매원의 질, 제품에 대한 계절적 수요, 생산능력 등의 다양한 요인이 고려되어야 한다.

이 모든 요인이 매출액을 예측하는 데 필요하지만, 실제로 이들 요인이 매출액에 어느 정도 영향을 미치며, 어느 정도 상관관계가 존재하는가에 대해서는 앞 절에서 설명한 시계열예측모형과 같은 객관적 분석방법을 사용하여 예측하게 된다. [그림 8-2]에서 제시된 사례 대상기업인 유한양행의 2010년부터 2014년까지 매출액은 뚜렷한 직선 추세를 유지하며 증가하므로, 시계열예측모형을 이용하여 미래 매출액을 예측할 수 있다. 또한 향후 객관적으로 시장규모가 추정되고, 시장점유율을 어느 정도 예측 가능할 수 있다면, 이를 이용하여 간접적으로 구할 수 있다. 예를 들어, 어떤 산업의 내년도 시장규모가 5조 원으로 추정되고, 이 산업에 속한 특정 기업이 20%의 시장점유율을 확보할 것으로 예상된다면, 이 기업의 내년도 예상매출액은 5조 원× 20% = 1조 원이 된다. 다음에 설명할 자금소요액 추정과 같은 재무제표 항목에 대한 예측은 매출액 예측이 정확하다는 것을 전제로 하므로, 매출액 예측이 잘못되는 경우 큰 추정오차를 초래한다. 따라서 재무계획 수립의 기초가 되는 신뢰성 있는 매출액의 예측을 하기 위해서는 적절한 매출액의 예측방법을 선택하여 이용해야 한다.

4. 재무제표 항목의 예측

앞 절에서 설명한 바와 같이 과거의 시계열자료를 이용하여 각 재무제표 항목의 예측치를 구할 수도 있으나, 매출액의 예측이 비교적 정확하다는 가정하에 예상매출액을 이용하여 각 항목을 예측할 수 있는 방법을 소개하고, 추정재무상태표(pro forma financial statements)와 추정손익계산서를 작성해 보기로 한다.

(1) 매출액백분율법

매출액백분율법(percent of sales method)은 매출액에 따라 비례적으로 변동하는 재무제표의 각 항목을 예측하는 데 이용하는 방법이다. 이 방법은 재무상태표를 구성하는 일부 항목들의 매출액에 대한 백분율이 일정하며, 앞으로도 계속하여 일정하다는 전제하에 사용될 수 있다. 매출액백분율법에서는 재무상태표나 손익계산서의 각 항목을 매출액에 대한 백분율로 표시하고, 이 백분율을 기초로 매출액의 변화에 따른 각 항목의 변화를 추정하여 앞으로 필요한 자금을 예측하게 된다. 매출액 변화와 관련하여 재무상태표의 항목을 다음과 같이 세 가지로 분류할 수 있다.

① 매출액 변동에 직접적으로 비례하여 변화하는 항목: 유동자산과 유동부채
② 매출액 변동에 따라 불규칙적으로 변화하는 항목: 비유동자산
③ 매출액 변동과 직접적 관계가 없는 항목: 비유동부채와 자본

매출액백분율법을 설명하기 위한 사례인 〈표 8-1〉은 2019년도 A사의 재무상태표와 손익계산서이다. A사의 재무상태표에서는 매출액과 직접적인 관계를 가진 항목들이 매출액의 백분율로 표시되어 있다. 재무상태표의 각 항목에서 매출액과 직접적인 관계를 가지고 있는 항목은 운전자본인 유동자산과 유동부채이다. 매출액 증가에 따라 현금과 매출채권과 같은 당좌자산도 증가하며, 적정 수준의 재고자산도 확보되어야 하기 때문이다. 또한 이러한 영업활동과정에서 매입채무와 같은 유동부채의 증가가 수반된다. 반면에 비유동자산과 비유동부채, 자본의 규모는 매출액과 명시적으로 비례적인 관계를 갖지 않는다. 매출액과 직접 비례하여 변화하는 항목과는 달리 비유동자산도 매출액이 증가할수록 증가하지만, 그 증가하는 양상이 유동자산이나 유동부채와는 다르다. 대체로 비유동자산에 투입되는 투자액은 매출액이나 생산량이 비유동자산의 생산능력을 초과하기 전까지는 일정하지만, 매출액이나 생산량이 이를 초과하면 새로운 투자가 필요하게 되므로 일시에 증가하게 된다. 그러므로 매출액과 비유동자산의 관계는 일률적으로 그 변화양상을 말할 수 있는 것이 아니며, 각 기업의 생산능력과 비유동자산의 성격에 따라 달라지게 된다.

아울러 손익계산서에서 판매비와 관리비가 모두 매출액 수준에 따라 변화하는 변동비와 같은 특성을 갖는다면, 이들 항목의 매출액에 대한 비율은 일정할 것이다. 반면에 영업외손익과

같이 비반복적으로 발생하거나 우발적으로 발생하는 항목은 매출액과 무관하므로, 매출액 수준과는 별도로 추정되어야 한다.

〈표 8-1〉에서 매출액과 비례하여 증가하는 항목인 유동자산은 800억 원으로 매출액의 50%이며, 유동부채는 320억 원이므로 매출액에서 20%의 비중을 차지한다. 따라서 운전자본인 유동자산의 증가액이나 유동부채의 증가액도 매출액의 증가액에서 50%와 20%의 비중을 차지한다. 즉, 매출액이 100원 증가한다면 유동자산은 50원, 유동부채는 20원이 증가하게 된다. A사는 매출액이 증가한다 하더라도 추가적인 비유동자산의 투자는 계획하고 있지 않으므로, 자연적으로 소요되는 자금인 순운전자본은 매출액의 30%(=50% − 20%)가 되며, A사는 이에 필요한 자금을 유보이익으로 조달하거나 외부로부터 조달해야 한다. 외부로부터 조달할 수 있는 방법은 주식발행을 통한 증자나 장단기 차입금 등이 있다.

〈표 8-1〉 **A사의 재무제표**

재무상태표 (2019.12.31)		
항목	금액(억 원)	매출액 백분율(%)
자산	1,600	
유동자산	800	(50.00)
비유동자산	800	
부채	700	
유동부채	320	(20.00)
비유동부채	380	
자본	900	

손익계산서 (2019.1.1~2019.12.31)	
항목	금액(억 원)
매출액	1,600
매출원가	1,100
매출총이익	500
판매비 및 관리비	400
영업이익	100
영업외수익	10
영업외비용	70
법인세차감전순이익	40
법인세비용(20%)	8
당기순이익	32

만약에 A사가 2020년 매출액 성장률을 2019년 대비 25%로 예상하여 매출액을 2019년 대비 400억 원 증가한 2,000억 원으로 설정하였다면, 매출액 증가에 따라 추가적으로 소요되는 자금은 120억 원(=400억 원×30%)으로 추정된다. 즉, 이는 매출액의 증가에 따라 자연적으로 발생하는 자금의 증가분이며, 이 중에서 일부는 순이익에서 배당을 제외한 유보이익인 내부자금조달액으로 충당할 수 있다. 따라서 매출액 증가에 따른 순수한 외부자금조달액(EFN)을 구하는 계산식은 식 (8-1)과 같다. 식 (8-1)에서 자산의 증가 − 부채의 증가는 매출액 증가에 따라 추

가적으로 소요되는 자금의 증가분을 의미하며, 여기에서 내부자금조달액인 유보이익(retained earnings)의 증가분을 차감하면 외부자금조달액이 산출된다. 유보이익은 배당금이 순이익에서 차지하는 비율인 배당성향을 1에서 차감한 값인 유보이익률에 예상 순이익을 곱하여 산출한다.

$$EFN = \text{자산의 증가} - \text{부채의 증가} - \text{유보이익의 증가} \quad (8-1)$$

$$= \frac{(\text{유동자산} - \text{유동부채})}{\text{매출액}} \times \triangle\text{매출액} - \text{예상순이익} \times (1-\text{배당성향})$$

만일 A사가 매출액에 대한 순이익의 비율인 매출액순이익률을 2019년과 같이 2%로 책정하고 순이익의 50%를 배당금으로 지급한다고 하자. 이럴 경우 예상순이익은 예상 매출액에 매출액순이익률을 곱한 값인 40억 원이며, 유보이익률은 50%이므로 유보이익의 증가분은 20억 원이다. 따라서 매출액 증가에 따른 외부자금조달액은 다음과 같이 계산된다.

$$EFN = (0.5 - 0.2) \times 400\text{억 원} - 0.02 \times 2{,}000\text{억 원} \times 0.5$$
$$= 100\text{억 원}$$

일단 외부자금조달액이 계산되었다면 이에 대한 조달방법과 규모를 결정하여야 한다. 외부자금조달을 부채 또는 자기자본 중 어느 것으로 결정하느냐는 지배구조, 재무구조와 자본비용에 영향을 미치므로 추정손익계산서를 작성할 때 주의해야 한다. 외부자금조달액의 일부를 사채와 같은 비유동부채를 이용하여 조달할 경우 이자비용이 발생하며 유상증자를 한다면 주주에게 배당을 지급해야 한다. 만일 이 기업이 조달해야 할 외부자금 전액을 장기차입금으로 조달한다고 가정할 경우에 2020년도 추정재무상태표는 〈표 8-2〉와 같다.

2020년도 유동자산은 2019년도 유동자산에 매출액 증가분인 400억 원과 매출액 구성비율을 곱한 값을 더하여 산출된 1,000억 원이다. 추가적인 비유동자산의 투자계획은 없으므로, 2020년도 추정 비유동자산은 2019년과 동일하다. 따라서 2020년도 총자산은 유동자산과 비유동자산의 합계인 1,800억 원으로 2019년 대비 12.5%증가했다.

2020년도의 유동부채는 매출액 증가액에서 매출액 구성비율만큼의 금액인 80억 원이 2019년보다 추가적으로 소요되므로 400억 원으로 예측된다. 한편, 유보이익의 증가분은 20억 원이므로 외부로부터 추가적인 자본조달을 하지 않은 상태에서 부채와 자본합계는 1,700억 원이 된다. 따라서 재무상태표에서 자산총계인 1,800억 원과 균형을 맞추기 위해서 추가적인 외부 조달자금 100억 원을 비유동부채인 장기차입금으로 조달한다면 2020년의 부채는 880억 원이 된다.

〈표 8-2〉 **A사의 추정재무상태표 작성** (단위: 억 원)

구분 / 항목	2019년도	매출액 구성 비율(%)	2020년도	계산근거
자산	1,600		1,800	
유동자산	800	50.00(①)	1,000	800억+400억×①
비유동자산	800		800	
부채	700		880	
유동부채	320	20.00(②)	400	320억+400억×②
비유동부채	380		480	380억+100억(장기차입금)
자본	900		920	900억+20억(내부유보)

2020년의 유동비율은 250%(=1,000 ÷ 400)로 2019년과 동일하다. 그러나 부채비율은 비유동부채의 증가로 인해 77.8%(=700 ÷ 900)에서 95.7%(=880 ÷ 920)로 상승했다. 만일 2020년의 부채비율을 2019년과 동일하게 유지하려면 총자본인 1,800억 원에 대해서 2019년의 자기자본비율이 적용되어야 하므로 1,800억 원 중 56.3%인 1,013억 원을 자본으로, 43.7%인 787억 원을 부채로 구성해야 한다. 따라서 비유동부채로 조달할 금액은 7억 원(=787억−400억−380억)이며, 유상증자와 같은 자기자본 확충으로 조달가능한 금액은 93억 원(=1,013억−920억)이다.

〈표 8-3〉 **A사의 추정손익계산서 작성** (단위: 억 원)

항목	2019년도	매출액 구성 비율(%)	2020년도	계산근거
매출액	1,600	100.00	2,000	
매출원가	1,100	68.75 (①)	1,375	2,000억×①
매출총이익	500	31.25 (②)	625	2,000억×②
판매비 및 관리비	400	25.00 (③)	500	2,000억×③
영업이익	100	6.25 (④)	125	2,000억×④
영업외수익	10		5	5억 감소
영업외비용	70		80	10억 증가
법인세차감전순이익	40		50	
법인세비용(20%)	8		10	
당기순이익	32		40	

〈표 8-3〉은 추정재무상태표를 기초로 작성한 추정손익계산서이다. 매출원가와 판매비와 관리비는 매출액의 증가에 따라 비례적으로 증가하는 변동비이므로, 2020년의 매출액 구성비율을 추정매출액에 곱하여 산출한다. 영업외손익 항목인 이자수익과 이자비용은 매출액과는 직접적인 비례 관계가 없으므로 예상되는 자금조달과 자금상환 계획을 고려하여 산출하여야 한다. A사의 이자수익은 2019년 대비 5억 원 감소한 반면 이자비용은 10억 원으로 증가할 것으로 예상된다. 따라서 이자보상배율은 2019년의 1.43배(=100÷70)에서 2020년에는 1.56배(=125÷80)로 증가한다. A사의 2020년도 예상 목표 순이익은 2019년도 매출액순이익율인 2%를 유지한다는 계획하에 40억 원으로 산출된다.

2020년도의 추정 재무제표가 작성되었으면 주요 재무지표로 재무건전성을 〈표 8-4〉에서 평가해보자. 유동성비율인 유동비율은 매출액의 변동에 정비례하여 증가하므로 2020년에도 250%로 2019년과 같은 수준으로 유지된다. 2020년에 예상되는 부채비율은 부채가 총 180억 원으로 증가하여 96%이다. 비유동자산에 대한 추가 투자는 없고, 자기자본은 유상증자에 따라 20억 원이 증가하여 비유동비율은 소폭 감소했다.

활동성지표인 총자산회전율과 비유동자산회전율의 2020년의 수치는 2019년 대비 모두 개선되었으며 수익성지표를 보면 2020년의 수치가 2019년 수치와 동일하거나 증가했음을 알 수 있다.

〈표 8-4〉 A사의 추정 재무비율

항목	2019년도	2020년
유동비율	$\frac{800}{320} \times 100 = 250\%$	$\frac{1,000}{400} \times 100 = 250\%$
부채비율	$\frac{700}{900} \times 100 = 78\%$	$\frac{880}{920} \times 100 = 96\%$
비유동비율	$\frac{800}{900} \times 100 = 89\%$	$\frac{800}{920} \times 100 = 87\%$
총자산회전율	$\frac{1,600}{1,600} \times 100 = 100\%$	$\frac{2,000}{1,800} \times 100 = 111\%$
비유동자산회전율	$\frac{1,600}{800} \times 100 = 200\%$	$\frac{2,000}{800} \times 100 = 250\%$
자기자본순이익률	$\frac{32}{900} \times 100 = 3.6\%$	$\frac{40}{920} \times 100 = 4.3\%$
총자산순이익률	$\frac{32}{1,600} \times 100 = 2\%$	$\frac{40}{1,800} \times 100 = 2\%$
매출액순이익률	$\frac{32}{1,600} \times 100 = 2\%$	$\frac{40}{2,000} \times 100 = 2\%$

(2) 민감도분석

민감도분석(sensitivity analysis)은 What-If 분석이라고도 불리며 추정재무제표를 작성하기 위한 가정이 변하거나, 사용된 변수의 값이 체계적으로 변화할 때 추정결과가 어떻게 변하는지를 관찰하는 것이다. 미래에 대한 예측을 하나의 수치로 제시하는 것보다는 범위로 제시될 때 정보가치가 더 크다. 민감도분석을 하면 추정했던 결과가 발생가능한 범위를 알 수 있다. 경영자는 민감도분석의 결과를 보고 영향력이 작은 변수나 가정들은 무시하고 예외적이거나 보다 중요한 부분에 노력과 자원을 집중할 수 있다. 추정재무제표에서 대부분의 변수나 가정은 서로 연관되어 있는 경우가 많다. 이때 하나의 변수만을 단면적으로 바꾸면서 민감도분석을 하면 중요한 관계가 무시된 엉뚱한 결과가 나타날 가능성이 있다는 것을 주의해야 한다.

앞의 사례에서 A사는 2019년도의 비유동자산을 활용하여 2020년도의 매출액의 증가를 충당할 수 있다고 가정하였으나, 만일 2019년도의 매출액이 비유동자산을 활용하여 달성할 수 있는 최대수준이라 가정한다면, 추가적인 고정설비를 투자해야 한다. 비유동자산은 매출액과 동일한 비율로 증가하는 것이 아니라 일정한 금액으로 증가하므로 시설투자비가 50억 원 소요될 경우 외부 소요자금은 다음과 같이 150억 원이 된다. 이러한 경우 외부소요자금이 추가적으로 증가하므로 자금조달계획을 적절하게 재조정해야 한다.

$$EFN = \frac{(\text{유동자산} - \text{유동부채})}{\text{매출액}} \times \triangle\text{매출액} + \triangle\text{비유동자산} - \text{예상순이익} \times (1-\text{배당성향})$$

$$= (0.5 - 0.2) \times 400\text{억} + 50\text{억} - 20\text{억} = 150\text{억 원}$$

〈표 8-5〉 비유동자산 추가 투자에 따른 A사의 추정재무상태표 작성 (단위: 억 원)

항목 \ 구분	2019년도	매출액 구성 비율(%)	2020년도	계산근거
자산	1,600		1,850	
유동자산	800	50.00(①)	1,000	800억+400억×①
비유동자산	800		850	시설투자 50억 원 추가
부채	700		855	
유동부채	320	20.00(②)	400	320억+400억×②
비유동부채	380		455	380억+75억(장기차입금)
자본	900		995	900억+20억(내부유보)+75억(신주발행)

〈표 8-5〉에서 비유동자산이 50억 원 증가했으므로 자산은 1,850억 원이며 추가적으로 외부에서 조달할 자금은 유동부채의 증가분을 제외한 150억 원이다. 이 외부자금조달액을 타인자본과 자기자본에 대해 동일한 금액으로 구성한다면 75억 원을 장기차입금으로 조달하고, 나머지 75억 원을 유상증자를 통해 조달해야 한다. 이러한 경우 2020년도의 부채는 2019년 대비 155억 원이 증가한 855억 원이며, 자본은 95억이 증가하여 995억이 된다. 따라서 부채비율은 2014년 77.78%에서 2015년에는 85.93%로 증가하는 반면, 비유동비율은 88.89%에서 85.43%로 감소한다.

매출액백분율법을 이용하여 재무예측을 할 때 주의할 점은, 단순히 기계적으로 적용해서는 안 되며, 과거의 많은 경험과 판단력이 필요하다는 것이다. 과거의 경험과 훌륭한 판단력에 기초를 두어 매출액백분율법을 이용하면 상당한 효과를 거둘 수 있다.

(3) 매출액을 이용한 회귀분석 추정

매출액백분율법은 재무제표의 특정한 항목이 매출액에서 차지하는 비중이 시간경과에 관계없이 일정하다고 가정한 반면에, 회귀분석(regression analysis)에 의한 방법은 각 항목이 매출액과 직선관계를 갖고 변동한다는 가정하에서 각 항목을 예측한다. 과거의 시계열자료가 충분한 경우에는 재무제표 항목과 매출액 사이에 존재하는 상관관계를 통계적으로 추정하여 회귀모형을 수립할 수 있다. 회귀분석을 이용하여 구한 값은 단순한 예측에 지나지 않는 것이므로, 실제와는 어느 정도의 오차가 있게 마련이지만, 장기재무예측에서는 비교적 다른 방법보다 오차가 작기 때문에 가장 많이 이용하는 방법 중의 하나이다.

[그림 8-3]의 2000년부터 2018년까지 유한양행의 매출액과 유동자산의 자료를 이용하여 작성한 산포도(scatter plot)는 두 재무변수간에 뚜렷한 선형관계를 나타낸다. 유동자산이 매출액 수준에 따라 변동한다고 가정할 경우에는 매출액과 유동자산을 각각 독립변수와 종속변수로 하는 식 (8-2)의 단순회귀모형으로 나타낼 수 있다.

$$\text{유동자산}_t = \alpha + \beta\text{매출액}_t \qquad (8-2)$$

α: 추정절편

β: 추정회귀계수

	A	B	C
1	연도	매출액(십억원)	유동자산(십억원)
2	2000	223	250
3	2001	262	258
4	2002	291	284
5	2003	310	288
6	2004	346	324
7	2005	402	362
8	2006	422	335
9	2007	493	373
10	2008	611	452
11	2009	647	563
12	2010	664	616
13	2011	679	614
14	2012	776	666
15	2013	944	720
16	2014	1,017	841
17	2015	1,129	959
18	2016	1,321	1,048
19	2017	1,462	1,070
20	2018	1,519	1,111

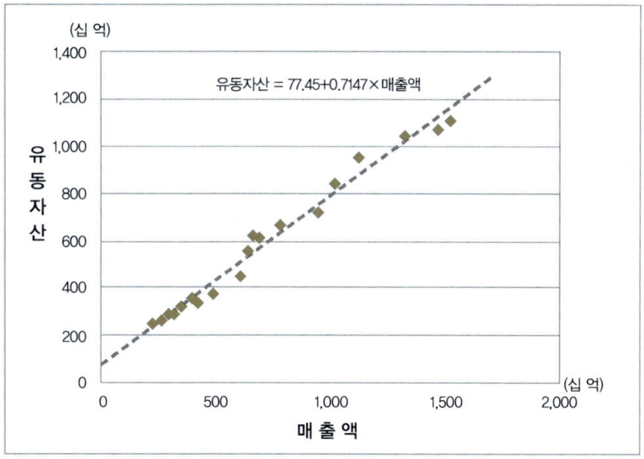

[그림 8-3] 유한양행의 매출액과 유동자산간의 관계

실제 관측자료인 매출액과 유동자산으로부터 단순회귀모형의 절편과 회귀계수는 최소자승법으로 추정해야 한다. 실무적으로는 [그림 8-4]와 같이 스프레드시트(spreadsheet)인 엑셀(Excel)의 함수 메뉴에서 절편은 INTERCEPT, 회귀계수는 SLOPE를 이용하면 간편하게 구할 수 있다.

D1 =INTERCEPT(C2:C20,B2:B20)

	A	B	C	D	E	F
1	연도	매출액(십억원)	유동자산(십억원)	77.45		
2	2000	223	250			

D1 =SLOPE(C2:C20,B2:B20)

	A	B	C	D	E	F
1	연도	매출액(십억원)	유동자산(십억원)	0.7147		
2	2000	223	250			

[그림 8-4] 엑셀함수를 이용한 절편과 회귀계수의 추정

추정회귀계수가 0.7147이라는 것은 매출액 1원이 추가적으로 증가하는데 따른 유동자산의 증가분이다. 예를 들어 매출액이 10억 원 증가할 경우 유동자산은 10억×0.7147=7억 4,147만 원이 추가적으로 소요됨을 의미한다. 유동자산을 예측하기 위해서는 회귀모형에 추정매출액을 대입하면 된다. 예를 들어 2019년도의 예상 유동자산을 구하기 위해 먼저 유한양행의 2019년의 예상 매출액을 2014년부터 2018년까지 매출액 증가율의 기하평균증가율을 이용하여 추정한

다. 2018년 매출액에 연평균 매출액증가율을 적용한 2019년의 매출액 예측치는 1조 6,452억 원이다.

$$r=\sqrt[5]{(1+r_{2014})(1+r_{2015})(1+r_{2016})(1+r_{2017})(1+r_{2018})}-1$$
$$=\sqrt[5]{\frac{2018\text{년 매출액}}{2013\text{년 매출액}}}-1=\sqrt[5]{\frac{1\text{조}5,190\text{억}}{9,440\text{억}}}-1=9.98\%$$
$$2019\text{년 예상 매출액}=1\text{조}5,190\text{억}\times(1+0.0998)=1\text{조}6,706\text{억 원}$$

매출액 추정치를 단순회귀분석에 대입하면 2019년에 예상되는 유동자산 추정액은 1조 2,017억 원이다.

$$\text{유동자산} = 77.45 + 0.7147\times16,706 = 12,017(\text{억 원})$$

〈CASE STUDY〉

식품회사인 오뚜기의 2011년부터 2015년까지 자료를 이용하여 2016년의 추정재무제표를 작성해보자.

[1단계: 2016년도 매출액 추정]

〈표 8-6〉의 2011~2015년도 매출액 자료를 분석하여 추세의 패턴에 부합하는 방법으로 2016년도 매출액을 추정한다.

〈표 8-6〉 오뚜기의 2011~2015년 연도별 매출액 증가율

연도	2015	2014	2013	2012	2011
매출액 (억 원)	18,831	17,817	17,282	16,866	16,013
증가율 (%)	5.69	3.10	2.46	5.33	14.78

사례 대상 기업인 오뚜기의 2011 2015년 기간 동안 연도별 매출액 증가율은 2013년까지 감소하는 추세였으나 2013년을 기점으로 반등했다. 이와 같은 매출액 증가율의 특성으로 볼 때 2011~2015년의 연평균 증가율이나 기하평균 증가율보다는 2013년 이후의 매출액 증가 추세를 반영하는 것이 타당하다. 따라서 2016년 매출액은 직전 연도인 2015년도 매출액 증가율만큼 성장한다고 가정하여 계산한다.

2016년도 추정 매출액 = 2015년도 매출액×(1+2015년도 매출액 증가율)
= 1조8,831억 원×1.0569
= 1조9,902억 원

[2단계: 2016년도 손익계산서 추정]

손익계산서의 모든 비용 계정과목은 변동비로 매출액에 비례한다는 단순한 가정하에 공통형 손익계산서를 이용하여 2016년도의 손익계산서를 추정한다. 〈표 8-7〉에서 2011~2015년 동안 매출원가와 판매비와 관리비의 비중은 92.9~94.7%에서 큰 변동이 없으므로 매출액에서 비중이 일정한 변동비의 특성을 가진다고 볼 수 있다. 따라서 손익계산서 계정과목의 2011~2015년 매출액 대비 계정과목 비율의 연평균치를 구한다.

〈표 8-7〉 오뚜기의 2011~2015년간 공통형 손익계산서 (단위: %)

과목	2015	2014	2013	2012	2011	평균
매출액	100.0	100.0	100.0	100.0	100.0	100.0
매출원가	75.7	76.7	77.4	77.1	78.3	77.0
매출총이익	24.3	23.3	22.6	22.9	21.7	23.0
판매비와관리비	17.2	16.8	16.5	16.4	16.4	16.7
영업이익	7.1	6.5	6.1	6.4	5.3	6.3
영업외수익(+)	1.3	1.4	1.9	1.5	1.1	1.4
영업외비용(−)	0.8	0.9	0.7	1.2	0.6	0.8
법인세비용차감전순이익	7.6	7.0	7.3	6.7	5.8	6.9
법인세비용	2.0	1.7	1.9	2.2	1.4	1.9
당기순이익	5.6	5.3	5.3	4.5	4.4	5.0

2011~2015년 매출액 대비 계정과목 비율의 평균치를 2016년도 추정 매출액에 적용하여 〈표 8-8〉의 추정 손익계산서를 산출한다.

추정 손익계산서 계정과목
= 2016년 추정 매출액×2011~2015년 평균 매출액 대비 계정과목 비중

〈표 8-8〉 2016년도 오뚜기의 추정 손익계산서 (단위: 백만 원)

과목	2016년도 추정 손익계산서	산출근거
매출액	1,990,248	2015년도 매출액×(1+2015년도 매출액 증가율) = 1조 8,831(억 원)×1.0569 = 1,990,248
매출원가	1,532,491	1,990,248×77.0%
매출총이익(손실)	457,757	1,990,248×23.0%
판매비와관리비	332,371	1,990,248×16.7%
영업이익(손실)	125,386	1,990,248×6.3%
영업외수익	27,863	1,990,248×1.4%
영업외비용	15,922	1,990,248×0.8%
법인세비용차감전순이익	137,327	1,990,248×6.9%
법인세비용	37,815	1,990,248×1.9%
당기순이익	99,512	1,990,248×5.0%

[3단계: 2016년도 말 시점의 기준의 자산, 부채, 자본(이익잉여금 제외)을 추정하여 부분적 추정재무상태표 작성]

(1) 2016년도 말 추정 총자산은 다음과 같은 두 가지 대안적 방법을 고려한다.

① 2016년도 총자산은 2011~2015년간 기하평균증가율만큼 성장

연도	2015	2014	2013	2012	2011	기하평균 증가율(%)
총자산(백만 원)	1,484,303	1,351,560	1,206,220	1,099,878	989,034	
총자산증가율(%)	9.82	12.05	9.67	11.21	9.72	10.49

$$\text{기하평균증가율} = \sqrt[5]{(1+0.0972)(1+0.1121)(1+0.0967)(1+0.1205)(1+0.0982)} - 1$$
$$= 0.1049(10.49\%)$$

2016년도 추정 총자산 = 2015년도 총자산×(1+2011~2015년간 평균 총자산 증가율)
= 1조 4,843억 원×1.1049
= 1조 6,400억 원

② 과거 총자산회전율이 일정하다는 가정하에 연평균 총자산회전율로부터 추정 매출액을 이용하여 산출

연도	2015	2014	2013	2012	2011	연평균
총자산회전율(회)	1.33	1.39	1.50	1.61	1.78	1.52

$$\text{2016년도 추정 총자산} = \frac{\text{2016년도 추정매출액}}{\text{연평균총자산회전율}} = \frac{\text{1조9,902억 원}}{1.52} = \text{1조3,093억 원}$$

첫번째 방법을 활용하여 산출한 2016년도 추정 총자산 1조 6,400억 원은 2015년도 총자산 1조 4,843억 원 대비 1,557억 원 증가한 수치이다. 반면 두 번째 방법으로 추정한 2016년도 총자산 1조 3,093억 원은 오히려 2015년도 총자산 1조 4,843억 원 대비 1,750억 원 감소한 것으로 추정되었다. 이와 같은 원인은 2011~2015년간 총자산의 추세를 살펴볼 때 연도마다 증가율의 변

동은 있어도 총자산은 매년 증가하고 있으나, 총자산회전율은 지속적으로 감소하고 있으므로 총자산회전율로 총자산을 추정하면 과소예측하는 결과를 가져온다. 따라서 2016년도 추정 총자산도 매출액 추정방법과 같이 직전 연도인 2015년도 총자산 증가율만큼 성장한다고 가정한다. 이렇게 추정된 2016년도 오뚜기의 총자산은 1조 6,301억 원이다.

2016년도 추정 총자산 = 2015년도 총자산×(1+2015년도 총자산 증가율)
= 1조 4,843억 원×1.0982
= 1조 6,301억 원

(2) 2016년도말 추정 개별자산(당좌자산, 재고자산, 투자자산, 유형자산, 무형자산)은 〈표 8-7〉의 과거 재무상태표의 비중을 이용한다.

〈표 8-9〉 오뚜기의 2011~2015년도 공통형 재무상태표 (단위: %)

연도	2015	2014	2013	2012	2011	평균
자산						
1. 유동자산	39.0	41.1	41.5	43.0	42.0	41.3
(1)당좌자산	29.5	32.0	31.6	32.7	29.9	31.1
(2)재고자산	9.5	9.1	9.9	10.3	12.1	10.2
2. 비유동자산	61.0	58.9	58.5	57.0	58.0	58.7
(1)투자자산	17.6	14.3	13.7	11.0	12.0	13.7
(2)유형자산	41.4	42.2	42.1	43.7	43.5	42.6
(3)무형자산	2.0	2.3	2.6	2.2	2.5	2.3
(4)기타비유동자산	0.0	0.1	0.0	0.0	0.1	0.1
자산총계	100.0	100.0	100.0	100.0	100.0	100.0
부채						
1. 유동부채	22.7	27.5	24.2	28.5	26.1	25.8
2. 비유동부채	13.3	11.5	14.3	11.6	14.0	12.9
부채총계	36.0	39.1	38.5	40.1	40.1	38.7
자본						
지배기업소유주지분	63.6	60.5	61.1	59.1	59.1	60.7
(1) 자본금	1.7	1.8	2.1	2.3	2.5	2.1
(2) 자본잉여금	0.2	0.2	0.2	0.2	0.2	0.2
(3)기타자본조정	−0.1	−0.1	−0.2	0.0	0.0	−0.1

(4)기타포괄손익누계액	4.0	1.3	1.0	0.3	0.3	1.4
(5)이익잉여금	57.8	57.3	57.9	56.2	56.1	57.1
비지배지분	0.4	0.4	0.4	0.8	0.8	0.6
자본총계	64.0	60.9	61.5	59.9	59.9	61.3
자본과 부채총계	100.0	100.0	100.0	100.0	100.0	100.0

과거 공통형 재무상태표에서 총자산 대비 개별자산(당좌자산, 재고자산, 투자자산, 유형자산, 무형자산)의 비중의 평균치를 산출하고, 이를 2016년 추정 총자산에 적용하여 〈표 8-10〉의 개별자산을 추정한다.

〈표 8-10〉 오뚜기의 2016년도 추정개별자산 (단위: 백만 원)

과목	2016년도 추정 개별자산	2011~2015년간 총자산 대비 개별자산 비중 평균치(%)	산출내역
당좌자산	506,956	31.1	= 1,630,083×31.1%
재고자산	166,268	10.2	= 1,630,083×10.2%
투자자산	223,321	13.7	= 1,630,083×13.7%
유형자산	694,415	42.6	= 1,630,083×42.6%
무형자산	37,492	2.3	= 1,630,083×2.3%
기타자산	1,630	0.1	= 1,630,083×0.1%
자산 총계	1,630,083	100.00	

(3) 2016년도말 추정 부채(유동부채, 비유동부채)는 〈표 8-11〉에서 과거 부채비율이 2016년도에도 유지한다는 가정하에 과거에 유동부채와 비유동부채가 부채에서 차지하는 평균 비중을 적용하여 계산한다.

〈표 8-11〉 2011~2015년 연도별 부채 및 부채비율 (단위: 백만 원)

	2015	2014	2013	2012	2011	평균
유동부채	337,296	372,217	292,087	313,771	257,791	314,632
비유동부채	197,903	156,022	172,819	127,882	138,085	158,542
부채총계	535,199	528,239	464,905	441,653	395,876	473,174
부채비율(%)	56.39	64.16	62.71	67.10	66.74	63.42

2016년도 추정부채 = 2015년도 부채×2011~2015년간 평균 총부채 대비 부채비중

〈표 8-12〉 2016년도 추정 부채 (단위: 백만 원)

과목	2016년도 추정 개별부채	산출내역
유동부채	355,875	535,199×66.49%(=314,632/473,174)
비유동부채	179,324	535,199×33.51%(=158,542/473,174)
부채총계	535,199	

(4) 2016년도 말 추정 자본(이익잉여금 제외)은 증자나 감자계획이 없다는 가정 하에 2015년도 말 자본(이익잉여금 제외)을 그대로 사용한다.

2016년도 말 추정 자본 = 2015년도 말 자본(이익잉여금 제외)

= 2015년도 자본총계 − 2015년도 이익잉여금

= 9,491억 원 - 8,583억 원 = 908억 원

[4단계: 2단계에서 추정한 당기순이익에서 배당금을 제외한 추정 이익잉여금을 계산하여 3단계의 자본에 산입]

2016년도 추정 배당금은 〈표 8-13〉의 2016년도 추정 당기순이익에서 2011~2015년도 평균 배당성향(배당금/당기순이익)을 반영하여 산출한다.

〈표 8-13〉 2011~2015년도 평균 배당성향 (단위: 백만 원)

과목	2015	2014	2013	2012	2011	평균
당기순이익	104,933	94,111	92,241	75,786	70,652	87,545
배당금	17,560	13,508	11,819	10,131	8,442	12,292
배당성향(%)	17	14	13	13	12	14

2016년도 추정배당금

= 2016년도 추정 당기순이익×2011~2015년간 평균배당성향

= 995억 원×0.14 = 139억 원

2016년도 추정 당기순이익에서 추정 배당금을 차감한 추정 이익잉여금을 2015년도 이익잉여금에 가산하면 2016년도 이익잉여금을 추정할 수 있다.

2016년도 추정 이익잉여금

= 2015년도 이익잉여금 + 2016년도 추정 당기순이익 − 2016년도 추정 배당금

= 8,583억 원 + 995억 원 − 139억 원

= 9,439억 원

2016년도 추정 이익잉여금을 2015년도 말 자본(이익잉여금 제외)에 산입한다.

2016년도 추정 자본

= 2015년도 자본(이익잉여금 제외) + 2016년도 추정이익잉여금

= 908억 원 + 9,439억 원 = 1조 347억 원

[5단계: 최종적인 추정 대차대조표로부터 자금조달(상환)계획 수립]

3단계의 부분적 추정재무상태표에서 추정부채 535,199백만 원과 추정자본 1,034,709백만 원을 합산한 대변의 합계 1,569,908백만 원은 추정자산 1,630,083백만 원보다 60,175백만 원이 부족하며, 2016년의 영업계획에 필요한 자산을 확보하는데 있어서 기업 내부의 유보자금만으로는 충당할 수 없다는 것을 의미한다. 자금이 부족하면 기업은 회사채 발행이나 차입과 같은 타인자본조달이나 유상증자를 통해 추가 자금 조달 계획을 수립해야한다. 2015년 오뚜기의 부채비율은 56.39%로 산업평균인 76.24%에 비해 낮게 유지되고 있어 재무구조에서는 업계 평균보다 우위에 있으므로 추가 부채 부담을 통한 자본조달을 고려할 수 있다. 만일 외부로부터 조달해야 할 자금전액을 부채를 통해 자본을 조달한다면, 2016년의 부채비율은 57.54%로, 2015년도 부채비율 56.39%에 비해 소폭 증가한다.

다음과 같이 회사채를 발행하여 비유동부채가 2,387억 원으로 증가하는 자본조달 전략을 반영한 최종 2016년도 추정 재무상태표는 〈표 8-14〉와 같다.

비유동부채 ; 179,324백만 원 + 60,175백만 원 = 239,499백만 원

부채총계 ; 535,199백만 원 + 60,175백만 원 = 595,374백만 원

〈표 8-14〉 최종 2016년도 추정 재무상태표 (단위: 백만 원)

과목	금액	과목	금액
자산		부채	
1.유동자산	673,224	1.유동부채	355,875
(1)당좌자산	506,956	2.비유동부채	239,499
(2)재고자산	166,268	부채총계	595,374
2. 비유동자산	956,859		
(1)투자자산	223,321	자본	
(2)유형자산	694,415	1.자본금	90,809
(3)무형자산	37,492	2.이익잉여금	943,900
(4)기타자산	1,630	자본총계	1,034,709
자산총계	1,630,083	부채와 자본 총계	1,630,083

연·구·과·제

1. A사의 2019년도 재무상태표와 손익계산서는 다음과 같다. A사는 2020년도의 매출액을 2019년보다 20% 성장할 것으로 예측하고, 소요되는 외부자금조달액을 추정하고 있다. 매출액과 직접적으로 비례하여 변화하는 항목은 유동자산과 유동부채이다. A사는 2019년에 16억 원의 배당을 지급하였다.

(단위: 억 원)

재무상태표				손익계산서	
자산		부채		매출액	1,600
유동자산	960	유동부채	480	매출원가	1,100
비유동자산	640	비유동부채	220	판매비와 관리비	460
		자본	900	법인세(20%)	8
자산총계	1,600	부채 및 자본총계	1,600	당기순이익	32

(1) 유동자산과 고정자산이 매출액에서 차지하는 비중을 구하시오.
(2) 매출액 증가에 따른 유동자산과 유동부채 증가분을 각각 구하시오.
(3) 2020년도 목표 매출액순이익률과 배당성향을 2019년도 수준으로 계획한다면 외부소요 자금조달액은 얼마인지 계산하시오.
(4) 외부소요 자금조달액을 전액 증자로 조달할 경우에 추정손익계산서와 추정재무상태표를 작성하시오.

2. B사는 자금의 외부조달이 필요한 경우에 목표부채비율(부채/자본)이 125%를 초과하지 않는 범위 내에서 자금을 조달하는 정책을 사용하고 있다. B사의 부채는 1,000억 원, 자본은 800억 원이며 외부필요자금은 500억 원으로 추정되었다.

(1) 현재 B사의 재무정책에 따른 자본조달계획을 수립하시오.
(2) 목표부채비율을 각각 120%와 130%로 변경할 경우, 자본조달계획을 수립하시오.

3. 다음 C사의 연도별 매출액 자료와 재무제표를 보고, 매출액백분율법에 따라 자금조달계획과 2020년도 추정재무상태표와 추정손익계산서를 작성하시오.

연도	2015	2016	2017	2018	2019
매출액(억 원)	1,000	1,200	1,400	1,300	1,600

재무상태표 (2019.12.31)	
항 목	금액(억 원)
자산	1,600
유동자산	800
비유동자산	800
부채	800
유동부채	400
비유동부채	400
자본	800

손익계산서 (2019.1.1~2019.12.31)	
항목	금액(억 원)
매출액	1,600
매출원가	1,100
매출총이익	500
판매비 및 관리비	400
영업이익	100
이자수익	10
이자비용	70
법인세차감전순이익	40
법인세비용(20%)	8
당기순이익	32

- 2020년의 매출액은 2019년 매출액에 대해 과거 연평균 매출액 증분만큼 증가할 것으로 예측되며, 추가적인 생산설비의 증설 없이 매출액 증가에 따른 생산량을 확보할 수 있다.
- 유동자산과 유동부채는 매출액에 직접적으로 비례하여 증가한다.
- 2020년의 목표 매출액순이익률은 2019년과 동일하다.
- 2019년의 배당성향은 40%이며, 2020년의 목표 배당성향도 2019년과 동일하다.
- 2020년의 목표 부채비율은 2019년과 동일하다.

4. 관심 있는 기업을 선정하여 2015~2019년의 매출액 자료를 이용하여 외삽법으로 2020년 매출액 예측치를 구하고, 2020년 실제 매출액과 차이를 분석하시오(단, 매출액은 개별 재무제표 기준으로 산출하시오).

5. 관심 있는 기업에 대해 금융회사 또는 애널리스트들이 전망한 분기별 매출액 및 영업이익과 실제치를 비교하고 분석하시오.

9

CHAPTER

기업부실분석

기업이 부실화할 경우 해당 기업의 모든 이해 관계자들이 손실을 입게 됨은 물론 다른 기업의 도산을 연쇄적으로 초래하므로 기업부실로 인한 사회 · 경제적 손실은 막대하다. 외환위기를 계기로 금융회사들은 기업들의 부실화에 대한 심각성을 인식하게 됨에 따라 사전에 기업부실을 예측하는 방법에 대한 중요성이 부각되었다. 기업부실에는 그 원인 및 징후가 존재하므로 기업부실을 사전에 예측하여 이에 대처하면 기업의 부실화에 따른 막대한 피해를 감소시킬 수 있다. 이 장에서는 기업부실의 개념과 과정을 이해하고 기업부실을 예측하는 계량적 방법을 학습한다.

9.1 기업부실의 개요

1. 기업부실의 개념

기업부실(corporate financial distress)은 실무적으로 또는 학문적으로 다양한 의미로 사용되고 있으며 학자마다 정의하는 바에 따라 차이가 있으나, 일반적으로 경제적 부실, 지급불능, 그리고 파산을 포괄하는 개념으로 사용된다.

경제적 부실(economic failure)은 경영부실(business failure)이라고도 하는데, 기업의 총수익이 총비용에 미달하여 적자를 지속하는 경우이거나 기업의 투자수익률이 자본비용보다 낮은 경우, 기업의 투자수익률이 업종평균의 투자수익률에 미치지 못하는 경우 등 주로 기업의 수익성 저하가 원인이 되어 나타나는 경제적 문제를 말한다. 그러나 경제적 부실 자체가 기업의 도산으로 이어진다고는 할 수 없다. 경제적 부실 현상이 발생하더라도 단기적 유동부채가 낮거나 기업의 부채상환능력이 유지될 수 있으면 기업은 계속 경제적 활동을 유지할 수 있기 때문이다.

지급불능(insolvency)이란 만기가 된 채무를 상환하지 못하는 기술적 지급불능(technical insolvency)과 기업의 총부채가치가 총자산가치를 초과하여 실질순자산가치가 음수가 되는 실질적 지급불능(real insolvency)을 포함한다. 실무적으로 기업이 기술적 지급불능에 처하면 금융회사로부터 당좌거래가 정지되며, 채무불이행(default)이 발생한다. 기술적 지급불능은 도산의 직접적인 원인이 되기도 하지만 일시적인 유동성의 부족으로 부채를 상환하지 못하여 발생하는 것이므로, 자금의 뒷받침이 있으면 곧 정상적인 영업활동을 재개할 수 있다. 실질적 지급불능상태에서는 자기자본이 음이므로 완전자본잠식 또는 자본전액잠식이라고도 하며 자본잠식률이 100%를 초과한다.[1] 실질적 지급불능은 일시적 유동성 부족이

1) $\text{자본잠식률} = \dfrac{\text{자본금} - \text{자기자본}}{\text{자본금}}$ 이므로 자기자본이 자본금에 미달하여 자본잠식되는 경우에 자본잠식률은 양의 값을 가지며, 자기자본이 음수인 경우에는 자본잠식률은 100%를 초과한다.

아닌 만성적인 적자에 의하여 발생하는 것이 일반적이고, 경우에 따라서는 파산으로 분류되기도 하므로 파산적 지급불능(bankrupt insolvency)이라고도 하며 상장기업은 상장 폐지 조건에 해당한다. 금융투자업 규정에서는 원리금의 적기상환이 이뤄지지 않거나, 기업회생절차 또는 파산절차의 개시가 있는 경우를 부도로 정의하므로 기술적 지급불능과 실질적 지급불능을 모두 포함한다.[2)]

파산(bankruptcy)이란 실질적 지급불능에 이르렀을 때 채권자의 신청에 의해 법원이 파산선고를 내린 경우를 뜻하며, 도산이라고도 한다. 우리나라에서는 기업의 존속가치(going concern value)가 청산가치(liquidating value)에 미달하여 법원이 파산선고를 내려 기업의 해산에 이르는 상태를 파산이라고 정의하고 있다. 존속가치는 기업이 경영활동을 계속할 경우의 채권자를 비롯한 이해관계자에게 배분될 수 있는 가치인 반면, 청산가치는 기업이 영업활동을 중단하고 소멸할 경우 채권자를 비롯한 이해관계자에게 배분하기 위해 자산을 모두 처분할 때의 가치이다.

2. 기업부실의 과정

기업의 파산은 순간적으로 일어나는 것이 아니다. 기업의 경영성과가 악화되어 지급능력이 저하되고 지속적인 지급불능상태에 이르렀을 때, 법률적 파산으로 이어지는 연속적인 과정을 거치게 된다. 일반적으로 기업부실은 다음의 3단계 과정을 거쳐 이루어진다고 볼 수 있다.

1단계는 총비용이 총수익을 초과하고 투자수익률이 자본비용에 미달하여 수익성이 저하되는 등 경제적 부실이 심화되는 단계이다. 이 단계에서는 기업이 정상적인 영업활동을 위해 기업의 내부유보를 줄이고 비업무용자산을 처분하여 지급능력을 유지하여야 한다.

2단계는 수익성 저하가 지속되어 내부유보나 매각할 자산이 바닥나서 정상적 경영이 어려워지고 지급능력이 극도로 악화되는 단계이다. 이 단계에서는 기업의 결손이 더욱 누적되어 공장이나 건물 등 업무용자산의 상당부분도 처분하여야 하므로, 채권자의 도움이나 은행권에서의 금융지원을 받지 않는 한 기업의 존속이 사실상 불가능하게 된다.

3단계는 실질적 지급불능상태가 지속되고 부도가 발생하여 영업활동이 정지되어 사적정리나 법적정리 등을 통해 회생절차나 파산상태에 들어가는 단계이다. 이 단계에서는 존속할 가능성이 높은 기업에 대해서는 회생절차를 밟게 하며, 회생 가능성이 없는 기업은 파산신청을 하

2) 금융투자업규정 제8-19조의 9 ③의2

고 청산단계로 들어가게 된다.

3. 기업의 부실 징후

기업의 부실화가 상당기간에 걸쳐 진행될 경우 그 과정에서 여러 가지 재무적, 비재무적 징후들이 표면에 나타난다. 재무적 징후는 재무제표가 기업의 경제적 실상을 정확히 반영할 경우에는 재무제표분석을 통해 파악할 수 있다. 재무제표를 분석하여 파악할 수 있는 재무적 부실 징후들을 살펴보면 〈표 9-1〉과 같다.

〈표 9-1〉 **재무적 부실징후**

손익계산서	1. 매출의 지속적 감소 2. 매출원가, 판매비 및 일반관리비의 급증 3. 과다한 금융비용 4. 이익률의 현저한 감소 5. 결손의 누적
재무상태표	1. 현금의 절대 부족 2. 순운전사본의 반성석 부족 3. 과대한 고정투자 4. 단기차입 기타 유동부채증가 5. 과다한 장기차입 6. 타인자본의존도 심화 7. 차입조건, 금리면에서 불리한 신규차입 증가 8. 매출채권 및 고정
현금흐름표	1. 순운전자본 감소 2. 영업활동에서 조달된 단기자금의 부족 3. 단기차입금조달로 장기부채상환사례 빈발 4. 과다한 배당금 지급

비재무적 징후는 부실기업이나 그 기업이 속한 산업에 따라 아주 다양하기 때문에 일일이 열거하기 어렵고, 〈표 9-2〉에서 비재무적 증세를 통하여 기업부실을 예측할 수 있는 항목으로서 한국신용평가(주)가 제시한 표를 대신하기로 한다. 〈표 9-2〉에 따르면 체크한 개수에 따라 10개 이상이면 부도가능성, 15개 이상이면 부도 요주의 대상, 20개 이상이면 부도 위험, 25개 이상이면 부도확실로 판난할 수 있다.

〈표 9-2〉 부실기업의 자기진단법

번호	항목	체크
1	회사의 수위실이나 화장실이 지저분하다.	□
2	사장과 경리사원의 부재가 잦다.	□
3	사원들의 출근율이 저조하다.	□
4	사내의 기강이 해이해졌다.	□
5	어음거래가 불량하다.	□
6	높은 이자의 어음이 나돈다.	□
7	회의가 빈번하고 장기간이다.	□
8	이상한 바겐세일을 한다.	□
9	갑작스럽게 부동산을 처분한다.	□
10	거래처가 자주 바뀐다.	□
11	상품가격이 터무니없이 오른다.	□
12	경기추세와 수요를 무시한다.	□
13	주거래은행 등 거래금융기관이 변경된다.	□
14	비상식적인 임원이동을 한다.	□
15	간부와 사원의 퇴사가 잦다.	□
16	대주주의 지분변동이 불안하다.	□
17	후계자의 계승을 둘러싸고 분쟁이 있다.	□
18	경영자가 공과 사를 혼동하고 있다.	□
19	경영자의 성격이 내성적으로 바뀐다.	□
20	낯선 사람들이 드나들기 시작한다.	□
21	악성루머가 되풀이해서 떠돈다.	□
22	경영자가 정치 같은 일에 너무 관심을 쏟는다.	□
23	경영자가 분에 넘치는 호화생활을 한다.	□
24	사무실에 비해 사장실이 호화롭다.	□
25	경영자의 여성관계 소문이 그치지 않는다.	□
26	무리하게 본사 사옥을 늘렸다.	□
27	회사 게시판에 부착된 내용들이 부적정이다.	□
28	간판이 쓰러져 있거나 쇼윈도가 지저분하다.	□

4. 부실기업의 진로

(1) 사업구조조정과 재무구조조정

부실기업이라 하더라도 즉시 도산상태에 처해지는 것은 아니다. 부실기업도 주주와 채권자, 그리고 경영진이 어떻게 처리하느냐에 따라서 여러 가지 진로를 걷게 된다. 부실기업을 회생시키기 위한 대표적인 방법들은 〈표 9–3〉과 같이 정리할 수 있다.

〈표 9–3〉 **부실기업 회생 방법**

사업구조조정	주요 자산의 매각 다른 기업과의 합병 자본적 지출과 R&D 비용의 감축
재무구조조정	새로운 증권발행을 통한 자금조달 채권자와의 협상을 통한 채무상환 시기 · 방법 조정 부채의 자기자본으로의 출자전환

부실기업을 회생시키기 위한 방안은 기업의 사업구조조정(asset restructuring)과 기업의 재무구조조정(financial restructuring)으로 구분된다. 사업구조조정은 기존의 사업부분을 매각하거나 다른 사업을 영위하는 회사와 합병을 통하여 사업구조 자체를 변경시키거나 새로 바꾸는 것이다. 반면에, 재무구조조정은 주식이나 채권의 신규발행을 통해 자금을 새로 조달하여 지급능력을 향상시키거나 채권자와의 협상을 통해 채무상환 시기와 방법을 재조정하고, 부채의 출자전환을 통해 재무구조를 개선하는 것이다.

(2) 사적정리와 법적정리

부실기업의 구조조정은 경영자와 주주가 채권자와 협의하여 구조조정을 추진하는 사적정리(private restructuring)와 법률에 의해 이루어지는 법적정리(legal restructuring)로 나눌 수 있다. 사적정리가 채권자와 채무자의 관계당사자를 중심으로 이루어지는 데 반해, 법적정리는 법원을 중심으로 하여 재판형식으로 추진된다. 현행 사적정리는 자율협약과 기업구조조정촉진법에 근거하고 있다. 사적정리는 채권은행단이 일시적인 자금난을 겪고 있는 부실기업의 정상화를 촉진하고, 부실채권의 효율적 정리를 위해 채무구성과 상환일정을 재조정하여, 기업회생을 도모하는 워크아웃(workout)에 의해 이루어진다. 법적정리는 통합도산법에 의한 회생 및 파산절차를 따라 진행되며, 실무에서는 법정관리라고도 한다. 일반적으로 구조조정의 강도는 법적정리가 가장 높고, 자율협약이 가장 낮다.

[사례 9-1] 동국제강의 재무구조개선 사례

동국제강, 재무구조개선 약정 2년 만에 졸업한다

경영상황이 빠르게 호전되는 동국제강이 2년 만에 재무구조개선 약정을 졸업한다. 이성호 동국제강 상무는 12일 을지로 페럼타워 본사에서 열린 기업설명회(IR)에서 "재무평가 기준으로는 재무구조개선 약정 졸업 기준을 충족했다"며 "2015년 경영실적과 2016년 1분기 결과를 놓고 보면 약정 목표를 상당한 점수 차로 초과 달성했다"고 밝혔다.

동국제강은 지난 2014년 6월 주채권은행인 산업은행과 재무구조개선 약정을 맺은 뒤 구조조정 작업을 벌이고 있다. 당시 유상증자를 통해 1천500억 원의 자금을 조달하는 내용으로 약정을 맺었다. 재무구조개선 약정을 맺은 그룹은 자율협약이나 워크아웃과 같이 채무 상환이 유예되는 본격적인 구조조정에 돌입하는 것은 아니지만, 자체적으로 강도 높은 재무구조 개선 방안을 마련해 추진해야 한다. 동국제강은 그간 유니온스틸 흡수 합병, 후판 사업 구조조정, 페럼타워 사옥 매각 등 자구 노력을 벌였다.

산업은행 등 채권단은 오는 6~7월께 부채비율, 영업이익률 등을 토대로 동국제강에 대한 재무구조개선 약정 평가 결과를 내놓을 예정이다. 큰 이변이 없는 한 동국제강은 이때 이 약정을 졸업할 전망이다.

이성호 상무는 "선제적 구조조정의 모범사례로 재무구조개선 약정을 졸업할 수 있을 것으로 기대한다"고 밝혔다. 올해 1분기 별도기준 영업이익 412억 원의 실적을 올린 동국제강은 2분기에도 수익성 개선이 지속할 것으로 전망했다. 이 상무는 "성수기인 2분기에 진입하면 컬러강판의 매출이 늘고 철근, 형강 등의 제품 가격 상승으로 영업이익이 큰 폭으로 개선될 것"이라며 "2분기 별도기준 영업이익은 700억 원으로 1분기보다 70%가까이 증가할 것"이라고 내다봤다.

이에 따라 영업이익률은 1분기 4.2%에서 2분기 6.2%까지 높아질 것으로 예상된다. 이 상무는 브라질에 건설 중인 CSP 제철소에 대해서는 "건설 마무리 단계로 6월 초 화입(고로 하단부에 처음 불씨를 넣는 작업)이 이뤄지면서 본격 가동에 돌입할 것"이라며 "브라질과 당진 공장을 연결하는 일관제철소가 완성돼 원가가 절감될 것"이라고 밝혔다.

동국제강은 브라질 CSP에서 생산하는 슬래브(철강 중간재) 총 300만t 가운데 160만t을 확보하게 된다. 이 가운데 60만t은 당진 후판 공장에서 사용하고 100만t은 글로벌 판매를 한다.

연합뉴스 2016년 5월 12일

9.2 우리나라의 구조조정 제도

우리나라의 기업회생과 관련한 세부 구조조정제도의 체계는 [그림 9-1]에 요약되어 있다. 이 절에서는 현재 우리나라에서 시행되고 있는 구조조정제도 중 자율협약, 워크아웃, 법적정리를 중점으로 살펴보기로 한다. 자율협약과 은행채권단이 주도하는 워크아웃은 법적정리 전 단계의 구조조정 수단으로 이러한 절차를 통해서도 회생이 불가능하면 법적정리를 신청해야 한다. 과거에 법적정리에 의한 부실기업의 처리는 회사정리법, 화의법, 파산법 등 이른바 도산3법에 규정되어 다원화되어 있었으나, 2006년 4월부터는 단일한 통합도산법으로 개편되어 회생 및 파산절차가 일원화되었다.

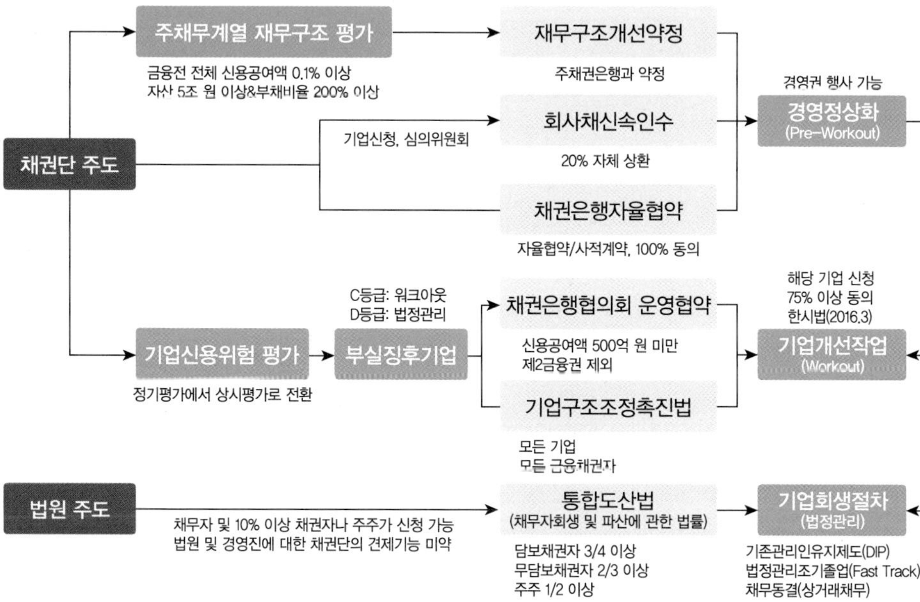

[그림 9-1] 국내 구조조정제도 체계

1. 자율협약

자율협약은 일시적인 유동성위기로 기업이 흑자 도산하는 것을 막기 위해 채권단이 시행하는 기업지원책으로, 워크아웃까지 갈 필요는 없으나 유동성 지원이 필요한 기업이 주요 대상이다. 자율협약의 의미 그대로 법적인 구속력은 없으며, 기업과 채권단이 자율적으로 협약을 맺고, 기업은 이 협약에 따라 구조조정을 실행한다. 자율협약은 기업구조조정촉진법 등을 적용할 경우에 오히려 구조조정의 효율성을 저해할 수 있는 기업을 대상으로 한다.

자율협약의 경우에는 채권단 100% 동의가 필요하므로, 기업구조조정촉진법에 근거한 워크아웃에 대해서는 채권은행들이 채권액의 3/4 이상의 동의가 필요한 것과 대조된다. 워크아웃은 보다 효율적인 구조조정을 위해 법적으로 효력 발생 조건을 채권액의 3/4 이상의 동의를 강제하지만, 자율협약은 근거법이 따로 존재하지 않기 때문에 채권단 전체의 동의가 필요하다. 반약 자율협약과정에서 채권단에서 동의가 이루어지지 않거나, 기업과 구조조정의 내용에서 이견을 좁히지 못한다면 채권단은 자율협약보다 좀 더 강제성이 높은 워크아웃이나 법정관리로 구조조정방식을 변경할 수 있다.

자율협약을 통한 채무재조정의 주요 방식으로는 채무면제, 출자전환, 기존 대출 만기연장, 금리인하 등이 있으며 채권단이 신규 경영자금을 지원하기도 한다. 물론 채권단은 기업 경영진에 재무구조 개선을 위해 강도 높은 개혁을 요구한다. 이 과정에서 대주주는 지분을 포기하며, 채권단은 자산 매각 또는 경영진의 사재 출연을 주문할 수 있다.

자율협약은 기업구조조정촉진법에 따른 워크아웃이나 법적정리에 비해 기업신뢰도에 미치는 영향은 적다는 장점은 있으나 법적근거가 없으므로 채권단의 의견이 합치되어야 하기 때문에 실효성 측면에서 단점이 있다. 또한, 국민경제에 충격을 가져올 대형 부실기업의 경우 우선적으로 대부분 자율협약으로 진행되기 때문에, 원래 목적과는 달리 선제적 구조조정이 실행되기보다 여러 경영 외적인 요인이 작용하면서 구조조정의 적시성을 놓칠 수도 있다.

2. 기업구조조정촉진법에 따른 워크아웃

기업구조조정촉진법에 따른 워크아웃(workout) 또는 기업개선작업은 부실기업에 대해 회생이나 파산절차에 들어가지 않고 경영자와 주주, 채권은행들이 협의하여 기업의 채무구성과 채무상환일정을 재조정하는 방식으로 기업을 회생시키는 절차이다. 워크아웃은 1998년 6월에 제정되어 1999년까지 한시적으로 유효했던 '기업구조조정 촉진을 위한 금융회사 협약'에 그 근거를 두었다. 이러한 워크아웃이 법적인 강제성이 없이 채권단과 기업 간 약정에 의해 진행되었다는 문제점을 보완하려는 목적으로 2001년에 '기업구조조정촉진법'이 한시법으로 제정되었으며 2016년부터 4번째로 재연장하여 적용되고 있다.

기업구조조정촉진법은 금융회사가 부실징후가 나타나는 모든 기업에 대해 신속한 구조조정 조치를 취할 수 있도록 규정하고 있다. 2015년까지는 금융회사의 총신용공여액인 500억 원 이상의 채무액을 가진 기업을 적용 대상으로만 신용위험을 정기적으로 평가하여 사후조치를 취하도록 했으며, 채무액이 500억 원 미만인 중소기업에 대해서는 기업구조조정촉진법을 적용하지 않고 '중소기업 워크아웃'으로 별도로 분류하여 채권은행간에 미리 합의한 자율협약을 적용해 기업개선작업을 진행했다. 그러나 2016년부터 적용된 기업구조조정촉진법에서는 적용 대상 기업을 중소기업까지 확대하여 구조조정 추진이 가능해진 점이 특징이다.

워크아웃은 부실기업을 파산시키는 것보다는 부실요인을 제거하고 기업을 회생시키는 것이 낫다고 판단될 때, 관련된 모든 채권은행단의 합의(채권액 기준 3/4 이상의 찬성)에 의해 이루어진다. 이 경우 기업은 영업활동을 계속할 수 있고 종업원들은 일자리를 보전할 수 있으므로, 기업부실에 따른 사회 전체적인 비용을 줄일 수 있다.

주채권은행들은 정기적으로 기업의 신용위험을 평가한 결과, 부실화 징후가 나타나는 기업에 대해서는 사업계획서 등을 심사하여 경영정상화가 가능할 것으로 판단하면, 채권은행들의 공동관리나 주채권은행의 관리에 들어간다.[3] 또한 부실화 징후가 나타나지는 않지만 부실화 가능성이 높은 기업에 대해서도, 주채권은행은 경영개선을 취할 필요가 있다는 권고를 하여 부실화를 사전에 예방하도록 하고 있다. 만일 부실징후기업의 경영정상화 가능성이 없다고 판단되면, 주채권은행은 법원에 파산신청을 하여 법적정리절차를 밟도록 하게 한다.

기업개선작업에 들어가게 되면 대출금의 출자전환, 단기대출의 중장기대출로의 전환, 대출원리금의 상환유예, 이자감면, 채무면제, 신규자금지원, 상호지급보증해소, 감자, 주력사업의 선정, 외자유치 등의 활동이 이루어져 기업의 채무상환능력을 개선시키게 된다. 따라서 채권자의 입장에서는 기업개선작업이 진행되는 동안 채권자로서의 권리행사가 유보되고 담보권 등 권리의 일부 또는 전부를 상실할 수도 있게 된다. 기업의 경영자와 주주의 입장에서는 기업개선작업이 진행되는 동안 기업의 도산이 유예되므로, 그 사이에 자구노력을 통해 회생을 도모할 수 있다. 기업개선작업이 본래의 목적을 다하기 위해서는 기업이 워크아웃 계획과 자구계획을 명확히 수립하고 집행해야 하며, 채권단과 기업 간의 손실부담원칙이 준수되어야 한다.

기업구조조정촉진법에 의한 구조조정의 특징은 채권은행단이 기업의 부실위험을 효율적으로 관리할 수 있으므로 구조조정 과정이 신속하고 원활하게 이루어질 수 있다는 점이다. 즉, 기업의 부실위험이 조기에 인식되므로, 기업구조조정이 상시적으로 신속하게 이루어질 수 있다. 기업의 구조조정 주체는 채권은행단이므로 기존 주주나 경영진이 배제된 상태에서 일방적인 구조조정을 추진하는 것이 특징이다.

3. 법적정리

부실기업에 대한 법적처리과정은 통합도산법에 그 기초를 두고 있다. 통합도산법은 파산위기에 처한 기업과 개인채무자들의 신속한 회생을 지원할 목적으로 기존의 법적정리인 회사정리

3) 신용위험평가 결과 "부실징후 대상 기업"으로 선정되는 기업은 C, D 등급으로 평가 받은 기업이다. 이에 대해서는 제 10장 신용분석의 "국내 은행의 신용위험평가 제도" 사례를 참조하기 바란다.

법, 화의법, 파산법, 개인채무자회생법을 단일한 법률로 통합하여 2006년 4월부터 시행되었으며, 정식명칭은 '채무자 회생 및 파산에 관한 법률'이다.

통합도산법이 제정되기 전까지 부실기업의 법적정리제도는 회사정리법, 화의법, 파산법으로 분리되어 있었으며, 부실기업들은 파산절차를 직접 신청하지 않고 화의나 회사정리를 선택할 수 있었다. 회사정리법에 의해 규정된 회사정리제도는 기존 경영진으로부터 경영권을 박탈하여 도덕적 해이를 방지할 수 있다는 장점은 있지만, 경영진이 신청을 기피하는 경향이 있었다. 반면에 화의법에 의해 규정된 화의제도는 부실책임을 가진 기존 경영진이 계속 경영권을 유지하므로 기업들이 선호하였지만, 경영진의 도덕적 해이 문제가 심각하다는 점이 지적되었다. 외환위기 직후인 1998년에 법원에 신청된 총 993건의 법적정리 중에서 728건이 화의제도를 통해 신청되었다. 하지만 IMF 관리체제하에서 화의를 신청한 기업들 중 대부분은 경영권을 유지하지 못하고 파산하거나 제3자에 인수되었다.

통합도산법은 기존의 부실기업처리와 관련된 법들이 분산됨으로써 발생하는 비효율성을 극복하고자 부실기업의 회생절차 및 파산절차를 일원화하여 규정하고 있다.

(1) 회생절차

통합도산법은 회생절차에서 '현행관리인 유지제도(debtor in possession; DIP)'를 채택하고 있다. 현행관리인 유지제도란 원칙적으로 기존의 대표이사를 관리자로 임명하되, 재산 유용 등 부실경영의 책임이 있거나 채권자협의회가 요청하는 예외적인 경우에는 제3자를 관리인으로 임명하는 제도이다. 제3자를 관리인으로 임명하는 경우는 경영진에게 중대한 부실경영의 책임이 있는 경우, 채권자협의회의 요청이 있는 경우, 부채가 자산보다 현저히 많은 경우, 회사의 갱생에 필요한 경우가 해당된다.

통합도산법이 제정되기 전에는 기업은 채무지급불능 상태에 들어가 파산위기에 빠져 있는 경우에 회사정리법에 따라 법원의 감독 아래 제3자를 결정하여, 각 이해관계인들의 이해를 조정하여 사업을 계속하면서 기업을 회생시키는 절차인 법정관리를 신청해야 했다. 법정관리에서는 법원의 감독을 받는 제3자가 관리인으로 선임되어 경영을 담당할 경우 경영진이 경영권 박탈을 우려하여 회생절차를 기피하고 경영 노하우를 활용하지 못하는 문제점이 제기되어 통합도산법에서 현행관리인 유지제도를 채택하게 되었다.

통합도산법의 회생절차에서는 채권자협의회의 기능이 강화되었다. 개인이나 중소기업을 제외한 법인의 경우에는 채권자가 회생절차와 파산절차에 참여하기 위해 채권자협의회를 의무적으로 구성한다. 이는 현행관리인 유지제도로부터 발생할 수 있는 경영자의 도덕적 해이를 견제하는 기능이라 할 수 있다. 채권자협의회는 채무자의 감사선임에 대해 의견을 제시할 수 있으며, 회생계획에 대한 인가가 이루어진 다음에 회사의 경영 상태에 대한 실사청구권을 갖는다. 채권자협의회는 경영진이 회생계획을 제대로 수행하지 못하거나 회생절차의 종결 또는 폐지 여부의 판단이 필요한 경우, 회생계획의 변경을 위한 경우에는 채권자협의회가 신청을 하여 회생채무자의 재산 및 영업상태에 대한 실사를 할 수 있다.

(2) 파산절차

파산이란 채무자가 경제적으로 변제능력을 상실하여 채권자에 대한 채무를 도저히 이행할 수 없게 되었을 때 또는 그러한 상태에 대처하기 위해 법률적 수단으로 채무자의 전 재산을 관리하여 채권자에게 채권비율에 따라 공평한 금전적 배분을 목적으로 하는 재판상의 절차를 말한다. 파산은 법률적 판단에 의해 공평하게 이해관계자들에게 잔여재산을 분배하는 장점이 있으나, 파산한 기업의 전 재산 관계의 청산이라는 엄격한 절차가 따른다. 따라서 이를 완결할 때까지는 상당한 시간과 노력을 필요로 하고, 일단 파산선고에 의해 사업을 잃은 파산자가 다시 신용을 회복하여 경제적으로 재기하는 것은 사실상 어려워진다.

[사례 9-2] 기업 구조조정 현황과 지원방식 비교

〈표 9-4〉에서 2015년 8월 기준으로 산업은행이 채권을 보유한 99개의 구조조정 진행 기업의 구조조정 방식을 보면 자율협약은 13개 기업에서 진행되고 있으며, 워크아웃과 법정관리가 진행되는 기업은 각각 43개이다. 구조조정 대상 전체 기업의 평균 자산액은 2,769억 원이다. 자율협약 방식의 구조조정 진행 기업의 평균 자산액은 1조 307억 원으로 평균 자산액이 1,667억 원인 워크아웃이나 1,592억 원인 법정관리 대상 기업보다 규모가 큰 대기업으로 나타났다. 이는 구조조정 방식의 선택에서 가장 중요한 요소 중의 하나는 해당 부실기업의 규모임을 의미한다. 또한 구조조정 대상 전체 기업의 평균 부채비율은 4,361%이며, 법정관리가 진행 중인 기업들의 부채비율이 7,029%로 자율협약이나 워크아웃 대상 기업의 수치보다 높다. 이는 부실기업들이 구조조정의 적절한 시기를 놓쳐서 부실이 상당히 심화된 상태에서 법정관리로 처리되거나, 자율협약 또는 워크아웃의 방식의 구조조정에 실패한 기업들이 최후 수단으로 법정관리의 수순을 밟게 되는 것으로 해석할 수 있다. 기업 부실화를 판단하는 또다른 지표인 이자보상배율을 보면 전체 기업의 평균치는 −2.16배이며, 영업이익이 적자인 상태이므로 이자비용의 상환이 불가능할 정도로 수익성이 악화된 상태이다.

〈표 9-4〉 구조조정 방식별 회사수와 재무비율

구조조정 방식	회사수	평균자산(억 원)	부채비율(%)	이자보상배율(배)
자율협약	13	10,307	3,647	−1.48
워크아웃	43	1,667	2,220	−2.32
법정관리	43	1,592	7,029	−2.21
전체	99	2,769	4,361	−2.16

자료: 김상조, "과연 '자율협약'은 선제적 구조조정 수단인가?", 경제개혁리포트, 경제개혁연구소, 2016.

〈표 9-5〉는 워크아웃이 진행된 35개 기업과 법정관리를 신청한 38개 기업을 대상으로 기업구조조정 지원방식을 비교한 것이다. 워크아웃과 법정관리는 구조조정 지원방식 중 공통적으로 출자전환 방식을 사용한다. 워크아웃의 경우 35개 기업 중 12개 기업(34.3%)에서 출자전환을 사용했고, 법정관리의 경우 38개 기업 중 20개 기업(52.6%)에서 출자전환을 사용했다. 출자전환은 외부자금 사용에 따른 기업의 부도위험과 이자비용 부담을 경감하는 효과가 있다. 다만, 부실기업이 정상화되지 못하면 출자전환은 채권자의 부담으로 이어진다.

워크아웃에서 사용 빈도가 높은 채권단의 지원방식은 금리인하이다. 28개 기업(80.0%)에서 금리인하 방식을 적용했지만 법정관리 기업의 경우 금리인하를 통한 구조조정 지원은 없었다. 또한 신규자금지원도 워크아웃 방식에서만 23개 기업(65.7%)에서 사용되었다. 워크아웃의 경우 채권은행단이 주도하는 사적 구조조정이므로 신규자금지원이 가능하지만, 법정관리 절차에서는 법원이 채권자들에게 신규자금지원을 강제할 수 없기 때문이다. 또한 워크아웃 대상 기업에게 채무면제를 통해 구조조정을 지원한 경우는 없지만, 법정관리 대상 기업의 경우 채무면제도 출자전환과 유사한 빈도로 활용되는 구조조정 수단으로 확인되었다. 이와 같이 워크아웃과 법정관리는 구조조정의 주체에 따라 상이한 방식으로 구조조정이 실행된다.

〈표 9-5〉 기업 구조조정 지원방식 비교

	워크아웃					법정관리	
지원방식	신규자금지원	금리인하	출자전환	전체	채무면제	출자전환	전체
개(%)	23 (65.7)	28 (80)	12 (34.3)	35	19 (50)	20 (52.6)	38

자료: 김동환 · 구정한 · 이순호 · 김석기, "기업구조조정제도의 이해-워크아웃과 법정관리", 금융연구원, 2016.

[사례 9-3] 기업 구조조정의 성과

[그림 9-2]는 기업 구조조정으로 워크아웃을 추진 중인 145개 기업과 회생절차를 진행하는 102개 기업의 구조조정 성과를 보여준다. 인력 감축은 구조조정 1년차에 큰폭으로 시행한 다음, 이후 기간에는 감

축 규모를 조정하는 양태를 보인다. 회생절차를 진행하는 기업들의 1년차 인력감축률은 −39.2%로 워크아웃 기업들의 2배를 초과한 것으로 나타났다. 이후 기간에도 워크아웃 기업의 인력감축률은 회생절차 기업보다 낮은 것으로 나타나, 워크아웃이 회생절차에 비해 인력 감축을 완만하게 진행하는 경향을 보인다. 이는 워크아웃이 채권자의 손실 분담을 통해서 경제적 충격을 분산하려는 목적에 기인한다.

워크아웃으로 구조조정을 추진하는 기업들의 부채비율은 워크아웃을 시행하기 1년전에 3,551%로 급등한 다음, 워크아웃을 통해 4년차에는 381%까지 낮추는 성과를 보였다. 반면, 회생절차를 밟는 기업들은 구조조정에 착수하기 전까지는 워크아웃 진행 기업의 부채비율보다 낮았지만, 구조조정 시작 1년차에 5,161%로 오히려 급등한 것으로 나타났다. 회생절차 기업은 구조조정 후 2년부터 부채비율이 감소하는 효과를 보였지만, 3년차와 4년차에도 워크아웃 기업보다는 부채비율이 높다.

구조조정 전 · 후 인력감축률 추이

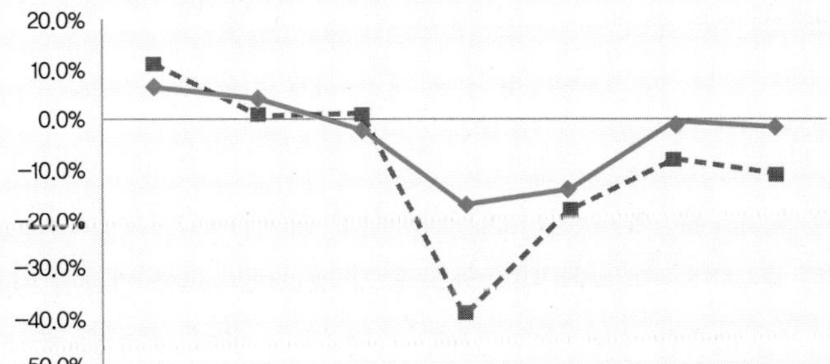

	△3년차	△2년차	△1년차	1년차	2년차	3년차	4년차
워크아웃	6.5%	4.6%	-1.9%	-17.3%	-14.1%	-0.7%	-1.4%
회생절차	11.4%	1.3%	1.6%	-39.2%	-18.2%	-7.2%	-10.3%

구조조정 전 · 후 부채비율 추이

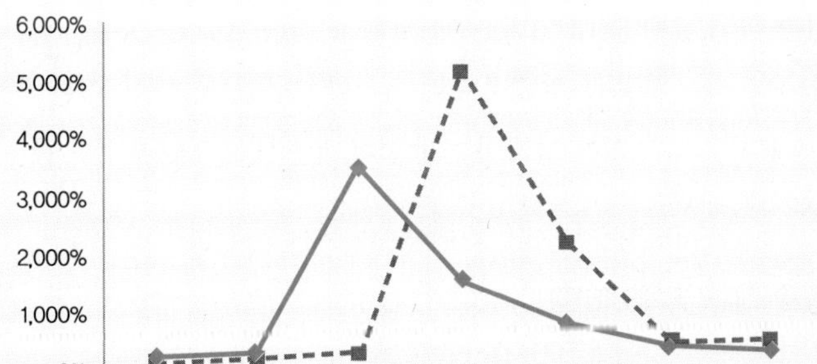

	△3년차	△2년차	△1년차	1년차	2년차	3년차	4년차
워크아웃	217%	283%	3,551%	1,555%	806%	444%	381%
회생절차	129%	188%	294%	5,161%	2,220%	494%	517%

출처: 금융감독원, 『채권은행의 신용위험평가 및 워크아웃 운영 개선방안』, 2017

[그림 9-2] 구조조정 방식별 성과

9.3 기업부실예측의 계량적 접근방법

기업부실을 사전에 예측하기 위한 접근방법은 다양하다. 그렇지만 기업부실이 발생하는 원인은 매우 복잡하고 여러 가지 요인이 얽혀 있기 때문에, 어느 한 가지 방법에 의존하기보다는 상호 보완적으로 이용해야 비교적 정확한 예측결과를 얻을 수 있다. 기업부실을 예측하기 위해 일반적으로 시도되고 있는 방법에는 재무제표분석(financial statement analysis)과 시장정보분석(market information analysis) 등이 있다.

1. 재무제표분석

재무제표분석은 기업부실을 예측하기 위한 가장 기본이 되는 분석방법으로, 기업의 재무제표가 그 기업의 경영성과와 재무상태를 정확히 반영한다는 가정하에 기업의 수익성, 유동성, 장단기 지급능력, 현금흐름, 재무구조 등에 관한 각종 재무비율을 분석함으로써 부실화 가능성을 판별한다. 또한 재무비율이나 재무변수들의 기업 간 상호비교와 기간별 비교를 통하여 특정기업의 부실가능성을 예측할 수도 있다. 이에 대한 내용은 이미 제5장과 제6장에서 학습했다. 특히 기업의 부실은 유동성부족에 의한 지급불능에 기인하므로 현금흐름의 분석이 중요하다. 재무상태표나 손익계산서를 이용한 재무제표분석은 발생주의에 기초하여 기업의 경영성과나 재무상태를 나타내므로 현금흐름에 관한 내용은 충실히 반영하지 못하지만, 현금흐름표에서 기업의 장단기 현금흐름을 면밀하게 관찰한 결과 현금유출이 현금유입보다 많은 기업은 그만큼 부실 가능성이 높다고 판단할 수 있다. 순이익과 달리 현금흐름은 설비투자 및 차입금 상환 등을 위한 투자활동과 재무활동을 실질적으로 이행할 수 있는 능력에 대한 차별적인 정보를 제공한다. 기업의 장단기 지급능력을 평가하는데 활용되는 대표적인 현금흐름 비율은 다음과 같다.

(1) 영업현금흐름 대 유동부채비율

영업현금흐름 대 유동부채비율은 연중 영업활동에서 획득하는 현금흐름으로, 단기지급능력을 평가함으로써 유동비율과 당좌비율을 보완한다. 분자는 현금흐름표의 영업활동 현금흐름이며, 분모의 유동부채는 일반적으로 기말 재무상태표의 유동부채를 사용한다. 유한양행의 2014년도 영업현금흐름 대 유동부채비율을 계산하면 61.91%이다.

$$\text{영업현금흐름 대 유동부채비율} = \frac{\text{영업활동 현금흐름}}{\text{유동부채}} \times 100$$

$$= \frac{944\text{억}}{2{,}551\text{억}} \times 100 = 37.01\%$$

(2) 현금보상비율

현금보상비율(cash coverage ratio)은 부채상환계수라고도 하며, 정상적인 영업활동을 통해 조달한 현금흐름으로 이사비용과 단기차입금을 감당해 낼 수 있는 능력을 나타낸다. 이 비율이 높을수록 기업의 단기차입금과 금융비용을 상환할 수 있는 능력이 양호한 것으로 볼 수 있다. 사례 대상 기업인 유한양행의 2014년도 현금보상비율은 344.64%이다.

$$\text{현금보상비율} = \frac{\text{영업활동 현금흐름} + \text{이자비용}}{\text{단기차입금} + \text{이자비용}} \times 100$$

$$= \frac{944\text{억} + 21\text{억}}{259\text{억} + 21\text{억}} \times 100 = 344.64\%$$

2. 시장정보분석

기업에 관한 정보가 신속히 반영되는 효율적인 증권시장에서는 기업이 부실화하거나 부실 가능성이 예측되면 주가나 회사채의 등급, 기업어음(CP)등급 등에 즉시 반영되어 나타난다. 실제 상장된 기업으로 부실화가 진행되고 있거나 예상되는 기업은 부실상태에 대한 정보가 주가에 반영되어 도산 발생 시점 수개월 전에 이미 주가가 하락하는 경우가 많다. 또한 신용평가회사는 채무불이행 위험이 높은 기업이 발행하는 회사채나 기업어음에 대해서는 각종 분석을 통해 낮은 등급을 부여하고, 부실화가 예상되면 그만큼 채권등급을 낮추어 발표하게 된다. 따라서 기업의 가치를 나타내는 자본시장 지표의 변화를 분석하면 기업부실화 가능성을 효과적으로 예측할 수 있을 것이다. 이와 같은 시장정보는 재무제표 정보에 비해 훨씬 빠른 속도로 기업부실 정도를 반영하므로, 재무제표 정보를 보완하는 역할을 한다.

[사례 9-4] 시장정보에 의한 기업부실 예측 분석

아래 그래프 [그림 9-3]은 부실화로 인해 2015년부터 구조조정을 추진한 대우조선해양의 2013년 2월부터 2016년 6월까지 주가와 회사채의 신용등급 추이를 보여준다. 회사채는 2012년 11월 29일에 발행된 5년 만기 채권이며, 발행시 한국신용평가회사 본평가의 신용등급은 AA-였다. 2014년 8월까지 AA-였던 신용등급은 적자 공시와 부실화에 따른 자구계획안 등의 발표와 더불어 신용 등급이 급격히 하락하여 2015년 12월에는 투기등급인 BB+등급으로 추락했다. 2013년 12월말까지 35,000원 이상이었던 대우조선해양의 주가 또한 신용등급의 추세와 유사하게 지속적으로 하락하여 2016년 6월에는 액면가인 5,000원 미만으로 하락했다. 따라서 부실화 과정은 시장정보인 주가와 회사채의 등급하락 등에 반영되어 진행되고 있음을 확인할 수 있다.

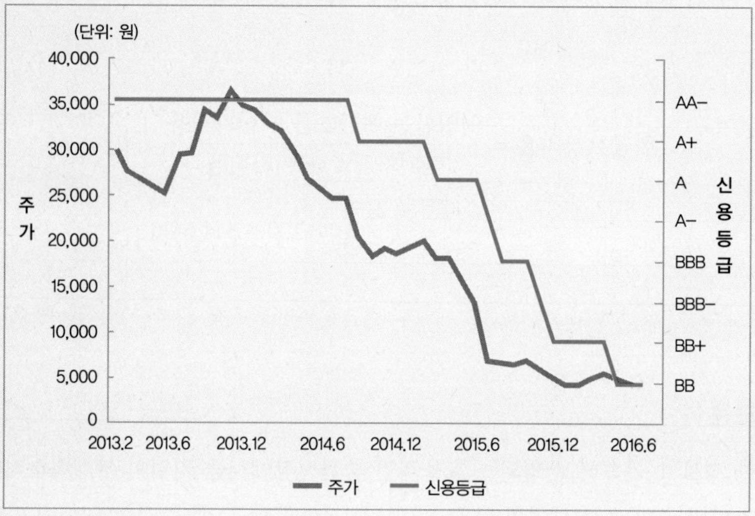

출처: Fnguide, 한국신용평가

[그림 9-3] 대우조선해양의 주가와 신용등급 추이

한편, 한국산업은행과 한국수출입은행은 대우조선해양의 경영을 정상화하고 유동성 위기를 해결하기 위해 2015년에 4조 2,000억 원을 지원했으며, 자본확충 방안으로 출자전환에 2조 9,000원을 투입했다. 2017년부터는 채권자의 자율적 채무조정 참여와 이를 전제로 한 자금지원을 골자로 한 대우조선해양 구조조정이 진행 중이다. 채무조정은 회사채와 기업어음(1조5,000억 원)은 50% 출자전환을 추진하고 나머지 50%는 만기를 3년 연장하는 방식이다. 사채권자는 채권의 50%를 대우조선해양 주식으로 받고, 나머지 50%는 3년 뒤 채권을 분할상환 방식으로 돌려받는다. 또한 시중은행은 무담보채권 7,000억 원에 대해 80%를 출자전환하고, 산업은행과 수출입은행 등 국책은행은 무담보채권 1조6,000억 원 전부를 출자전환한다.

9.4 재무제표를 활용한 기업부실예측방법

기업부실을 예측하기 위한 방법은 이용하는 정보의 원천이나 분석방법에 따라 계량적 방법과 비계량적 방법으로 구분해 볼 수 있다. 계량적 방법은 주로 재무제표자료나 자본시장지표 등과 같은 재무적 변수를 이용하여 통계적 방법으로 기업부실을 예측하는 방법으로 금융회사에서는 기업의 채무불이행 위험을 평가하는 신용위험측정모형(credit risk model)으로도 활용한다. 반면에, 비계량적 방법은 질적 자료들을 이용하여 기업부실의 요인들을 분석하고 기업의 부실가능성을 예측하는 방법으로, 경영전략분석이 이에 속한다. 이 절에서는 재무변수들을 통계적 방법론에 기초를 두고 기업부실을 예측하는 방법에 대해 학습하기로 한다.

1. 판별분석을 이용한 기업부실예측

(1) 판별분석의 원리와 절차

판별분석(discriminant analysis)은 기업의 재무비율을 사용하여 기업의 부실상태를 분류하는 대표적인 방법이나. 또한 판별분석은 개인의 소득 및 재산수준에 따라 개인의 신용상태를 등급화하는 신용평가분야에서도 활용된다. 판별분석에서는 자료를 이용하여 집단을 가장 잘 구분할 수 있는 판별함수를 추정하는 것이 중요하다.

부실기업을 예측하기 위해 판별분석을 시행하는 절차는 다음과 같다.

① 판별분석에 필요한 표본기업들의 자료를 수집하고, 분류하려는 집단과 분류에 적합한 설명변수들로 기업의 특성을 반영하는 재무비율들을 선정한다. 일반적으로 집단은 부실기업과 정상기업으로 분류된다.

② 연구목적에 적합하고 분류오류를 최소화시키는 판별함수를 추정하는 작업이다. 판별함수는 다음과 같은 식 (9-1)로 표현된다.

$$Z_i = \beta_1 X_1 + \beta_2 X_2 + \beta_3 X_4 + \cdots + \beta_k X_k \qquad (9-1)$$

Z_i는 판별점수이며, X_k와 β_k는 각각 설명변수와 판별계수이다. 판별계수는 정상기업의 판별점수의 평균과 부실기업의 판별점수의 평균의 차이가 최대화하도록 추정된다.

③ 판별함수를 통하여 산출된 판별점수의 추정치가 구해지면 다음으로 부실기업인지 정상

기업인지 판별해 주는 기준이 되는 절사점(cut-off point)을 정한다.

④ 판별함수식을 이용하여 실제자료를 바탕으로 예측력을 평가한다.

판별분석의 개념을 이해하기 위하여 표본기업들의 ROE와 이자보상비율(interest coverage ratio)의 자료를 통해 어떤 기업들이 파산하는지를 관찰해 보자. [그림 9-4]에 파산기업은 'x'로 표시되어 있고, 정상기업은 'O'로 표시되어 있다. 그림에서 보듯이 파산기업은 ROE와 이자보상비율이 모두 낮다는 특성을 가진다. 여기에서 파산기업과 정상기업을 가장 잘 구별하는 직선의 식이 '0.75 = 0.9×ROE + 0.4×이자보상비율'이라고 표현할 수 있다고 하자. 표본 기업별로 판별점수를 '0.9×ROE + 0.4×이자보상비율'의 값으로 계산하여, 이 값이 0.75를 초과하면 정상기업으로, 0.75이하이면 부실기업으로 구분할 수 있다. 즉, 0.75는 부실기업과 정상기업을 판별하는 절사점으로 0.75를 초과하는 정상기업들은 [그림 9-4]에서 직선 위에 위치하며, 0.75이하의 부실기업들은 직선 아래 위치하게 된다. 그렇지만 [그림 9-4]에는 실제 부실기업임에도 불구하고 직선 위 영역에 위치하여 정상기업으로 판정된 기업이 있으며, 실제 정상기업이지만 부실기업으로 판정되는 영역에 위치한 기업도 있다. 예측력이 높은 판별분석은 사전적으로 예측한 정상기업과 부실기업의 사후적 결과가 일치함을 의미한다.

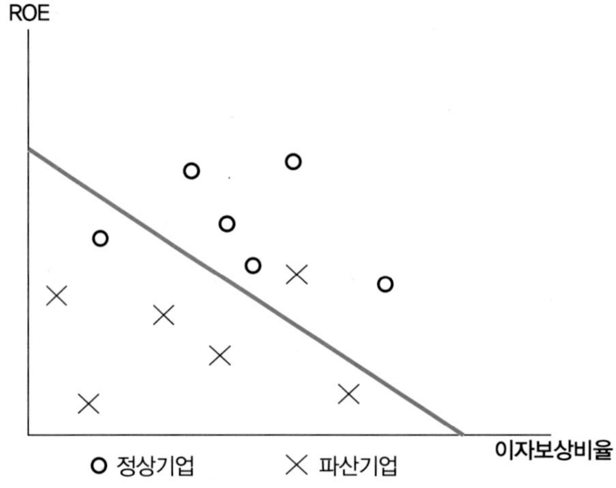

[그림 9-4] 판별분석의 원리

(2) Z-score모형

판별분석에 의한 기업부실예측에 관한 대표적인 모형인 Z-score모형은 알트만(E. I. Altman)이 1968년에 발표한 논문에서 소개되었다. 알트만은 1946~1965년 사이에 미국에서 파산법에 의해 파산을 신청한 33개 기업과 이들과 동일 업종에 속하고 자산규모가 유사한 정상기업 33개 기업을 표본으로 선정하여 판별분석을 실시하였다.[4] 그리고 선행연구에서 기업평가를 위한 유의적인 지표로 사용된 22개의 재무비율을 선정하여 그 중 기업부실예측에 효력이 있다고 판단되는 부문별 5개의 재무비율을 최종적으로 선정하였다. 5개의 비율은 순운전자본/총자산, 이익잉여금/총자산, 영업이익/총자산, 자기자본의 시장가치/총부채의 장부가치, 매출액/총자산 등이다. 각 비율은 유동성, 수익성, 시장가치, 활동성을 대표한다고 볼 수 있다. 자기자본의 시장가치는 재무제표 발표 시점의 주가에 보통주 발행주식수를 곱하여 산출한다. 알트만이 파산 1년 전 자료를 이용하여 추정한 판별함수인 Z-score모형(Z-score model)은 식 (9-2)과 같다.

$$Z = 1.2X_1 + 1.4X_2 + 3.3X_3 + 0.6X_4 + 1.0X_5 \qquad (9-2)$$

Z : 판별점수

X_1 : 총자산순운전자본율 $= \frac{\text{순운전자본}}{\text{총자산}}$

X_2 : 총자산이익잉여금율 $= \frac{\text{이익잉여금}}{\text{총자산}}$

X_3 : 총자산영업이익률 $= \frac{\text{영업이익}}{\text{총자산}}$

X_4 : 자기자본비율 $= \frac{\text{자기자본 시장가치}}{\text{총부채 장부가치}}$

X_5 : 총자산회전율 $= \frac{\text{매출액}}{\text{총자산}}$

Z-score모형의 최적판별점은 Z=2.675로 추정되었으며, 알트만이 제시한 부실기업에 대한 구체적인 판별기준은 다음과 같다. Z-score가 판정유보 영역(gray zone)에 해당하는 경우는 정상기업이나 부실기업으로 명확히 판정할 수 없으므로 추가적으로 면밀한 분석이 요구되는 상태이다.

> $Z > 2.99$: 정상기업
> $Z < 1.81$: 부실기업
> $1.81 \le Z \le 2.99$: 판정유보

4) Altman, E. I., (1968), "Financial Ratios, Discriminant Analysis and the Prediction of Corporate Bankruptcy", The Journal of Finance, 23, pp 589-609.

이 모형의 예측능력을 파악하기 위하여 〈표 9-6〉에서 도산 1년 전의 자료인 추정표본을 이용한 경우 예측정확도는 95%, 2년 전의 자료인 추정표본을 이용할 경우 83%로 높게 나타났다. 예측정확도는 부실예측모형이 실제로 사용될 수 있는가를 가늠할 수 있는 중요한 척도가 되는 기준이다. 정확성은 실제 부실기업을 부실기업으로 예측하는 정확성인 제1종 정확성(type I accuracy)과 실제 정상 기업을 정상기업으로 예측하는 정확성인 제2종 정확성(type II accuracy)으로 구별되며, 전체적인 예측정확도는 제1종 정확성과 제2종 정확성을 종합한 수치이다. 일반적으로 제1종 정확성이 제2종 정확성보다 중요하다. 왜냐하면 실제 부실기업을 정상 기업으로 예측하는 제1종 오류(type I error)는 실제 정상기업을 부실기업으로 예측하는 제2종 오류(type II error)에 비해 부실 기업과 사회 전체적인 입장에서 많은 비용을 수반하기 때문이다. 정상기업을 부실기업으로 예측한다면 기업의 부실화를 사전에 막기 위한 예방비용(prevention cost)만이 지출된다. 그렇지만 부실기업을 정상기업으로 예측할 경우에는 사후적으로 발생한 기업 부실화에 따른 막대한 비용들을 투자자는 물론 다른 이해관계자들이 부담해야 하기 때문이다.

〈표 9-6〉 **Z-score의 예측 정확도 검정 결과**

실제	예측 분류		예측 정확도
	부실 기업	정상 기업	
부실 기업 (33)	31	2	제1종 정확성: 31÷33 = 94%
정상 기업 (33)	1	32	제2종 정확성: 32÷33 = 97%
전체 기업 (66)	32	34	전체 정확성: (31+32)÷66 = 95%

식 (9-2)의 Z-score모형을 이용하여 상장기업인 유한양행의 2014년도의 재무부실 상태를 진단해보자. 유한양행의 연결재무제표로부터 Z-score 모형을 구성하는 5가지 재무비율을 계산하면 다음과 같다.

$$X_1 = \frac{\text{유동자산} - \text{유동부채}}{\text{총자산}} = \frac{8{,}413\text{억} - 2{,}551\text{억}}{16{,}160\text{억}} = 0.363$$

$$X_2 = \frac{\text{이익잉여금}}{\text{총자산}} = \frac{11{,}803\text{억}}{16{,}160\text{억}} = 0.730$$

$$X_3 = \frac{\text{영업이익}}{\text{총자산}} = \frac{744\text{억}}{16{,}160\text{억}} = 0.046$$

$$X_4 = \frac{\text{자기자본 시장가치}}{\text{총부채 장부가치}} = \frac{\text{1조8,903억}}{\text{3,401억}} = 5.558$$

$$X_5 = \frac{\text{매출액}}{\text{총자산}} = \frac{\text{10,175억}}{\text{16,160억}} = 0.630$$

위에서 산출한 5가지 재무비율의 값을 Z-score 모형에 대입하여 Z-score를 계산한다. 2014년의 유한양행의 Z-score는 5.574로 정상기업 상태임을 확인할 수 있다.

$$Z = 1.2 \times 0.363 + 1.4 \times 0.730 + 3.3 \times 0.046 + 0.6 \times 5.558 + 1.0 \times 0.630 = 5.574$$

또한 알트만은 비상장기업의 부실 여부를 판단하기 위해 재무비율 X_4를 '자기자본의 장부가치/총부채의 장부가치'로 대체하여 적용할 수 있는 새로운 판별함수인 Z'-score모형을 다음 식 (9-3)으로 제시하였다.

$$Z' = 0.717X_1 + 0.847X_2 + 3.107X_3 + 0.420X_4 + 0.998X_5 \qquad (9-3)$$

Z'-score에 의한 부실기업의 판별기준은 다음과 같다.

Z > 2.90: 정상기업 Z < 1.23: 부실기업 1.23 ≤ Z ≤ 2.90: 판정유보

추정표본에 대한 Z'-score모형의 예측정확도는 파산 1년 전 자료를 이용할 경우 94%로 Z-score모형의 예측능력과 거의 유사한 것으로 분석되었다.

(3) K-score모형

알트만 · 엄영호 · 김동원은 1995년에 발표한 논문에서 우리나라 기업의 부실예측을 위한 별도의 모형을 제시하였다.[5] 이들은 1990년부터 1993년까지 국내 상장회사 중에서 34개의 부실기

5) Altman, E. I., Y. H. Eom and D. W. Kim (1995), "Failure Prediction: Evidence from Korea", Journal of International Financial Management and Accounting, 6, pp. 230-249.

업들과 61개의 정상기업들을 표본으로 선정하였으며, 20개의 재무변수를 대상으로 판별모형인 K−score모형을 도출하였다. K−score모형에는 최종적으로 기업부실을 예측할 수 있는 4개의 재무변수가 선정되었으며, 비상장기업과 상장기업에 모두 적용할 수 있는 식 (9−4)의 K_1−score모형과 상장기업에만 적용할 수 있는 식 (9−5)의 K_2−score모형으로 구분된다.

$$K_1 = -17.862 + 1.472X_1 + 3.041X_2 + 14.839X_3 + 1.516X_4 \quad (9-4)$$

$$K_2 = -18.696 + 1.501X_1 + 2.706X_2 + 19.760X_3 + 1.146X_4' \quad (9-5)$$

X_1 : 자산규모 = $\log_e$(총자산)

X_2 : 총자산회전율 = $\log_e\left(\frac{\text{매출액}}{\text{총자산}}\right)$

X_3 : 총자산이익잉여금율 = $\frac{\text{이익잉여금}}{\text{총자산}}$

X_4 : 자기자본비율 = $\frac{\text{자기자본 장부가치}}{\text{총부채 장부가치}}$

X_4' : 자기자본비율 = $\frac{\text{자기자본 시장가치}}{\text{총부채 장부가치}}$

K_1−score모형에 사용된 변수 중 네번째 변수인 자기자본비율(X_4)은 K_2−score모형과 다르다. K_1−score모형은 자기자본의 장부가치를 사용하지만 K_2−score모형은 자기자본의 시장가치를 사용하고 있다는 점에서 차이가 있다. 즉, K_2−score모형을 구성하는 자기자본비율은 1968년의 Z−score모형에 도입된 X_4와 동일하며, K_1−score모형의 자기자본비율은 Z'−score모형에 사용된다. 또한 K−score모형 추정시 주의해야 할 사항은 설명변수 X_1은 총자산을 100만 원 단위로 환산하여 자연로그를 취해야 한다는 것이다. 위 두 모형의 판정기준은 각각 다음과 같다.

K_1−score모형	K_2−score모형
$K_1 > 0.75$: 정상기업 $K_1 < -2.0$: 부실기업 $-2.0 \le K_1 \le 0.75$: 판정유보	$K_2 > 0.75$: 정상기업 $K_2 < -2.30$: 부실기업 $-2.30 \le K_2 \le 0.75$: 판정유보

이 두 모형은 도산 2년 이상의 기간에서 우수한 판별 정확성을 가진 것으로 나타났다. 특히

업종에 따라 건설, 자동차, 석유 및 플라스틱, 금속산업이 피혁 및 의복, 가공금속제품, 목재, 펄프 및 제지산업에 비해 비교적 높은 정확도를 보인 것으로 나타났다.

이제 식 (9−5)의 K_2−score모형을 이용하여 유한양행의 2014년도의 재무부실 상태를 진단해보자. K_2−score모형에서 X_3와 X_4'는 이미 Z−score를 계산할 때 구했으므로 X_1과 X_2만 추가적으로 계산하면 된다.

$$X_1 = \log_e(1,615,972) = 14.295$$
$$X_2 = \log_e\left(\frac{10,175}{16,160}\right) = -0.4626$$

이상에서 계산한 4가지 재무비율의 값을 K_2−score모형에 대입하여 K_2−score를 계산한다. 2014년의 유한양행의 K_2−score는 22.30으로 정상기업 상태임을 확인할 수 있다.

$$K_2 = -18.696 + 1.501 \times 14.295 + 2.706 \times (-0.4626) + 19.760 \times 0.730 + 1.146 \times 5.558 = 22.30$$

2. 로짓분석을 이용한 기업부실예측

로짓분석(logit analysis)은 판별분석과 더불어 부실예측모형에 활용되고 있는 계량적 분석기법이다. 로짓분석에 의한 부실예측모형은 특정기업의 도산가능성을 도산확률(probability of default)로 표현함으로써 판별분석에 비해 해석이 훨씬 쉽고 직관적으로 이해할 수 있다. 또한 로짓분석에서 추정된 회귀계수의 부호와 통계적 유의수준으로 어떠한 재무비율이 부실예측에 중요한지를 판단할 수 있다. 로짓분석에서 도산확률은 다음과 같은 식 (9−6)의 로지스틱스함수(logistics function)로 표현된다.

$$P(Z_i) = \frac{1}{1+e^{-z_i}} \qquad (9-6)$$
$$Z_i = \beta_0 + \beta_1 X_1 + \beta_2 X_2 + \cdots + \beta_k X_k$$
e는 자연대수로 2.71828.....

기업이 도산할 확률인 $P(Z_i)$를 추정하기 위해서는 로지스틱스 회귀모형인 식 (9−6)을 추정해야 한다. 로짓분석을 이용한 기업부실을 예측하기 위해서는 판별분석과 마찬가지로 도산기업과 정상기업을 분류한다. 로지스틱스 회귀모형을 추정할 때에는 종속변수인 Z_i에 도산기업일 경우에는 1, 정상기업일 경우에는 0의 값을 부여한다. X_k는 설명변수로, 도산의 징후에 대한 설명력이 높은 재무비율을 도입하여 Z_i를 추정한다. 특정기업의 부도확률은 추정된 로지스틱스함수에 해당 기업의 재무비율을 대입하여 산출된다. 식 (9-6)에서 알 수 있듯이 Z_i의 값이 증가할수록 부도확률은 높아진다.

실무에서는 로짓모형을 이용하여 추정한 부도확률 예측치가 일정 확률 이상일 경우에는 부실기업으로 판단한다. 로짓모형으로 실증적으로 부도확률을 추정하는 최초의 방법은 Olshon(1980)이 시도했으며, 이 연구에서 제시된 부도확률예측모형을 O-score 모형이라 한다. O-score 모형에서 부도확률과 유의적인 관계를 가진 재무비율은 〈표 9-7〉에 요약되어 있다. β_i의 부호로 예측할 수 있는 재무변수와 부도확률간의 관계를 보면 β_i가 음(-)인 자산 규모, $\frac{운전자본}{총자산}$, $\frac{순이익}{총자산}$, $\frac{EBITDA}{총부채}$, 순이익 변동에 대해서는 이 수치들이 큰 기업일수록 부도확률이 감소하는 관계를 가진다고 해석한다.[6] 이는 재무비율의 특성상 기업규모가 크고 현금흐름과 수익성이 높은 기업일수록 안정성이 높다는 것을 의미한다. 반면 $\frac{총부채}{총자산}$와 $\frac{유동부채}{유동자산}$의 β_i가 양(+)인 결과는 이 재무변수들이 높은 기업일수록, 파산위험도 증가하여 부도확률이 높을 것으로 예측할 수 있다.

〈표 9-7〉 **재무변수와 부도확률간의 관계**

재무변수	자산	$\frac{총부채}{총자산}$	$\frac{운전자본}{총자산}$	$\frac{순이익}{총자산}$	$\frac{유동부채}{유동자산}$	$\frac{EBITDA}{총부채}$	순이익 변동
β_i의 부호	−	+	−	−	+	−	−

출처: Ohlson, J. A., (1980), "Financial Ratio and the Probability Prediction of Bankruptcy", The Journal of Accounting Research, 18, pp. 109-131.

3. 옵션가격결정모형을 이용한 기업부실예측

(1) 옵션가격결정모형의 응용

블랙(F. Black)과 숄즈(M. Scholes)가 개발한 옵션가격결정모형(option pricing model)에 따르면 기업이 발행한 주식은 기업이 보유한 자산을 기초자산으로 하여 발행한 콜옵션(call option)과 같다. 따라서 기업의 소유주지분의 시장가치인 주가는 주주가 보유한 콜옵션의 가격이다. 이 경우 행사가격은 기업이 상환해야 하는 부채금액이며, 콜옵션의 만기일은 부채의 만기일이 된다. [그림 9-5]에서 만일 부채의 만기일에 기업의 자산가치(V)가 부채 장부가치(D)를 초과하면

6) EBITDA는 이자, 법인세, 감가상각비, 무형자산상각비 차감전이익으로 이에 대한 측정은 제11장에서 학습한다.

정해진 채무를 상환하고, 잔여 주주지분가치(E = V − D)는 주주에게 귀속된다. 반일 만기일에 기업의 자산가치가 부채에 미달한다면 이는 기업의 부도로 간주되고, 주주는 소유주지분을 포기하며 부채 장부가치에 미달하는 자산을 채권자에게 양도한다. 따라서 기업의 부도확률은 옵션가격결정모형에서 자산의 시장가치가 부채의 장부가치에 미달할 확률과 같다. 즉, 부채의 장부가치를 부도점(default point)이라 한다면 부도확률은 자산의 시장가치가 부도점 이하로 하락할 확률과 같다. 부도점은 일반적으로 실무에서 '유동부채+0.5×비유동부채'의 장부가치로 측정한다.

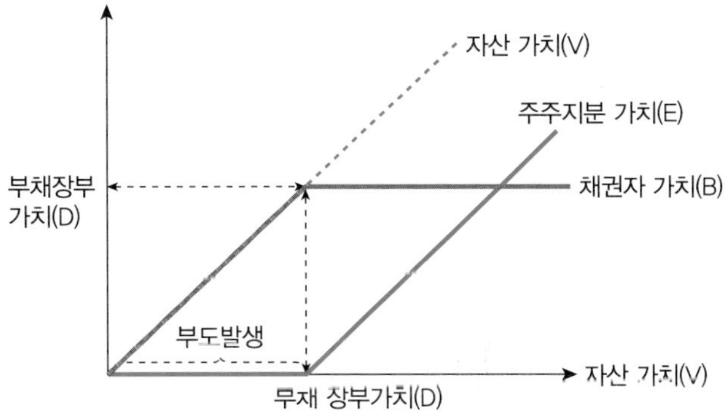

[그림 9-5] 부채 만기일의 주주지분 가치

(2) 부도확률의 추정

옵션가격결정모형으로 부실기업을 예측하기 위해서는 기업이 상환해야 할 부채 규모를 재무제표를 통하여 추정하고, 주가를 이용하여 자기자본의 시장가치를 추정한다. 옵션모형을 이용하여 부도확률을 예측하기 위해서는 주식의 시장가격을 이용해야 하므로 주식시장에 상장된 기업에 적합하다. 여기에서 자기자본의 시장가치는 부채가치보다 클 때 가치를 가지는 콜옵션으로 해석될 수 있다. 따라서 추정된 자기자본의 시장가치와 나머지 다른 변수들을 블랙-숄즈 옵션모형에 대입하면 기업자산의 시장가치를 계산할 수 있다. 이렇게 측정된 자산의 시장가치(V)와 부도점 간의 간격을 자산가치의 표준편차 단위로 측정한 값을 부도거리(distance to default)라 하며, 자산의 시장가치가 부도점인 부채(D) 규모 이하로 하락할 예상부도확률(expected default frequency; EDF)인 P(V<D)를 계산할 수 있다.

이상의 내용을 정리하면 옵션가격결정모형인 식 (9-7)에 의해 기업의 자산가치가 부채가치에 미달할 확률인 식 (9-8)의 예상부도확률이 산출된다. 즉, $N(d_2)$는 만기일에 자산의 시장가치가 부채가치를 상회하여 주주에게 잔여가치가 배분될 확률이므로, 예상부도확률은

$1-N(d_2)$이 된다. 부도확률에 영향을 미치는 요인은 기업의 자산가치, 부채의 장부가치, 만기, 자산가치의 변동성이다. 부도거리와 부도확률은 역의 관계를 갖는다. 즉, 기업의 자산가치가 높을수록, 부채가치가 낮을수록, 만기까지의 기간이 길수록, 무위험이자율이 높을수록, 변동성이 낮을수록 부도거리는 증가하며 부도확률은 감소한다.

$$E = VN(d_1) - De^{-rT}N(d_2) \quad (9\text{-}7)$$

$$EDF = P(V<D) = N(-d_2) = 1-N(d_2) \quad (9\text{-}8)$$

$$d_1 = \frac{\log_e\left(\frac{V}{D}\right)+\left(r+\frac{1}{2}\sigma_a^2\right)T}{\sigma_a\sqrt{T}}, \quad d_2 = d_1 - \sigma_a\sqrt{T}$$

E: 자기자본의 시장가치

V: 만기시 자산의 시장가치

D: 부채의 장부가치

r: 무위험이자율

T: 만기

σ_a : 자산가치의 변동성

$N(d)$: 표준정규분포에서 d 값보다 적을 확률

4. 신경망분석을 이용한 기업부실예측

(1) 신경망분석의 의의

인공지능(artificial intelligence)은 인간의 지능적 활동(사고, 시각, 청각, 자연언어)을 컴퓨터에서 재현시키고자 하는 연구활동이다. 즉, 인공지능에 대한 연구는 인간이 가진 뇌의 구조와 기능을 이해함으로써 뇌가 수행하는 연산기능의 원리로부터 새로운 개념을 추출하여 구현하는 것을 말한다. 인공지능은 인간의 지적인 활동을 필요로 하는 다양한 분야에 응용될 수 있는 잠재력을 가지고 있으며, 기업부실분석에 활용되는 대표적인 방법이 신경망분석(neural network analysis)이다.

신경망분석을 이용한 기업부실분석방법의 특징은 부실예측변수로 사용되는 설명변수들이 서로 영향을 줄 수 있다는 점과 변수들 간의 비선형 관계(nonlinearity)를 표현할 수 있다는 점이다. 판별분석이나 로짓분석 등의 다변량분석에서는 여러 설명변수들이 모형에 투입되지만 변

수들 간의 상호 영향 관계는 고려하지 않는다. 신경망모형은 부실예측함수에 투입되는 변수들이 서로간에는 영향을 주지 않는다는 기존의 다른 모형들이 가진 가정 대신에, 투입변수들 간의 잠재적으로 숨겨진 상관관계를 찾아내어, 그것을 추가적인 투입변수 또는 설명변수로 사용한다.

(2) 신경망분석의 실행

기업부실예측에서 신경망분석은 인간의 두뇌와 마찬가지로 학습과정을 연결시킬 수 있다는 것이다. 신경망의 실행과정은 투입물(input), 신경단위와 산출물(output)로 구성된다. 각 신경단위는 외부로부터 투입물을 전달받는다. 투입물은 재무비율, 시장추세와 관련된 정보, 그 이외의 다른 투입변수들도 가능하다. 여기서 중요한 점은 투입물이 이 신경단위와 연결된 또 다른 투입변수들과 관련이 있을 수도 있고, 이 신경단위와 연결된 다른 신경단위로부터 나온 산출물일 수도 있다는 것이다. 즉, 투입물들 간에 상호관계를 고려한다는 것이다.

이런 투입물들 간의 관계를 고려하여 투입물들을 가중평균한 결과인 전체투입물을 구할 수 있다. 신경망은 전체투입물을 받아들이고 그것에 대하여 반응을 하는데, 그 반응을 기준이 되는 반응과 비교하고 시행착오를 통하여 투입물들의 고정된 가중치를 구한다. 그 가중치만큼 투입물들은 서로 영향을 미치면서 신경단위의 반응을 거쳐 부실예측에 대한 산출물이 발생하는 것이다.

신경망분석에 의한 부실기업분석의 유의성 검증은 적중률을 기준으로 실시할 수 있다. 즉, 비교집단을 대상으로 한 결과를 실험집단의 결과와 비교함으로써 유의성을 검증할 수 있다. 또한 기존의 통계적 모형과 동일 표본집단으로 비교분석을 하여 유의성을 검증할 수도 있다.

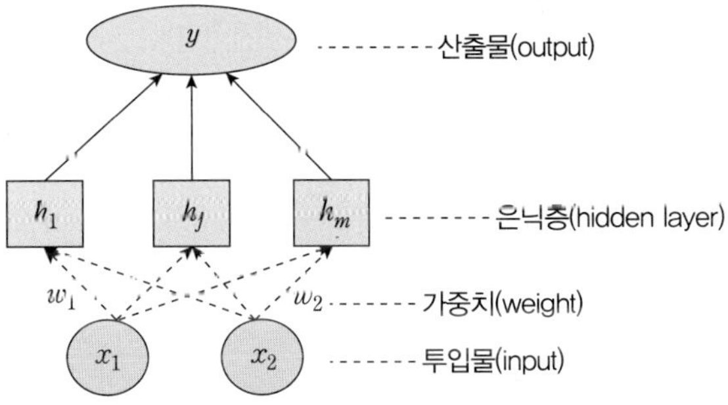

[그림 9–6] 신경망의 실행과정

〈CASE STUDY〉

1. Z-$score$모형과 K_2-$score$으로 진단한 대우조선해양의 부실화 과정

제9장의 사례 분석에서는 대우조선해양의 2013년부터 2018년까지 6년 간 부실화의 과정을 Z-$score$모형과 K_2-$score$로 진단한다. 〈표 9-8〉에는 Z-$score$모형과 K_2-$score$모형에 도입된 재무변수를 구성하는 계정과목들에 대해 2013년부터 2018년의 연결재무제표에서 추출한 자료가 제시된다.

〈표 9-8〉 **2013~2018년도 대우조선해양의 재무변수** (단위: 억 원)

계정과목	2013	2014	2015	2016	2017	2018
유동자산	87,398	98,323	104,660	79,995	66,513	73,500
유동부채	96,727	110,108	153,492	123,687	61,430	53,568
이익잉여금	20,774	12,827	−8,593	−35,468	−922	6,470
총자산	167,764	177,358	188,803	150,648	114,468	119,185
영업이익	−10,100	−5,651	−21,245	−15,308	7,330	10,248
매출액	145,848	155,616	154,436	128,192	111,018	96,444
총부채	138,477	157,090	182,615	144,055	84,561	80,783
시가총액	66,987	35,694	9,704	12,249	14,599	36,611
자기자본	29,287	20,268	6,189	6,594	29,907	38,402

〈표 9-8〉의 2013년부터 2018년의 자료에 기반하여 Z-$score$모형과 K_2-$score$모형의 재무비율을 계산한다. 기업부실을 판정하기 위한 Z-$score$와 K_2-$score$는 회귀계수에 실제 재무비율을 곱하여 합산한다. 이렇게 계산된 결과에 대해 〈표 9-9〉, [그림 9-7]과 [그림 9-8]에서 재무비율의 추세와 부실 스코어를 확인한다.

순운전자본/총자산 비율과 이익잉여금/총자산 비율은 6년간 최저 수준인 2016년을 최저점으로 하여 회복하는 추세에 있는 것으로 판단된다. 2013년부터 2016년까지 지속된 음의 순운전자본은 유동자산이 유동부채보다 낮으며, 이는 대우조선해양의 단기적 유동성 지급능력이 부실한 상태였음을 제시한다. 또한 2015년부터 2017년까지 누적결손금으로 인해 총자산 대비 이익잉여금도 음(−)의 수치가 지속되었다.

영업이익/총자산과 자기자본 시가총액/부채 장부가치 비율은 2015년과 2016년에 가장 낮은 수준이었으며, 2017년 이후의 지표들은 회복하는 추세이다. 영업이익은 2013년부터 2016년까지 4년 연속 적자였으며, 부채 대비 주주지분의 시가총액은 2015년과 2016년에 10%미만으로 하락했다.

총자산은 2015년까지 상승하다가 이후 기간에는 축소되었다. 그러나 매출액도 총자산보다 낮아 총자산회전율이 매년 1회를 밑돌고 있어 활동성이 부진한 것으로 진단할 수 있다. 결과적으로 총자산 대비 매출액의 로그값은 분석기간 동안 지속적으로 음수를 보이고 있다.

이상의 재무비율의 진단결과를 종합한 $Z-score$모형의 부실기업 판정기준에 따르면 6년 연속 부실기업 상태로 지속되고 있다. $Z-score$은 2013년부터 2016년까지 지속적으로 하락하는 추세로, 2016년에 −0.111의 가장 낮은 점수를 보인 후에 상승했지만 여전히 부실 판정 임계치를 밑돌고 있다.

$K_2-score$도 $Z-score$와 유사한 행태를 보였다. $K_2-score$는 분석기간동안 음의 수치로 산출되었으며, 2016년에 최저수치로 나타나 기업이 극도의 부실화 상태인 것으로 나타났다.

〈표 9-9〉 2013~2018년도 대우조선해양의 재무비율과 부실 스코어

재무비율	판별모형 회귀계수		2013	2014	2015	2016	2017	2018
	$Z-score$ 모형	$K_2-score$ 모형						
$\frac{\text{순운전자본}}{\text{총자산}}$	1.2		−0.056	−0.066	−0.259	−0.290	0.044	0.167
$\frac{\text{이익잉여금}}{\text{총자산}}$	1.4	19.760	0.124	0.072	−0.046	−0.235	−0.008	0.054
$\frac{\text{영업이익}}{\text{총자산}}$	3.3		−0.060	−0.032	−0.113	−0.102	0.064	0.086
$\frac{\text{자본 시가총액}}{\text{부채 장부가치}}$	0.6	1.146	0.484	0.227	0.053	0.085	0.173	0.453
$\frac{\text{매출액}}{\text{총자산}}$	1.0		0.869	0.877	0.818	0.851	0.970	0.809
$\log_e(\text{총자산})$		1.501	9.728	9.783	9.846	9.620	9.345	9.386
$\log_e\left(\frac{\text{매출액}}{\text{총자산}}\right)$		2.706	−0.140	−0.131	−0.201	0.161	−0.031	−0.212
$Z-score$			1.068 (부실)	0.930 (부실)	0.104 (부실)	0.111 (부실)	1.327 (부실)	1.642 (부실)
$K_2-score$			−1.472 (유보)	−2.676 (부실)	−5.300 (부실)	−9.248 (부실)	−4.713 (부실)	−3.589 (부실)

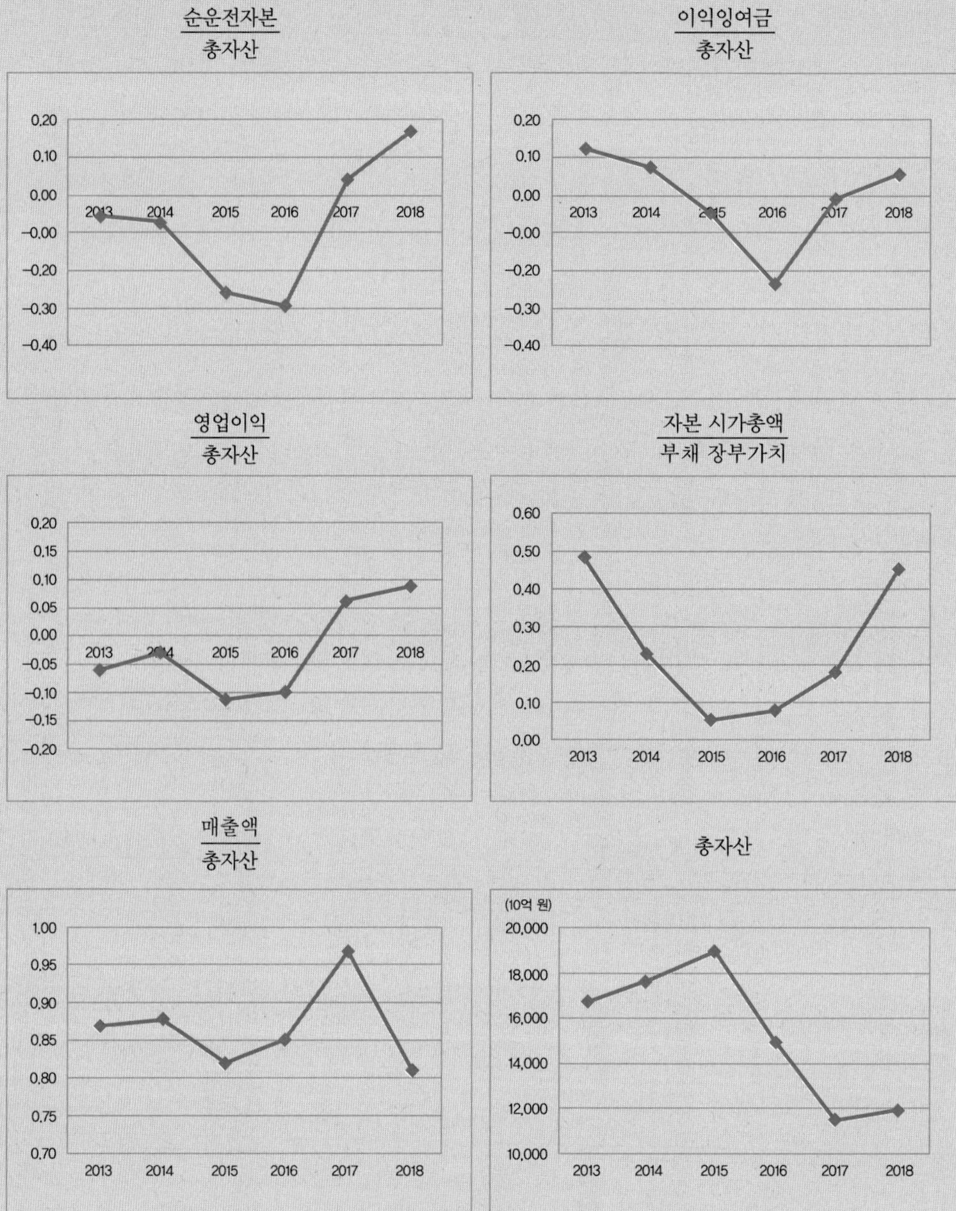

[그림 9-7] 2013~2018년도 대우조선해양의 재무비율 추세 분석

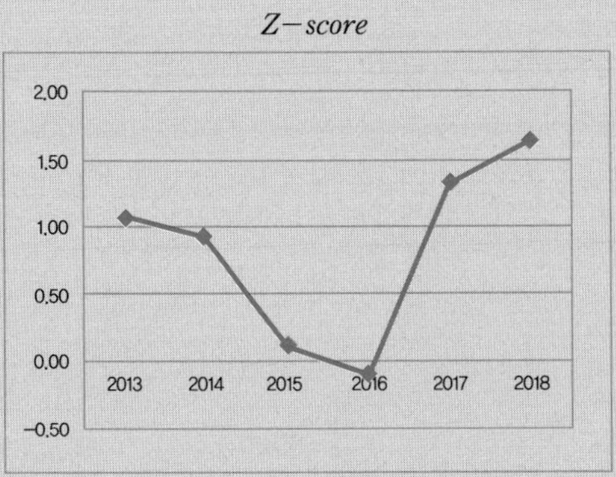

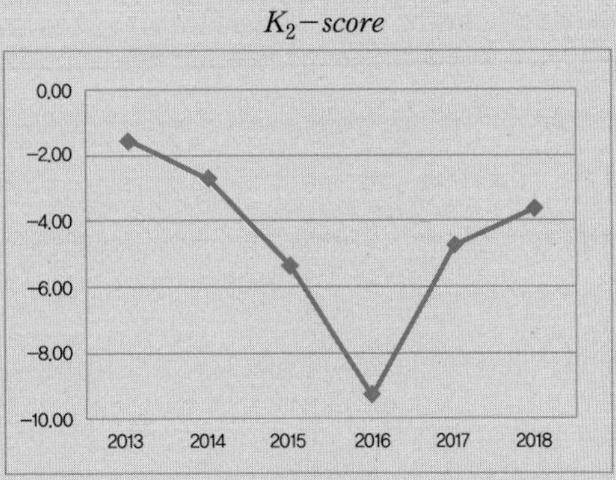

[그림 9-8] 2013~2018년도 대우조선해양의 부실 스코어 추세 분석

2. Z-$score$모형과 K_2-$score$으로 진단한 운수장비업종의 부실화 과정

대우조선해양의 부실화 진단에 이어, 대우조선해양이 속한 운수장비업 전체의 부실상태를 동일기간동안 Z-$score$모형과 K_2-$score$로 평가해 본다. 〈표 9-10〉은 한국거래소 유가증권시장에 상장된 운수장비업에 속한 모든 기업들에 대해 Z-$score$모형과 K_2-$score$모형에 도입된 재무변수를 구성하는 계정과목들의 자료를 제시한다.

〈표 9-10〉 2013~2018년도 운수장비업 상장기업의 재무변수 (단위: 억 원)

	2013	2014	2015	2016	2017	2018
유동자산	1,390,898	1,556,359	1,562,315	1,620,826	1,505,436	1,413,070
유동부채	1,145,453	1,269,609	1,355,346	1,369,457	1,195,519	1,154,039
이익잉여금	1,184,310	1,276,707	1,339,835	1,432,443	1,539,242	1,547,429
총자산	3,349,739	3,667,074	3,899,382	4,104,365	3,847,478	3,806,850
영업이익	165,235	102,547	84,104	116,415	78,673	61,885
매출액	2,938,576	2,982,960	3,020,891	2,833,170	2,688,931	2,654,115
총부채	1,916,586	2,145,838	2,315,293	2,350,465	2,100,381	2,028,816
시가총액	1,696,260	1,287,438	1,195,371	1,196,967	1,110,845	970,873
자기자본	1,433,153	1,521,235	1,584,089	1,753,900	1,747,097	1,778,034

〈표 9-10〉의 2013년부터 2018년의 자료에 기반하여 Z-$score$모형과 K_2-$score$모형에서 사용된 재무비율을 계산하는 방법은 대우조선해양과 동일하며, 그 산출결과는 〈표 9-11〉에서 확인할 수 있다. [그림 9-9]과 [그림 9-10]은 〈표 9-10〉을 그래프로 표현하여 변화 추세를 분석

한 결과이다.

순운전자본/총자산 비율과 이익잉여금/총자산 비율의 최저 수준은 2015년이었다. 영업이익/총자산과 자기자본 시가총액/부채 장부가치 비율은 지속적으로 하락하는 추세로 2018년에 가장 낮았다. 영업이익/총자산 비율은 2013년 4.9%에서, 2018년에는 1.6%로 하락했다. 총자산 대비 매출액인 총자산회전율이 매년 1회를 밑돌고 있으며, 2016년 이후에는 정체된 양상을 보인다. 이는 2015년까지는 총자산의 성장 속도보다는 매출액의 성장 속도가 낮았지만, 2016년부터는 매출액과 자산의 감소 속도가 유사하다고 해석할 수 있다.

이상의 재무비율의 진단결과를 종합한 $Z-score$모형의 부실기업 판정기준에 따르면 2013년과 2014년에는 '판정유보' 상태였지만 2015년부터는 연속 부실기업 상태로 지속되고 있다. 그러나 $K_2-score$를 보면 6년간 '정상' 상태로 판정되어 어느 모형을 채택하느냐에 따라 상반된 판정결과가 나올 수 있음을 제시한다. 이는 2013년을 제외한 다른 연도에서는 $Z-score$와 $K_2-score$가 '부실상태'로 동일하게 판정을 내린 대우해양조선과는 차이가 있다.

〈표 9-11〉 2013~2018년도 운수장비업 상장기업의 재무비율과 부실 스코어

재무비율	판별모형 회귀계수		2013	2014	2015	2016	2017	2018
	$Z-score$ 모형	$K_2-score$ 모형						
$\frac{\text{순운전자본}}{\text{총자산}}$	1.2		0.073	0.078	0.053	0.061	0.081	0.068
$\frac{\text{이익잉여금}}{\text{총자산}}$	1.4	19.760	0.354	0.348	0.344	0.349	0.400	0.406
$\frac{\text{영업이익}}{\text{총자산}}$	3.3		0.049	0.028	0.022	0.028	0.020	0.016
$\frac{\text{자본 시가총액}}{\text{부채 장부가치}}$	0.6	1.146	0.885	0.600	0.516	0.509	0.529	0.479
$\frac{\text{매출액}}{\text{총자산}}$	1.0		0.877	0.813	0.775	0.690	0.699	0.697
$\log_e$(총자산)		1.501	8.752	8.805	8.866	8.918	8.853	8.842
$\log_e\left(\frac{\text{매출액}}{\text{총자산}}\right)$		2.706	−0.131	−0.206	−0.255	−0.371	−0.358	−0.361
$Z-score$			2.154 (유보)	1.847 (유보)	1.700 (부실)	1.652 (부실)	1.740 (부실)	1.689 (부실)
$K_2-score$			2.086 (정상)	1.529 (정상)	1.303 (정상)	1.166 (정상)	2.134 (정상)	2.181 (정상)

주: log_e(총자산)은 운수장비업에 속한 기업 평균 총자산(10억 원)에 자연로그를 취한 값이다.

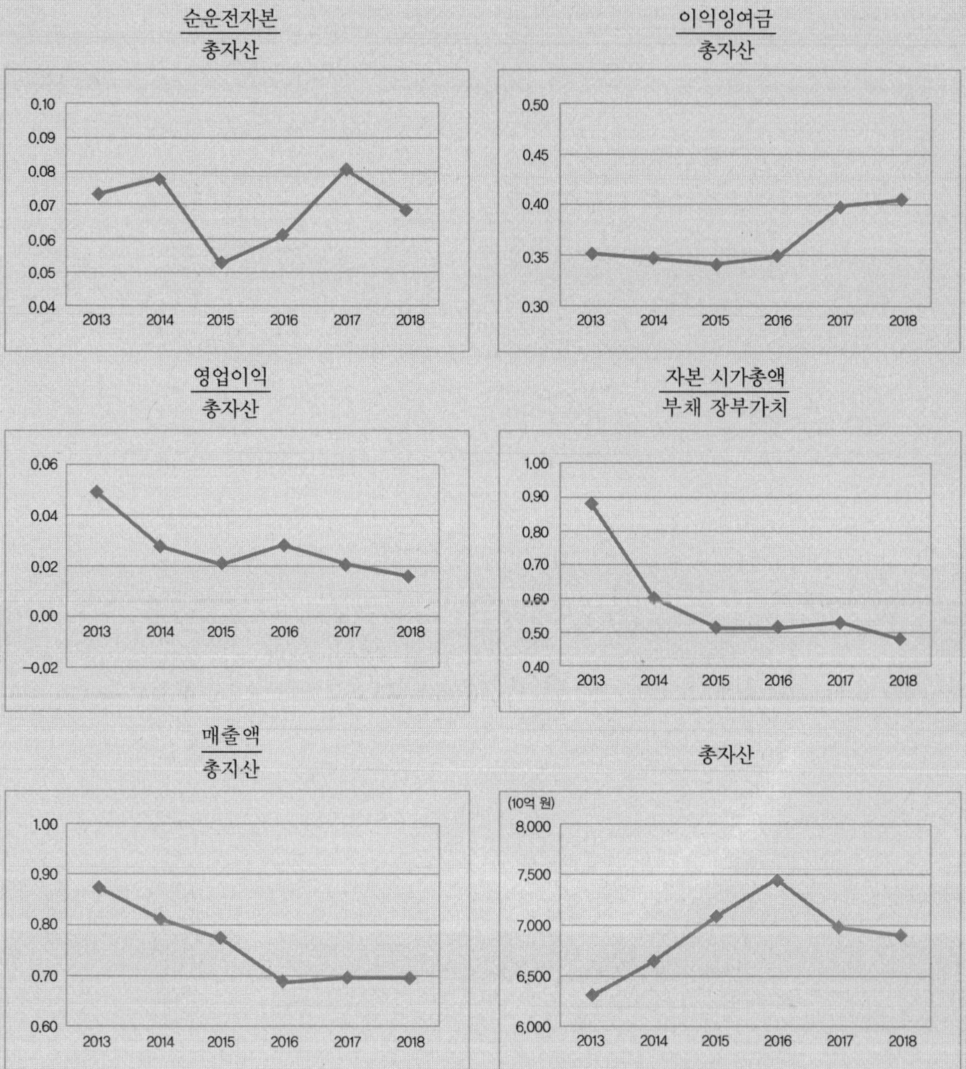

[그림 9-9] 2013~2018년도 운수장비업 상장기업 재무비율 추세 분석

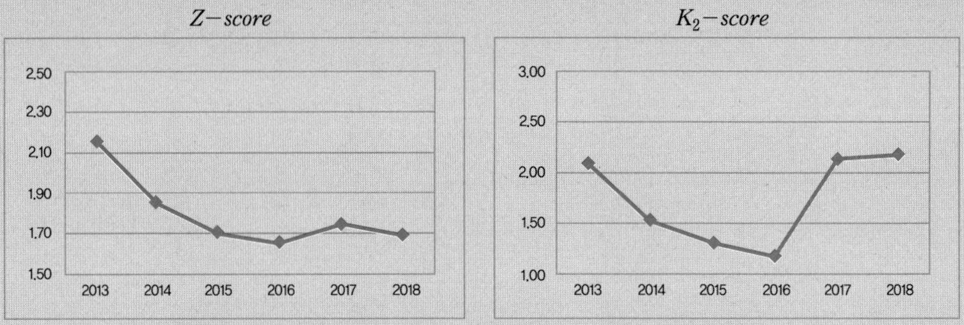

[그림 9-10] 2013~2018년도 운수장비업 상장기업 부실 스코어 추세 분석

연·구·과·제

1. 다음은 A사의 2019년 재무제표자료이다.

A사

(단위: 백만 원)

재무상태표(2019. 12. 31)		손익계산서(2019. 1. 1~2019. 12. 31)	
자산	6,653	매출액	5,097
유동자산	3,121	매출원가	3,104
비유동자산	3,532	판매비 및 관리비	1,540
부채	5,048	영업이익	453
유동부채	3,232	법인세	136
비유동부채	1,816	당기순이익	317
자본	1,605		
자본금	1,109		
이익잉여금	496		

※ 발행주식수는 100만주이며, 2019년 말 주가는 1,500원이다.

(1) 알트만의 Z-score 모형을 구성하는 재무비율을 구하시오.

(2) Z-score를 구하여 이 회사의 부실 여부를 판정하시오.

(3) K_2-score 모형으로 이 회사의 부실 여부를 판정하시오.

2. 다음은 B사의 2019년 재무제표자료이다.

B사

(단위: 백만 원)

재무상태표 (2019.12.31)		손익계산서 (2019.1.1~2019.12.31)	
자산	1,600	매출액	1,600
유동자산	800	매출원가	1,100
비유동자산	800	매출총이익	500
부채	800	판매비 및 관리비	400
유동부채	400	영업이익	100
비유동부채	400	이자수익	10
자본	800	이자비용	70
자본금	600	법인세차감전순이익	40
이익잉여금	200	법인세비용(20%)	8
		당기순이익	32

※ 발행주식수는 10만주이며, 2019년 말 주가는 6,000원이다.

(1) 알트만의 Z−score 모형을 구성하는 재무비율을 구하시오.

(2) Z−score를 구하여 이 회사의 부실 여부를 판정하시오.

(3) K_2−score 모형으로 이 회사의 부실 여부를 판정하시오.

3. 상장 폐지된 기업을 선정하여 상장 폐지되기 3~5년 기간동안 기간동안 유동성 비율과 레버리지 비율의 추세 분석으로 부실화의 진행 추이를 진단하시오.

4. 워크아웃을 신청한 기업을 선정하여, 워크아웃을 신청하기 전 3~5년 기간동안 Z-score를 구하여 부실화의 진행 추이를 진단하시오.

5. 워크아웃을 신청한 기업을 선정하여 이 기업이 수행하고 있는 사업구조조정과 재무구조조정의 사례를 설명하시오.

10

CHAPTER

신용분석

은행이 기업에 대출결정을 내리거나 투자자들이 기업이 발행한 채권에 투자할 때는 기업의 재무적 · 영업적 특성과 관련된 각종 정보를 수집 · 분석하여 신용위험(credit risk), 즉 채무불이행위험(default risk)을 평가하고 이를 토대로 대출결정이나 투자의사결정을 하게 된다. 신용평가는 신용분석(credit analysis)과 채권등급평가(bond rating)를 포함한다. 신용분석은 은행에서 대출결정을 내리기 위한 위험과 기업의 상환능력을 평가하는 것을 말하며, 신용평가회사는 투자자들의 채권에 대한 의사결정에 도움을 줄 수 있도록 채권등급평가를 담당한다. 이 장에서는 은행의 신용분석기능과 종합평점제도에 소개한다. 또한 채권등급평가에서 신용평가회사의 역할과 신용등급평가과정을 이해하도록 한다.

10.1 신용분석의 의의

1. 신용분석의 목적과 중요성

신용분석(credit analysis)이란 기업이 회사채를 발행하거나 은행이 대출결정을 내릴 때 대출에 따른 위험도와 원리금상환능력을 평가하는 것을 말한다. 신용분석의 대상이 되는 신용위험(credit risk)이란 기업이 채무계약을 위반할 가능성을 의미한다. 신용위험은 신용의 주체에 따라 개인신용위험과 기업신용위험으로 구분되지만, 특히 기업신용위험이 중요한 위험으로 인식된다. 기업신용위험은 산업에 속한 기업들이 체계적 위험에 처하면 연쇄적으로 동반 부실화되는 특성을 가지므로, 기업들에 대출을 한 은행의 생존에 매우 중요하기 때문이다. 국민경제적 차원에서 볼 때 한정된 자금이 신용위험이 낮고 수익 전망이 높은 기업에 유리한 조건으로 공급되고, 반대로 신용위험이 높은 기업에게는 불리한 조건으로 공급되는 것이 자원의 효율적 배분을 높이는 길이 된다.

은행과 같은 금융회사의 경영측면에서 대출결정의 신용분석이 중요한 의미를 갖는 몇 가지 이유를 살펴보면 다음과 같다.

첫째, 총자산 중 대출금이 차지하는 비중이 크다는 점이다. 은행은 대부분의 수익을 대출에 따른 이자수익으로 얻고 있다. 부채상환능력이 높은 기업에 자금을 대출하는 경우에는 수익률은 낮지만 대손위험이 줄어드는 반면, 부채상환능력이 낮은 기업에 자금을 대출하는 경우에는 수익률이 높지만 필연적으로 높은 대손위험을 부담해야 한다. 따라서 수익률과 대손위험을 적절히 고려하여 신중하게 대출결정을 해야 한다.

둘째, 기업과 원만한 거래관계를 유지함으로써 영업환경을 개선시킬 수 있다는 점이다. 우량기업을 선별하여 그들 기업에 필요한 자금을 대출해 줌으로써 장기적으로 안정된 수익을 확보할 수 있을 뿐만 아니라, 안정된 예금을 확보할 수 있기 때문이다. 원만한 거래관계의 유지는 기업과의 계속적인 금융거래를 통해서 이루어지며, 이 경우 대출을 통한 거래관계가 금융회사의 영업실적을 제고시키는 가장 좋은 매개수단이다.

셋째, 기업의 자금수요를 충족시켜 준다는 점이다. 은행은 영리기업이지만 공익성을 무시할 수 없다. 따라서 대출수요를 충족시켜 주는 일은 사회적 책임을 완수한다는 측면에서 중요한 의미를 갖는다. 이러한 역할을 원활히 수행할 때 사회적 신인도가 높아지게 되어 기업가치도 올라가게 된다.

2. 신용분석의 기능

신용분석이 적절하게 이루어지면 대출결정이 합리적으로 수행될 수 있다. 따라서 신용분석은 다음과 같은 여러 가지 기능을 담당한다고 볼 수 있다.

첫째, 금융회사의 대출에 따른 위험을 극소화시켜 부실채권을 줄여 줌으로써 수익성을 개선시키는 바탕이 된다.

둘째, 대출 대상 업체의 신용도에 따라 차등금리를 적용하거나 대출조건에 추가적인 요구조건을 부과하는 기준이 되므로 금융회사의 효율적 대출포트폴리오 구성을 가능하게 한다.

셋째, 신용도에 따라 대출금리와 대출조건이 차등적으로 적용되는 것은 국민경제의 관점에서 한정된 금융자원을 효율적으로 배분하여, 기업으로 하여금 효율적 경영을 유도하는 계기를 마련해 준다.

넷째, 투자자에게 신용위험에 대한 정보를 제공하여 정보부족에서 오는 손실로부터 투자자를 보호한다.

다섯째, 증권인수 업무를 수행하는 증권회사 등의 인수기관에는 발행이자율 등 발행조건을 쉽게 결정할 수 있고 증권판매를 촉진하는 수단이 된다.

여섯째, 증권을 발행한 기업, 특히 우량기업은 자금조달비용을 절감할 수 있다.

일곱째, 감독기관의 입장에서는 금융회사의 건전경영을 유도하는 기준으로 사용할 수 있다.

10.2 대출결정과정에 따른 신용분석

금융회사가 대출을 결정하는 과정은 단순히 대출승인으로 끝나는 의사결정이 아니다. 대출결정과정은 대출 후 부실채권이 될 가능성이 없는지를 지속적으로 감시·감독하고, 만기에 대출금을 회수하거나 신용등급에 따라 대출을 연장하거나 재대출을 결정하는 일련의 동적이고 연속적인 과정이다. 금융회사에 따라 이러한 대출결정과정은 다소 차이를 보이지만, 대출결정과정은 크게 대출승인단계(loan approval process), 대출관리단계(loan monitoring process), 대출회수단계(loan termination process)로 구분되며 각 단계에 따라 신용위험관리 시스템을 적용하고 있다.

신용위험관리 시스템은 금융회사가 개별 기업의 신용상태를 등급화하여 각 등급에 따른 위험에 따라 대출의사결정 및 사후관리를 실행할 수 있도록 지원하는 시스템이다. 신용위험관리 시스템은 신용평점 시스템, 행동평점 시스템, 상환평점 시스템으로 구분된다. 국내 은행은 외환위기 이후 대출에 대한 신용위험관리를 선진화하기 위해 신용위험관리 시스템을 개발하여 대출의사결정 및 사후관리업무에 활용하고 있다. 일반적으로 금융회사는 최초 대출단계에서 기업에 신용등급을 부여하고, 그 후 정기적으로 신용상태의 변화를 반영하여 재평가한 후 새로운 신용등급을 부여하는 방식을 택한다.

1. 대출승인단계

기업이 대출을 요청하면 금융회사는 기업에 자금을 대출할지의 여부를 결정하는 대출승인단계에서 신용평점 시스템(credit scoring system)을 사용한다. 금융회사는 신용평점 시스템을 활용하여 신속하게 대출 여부를 결정할 수 있으며, 신용도가 낮은 불량기업을 제외시킴으로써 대출자산의 부실화를 사전에 제거할 수 있다. 이 단계의 신용평점 시스템은 기업의 대출신청을 심사하는 데 활용되므로, 신청평점 시스템(application scoring system)이라고도 한다.

신용평점 시스템은 기업에 대한 여러 가지 정보를 이용하여 기업의 신용정도를 평점의 형태로 분석한다. 즉, 대출을 요청한 기업의 재무정보, 거래실적 등의 평가항목을 통계적으로 분석하고, 비재무정보를 고려하여 종합적으로 평점을 산출한다. 금융회사는 산출된 평점을 기준으로 우량기업 및 불량기업을 판별하고, 대출한도와 이자율 등을 결정한다. 이 단계에서 과거에는 종합평점제도가 주로 활용되었지만, 최근에는 판별분석, 로짓분석, 인공지능모형 등과 같이 제9장의 기업부실예측모형에서 활용되는 계량적 방법들이 보편화되고 있다.

2. 대출관리단계

금융회사가 대출 이후 기업들의 사후적인 거래 행태를 분석하여 부실대출을 방지하고 대출금의 상환이나 재대출 조건을 차등적으로 적용하기 위한 모형은 행동평점 시스템(behavior scoring system)이다. 신용평점 시스템은 최초로 대출하는 기업에 대해서만 신용상태를 평가하므로 대출 이후의 신용상태의 변화를 추적할 수 없는 한계점이 있다. 행동평점 시스템은 일단 대출이 실행된 기업의 대출 후 행태변화와 신용도변화를 점검하여 부실 가능성을 예측하고 연체 및 부실을 방지하기 위해 활용된다. 금융회사는 행동평점 시스템을 적용하여 대출 이후에도 우량한 기업에 대해서는 재대출한도를 조정하거나 금리를 낮추고, 부실 가능성이 높은 기업에 대해서는 차후에 재대출을 할 경우 금리를 상향조정할 수 있다.

〈표 10-1〉에서 은행이 대출한 자산은 채무상환능력과 원리금의 연체 기간에 따라 정상, 요주의, 고정, 회수의문, 추정손실의 5단계의 자산 건전성 지표로 구분된다. 정상은 기업이 연체 없이 상환하거나 연체 기간이 1개월 미만인 대출, 요주의는 1~3개월의 연체된 대출, 고정은 3개월 이상의 연체된 대출에서 회수예상가액 부분, 회수의문은 3개월 이상 12개월 미만 연체된 대출에서 회수예상가액의 초과부분이며, 추정손실은 12개월 이상 연체된 대출에서 회수예상가액의 초과부분이다. 우리나라에서는 정상과 요주의를 제외한 나머지 3단계를 부실채권으로 처리하고 있으며, 각 단계에 따라 은행은 대출금의 0.85% 이상, 7% 이상, 20% 이상, 50% 이상, 100% 이상을 각각 대손충당금으로 적립하도록 하고 있다. 금융감독원의 금융통계정보시스템에 따르면 2017년말 기준으로 국내 은행의 여신 잔액에서 고정이하 여신 비율은 1.2%이며, 이를 다시 분류하면 고정 여신은 0.56%, 회수의문은 0.37%, 추정손실은 0.26%이다. 국내 은행에서 특수은행의 고정이하 여신비율은 2.0%으로 일반은행보다 높은 것으로 파악되었다.

〈표 10-1〉 연체 기간에 따른 은행의 자산 건전성 분류 기준

구분	분류단계별 특징	내용	대손충당금 적립 비율(%)
정상	현금흐름이 부채상환에 충분하여 은행의 원리금회수에 문제가 없는 것으로 판단	연체 기간이 1개월 미만	0.85
요주의	현금흐름이 부채상환에 충분하여 현재로서는 은행의 원리금 회수에 문제가 없으나, 향후 악화될 가능성이 있어 은행의 세심한 주의와 모니터링이 필요한 것으로 판단되는 경우	1개월 이상 3개월 미만 연체대출채권	7

고정	현금흐름이 부채상환에 불충분하여 은행의 원리금회수에 상당한 위험이 존재함에 따라, 원리금 전액회수가 곤란하여 일부 손실이 발생할 가능성이 있는 것으로 판단되는 경우	3개월 이상 연체대출채권에서 회수예상가액	20
회수의문	현금흐름이 부채상환에 크게 부족하여 은행의 원리금회수에 심각한 위험이 존재함에 따라 은행의 손실이 발생할 가능성이 매우 높은 것으로 판단되는 경우	3개월 이상 12개월 미만 연체대출채권에서 회수예상가액 초과부분	50
추정손실	경영내용, 재무상태, 현금흐름 등을 감안할 때, 원리금의 회수가 불가능하여 은행 자산으로 보유하는 것이 무의미하고 손실처리가 불가피한 것으로 판단되는 경우	12개월 이상 연체대출채권에서 회수예상가액 초과부분	100

3. 대출회수단계

대출회수단계에서는 대출자산의 부실화 정도에 따라 기존 기업과의 관계를 계속 유지할 것인지 아니면 중단할 것인지를 결정하고, 부실화된 채권을 회수하여야 한다. 대출회수단계에서는 금융회사가 상환평점 시스템(recovery scoring system)을 활용하여 연체대출이나 부실대출에 대해 상환 가능성을 점수화하여 회수할 수 있는 대출과 회수가 불가능한 대출로 분류한다.

[사례 10–1] 국내 은행의 기업신용위험 평가제도

국내 은행은 부실화 가능성이 있다고 판단되는 기업의 신용위험을 정기적 또는 수시로 평가하고 평가결과에 따라 구조조정 등의 사후관리를 추진한다. 〈표 10–2〉에서 부실화 가능성이 있다고 판단되는 기준은 최근 3년 연속 이자보상배율 1미만인 기업, 자산건전성이 요주의 이하로 분류된 대출자산을 보유한 기업, 최근 3개년 연속 영업활동 현금흐름이 (–)인 기업 등이다. 은행들은 이러한 기업에 대해 산업위험, 영업위험, 경영위험, 재무위험, 현금흐름 등을 세부적으로 평가한다. 정기평가는 상반기와 하반기로 구분되어 실시되지만, 만일 신용도가 급격히 악화된 기업에 대해서는 정기평가 시기와 관계없이 수시평가를 실시한다. 〈표 10–2〉에서 평가결과는 〈표 10–3〉에서 A, B, C, D등급으로 분류되며, C등급과 D등급에 대해서는 구조조정대상 업체로 선정하여 워크아웃이나 회생절차와 같은 사후조치를 취하게 된다.

〈표 10-2〉 신용위험 평가 기준

기준	항목
기본평가기준	– 최근 3개년 연속 영업활동 현금흐름이 (–)인 기업 – 최근 3개년 연속 이자보상배율이 1미만인 기업 – 자산건전성분류기준에 따른 결과 "요주의"이하 분류 기업 – 신용도가 급격히 악화된 기업 – 완전자본잠식 기업
세부평가기준	– 산업위험: 업종별 향후 3년간 경기변동 민감도, 성장전망 – 영업위험: 시장지위, 시장점유율, 업계순위 – 경영위험: 소유 · 지배구조, 경영진의 도덕적 해이 여부 등 – 재무위험: 단기차입금 비중, 매출액 추세, 재무융통성 등 – 현금흐름: 이자보상계수, 부채상환계수 등

출처: 금융위원회, 『기업구조조정 진행 상황 및 향후 계획』, 2016

〈표 10-3〉 기업신용위험 상시평가제도의 등급 분류

등급	내용	사후 관리
A	정상적인 영업이 가능한 기업	–
B	부실징후기업이 될 가능성이 높은 기업	경영개선 권고 등으로 부실화 예방
C	부실징후기업	채권금융회사, 채권은행, 주채권은행이 관리하여 경영정상화 추진
D	경영정상화 가능성이 없는 기업	담보물 처분 등을 통해 정리

2009년~2016년중 신용위험평가를 통해 구조조정 대상인 C등급과 D등급으로 분류된 기업은 총 444개사이다. 이 중 145개사는 워크아웃을 착수했으며, 102개사는 회생절차를 신청했다. 나머지 197개사는 청산 · 폐업의 절차가 진행 중인 것으로 알려졌다.[1)]

10.3 신용평점제도

1. 신용평점제도의 의의

신용평점제도는 금융회사의 대출심사에서 기업을 종합적으로 평가하는 방법으로 많이 활용되는 방법이다. 이 방법은 중요도에 따라 선정된 심사항목에 가중치를 부여하고, 차입자의 특성에 따라 심사항목별로 배점한 다음 이 점수를 합하여 종합점수를 산출한다. 신용평점제도에서

1) 금융감독원, 『채권은행의 신용위험평가 및 워크아웃 운영 개선방안』 , 2017

는 일반적으로 심사항목이 크게 재무평점과 비재무평점 부문으로 구분되며, 각 부문별 평점을 합산하여 종합점수가 산출된다. 재무평점 항목으로는 이미 제5장과 제6장에서 학습한 재무비율이 해당하며, 비재무평점 항목은 경영능력이나 사업전략과 같은 기업 내부의 질적 요소에 초점을 두고 있다. 금융회사는 종합점수를 일정한 기준과 비교함으로써 여신결정을 하거나 여신등급의 재분류를 하게 된다.

2. 신용평점제도의 절차

신용평점제도는 금융회사마다 다소 차이가 있지만 일반적으로 다음과 같은 4단계를 거쳐 이루어진다.

첫째, 신용평가에 중요하다고 판단되는 주요 평가요소를 선정한다. 주요 평가요소는 산업특성에 따라 다르지만 일반적으로 고려될 수 있는 평가요소는 〈표 10-4〉과 같다.

둘째, 선정된 각 평가요소의 중요도에 따라 가중치 또는 배점을 부여한다. 가중치 또는 배점을 부여하는 방법으로 통계적 기법을 사용할 수도 있고, 경험에 입각한 주관적 판단에 의존할 수도 있다.

셋째, 평가요소별로 분석하여 기업의 강・약점을 파악하고 이를 산업 내의 타기업과 비교하여 등급을 매긴 후, 평가요소의 가중치를 고려하여 점수를 산정한다. 예를 들어, 평가요소의 등급을 A, B, C, D, E의 5등급으로 구분할 경우 평가요소의 등급별 점수는 평가요소의 배점에 A등급은 5/5, B등급은 4/5, C등급은 3/5, D등급은 2/5, E등급은 1/5을 곱하여 산출한다. 특히 재무비율의 등급을 정할 때에는 해당 산업에 속한 기업들의 통계적 분포를 기초로 산출하여야 한다.

넷째, 평가요소별로 산정된 점수를 모두 합하여 신용평점을 구한다. 신용평점은 기업의 신용도를 종합적으로 평가하는 것으로 대출결정의 기준이 된다. 예를 들어, 신용평점이 일정한 점수를 초과할 때 대출승인을 하거나, 구간을 정하여 기업의 신용등급을 분류할 수 있다.

〈표 10-4〉 신용평점제도의 주요 평가요소의 내용

재무평점(양적 요소)
– 기업의 수익성, 재무구조, 유동성, 현금흐름, 활동성, 성장성, 생산성
비재무평점(질적 요소)
– 조직 · 인사요소: 경영관리체계의 합리성, 기업지배구조, 경영자 업력, 노사관계,
후생시설 및 근로조건
– 생산요소: 생산시설, 영업레버리지, 공장자동화, 품질 및 기술개발상태, 원자재조달
– 재무요소: 거래신뢰도, 채무상환능력, 회계자료의 신뢰도
– 전략요소: R&D, 최고경영진, 대정부관계, 기업다각화
– 산업요소: 산업의 라이프사이클, 경쟁상황, 진입장벽

3. 재무평점제도

신용평점제도에서 재무평점은 개별적인 재무비율을 종합적인 지표로 나타내어 평가한다는 점에서는 제6장에서 학습한 지수법과 유사하다. 하지만 종합재무지수에서는 지수를 산출하기 위해 표준비율이 사용되는 반면, 재무평점제도는 표준비율이 아닌 해당 등급의 점수로 평가된다.

〈표 10-5〉는 기업체 종합평가표에서 재무평점등급표를 응용하여 작성한 사례이다. 이 표에서는 기업에 대해 자본구성, 유동성, 수익성, 활동성, 성장성의 5개 평가부문으로 정하였으며, 총 8개 재무비율을 선정하고 있다. 재무비율에 따른 등급은 최상위 등급인 A부터 최하위 등급인 E까지 5개로 구분된다. 만일 어떤 기업이 모든 부문에서 최상위 등급에 해당한다면 이 기업의 종합재무평점은 50점이다. 각 등급에서 재무비율의 범위는 균등하지 않고 차이가 있다. 예를 들어, 자기자본비율의 B등급의 범위는 38.1%부터 62.1%까지 분포하므로 19.3%부터 38.0%까지 분포하는 C등급의 범위보다 넓다. 〈표 10-5〉에서는 자본구성과 유동성의 평가비중이 15점으로 가장 높기 때문에 재무평점에서 우선시하는 항목임을 알 수 있다.

〈표 10-5〉 재무평점등급표

부문	항목	단위	A	B	C	D	E
자본구성 (15점)	자기자본비율 (15)	(%)	62.2이상 (15)	62.1~38.1 (12)	38.0~19.3 (9)	19.2~9.4 (6)	9.4미만 (3)
유동성 (15점)	유동비율 (15)	(%)	175.4이상 (15)	175.3~126.3 (12)	126.2~86.7 (9)	86.6~68.9 (6)	68.9미만 (3)

수익성 (10점)	총자본순이익률 (5)	(%)	10.1이상 (5)	10.0~4.5 (4)	4.4~1.8 (3)	1.7~0.4 (2)	0.4미만 (1)
	매출액영업이익률 (5)	(%)	8.1이상 (5)	8.0~4.0 (4)	3.9~1.7 (3)	1.6 ~ −1.6 (2)	−1.6미만 (1)
활동성 (5점)	총자본회전율 (2.5)	회	2.07이상 (2.5)	2.06~1.42 (2)	1.41~1.01 (1.5)	1.00~0.85 (1)	0.85미만 (0.5)
	매출채권회전율 (2.5)	회	11.7이상 (2.5)	11.6~8.7 (2)	8.6~5.8 (1.5)	5.7 ~ 4.3 (1)	4.3미만 (0.5)
성장성 (5점)	총자본증가율 (2.5)	(%)	37.8이상 (2.5)	37.7~20.3 (2)	20.2~4.0 (1.5)	3.9 ~ −4.0 (1)	−4.0미만 (0.5)
	매출액증가율 (2.5)	(%)	38.9이상 (2.5)	38.8~21.3 (2)	21.2~8.2 (1.5)	8.1~2.3 (1)	2.3미만 (0.5)

이 평점기준으로 의약품 업체인 유한양행과 경쟁사인 녹십자의 2014년도 재무비율을 이용하여 〈표 10−6〉에서 평가결과를 진단해 보자. 유한양행의 자본구성의 평가비율인 자기자본비율은 78.95%로 A등급에 해당하는 15점이며, 녹십자도 역시 A등급이다. 유동성 부문에서는 유한양행의 유동비율이 329.79%로 A등급에 해당하며, 녹십자의 유동비율은 유한양행보다 낮지만 동일한 등급으로 평가된다. 수익성 부문의 평가항목에서 유한양행의 총자본순이익률과 매출액영입이익률은 모두 B등급 구간에 해당하므로 총 8점으로 평가된다. 녹십자의 총자본순이익률은 유한양행과 평점이 같지만, 매출액영업이익률에서는 A등급이므로 수익성 평점은 유한양행보다 높다.

활동성은 다른 부문에 비해 양 기업이 모두 취약한 영역으로 두 지표에서 유한양행과 녹십자 모두 최하 등급인 E등급으로 1점에 불과하다. 성장성 지표도 양 기업 모두 활동성과 더불어 취약한 영역으로 평가되지만 두 지표에서 유한양행보다는 녹십자의 등급이 높은 것으로 나타났다. 이상의 재무평점등급표에 따른 재무평점을 보면 유한양행이 41.5점이며, 녹십자는 43.5점이다.

〈표 10−6〉 **사례 기업의 재무평점 평가결과**

부문	항목		유한양행	녹십자
자본구성	자기자본비율(%)	비율	78.95	69.20
		등급	A	A
		평점	15	15

유동성	유동비율(%)	비율	329.79	198.25
		등급	A	A
		평점	15	15
수익성	총자본순이익률(%)	비율	5.81	7.13
		등급	B	B
		평점	4	4
	매출액영업이익률(%)	비율	7.31	9.94
		등급	B	A
		평점	4	5
활동성	총자본회전율(회)	비율	0.65	0.80
		등급	E	E
		평점	0.5	0.5
	매출채권회전율(회)	비율	4.81	3.88
		등급	E	E
		평점	0.5	0.5
성장성	총자본증가율(%)	비율	6.74	20.47
		등급	C	B
		평점	1.5	2
	매출액증가율(%)	비율	7.83	9.81
		등급	D	C
		평점	1	1.5
합계		평점	41.5	43.5

금융회사가 대출을 결정할 때 〈표 10-6〉의 재무평점에 별도의 비재무평점을 합산한 종합평점을 기준으로 〈표 10-7〉과 같은 등급으로 구분하고, 종합평점이 60점 이상인 기업을 대출 가능 기업으로 판정한다고 가정하자. 만일 비재무평점 부문에서 유한양행이 40점(A등급)으로 평가되었다면, 재무평점인 41.5점(A등급)과 비재무평점을 합산하여 종합평점은 81.5점이므로 유한양행은 대출 가능 대상인 최우량 기업으로 분류된다.

〈표 10-7〉 종합평점 기준 등급

<table>
<tr><th colspan="2">재무평점</th><th colspan="2">비재무평점</th><th colspan="2">종합평점</th><th rowspan="2">대출 여부</th></tr>
<tr><th>(50점)</th><th>등급</th><th>(50점)</th><th>등급</th><th>(100점)</th><th>등급</th></tr>
<tr><td>40점 이상</td><td>A</td><td>40점 이상</td><td>A</td><td>80점 이상</td><td>최우량 기업</td><td rowspan="3">대출 가능</td></tr>
<tr><td>30점 이상 ~ 40점 미만</td><td>B</td><td>30점 이상 ~ 40점 미만</td><td>B</td><td>70점 이상 ~ 80점 미만</td><td>우량 기업</td></tr>
<tr><td>20점 이상 ~ 30점 미만</td><td>C</td><td>20점 이상 ~ 30점 미만</td><td>C</td><td>60점 이상 ~ 70점 미만</td><td>신용대출 고려 대상기업</td></tr>
<tr><td>10점 이상 ~ 20점 미만</td><td>D</td><td>10점 이상 ~ 20점 미만</td><td>D</td><td>50점 이상 ~ 60점 미만</td><td>요주의기업</td><td rowspan="2">대출 불가</td></tr>
<tr><td>10점 미만</td><td>E</td><td>10점 미만</td><td>E</td><td>50점 미만</td><td>불량 기업</td></tr>
</table>

4. 신용평점제도의 문제점

신용평점제도는 평가요소에 양적 요소는 물론 질적 요소까지도 포함시킬 수 있다는 장점이 있다. 이와 같은 평점제도는 우리나라 금융회사에서 가장 많이 사용하고 있는 신용평가방법의 일종으로, 단순히 재무비율만을 선택하여 평가하는 것이 아니라, 기업의 이미지, 최고경영자의 인격 등 질적 요인도 고려하여 종합적인 평가를 하는 것이 일반적이다. 그러나 다음과 같이 평가요소의 선정, 가중치 부여, 등급에 따른 점수산출 등에서 주관적 판단이 개입될 수 있다는 등의 문제점이 발생한다.

첫째, 재무평점 산출시에 중요한 재무비율을 어떻게 객관적으로 선택하며, 어느 비율에 얼마만큼의 비중을 두는가에 대한 문제가 있다.

둘째, 한 비율을 어떻게 구간을 나누어 점수를 배정하느냐에 대한 객관적인 기준의 설정이 어렵다는 문제가 있다. 구간의 설정 및 점수 배정은 기업의 건전성을 충족시킬 수준의 절대적 기준과 업계 수준을 반영한 상대적 기준을 고려해서 결정한다.

넷째, 종합평점으로 기업을 최우량기업에서 불량기업 등으로 구분하는 데 자의성이 개입될 수 있다는 문제가 있다.

따라서 신용평점제도의 신뢰성을 높이기 위해서는 가능한 한 주관적 판단을 줄이는 제도적인 장치가 필요하다. 대부분의 금융회사에서는 신용평점에 대한 사후적인 기업의 신용형태를 분석하고 평가요소를 재조정하는 등의 정책을 수행하여 이러한 문제점을 최소화하고 있다.

10.4 채권등급평가

1. 채권등급평가의 의의와 목적

채권의 가치는 부채계약에 의해 채권투자자에게 지급될 미래 현금흐름에 대해 발행회사의 채무불이행위험을 반영한 할인율을 적용하여 평가할 수 있다. 채권의 미래 현금흐름인 액면이자와 만기에 상환될 원금은 계약조건에 명시되므로, 결국 채권가치 평가의 핵심은 할인율을 어떻게 결정하는가에 있다. 채권을 발행한 기업의 위험은 신용등급을 통해서 할인율에 반영되므로, 채권가격 결정에서 채권등급평가는 필수적인 역할을 수행한다.

채권등급평가(bond rating)란 신용평가회사가 특정채권의 원금과 이자가 정해진 기일에 상환될 수 있는지를 판정하여, 이를 이해하기 쉬운 기호나 문장으로 등급을 매겨 투자자에게 전달하는 것을 말한다. 즉, 채권등급평가는 채권발행자의 채무불이행의 가능성을 측정하여 그 정도에 따라 해당 채권의 품질을 평가하는 데 목적이 있다. 채권등급평가는 특정채권의 위험 정도를 파악하여 투자자에게 신용위험의 정보를 전달하는 것이지, 특정한 채권을 투자 대상으로 추천하거나 또는 이를 통해 채권가격을 설정하려는 것이 아님에 주의해야 한다. 즉, 투자자들이 채권시장에서 채권을 선택할 때 고려하는 요소인 수익과 위험 중에서 위험에 대한 정보를 제공하는 것이 바로 채권등급평가의 목적이라고 할 수 있다.

2. 신용평가회사

신용평가회사(rating agency)는 채권을 발행하는 기업, 자치단체 또는 국가의 신용도(creditworthiness)를 평가하는 것을 주된 업무로 행하는 기관이다. 투자자들에게 예정된 기일 내에 원리금이 상환될 수 있는 가능성에 대해 정보를 제공하는 것이 신용평가회사의 목적이다. 즉, 신용평가는 부도의 가능성과 부도 발생시 얼마만큼의 원리금을 보전할 수 있는지에 대한 정보를 제공하는 것이다.

우리나라에 신용평가제도가 도입된 것은 한국산업은행의 출자로 한국기업평가㈜가 설립된 1983년부터이다. 본격적인 도입은 1985년 2월에 투자금융회사를 중심으로, 제2금융권의 출자로 한국신용평가㈜가 설립되면서 시작되었다. 같은 해 9월에 전국투자금융협회에서 한국신용평가㈜를 신종 기업어음(CP)에 대한 신용평가전문기관으로 지정하면서, CP 발행적격업체의 선정기준으로 동사의 신용평가등급이 활발하게 이용되기 시작하였다. 그 후 1986년 9월 시중

은행의 출자로 한국신용정보㈜가 설립되면서 3개의 전문 신용평가회사를 중심으로 한 현재의 신용평가체제가 확립되었다.

국내 신용평가회사가 평가하는 채권은 무보증회사채, 기업어음이며 보증채권을 발행한 보증금융회사 등에 대해서도 신용등급을 평가한다. 반면에 국채, 정부가 보증한 채권, 지방채, 통화안정증권 등은 신용평가회사로부터 별도의 평가를 받을 의무가 없다.

세계적으로 많은 신용평가회사가 존재하지만 가장 권위 있는 3대 신용평가회사는 미국의 스탠더드 앤 푸어스(Standard and Poors; S&P)와 무디스(Moody's investors Service), 피치 (Fitch)이다. 이들 신용평가회사는 국가 및 기업의 채권을 외화표시와 자국화폐표시, 장기와 단기의 4개 범주로 나누어 신용등급을 평가하는데, 일반적으로 '정부발행 외화표시 장기채권'이 한 국가의 포괄적 신용등급을 대표한다. 정부가 발행하는 대표적인 외화표시 장기채권은 외국환평형기금채권(foreign exchange stabilization bond)이다. 국제적 신용평가회사들의 영향력은 실로 상당한데, 일단 국가신용등급이 조정되면 국제금융시장에서 해당 국가의 주가, 금리, 환율 등에 지배적인 영향력을 미치기 때문이다.

3. 채권등급

채권등급은 채권가격을 결정하는 핵심요소이다. 신용평가회사의 채권등급에 대한 평가기준, 평가방식, 평가결과는 거의 비슷하지만 신용등급 기호에 다소 차이가 있다. S&P와 Moody's를 비롯한 해외 신용평가회사와 국내 신용평가회사가 제시한 회사채에 대한 등급과 그 내용이 〈표 10-8〉에 제시되어 있다.

S&P의 BBB−, Moody's의 Baa3, Fitch의 BBB− 이상의 등급을 받은 채권은 투자적격등급(investment grade ratings)채권으로, 채무불이행이 상대적으로 낮은 채권으로 평가된다. S&P의 BB+, Moody's의 Ba1, Fitch IBCA의 BB+ 이하 등급의 채권은 요주의 및 투자부적격 채권으로, 채무불이행 가능성이 높은 채권으로 분류한다. 요주의 및 투자부적격 등급은 투기등급(speculative grade ratings)이라고도 한다. 이 등급에 해당하는 채권을 정크본드(junk bond)라고 하는데, 상대적으로 높은 수익률을 보상하는 채권(high-yield bond)인만큼 채무불이행 위험도 크다.

우리나라 신용평가회사의 채권등급평가도 S&P 또는 Moody's와 유사하다. 국내 신용평가회사인 한국신용평가㈜의 회사채등급은 AAA부터 D까지 10개 등급으로 분류된다. 이 중에서 AAA부터 BBB까지는 원리금 상환능력이 인정되는 투자적격등급에 해당하지만, BB 이하 등급부터는 투기등급으로 분류된다. 또한 AA부터 B까지의 등급에 대해서는 +와 −를 추가하여 보다 세분된 등급으로 표시된다.[2] 한국신용평가가 평가를 담당한 375개 채권의 등급의 분포를 보면, AAA등급 채권은 15.2%, AA등급은 40.5%, A등급은 31.2%로 투자적격 등급으로 평가된 채권은 전체의 93.9%였으며, BBB이하 투기등급에 해당하는 채권은 6.1%으로 집계되었다.

신용평가회사들은 신용평가등급을 새로 부여하거나 기존 등급을 재조정할 때 앞으로의 신용등급 전망(outlook)을 제시한다. 신용등급 전망은 긍정적(positive), 안정적(stable), 부정적(negative) 세 가지로 분류한다. '안정적'이나 '긍정적'인 경우는 앞으로 특별한 사안이 발생하지 않는 한 현행 등급이 그대로 유지된다는 것을 의미하며, '부정적'인 경우에는 언제든지 신용등급이 낮아질 수도 있음을 의미한다.

〈표 10–8〉 **신용평가회사의 채권등급 구분**

<table>
<tr><th rowspan="2">등급내용</th><th rowspan="2">투자적격
여부</th><th rowspan="2">Moody's</th><th rowspan="2">S&P</th><th rowspan="2">Pitch</th><th rowspan="2">국내평가사</th><th colspan="2">등급분포</th></tr>
<tr><th>건</th><th>(%)</th></tr>
<tr><td>최상의 신용상태
원리금 지급 가능</td><td rowspan="4">투자적격</td><td>Aaa</td><td>AAA</td><td>AAA</td><td>AAA</td><td>57</td><td>(15.2)</td></tr>
<tr><td>신용상태 안전
약간의 투자위험</td><td>Aa1
Aa2
Aa3</td><td>AA+
AA
AA−</td><td>AA+
AA
AA−</td><td>AA+
AA
AA−</td><td>152</td><td>(40.5)</td></tr>
<tr><td>신용상태 양호
미래 위험요소 내포</td><td>A1
A2
A3</td><td>A+
A
A−</td><td>A+
A
A−</td><td>A+
A
A−</td><td>117</td><td>(31.2)</td></tr>
<tr><td>신용상태 적절
미래위험 존재
불황시 유의 필요</td><td>Baa1
Baa2
Baa3</td><td>BBB+
BBB
BBB−</td><td>BBB+
BBB
BBB−</td><td>BBB+
BBB
BBB−</td><td>26</td><td>(6.9)</td></tr>
<tr><td>투기적 요소
미래 안전 불투명
성과 불확실로 투자시 주의</td><td rowspan="4">요주의및
투자부적격</td><td>Ba1
Ba2
Ba3</td><td>BB+
BB
BB−</td><td>BB+
BB
BB−</td><td>BB+
BB
BB−</td><td>11</td><td>(2.9)</td></tr>
<tr><td>원리금 지급 불확실
투자 부적격 대상</td><td>B1
B2
B3</td><td>B+
B
B−</td><td>B+
B
B−</td><td>B+
B
B−</td><td>9</td><td>(2.4)</td></tr>
<tr><td>신용상태 불량
원리금 지급불능 위험</td><td>Caa
Ca</td><td>CCC+
CCC
CCC−
CC</td><td>CCC+
CCC
CCC−
CC</td><td>CCC
CC
C</td><td>3</td><td>(0.8)</td></tr>
<tr><td>최악의 신용상태로
채무불이행 등급 채권</td><td>C</td><td>C
D</td><td>C, DDD,
DD, D</td><td>D</td><td>0</td><td>0</td></tr>
</table>

주: 등급분포는 2019년 1월 1일 기준으로 한국신용평가(주)가 평가결과를 보유한 375개 회사채 등급에 대한 분포임.

2) +와 -기호는 노치(notch)라 한다.

[그림 10-1]은 국내신용평가회사인 한국신용평가 홈페이지에 공시된 등급을 보여준다. 해당 회사들의 평가종류는 수시평가, 본평가, 그리고 정기평가로 구분되며, 평가종류 옆의 '종류'는 회사채 종류를 의미한다. 예를 들어, 한국중부발전이 발행하여 등급이 평가된 채권은 SB, STB, CP의 세 종류인데 SB는 일반사채인 Straight Bond의 약어이며, STP는 Short Term Bond의 약어

회사채 등급

회사명	평가종류	종류	직전등급		현재등급	평가일	평가의견
씨에스코리아	수시	PP		→	BB- 안정적	2019.11.08	
한국중부발전	본	SB	AAA 안정적	→	AAA 안정적	2019.11.07	
한국중부발전	정기	STB	A1	→	A1	2019.11.07	
한국중부발전	정기	CP	A1	→	A1	2019.11.07	
효림산업	수시	PP		→	BB- 안정적	2019.11.08	
세일석유	본	SB		→	BB 안정적	2019.11.04	
한국지역난방공사	본	PFB	AAA 안정적	→	AAA 안정적	2019.11.04	
한국지역난방공사	정기	STB	A1	→	A1	2019.11.04	
한국지역난방공사	정기	CP	A1	→	A1	2019.11.04	
두산인프라코어	본	SB	BBB 긍정적	→	BBB 긍정적	2019.11.01	

한국중부발전의 평가등급

평가 개요

평가대상	종류	현재등급	직전등급	비고
무보증사채	본	AAA/안정적	AAA/안정적	제 52-1, 52-2회
기업어음	정기	A1	A1	
전자단기사채	정기	A1	A1	

평가 의견

한국신용평가는 한국중부발전(주)(이하 '동사')의 제52-1, 52-2회 무보증사채 신용등급을 **AAA/안정적**으로 부여하고, 기업어음 및 전자단기사채(발행한도: 5천억 원) 신용등급은 정기 평가를 통해 A1으로 유지한다. 주요 평가요소는 다음과 같다.

- 전력산업의 정책적 중요성과 정부의 지원가능성
- 현행 전력거래 가격체계에 기반한 안정적 수익구조 vs. 최근 확대된 실적변동성
- 대규모 발전설비 투자로 증가된 재무부담

Outlook - 안정적
영위사업의 공공성과 수익구조의 안전성, 정부 및 한국전력공사의 직 · 간접적인 지원가능성 등을 감안할 때, 신용등급 전망은 **안정적**이다.

출처: 한국신용평가 홈페이지(https://www.kisrating.com)

[그림 10-1] 회사채 등급 공시 사례

로 전자단기사채이다. 또한 CP는 Commercial Paper의 약어로 기업어음을 의미한다.

한국중부발전의 본평가 대상인 일반사채의 경우, 현재 평가 등급을 받기 전 직전 등급인 AAA가 그대로 유지되었으며, 현재 평가 등급에 대한 상세한 사항은 첨부 파일의 평가 의견에서 확인할 수 있다.

4. 국가신용등급

국가신용등급은 국가의 외채 상환능력을 측정하는 지표로, 정부가 발행한 외화표시 장기국채의 신용등급이다. 국가신용등급은 기업과 금융회사 등 민간 사업체의 신용등급 판정의 기준이 되므로, 등급변동은 국가의 대외신인도는 물론 국내 기업의 해외차입비용에도 영향을 미친다. 국가신용등급은 외환보유액, 외채구조 등 대외부문 건전성이 가장 중요하나, 거시경제 여건, 재정건전성, 금융 및 기업부문 경쟁력, 노동시장 유연성, 안보위험 등을 종합적으로 고려하여

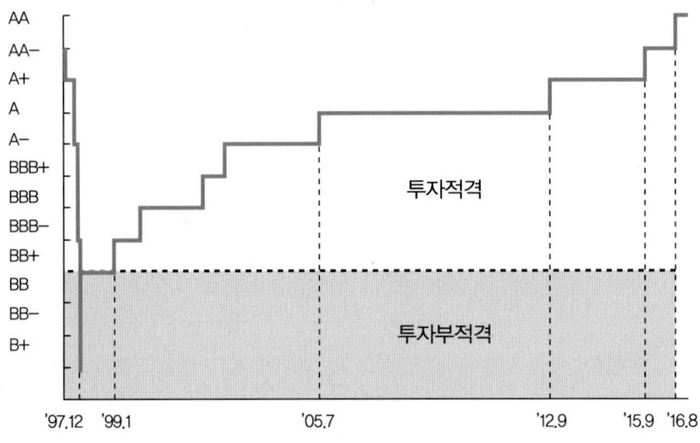

지표명	국가신용등급 추이		
통계표명	국가신용등급(S&P) ▾ 초기화		
주기	부정기(일) ▾	기간	19881001 ▾ ~ 20160808 ▾ 조회

≡ 통계표

[단위 : 등급, 점수] 엑셀저장

	1988 10.01	1995 05.03	1997 10.24	1997 11.25	1997 12.11	1997 12.23	1998 02.17	1999 01.25	1999 11.11	2001 11.13	2002 07.24	2005 07.27	2009 09.02	2012 09.14	2015 09.15	2016 08.08
신용등급	A+	AA-	A+	A-	BBB-	B+	BB+	BBB-	BBB	BBB+	A-	A	A	A+	AA-	AA
(점수)	16	17	16	14	11	7	10	11	12	13	14	15	15	16	17	18

출처: 국가지표체계(www.index.go.kr)

[그림 10–2] S&P사가 평가한 한국 신용등급 추이

평가가 이루어진다.

우리나라의 국가신용등급은 외환위기가 발생하기 이전에는 투자적격 등급인 A-을 유지하고 있었으나, 외환위기가 발생한 11월말부터 신용등급이 급격히 하락했다. S&P는 1997년 12월까지 신용등급을 하향 조정한 결과, 국가신용등급은 투자부적격 대상등급인 B+까지 하락했다. 이후 우리나라 기업들의 지속적 구조조정의 추진에 대한 국제적 신뢰도가 향상되고 전반적인 경제 여건이 개선됨에 따라 국가신용등급은 9차례 상향조정되었다. 2008년 이후 발생한 글로벌 금융위기 이후 다수의 국가들의 신용등급은 강등되었지만, 한국의 국가신용등급은 지속적으로 상향되어 2016년 8월 이후부터는 AA등급으로 상향되어 2019년 10월까지 유지하고 있다. 2019년 10월 기준으로 Moody's가 평가한 국가신용등급은 Aa2로 이는 2015년 12월까지 유지되었던 Aa3에서 1단계 상향된 결과이다. Fitch는 2012년 9월에 A+에서 AA-로 1단계 상향한 등급이 지속되고 있다.

5. 채권등급평가과정

채권의 등급평가는 평가시점에 따라 예비평가, 본평가, 정기평가, 수시평가로 구분된다. 신용평가회사는 본평가 이후에도 채권을 발행한 기업의 경영실적이나 재무상태가 변화함에 따라서 정기평가나 수시평가에서 채권의 신용등급을 조정하여 발표한다. 즉, 채권의 발행 당시에는 지급능력이 양호하여 높은 등급으로 평가를 받았다 하더라도, 이후 회사의 재무구조가 악화되어 지급능력이 저하된다면, 정기평가나 수시평가에서 신용등급은 하향조정될 수 있다.

① 예비평가: 채권발행이 결정되지 않은 상황에서 채권평가를 의뢰한 기업의 장기적 신용도를 평가하는 단계이다. 회사채의 발행을 계획하고 있는 기업이 채권을 발행할 수 있도록 하기 위하여 예비적으로 실시하는 등급평가를 말한다.

② 본평가: 예비평가단계 이후에 회사채 발행이 결정된 상황에서 채권발행을 예정하고자 하는 기업의 요청에 의해 실시하는 평가이다.

③ 정기평가: 본평가등급이 부여된 기업에 대하여 채권의 신용등급을 주기적으로 재검토하여 등급을 공시하는 단계로, 주로 재무제표자료를 기준으로 평가한다.

④ 수시평가: 신용등급에 영향을 미칠 수 있는 중대한 상황변화가 발생한 때에 실시하는 평가로, 수시평가를 통해 운영하는 신용상태 감시대상 제도이다. 수시평가는 투자자보호를

위해 실시하는 평가로 기존의 신용등급은 변경되거나 취소될 수 있으며, 일정기간 동안 유보될 수도 있다.

6. 채권등급평가요소

회사채 신용등급평가는 특정기업의 채무상환능력을 분석하여 등급화하는 것이다. 기업의 채무상환능력에 영향을 미치는 위험요소는 기업의 내부 및 외부환경에 따라 재무적 항목과 비재무적 항목들로 구분되며, 이들 요소를 종합적으로 고려하여 신용등급이 결정된다. 하지만 신용평가회사들은 신용등급을 결정하는 구체적인 기준이나 평가방법은 공개하지 않고 있다.

회사채 신용등급 결정에 고려되는 평가요소는 신용평가회사에 따라 다소 차이는 있으나 〈표 10-9〉와 같이 주로 평가 대상기업의 경영관리능력, 계열기업에 대한 분석, 산업분석, 평가 대상기업의 사업 및 재무분석의 결과가 종합적으로 고려된다. 재무적 평가항목에는 수익성, 안정성, 유동성, 현금흐름의 적정성, 재무적 탄력성, 회계정보의 질적 수준 등이 포함된다.

〈표 10-9〉 신용평가회사의 채권등급 평가항목

분석	주요항목
계열분석	계열그룹의 주력사업의 현황 및 전망, 수평 및 수직계열화 정도. 계열그룹의 재무성과, 계열기업 간의 상호의존성, 계열기업군의 자금사정, 차입 및 자금창출능력 등
산업분석	산업의 특성, 경쟁상태 및 진입장벽 여부, 제품수명주기상의 위치, 업종의 경기민감도, 금리, 환율, 인플레이션, 경기, 국내외 시장의 성숙도, 국내 규제, 해외 수입규제, 수출장벽, 기호변화 등의 수요변화 분석, 원재료 조달상의 문제점, 시설과잉문제, 연구개발 투자
사업분석	안정적인 수익성 확보 여부, 제품 또는 사업부문별 시장점유율과 영업능력, 판매 및 유통경로상 장단점, 제품주기상 위치 및 제품진부화, 거래처의 다양성 및 안정성, 기술개발투자 등을 통한 경쟁력, 생산원가구조, 노동생산성 및 투자효율성, 영업이익률의 유지/증대능력
재무분석	회계변경, 감사의견을 통한 회계정보의 질적 분석, 고정비부담능력 등과 같은 매출 및 수익구조 분석, 안정성 분석, 유동성 분석, 활동성 분석
경영관리분석	지분 및 지배구조, 경영진의 경영능력, 기업관 및 기업문화, 경영정책 및 경영전략

7. 채권등급별 금리

채권시장에는 기업이나 정부와 같이 여러 발행주체가 발행한 채권이 거래되고 있으며, 이 채권들의 수익률은 각기 다르다. 〈표 10-10〉은 2019년 11월 8일 기준으로 회사채의 신용평가등급과 채권 만기별 금리와 스프레드(spread)의 관계를 보여준다. 표에서 동일한 신용등급의 회사가 발행한 채권이라도 채권의 만기의 차이에 따라 채권의 금리가 달라지는 관계를 이자율(금리) 기간구조(term structure of interest rate)라 하며, 그 금리 차이를 기간스프레드(term spread)라 한다. 예를 들어 미래 위험은 존재하지만 신용상태가 적절하기 때문에 투자적격 등급으로 평가받은 BBB+ 3개월 만기 채권의 금리는 2.69%인데 2년 만기 채권의 금리는 4.73%이므로 기간스프레드는 2.04%포인트이다. 이와 같이 동일 등급에서도 만기가 긴 장기채권일수록 단기채권보다 금리가 높은 이유는 바로 이자율위험(interest rate risk)을 반영하기 때문이다. 즉, 금리가 변동할 때 장기채권의 가격은 단기채권 가격보다 크게 변동하므로 투자자들은 이러한 위험에 대한 보상으로 장기채권에 대하여 더 높은 이자율을 요구하게 된다.

또한 표에서는 동일한 만기의 채권이라 하더라도 국고채와 회사채의 수익률 간에 차이를 관찰할 수 있다. 채권은 투자에 따른 미래 현금흐름인 원금과 이자가 확정되어 있다는 점에서 주식과 달리 현금흐름의 불확실성이 거의 없다. 그렇다고 해서 채권 투자자가 위험을 전혀 부담하지 않는 것은 아니다. 예를 들어 채권을 발행한 기업이 부실화하여 지급불능상태에 처하면 원금과 이자를 약속대로 지급하지 못할 수도 있다. 이와 같은 위험을 신용위험 또는 채무불이행위험이라 부른다. 이와 같이 채권의 발행조건이나 발행주체가 가진 신용위험 수준의 차이로 인해 채권의 수익률에 체계적인 차이가 나타나는 것을 채권수익률의 신용위험구조(credit risk structure of interest rates)라 한다. 또한 신용위험을 가진 채권에 투자하는 투자자는 신용위험이 없는 채권에 비해 높은 수익률을 요구하게 되는데, 이를 신용스프레드(credit spread)라 한다. 신용스프레드는 위험채권과 동일한 만기와 액면이자율을 갖는 국고채권의 수익률간의 차이로 계산된다.

예를 들어 만기가 가장 짧은 3개월 만기 국고채 금리는 1.25%이며, 동일한 만기이지만 투기등급인 B등급 채권은 금리는 10.21%로 그 차이는 8.96%p이다. 일반적으로 금리와 다른 금리의 차이인 스프레드의 단위는 채권 실무에서 bp(basis point)로 표기하나, 1bp는 0.01%포인트를 의미한다. 따라서 만기가 3개월 남은 국고채와 B등급 채권의 신용 스프레드는 896bp이며, 표에서 회사채의 만기별로 스프레드를 확인할 수 있다.

따라서 신용스프레드는 우량등급채권보다 투기등급채권에서 그 크기가 급격히 증가하며, 이는 투기등급채권을 발행한 기업의 신용위험을 반영한다. 또한 만기가 증가할수록 금리가 상승하므로, 기간스프레드와 신용스프레드를 종합한 스프레드를 금리스프레드(yield spread)라

한다. 즉, 금리 구조와 신용위험구조를 함께 정리하면 장기위험채권의 금리는 다음과 같이 결정된다.

장기위험채권 금리 = 단기 국고채금리 + 국고채 기간스프레드 + 신용스프레드

기간스프레드와 신용스프레드의 합인 금리스프레드는 장기위험채권 금리와 단기 국고채금리의 차이와 같다. 예를 들어 〈표 10-10〉에서 3개월 만기 국고채와 5년 만기 국고채의 기간스프레드는 39bp(=1.64%-1.25%)이며, 5년 만기 BBB+의 신용스프레드는 408bp이다. 따라서 금리 스프레드는 447bp이며, 이는 5년 만기 BBB+ 등급 금리인 5.72%와 3월 만기 국고채 금리인 1.25%의 차이와 같다.

〈표 10-10〉 채권 등급과 만기별 금리와 스프레드

금리(%)

만기 / 등급	3월	6월	9월	1년	1년6월	2년	3년	5년
국고채	1.25	1.28	1.32	1.38	1.39	1.45	1.52	1.64
AAA	1.51	1.56	1.61	1.65	1.69	1.77	1.84	1.93
AA+	1.53	1.59	1.63	1.67	1.71	1.78	1.86	1.98
A+	1.66	1.72	1.76	1.80	1.85	1.92	2.09	2.52
BBB+	2.69	3.1	3.49	3.75	4.15	4.73	5.45	5.72
BB+	5.19	5.96	6.6	7.11	7.77	8.55	9.81	10.48
B	10.21	11.21	12.04	12.72	13.65	14.66	16.27	17.45

신용 스프레드(bp) (회사채 등급별 금리 – 국고채 금리)

만기 / 등급	3월	6월	9월	1년	1년6월	2년	3년	5년
AAA	26	28	29	27	30	32	32	29
AA+	28	31	31	29	32	33	34	34
A+	41	44	44	42	46	47	57	88
BBB+	144	182	217	237	276	328	393	408
BB+	394	468	528	573	638	710	829	884
B	896	993	1,072	1,134	1,226	1,321	1,475	1,581

8. 재무비율과 채권등급 간의 관계

채권의 신용등급 결정에서는 재무요인과 비재무요인 모두가 고려대상이 되지만, 재무요인이 더욱 중요한 역할을 한다. 특히 재무요인들 중에서 재무비율들은 신용등급과 밀접한 상관관계를 갖는다. 따라서 신용등급별로 재무비율의 분포를 살펴보면 특정한 기업의 재무적 항목을 기준으로 어느 정도의 신용등급을 받을 수 있는가에 대한 대략적인 예측을 할 수 있다.

국내 신용평가회사에서 조사한 주요 재무비율과 채권등급 간의 관계를 〈표 10-11〉에서 보면 재무비율이 채권의 등급결정에 매우 중요한 영향을 미친다는 것을 알 수 있다. AAA등급에 해당하는 기업들의 평균 부채비율은 67.6%이지만, 등급이 낮을수록 부채비율이 상승하여 BB등급에서는 199.9%까지 증가한다. 투자등급 기업의 부채비율은 128.5%인 반면, BB이하 등급의 투기등급 기업의 부채비율은 180.5%이다. 또한 유동성 비율인 당좌비율을 보면 투자등급 기업들의 평균 비율은 85.6%인 반면, 투기등급의 평균 비율은 59.5%로 현저히 낮다. 수익성비율인 영업이익률과 ROA도 낮은 신용등급일수록 하락하는 것으로 확인되어 전반적으로 재무비율은 채권등급의 서열을 정확히 체계적으로 반영한다고 볼 수 있다.

〈표 10-11〉 채권등급과 주요 재무비율간의 관계 (단위: %)

	AAA	AA	A	BBB	BB	B이하	투자등급	투기등급
부채비율	67.7	101.2	135.0	199.0	199.9	124.6	128.5	180.5
당좌비율	97.1	98.9	86.6	61.5	55.1	76.7	85.6	59.5
영업이익률	10.0	5.3	3.8	3.6	2.2	−7.7	4.4	0.7
ROA	8.4	6.0	4.6	3.3	2.2	−9.7	4.9	−1.5

주: 회계연도 2010~2014년 동안의 1,081건에 대한 분석임.
출처: 한국신용평가, 『Credit Statistics』, 2015.

10.5 신용위험의 관리방법

금융회사의 입장에서는 필연적으로 발생하는 신용위험을 관리해야 한다. 전통적인 신용위험 관리 방법으로는 대출의 분산화(diversification)와 대출매각 · 증권화 등이 있으며, 최근에 급성장한 신용파생상품시장은 보다 효율적인 신용위험관리 수단을 제공하고 있다.

1. 대출기준의 강화

금융회사는 대출 계약 조건을 통해 기업의 신용이 악화될 경우의 손실 금액을 한정하여 신용위험을 통제한다. 즉, 대출 규모의 한도를 설정하거나, 만기 이전에 원금 일부를 상환하도록 규정하여 신용도 변화에 따른 위험을 감소시키며 신용위험이 큰 경우에 추가로 담보(collateral)을 요구한다.

2. 대출 포트폴리오를 통한 분산화

금융회사는 특정한 거래처에 거액을 대출하거나 특정 산업에 대출을 집중하는 대신 다수의 거래처와 다양한 산업에 대출을 분산시키는 포트폴리오를 구성하여 신용위험을 분산화한다. 대출 포트폴리오를 통한 분산화는 신용위험 관리의 중요한 수단이기는 하지만 분산화의 기회 자체가 제한되므로 그 효과에는 한계가 있다. 예를 들어 지방의 소규모 상업은행의 경우 인근지역에 소재한 기업에 대한 대출 외에는 분산화의 기회를 찾기 어려우므로 신용위험은 그 지역의 경기에 따라 변동한다. 또한 분산화를 통한 신용 위험의 감소효과는 증권투자의 분산화를 통한 위험의 감소효과에 비해 불완전하다. 예를 들어 어떤 금융회사가 A와 B라는 두 업체에 대출을 제공하며, 두 업체의 기업가치는 음의 상관관계를 가진다고 하자. 만일 A기업의 가치가 하락하여 도산에 처한다면 B기업의 가치는 상승하지만 금융회사가 B기업으로부터 회수하는 원리금은 고정되어 있으므로 B기업의 가치상승이 A기업의 도산으로 인한 손실을 보전하지는 못한다. 따라서 신용위험의 분산화 효과는 신용위험의 완전한 상쇄라기보다는 대출의 집중을 완화시켜 특정 기업이나 산업에서 발생할 수 있는 신용위험의 영향을 전체 대출 포트폴리오의 일부분에 국한시키는 것이라 볼 수 있다.

3. 대출매각과 증권화

대출기준의 강화 또는 분산화를 통해서 신용위험을 통제하기 어려운 경우에 이용할 수 있는 방법은 대출매각(loan sale) 또는 대출채권의 증권화(securitization)이다. 이는 제3자에게 대출을 매각하여 해당 대출에 대한 신용위험의 부담을 전가시키는 방법이며, 대출채권을 증권화한 금융상품을 부채담보부증권(collateralized debt obligation; CDO)이라 한다. 대출매각과 증권화 과정에서는 기존 거래업체의 채무 관계가 제3자에게 이전되기 때문에 복잡한 절차를 거쳐야 한다. 특히 금융회사 내부에서도 거래업체를 담당하는 영업 부서는 거래 관계를 변경해야 하므로 신용위험 관리 부서와 입장의 대립이 발생할 수 있다.

4. 신용파생상품

신용파생상품(credit derivatives)은 대출과 같이 차입자의 신용도에 따라 가치가 변동하는 기초자산으로부터 신용위험을 분리하여 거래할 수 있도록 설계된 금융상품이다. 신용파생상품을 이용하면 대출포트폴리오를 구성하거나 대출매각을 하지 않아도 비교적 쉽게 신용위험을 헤지할 수 있다.

신용위험을 전가하는 거래자를 위험매도자(risk seller) 또는 보장매입자(protection buyer)라 하고, 신용위험을 부담하는 거래자를 위험매입자(risk buyer) 또는 보장매도자(protection seller)라고 한다. 보장매입자는 일반적으로 대출자산을 보유한 금융회사이며, 보장매도자는 높은 신용도를 가진 투자은행이다. [그림 10-3]에서 신용파생상품 거래에 따라 보장매입자는 보장매도자에게 보험료의 성격을 가진 프리미엄(premium)을 제공하며, 대출을 받은 기업의 신용상태가 하락하여 발생하는 대출자산의 손실에 대해 보장매도자는 현금흐름을 보장매입자에게 지불한다. 따라서 보장매입자는 기초자산의 신용상태 하락에 따라 발생하는 손실을 신용파생상품 거래의 성과로부터 보전받을 수 있다.

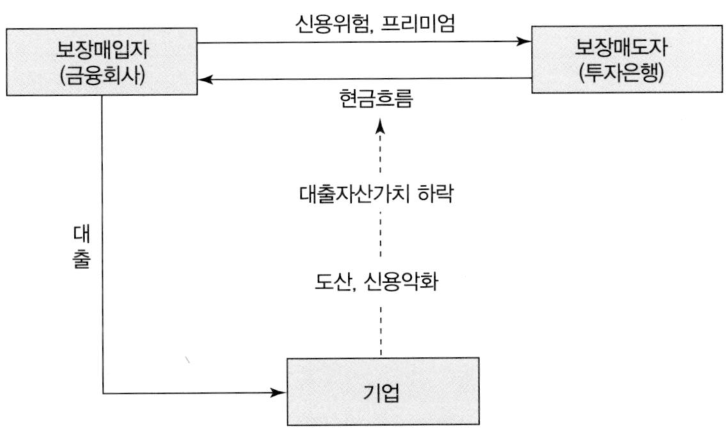

[그림 10-3] 신용파생상품의 거래구조

신용파생상품의 프리미엄은 기업의 신용위험이 높아질수록 상승한다. 글로벌 금융위기 이후부터 국내에도 널리 알려진 신용파생상품인 신용부도스왑(credit default swap; CDS)의 프리미엄은 외국환평형기금채권의 가산금리와 아울러 국가부도위험 수준을 나타내는데, 국가의 신용도가 하락할수록 프리미엄이 상승하여 기업이 해외 채권을 발행할 경우 비용을 많이 부담해야 한다.

〈CASE STUDY〉

제10장의 CASE STUDY에서는 제9장에 이어 대우조선해양의 2012년부터 2018년까지 연도별 재무평점으로 재무적 부실화 추세를 진단하도록 한다.

[1단계] 재무평점시스템을 구성하는 주요 재무비율의 산출

〈표 10-5〉의 재무평점등급표를 구성하는 재무비율에 포함되는 계정과목들을 이용하여 재무비율의 2012년부터 2018년까지 재무비율의 시계열 자료를 구한다. 재무비율을 계산하기 위한 계정과목의 2012년부터 2018년까지 추이는 〈표 10-12〉에 제시된다.

〈표 10-12〉 **대우조선해양의 주요 계정과목 추이** (단위: 억 원)

계정과목	2012	2013	2014	2015	2016	2017	2018
총자산	155,113	167,764	177,358	188,803	150,648	114,468	119,185
자기자본	38,659	29,287	20,268	6,189	6,594	29,907	38,402
유동자산	66,255	87,398	98,323	104,660	79,995	66,513	73,500
유동부채	83,590	96,727	110,108	153,492	123,687	61,430	53,568
당기순이익	−2,788	−9,204	−8,527	−22,092	−27,895	6,458	3,201
매출액	135,435	145,848	155,616	154,436	128,192	111,018	96,444
영업이익	−721	−10,100	−5,651	−21,245	−15,308	7,330	10,248
매출채권	3,178	4,379	3,024	4,594	3,032	3,998	6,573

〈표 10-12〉의 자료를 이용하여 연도별 재무비율을 계산한 결과인 〈표 10-13〉과 [그림 10-4]로부터 재무 건전성을 평가해보자. 자본구성을 평가하기 위한 비율인 자기자본비율은 2015년과 2016년에 5% 미만으로 하락했지만, 2017년 후에는 20%를 초과하여 상승하는 추세로 재무건전성이 회복 중인 것으로 평가할 수 있다. 유동성 평가 지표인 유동비율도 2015년과 2016년에 70% 미만으로 하락했으나, 2017년 후에는 100%를 초과하여 상승하는 추세에 있다.

수익성 평가 지표인 총자본순이익률은 2016년까지 음수로 나타났으며, 이는 2013년부터 2016년까지 당기순이익은 4년 연속 적자 상태에서 벗어나지 못한 결과에 기인한다. 매출액영업이익률도 역시 2016년까지 음수가 지속되어 총자본순이익률과 유사한 추세를 보이는데 이는 역시 4년 연속 적자인 영업이익에 기인한다. 그러나 2017년과 2018년의 영업이익은 흑자로 전환하여 수익성이 개선되는 추세이다.

활동성지표인 총자본회전율은 6년간 지속적으로 1회를 밑돌았으며, 매출채권회전율은 2014년 이후부터 4년 연속 하락하는 추세이다.

성장성 평가 지표인 총자산증가율은 2014년부터 둔화하여 2016년과 2017년에는 −20%미만으로 크게 급락했으며 매출액증가율도 2015년 이후부터 지속적으로 음의 증가율로 나타나 역성장 추세에서 벗어나지 못하고 있다.

〈표 10-13〉 **대우조선해양의 재무비율 추세**

비율	계산공식	2013	2014	2015	2016	2017	2018
자본구성							
자기자본비율(%)	$\frac{\text{자기자본}}{\text{총자본(총자산)}}$	17.46	11.43	3.28	4.38	26.13	32.22
유동성							
유동비율(%)	$\frac{\text{유동자산}}{\text{유동부채}}$	90.36	89.30	68.19	64.68	108.27	137.21
수익성							
총자본순이익률(%)	$\frac{\text{당기순이익}}{\text{총자본(총자산)}}$	−5.49	−4.81	−11.70	−18.52	5.64	2.69
매출액영업이익률(%)	$\frac{\text{영업이익}}{\text{매출액}}$	−6.93	−3.63	−13.76	−11.94	6.60	10.63
활동성							
총자본회전율(회)	$\frac{\text{매출액}}{\text{연평균 총자본}}$	0.87	0.88	0.82	0.85	0.97	0.81
매출채권회전율(회)	$\frac{\text{매출액}}{\text{연평균 매출채권}}$	38.60	42.04	40.55	33.62	31.59	18.25
성장성							
총자산증가율(%)	$\frac{\text{당기말 총자산}}{\text{전기말 총자산}}-1$	8.16	5.72	6.45	−20.21	−24.02	4.12
매출액증가율(%)	$\frac{\text{당기말 총자산}}{\text{전기말 총자산}}-1$	7.69	6.70	−0.76	−16.99	−13.40	−13.13

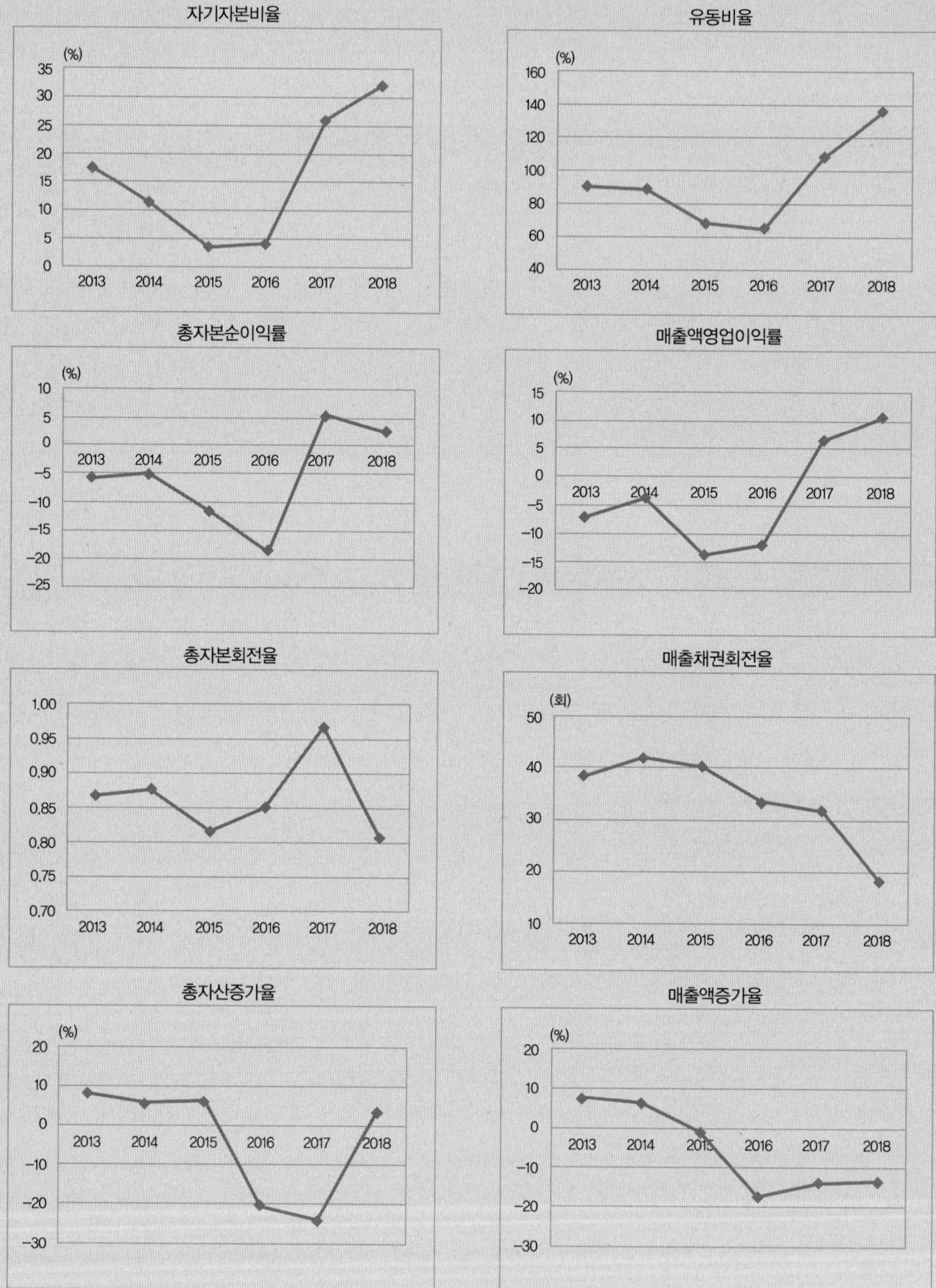

[그림 10–4] **대우조선해양 재무비율 추세**

[2단계] 재무평점계산 및 등급산정

2단계에서는 1단계에서 계산한 재무비율에 대해 〈표 10-5〉의 재무평점표의 해당 구간을 확인하여 점수와 등급을 평가한다. 〈표 10-14〉는 부문별 재무비율에 해당하는 평점과 등급, 그리고 부문별 평점을 합산한 재무평점과 등급을 산출한 결과이다.

〈표 10-14〉 **대우조선해양의 부문별 재무평점과 등급산정**

비율	2013		2014		2015		2016		2017		2018	
	평점	등급	평점	등급	평점	등급	평점	등급	평점	등급	평점	등급
자본구성												
자기자본비율(%)	9	C	9	C	3	E	3	E	9	C	9	C
유동성												
유동비율(%)	6	D	9	C	6	D	6	D	9	C	9	C
수익성												
총자본순이익률(%)	1	E	1	E	1	E	1	E	4	B	3	C
매출액영업이익률(%)	1	E	1	E	1	E	1	E	4	B	5	A
활동성												
총자본회전율(회)	1	D	1	D	0.5	E	1	D	1	D	0.5	E
매출채권회전율(회)	2.5	A	2.5	A	2.5	A	2.5	A	2.5	A	2.5	A
성장성												
총자산증가율(%)	1.5	C	1.5	C	1.5	C	0.5	E	0.5	E	0.5	E
매출액증가율(%)	1	D	1	D	0.5	E	0.5	E	0.5	E	0.5	E
재무평점 및 등급	23	C	26	C	16	D	15.5	D	30.5	B	30	B

평가영역별로 등급의 분포를 분석한 결과 자본구성과 유동성의 지표들은 6년간 C등급 이하였다. 수익성 지표들도 2016년까지 최하 등급인 E로 평가되었으니, 2017년부터 수익성 개선에 따라 등급이 상향 조정되었다.

활동성 평가 지표들 중 총자본회전율은 평가기간동안 D와 E등급에 벗어나지 못하여 전체 자산을 비효율적으로 활용한 것으로 진단되었다. 반면 매출채권회전율은 평가기간동안 최고 등급인 A등급을 지속하여 외상 매출 의존도가 적절하고 매출채권관리를 효율적으로 수행한 것으로 진단할 수 있다.

성장성 평가 지표들은 2013년과 2014년에 C 등급 이하였으며, 2015년 이후 기간에는 평가등급이 더욱 하향조정되었다. 이는 기업부실에 따른 구조조정에 따라 기업의 외형적 성장을 추구할 수 없는 상황을 반영한다. 부문별 재무비율의 평점을 종합한 재무평점의 평가결과, 2013년과 2014년에는 20점 이상으로 C등급이었으나 2015년과 2016년에는 기업의 재무 상태가 악화되어 D등급으로 추락했다. 2017년과 2018년에 추진 중인 기업개선작업의 효과로 재무평점은 30점 이상으로 향상되었다.

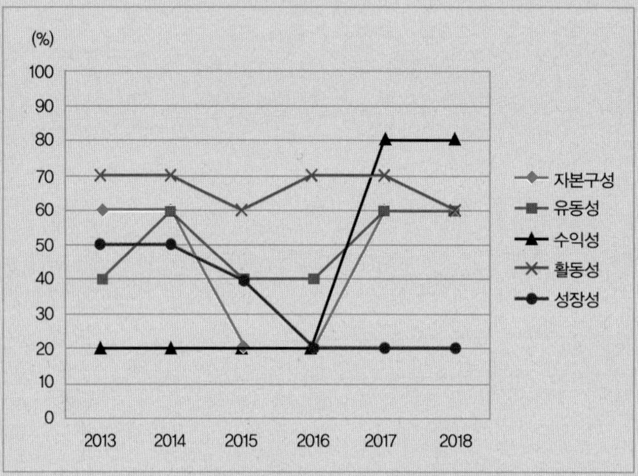

[그림 10-5] **대우조선해양의 부문별 상대적 달성도 추이**

재무평점은 부문별 평가지표들의 배정된 평가점수를 합산하여 결정되지만, 부문별 평가점수의 비중이 상이하므로 공통적인 기준에서 비교하기 어렵다는 단점이 있다. 따라서 단순히 부문별 평가점수로 기업의 상태를 판단하는 작업보다는 부문별로 배정된 점수에 대비한 실제 평점의 비율을 평가하면 부문별로 취약점과 개선 정도를 파악할 수 있다. 이러한 평가결과는 부문별 상대적 달성도(relative performance)를 의미하며, 〈표 10-13〉의 각 부문별 재무비율의 실제 평점을 〈표 10-5〉의 A등급의 평점으로 나누어 계산한다. 예를 들어, 2018년의 수익성 부문의 상대적 달성도는 수익성 부문의 평점인 8점을 A등급 평점인 10점으로 나누어 백분율로 환산하면 80%로 평가한다.

이러한 방식으로 평가한 부문별 성과의 추이를 [그림 10-5]에서 분석하면 자본구성과 유동성은 평가 기간동안 60%를 밑돌았으며, 2016년까지는 20%대에 정체되었던 수익성 부문은 2017년과 2018년에는 80%로 대폭적으로 상승했다. 활동성은 60%~70% 범위내에서 벗어나지 못하며 침체상태가 지속되고 있는 것으로 나타났다. 성장성은 2014년까지 50%였지만 지속적으로 하락하여 2018년에는 20%에 머물러, 다른 부문보다 개선이 시급한 부문이다.

연·구·과·제

1. 다음 A사와 B사의 2019년의 재무제표를 근거로 재무평점시스템을 이용하여 등급을 판정하고 대출 가능 여부를 판단하시오.

A사

(단위: 백만 원)

재무상태표 (2019.12.31)		손익계산서 (2019.1.1~2019.12.31)	
자산	6,653	매출액	5,097
유동자산	3,121	매출원가	3,104
비유동자산	3,532	판매비 및 관리비	1,540
부채	5,048	영업이익	453
유동부채	3,232	법인세	136
비유동부채	1,816	당기순이익	317
자본	1,605		
자본금	1,109		
이익잉여금	496		

※ 발행주식수는 100만주이며, 2019년 말 주가는 1,500원이다.

B사

(단위: 백만 원)

재무상태표 (2019.12.31)		손익계산서 (2019.1.1~2019.12.31)	
자산	1,600	매출액	1,600
유동자산	800	매출원가	1,100
비유동자산	800	매출총이익	500
부채	800	판매비 및 관리비	400
유동부채	400	영업이익	100
비유동부채	400	이자수익	10
자본	800	이자비용	70
자본금	600	법인세차감전순이익	40
		법인세비용(20%)	8
이익잉여금	200	당기순이익	32

※ 발행주식수는 10만주이며, 2019년 말 주가는 6,000원이다.

재무평점시스템

재무비율	만점	비율구분 및 평점			
		A	B	C	D
유동비율	40점	200% 초과 40	150%~200% 30	50%~150% 20	50% 10
부채비율	30점	100% 미만 30	200%~100% 20	500%~200% 10	500% 초과 5
매출액순이익률	20점	10% 초과 20	7%~10% 15	5%~7% 10	5% 미만 5
총자산회전율	10점	5회 초과 10	2~5회 8	1~2회 6	1회 미만 4

재무편점 등급과 대출 판정

종합평점	등급	대출 가능 여부
90점 이상	최우량 기업	대출 가능
80점 이상 ~ 90점 미만	우량 기업	
70점 이상 ~ 80점 미만	신용대출 고려 대상기업	
60점 이상 ~ 70점 미만	요주의기업	대출 불가
60점 미만	불량 기업	

2. 워크아웃을 신청한 기업을 선정하여 워크아웃을 신청하기 3년 전부터 〈표 10-5〉의 재무평점등급표를 적용하여 평점을 산출하여 신용상태를 평가하시오.

3. 채권발행기업과 채권의 신용등급을 평가하는 신용등급회사간의 관계로부터 발생하는 문제점을 사례를 들어 설명하시오.

11

CHAPTER

기업가치평가

기업가치평가는 기업의 경영자가 사업전략과 투자결정을 판단하는데 기준이 되는 등 기업 내부의 전반적인 의사결정과 관련된다. 금융회사의 애널리스트는 물론 주식투자자도 투자의사결정을 내릴 때 현재 시장에서 형성된 주가가 적정하게 평가되었는지 판단하기 위해서는 기업가치를 평가해야 한다. 기업의 인수 또는 합병도 진정한 기업가치의 평가에 근거할 때 가능하다. 이 장에서는 기업가치평가의 절차와 실무적으로 활용되는 가치평가의 제반 방법론과 특성에 대해 학습하도록 한다. 또한 사례를 통해 기업가치를 평가할 수 있도록 한다.

11.1 기업가치평가의 개요

1. 기업가치평가의 중요성

기업의 목표는 투자비용을 상회하는 생산성을 지속적으로 확보하여 기업가치를 극대화하는 데 있다. 과거의 국내기업들은 매출액, 시장점유율, 당기순이익의 규모 등 외형적 성장을 목표로 하는 경영방식이 지배적이었다. 그러나 수익성이 뒷받침되지 않은 매출액의 증대는 진정한 기업가치 창출에 기여하지 못하며, 이익규모를 기업 목표로 설정할 경우에도 그에 내포된 위험을 간과하기 때문에 진정한 기업의 목표로는 부적합하다. 최근에 우리나라 기업들의 목표는 기업가치의 극대화에 초점을 둔 가치창조경영(value-based management)이라는 새로운 패러다임으로 전환되었다. 기업가치는 장기적 관점에서 미래 현금흐름을 대상으로 위험을 감안하여 측정하기 때문에, 다른 어떤 지표보다 기업의 목표로 타당하므로 기업의 가치를 올바르게 평가하는 작업은 매우 중요하다.

기업에서 대부분의 의사결정은 가치평가(valuation)와 관련되어 있으며, 특히 기업가치평가는 경영자가 사업전략과 투자결정의 유효성을 판단하는 데 기준이 된다. 일반적으로 재무제표상에 표시되는 금액은 과거의 역사적 원가에 기초한 장부가치(book value)이므로, 시장가치(market value)인 기업가치를 직접적으로 반영하지 못한다. 재무제표는 기업의 과거 활동에 대한 재무적 정보를 제공해 주는 반면, 기업가치는 기업이 미래에 창출할 현금흐름과 관련되어 있기 때문이다. 따라서 기업가치를 평가하는 것은 재무제표에서 기업의 총자산을 시장가치의 관점에서 평가하는 것이라 할 수 있다. 기업이 보유한 총자산의 장부가치는 부채와 자기자본의 장부가치의 합이므로, 기업의 시장가치도 부채의 시장가치와 자기자본의 시장가치로 구성된다. 일반적으로 부채의 장부가치와 시장가치는 큰 차이가 없으므로, 전체 기업가치를 평가하는 과정은 자기자본의 시장가치를 평가하는 것과 관련이 깊다.

2. 기업가치평가의 기본방법

기업가치평가의 전통적인 기본방법은 자산접근법, 소득접근법, 시장접근법으로 대별되며 최근에는 실물옵션(real option)을 이용한 가치평가법도 실무에서 활용되고 있다.

첫째, 자산접근법(asset-based approach)은 원가접근법(cost approach)이라고도 하며 평가대상이 되는 기업의 모든 자산과 부채를 적정한 가치를 나타낼 수 있도록 수정하여 가치를 측정하는 방법이다. 하지만 장부상에 기록된 장부가격은 역사적 가치이므로 시장가치를 반영하고 있지 못하는 경우가 많으므로 일정 기준에 따라 장부가격을 적절히 수정해야 한다.

둘째, 소득접근법(income approach)은 기업이 활용하는 자산으로부터 발생하는 미래 현금흐름의 현재가치로 기업가치를 평가하는 방법으로 할인모형을 이용한 가치평가법이다. 할인모형을 이용한 가치평가법에는 배당할인모형(dividend discount model), 잉여현금흐름 할인모형(discounted free cash flow model), 경제적 부가가치평가모형(economic value added model)이 있다. 재무관리에서 학습한 자본예산편성에서 투자안의 가치평가에 활용되는 순현재가치법(net present value; NPV)도 이 할인모형에 기초를 두고 있다.

셋째, 시장접근법(market approach)은 순이익, 현금흐름, 장부가격, 매출액 등과 같이 다른 기업과 공통적인 변수를 기준으로 비교대상자산의 가치를 살펴봄으로써 간접적으로 자산의 가치를 평가하는 방법으로, 상대가치평가법 또는 시장가치평가법이라고도 한다.

셋째, 실물옵션을 이용한 가치평가법은 옵션과 유사한 특성을 가진 사업기회나 전략을 보유한 기업의 가치를 평가하는 방법으로 블랙-숄즈의 옵션가격결정모형에 기초하고 있다.

이처럼 자산의 가치를 평가하는 방법은 여러 가지가 있으며 어떤 방법을 사용하는가에 따라 그 결과가 상당히 다를 수 있으므로, 평가하고자 하는 기업의 특성에 따라 적절한 평가방법을 적용하여야 한다. 또한 평가의 목적에 따라 적합한 평가기준을 적용하여 기업의 이해관계자가 납득할 수 있는 공정한 가치로 산출되어야 한다.

11.2 할인모형을 이용한 가치평가

1. 기본개념

할인모형을 이용한 가치평가법은 기업가치를 기업이 활용하는 자산으로부터 발생하는 미래 현금흐름을 적절한 할인율(discount rate)로 적용한 현재가치로 평가한다는 원칙에 근거를 두고 있는 방법으로, 가장 전통적인 가치평가방법의 하나이다. 미래에 발생할 것으로 예상되는 현금흐름은 기업에 출자한 자본의 소유주에게는 각각 다른 형태로 나타난다. 주식을 보유한 주주에게는 배당금이 현금흐름이며, 채권자에게는 채권을 보유함으로써 획득하는 이자와 만기에 상환될 원금이 현금흐름이다. 할인율은 기업의 입장에서는 자본조달의 대가인 자본비용이지만, 자본의 출자자의 관점에서는 기업이 자본을 활용하는 데 대한 요구수익률(required rate of return)이자 기업이 수익을 달성할 것으로 기대하는 필수수익률이다. 할인율은 미래에 발생할 현금흐름에 관련된 위험이 반영되어 결정되므로, 위험이 높은 산업에 속한 기업일수록 높은 할인율이 적용된다. 할인모형을 이용하여 평가한 기업가치는 식 (11−1)과 같다.

$$\text{기업가치} = \sum_{t=1}^{\infty} \frac{\text{현금흐름}_t}{(1+\text{할인율})^t} \qquad (11-1)$$

2. 할인모형을 이용한 가치평가의 구성요소

할인모형을 적용하여 기업가치를 평가하기 위해서는 평가의 대상이 되는 기업의 경제적 수명, 예상되는 미래 현금흐름, 위험을 반영하는 적절한 할인율에 초점을 두어야 한다. 할인모형을 이용하여 기업의 가치를 평가할 경우에 고려해야 할 구성요소는 다음과 같다.

(1) 기업의 경제적 수명과 현금흐름의 예측가능 기간

기업의 경제적 수명을 예측하는 일은 기업가치평가에서 가장 선행되어야 할 절차이다. 일반적으로 재무학에서는 사전적으로 예측할 수 있는 특별한 상황이 발생하지 않는 경우에는 기업은 영속적으로 활동하는 계속기업(going concern)의 가정하에 가치평가를 수행한다. 하지만 계속기업을 가정할 경우 기업의 경제적 수명은 영원히 존속한다고 추정해야 하는데, 이럴 경우 특정한 기간 이후에 발생하는 현금흐름을 정확하게 추정하는 것은 어렵다. 이러한 경우에는 특정한 기간 이후에는 현금흐름이 일정한 성장률로 증가하거나 그 기간의 마지막 연도의 현금흐름이 동일하게 지속하여 발생할 것으로 가정한다.

미래 현금흐름을 어느 정도 정확하게 추정할 수 있는 기간을 명시적 추정기간이라 하고, 이후 기간을 잔여 추정기간이라고 한다. 일반적으로 기업가치평가에서 명시적 추정기간은 3년에서 5년 정도로 설정한다. 만일 명시적 추정기간 이후에 동일한 현금흐름이 계속하여 발생하는 경우에는 명시적 추정기간의 말 시점에서 이후에 발생하는 현금흐름의 현재가치를 구하여 잔여 기업가치(continuing value)를 산출한다. 명시적 추정기간 이후에 발생하는 현금흐름이 동일하고 할인율이 일정하게 적용될 경우에는, 영구연금(perpetuity)의 현재가치를 구하는 식에 따라 현금흐름을 할인율로 나눈 값이 된다. 이 경우 할인모형에 의한 기업의 가치평가는 식 (11-2)와 [그림 11-1]과 같이 명시적 추정기간의 기업가치 부분과 잔여 추정기간의 기업가치 부분의 합으로 산출된다.

$$\text{기업가치} = \sum_{t=1}^{T} \frac{\text{현금흐름}_t}{(1+\text{할인율})^t} + \frac{1}{(1+\text{할인율})^T}\left(\frac{\text{현금흐름}_T}{\text{할인율}}\right) \qquad (11-2)$$

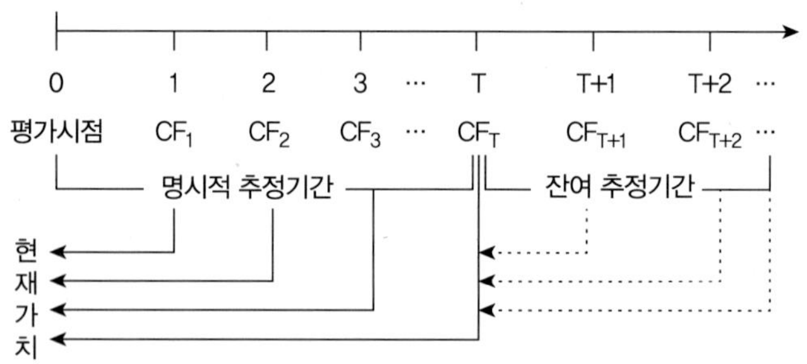

[그림 11-1] 명시적 추정기간과 잔여 추정기간의 기업가치

(2) 현금흐름의 추정

기업의 미래에 발생하는 현금흐름의 추정은 기업가치평가에서 가장 핵심적인 작업이다. 기업가치평가에서 재무제표는 바로 이러한 미래 현금흐름을 추정하기 위해 이용된다. 일반적으로 미래 기대현금흐름의 예측에 이용되는 지표는 기업이 정상적인 영업활동을 통하여 현금흐름을 창출하는 것과 관련된다. 당기순이익은 기업의 회계연도 동안의 대표적인 경영성과의 지표이기는 하지만, 비경상적인 영업활동에 의한 손익까지 포함되어 있기 때문에, 진정한 미래 현금

흐름을 예측하는 지표로는 부적절하다. 일반적으로 기업가치평가를 수행할 때에는 손익계산서에서 기업 본연의 활동만이 반영된 항목인 영업이익을 기초로 미래 현금흐름을 예측한다.

미래의 현금흐름은 분석 대상이 되는 최근의 재무제표를 이용하여 시장상황과 경제 변화, 해당 기업의 성장가능성 등을 검토하여 추정된 현금흐름에 일정 비율을 곱하여 산출한다.

(3) 자본비용의 추정

할인모형을 사용한 가치평가방법은 자본 소유주의 관점에 따라 두 가지로 분류될 수 있다. 하나는 기업에 출자한 자기자본의 가치만을 평가하는 방법으로 주주지분을 평가하는 것이다. 다른 하나는 자기자본 외에도 타인자본을 포함한 기업 전체의 가치를 평가하는 방법이다.

두 가지 기업가치평가에 이용되는 미래 현금흐름은 이에 대응되는 적절한 할인율을 적용하여 할인해야 한다. 기업가치평가에서 활용되는 적절한 할인율은 자본비용으로 미래 기대현금흐름이 기업 전체관점에서 추정되었다면 자본비용으로 가중평균자본비용(weighted cost of capital; WACC)을 이용해야 하며, 주주의 입장에서 추정되었다면 자기자본비용으로 현금흐름을 할인해야 한다. 채권자로부터 차입한 부채에 대한 자본비용을 타인자본비용(cost of debt)이라 하고, 소유주지분에 대한 자본비용은 자기자본비용(cost of equity)이라고 한다. 타인자본비용은 차입이자율이나 회사채유통수익률 등을 활용할 수 있다. 타인자본비용과 자기자본비용이 결정되고 나면 재무상태표의 타인자본의 가치와 자기자본의 시장가치의 구성비율에 따라 각각의 자본비용을 적용하여 가중평균자본비용이 산출된다.

3. 배당할인모형

(1) 배당할인모형의 개념과 가치평가

배당할인모형은 주주지분의 가치를 평가하기 위한 모형이다. 주식에 투자함으로써 발생하는 미래 현금흐름은 궁극적으로 배당이다. 그러나, 배당은 당기순이익이 발생해야 가능하고, 당기순이익이 발생하더라도 배당을 하지 않거나 거의 하지 않는 기업도 존재하므로 당기순이익 또는 잉여현금흐름에 근거하여 가치평가를 하는 방법도 있다. 그러나 미래 현금흐름을 어느 것으로 간주한다 하더라도 적절한 할인율을 할인하는 과정은 동일하므로 배당할인모형(Dividend Discount Model; DDM)을 중심으로 설명한다.

주식의 내재가치는 주식투자로부터 얻을 수 있는 미래의 현금흐름의 위험을 반영한 적절한 자기자본비용으로 할인한 현재가치이다. 주식을 발행한 기업이 파산하지 않는다면, 주식의 정해진 만기는 없다. 이와 같이 기업이 영구적으로 존속한다는 가정하에 미래 배당을 할인하여 주식의 내재가치를 평가하는 모형을 배당평가모형이라 부른다. 만약 투자자가 주식을 팔지 않고 영원히 보유한다면 매년 배당금만 무한히 얻게 되므로 주가는 다음 식 (11−3)과 같이 계산할 수 있다.

$$주주지분가치 = \sum_{t=1}^{\infty} \frac{배당금_t}{(1+자기자본비용)^t} \quad (11-3)$$

식 (11−3)은 가장 기본적이며 일반적인 배당평가모형으로 미래에 기대되는 배당의 현금흐름의 형태에 관계없이 적용할 수 있다. 자기자본비용은 기업이 주식을 발행하여 주주들로부터 자금을 조달하는 대가로 지급하는 비용이므로, 투자자들은 이 회사의 자기자본에 대해 최소한도로 바라는 보상을 의미한다. 자기자본비용의 대용치로는 식 (11−4)의 자본자산가격결정모형(Capital Asset Pricing Model: CAPM)으로 측정한 주식의 기대수익률을 사용한다. 자기자본비용을 측정하기 위해서는 과거자료를 사용하여 베타(β)를 추정한 다음, 시장포트폴리오 수익률과 무위험자산 수익률을 대입하여 계산하면 된다.

$$자기자본비용 = 무위험자산\ 수익률 + (시장포트폴리오\ 수익률 - 무위험자산\ 수익률)\beta \quad (11-4)$$

(2) 고정배당모형과 일정성장배당모형

실무에서는 미래의 배당에 대해 일정한 가정을 한 단순한 모형이 주식 가치평가에 널리 사용된다. 미래의 배당에 대한 가정 중 대표적인 것은 배당이 매년 일정하다는 가정과 배당이 매년 일정비율로 증가한다는 가정이다.

만일 계속기업의 가정하에서 매년 배당금과 자기자본비용이 일정한 경우 주주지분의 가치는 영구연금(perpetuity)을 산출하는 공식을 적용하면 식 (11−5)와 같이 연간 배당금을 자기자본비용으로 나눈 값이다. 식 (11−5)는 배당의 변동 없이 매년 일정한 배당을 지급한다는 가정하에 주식 가치평가를 하는 모형으로 제로성장모형 또는 고정배당모형이라고도 한다.

$$\text{주주지분가치} = \frac{\text{배당금}}{\text{자기자본비용}} \tag{11-5}$$

위 식 (11−5)은 자기자본비용 $= \frac{\text{배당금}}{\text{주주지분가치}}$ 로도 나타낼 수 있으며, 이는 바로 배당수익률(dividend yield)과 같다.

일반적으로 기업들은 이익을 전부 배당하지 않고 일부를 내부에 유보시켜 재투자 활동을 하므로, 이러한 재투자는 미래의 순이익을 증가시킬 것이다. 순이익에 대한 사내유보율이 정해진 경우에는 순이익이 매년 일정한 성장률(g)만큼 증가하면 배당성장률과 동일하므로, 계속기업을 가정할 경우에 배당할인모형은 식 (11−6)과 같이 계산된다. 이 배당할인모형을 '일정성장배당모형(constant growth model)' 또는 '고든(Gordon)의 모형'이라 한다.

일정성장배당모형은 배당성장률이 일정하고 영원히 지속된다는 가정을 하고 있지만, 단순하게 계산할 수 있기 때문에 주식의 가치평가에 가장 많이 사용되고 있다. 식 (11−6)의 분자는 현재 배당금이 성장률만큼 증가할 경우 내년도에 예상하는 배당금을 의미하며, 주식의 가치를 평가하기 위해서는 자기자본비용이 배당성장률보다 커야 한다. 만일 배당성장률이 0이라면 식 (11−6)은 제로성장배당모형인 식 (11−5)와 동일하다. 따라서 일정성장배당모형으로 평가한 가치와 제로성장배당모형으로 평가한 가치의 차이를 성장기회의 순현재가치(Net Present Value of Growth Opportunity: NPVGO)라 한다. 배당성장률이 큰 주식일수록, 성장기회의 현재가치도 높다.

$$\text{주주지분가치} = \frac{\text{배당금}_0(1+\text{배당성장률})}{\text{자기자본비용}-\text{배당성장률}} \tag{11-6}$$

위 식 (11−6)을 자기자본비용에 대해 정리하면 $\frac{\text{배당금}_0(1+\text{배당성장률})}{\text{주주지분가치}} + \text{배당성장률}$로 쓸 수 있다. 이는 배당이 일정비율로 성장하는 경우, 투자자들이 요구하는 필수수익률은 다음기의 예상배당을 현재 주가로 나눈 배당수익률과 성장률의 합과 같다는 것으로 해석할 수 있다.

한편, 식 (11−6)에서 배당성장률이 주식가치에 매우 중요한 영향을 미치고 있음을 알 수 있다. 배당성장률은 기업의 내부유보율(earnings retention ratio)과 미래투자기회의 수익성에 의존한다. 만일 기업이 이익의 많은 부분을 내부 유보해서 재투자하고, 재투자된 이익이 높은 수익성을 갖는 투자기회에 투자된다면, 이익 및 배당의 성장률은 더욱 증가할 것이다. 배당성장률은 다음 식 (11-7)과 같이 내부유보율과 자기자본이익률(ROE)의 곱으로 계산된다.

$$배당성장률 = 내부유보율 \times ROE \qquad (11-7)$$

식 (11-7)에서 내부유보율은 당기순이익 중에서 배당을 제외하고 자기자본에 적립된 유보액의 비율이므로 1-배당성향과 같다. 배당성향(dividend payout ratio)은 당기순이익에서 지급된 배당액의 비율이다.

ROE(return on equity)는 자기자본 대비 순이익의 비율로 유보이익이 재투자될 경우 창출된 수익률이다. 예를 들어 올해 순이익 2억 원 중에서 80%가 내부 유보액이며, ROE이 20%라면 이 기업의 배당의 성장률은 16%이다. 배당성장률은 미래 재투자를 위한 유보이익의 비율이 높고, 재투자의 수익성이 높을수록 증가한다.

[예제 11-1] 배당할인모형을 이용한 주주지분평가

A사의 올해 보통주 배당금은 주당 5,000원이고 보통주 발행 주식수는 1,000주이다. A사의 자기자본비용은 10%이고 계속기업을 가정한다.

(1) A사의 미래 배당금이 올해와 같은 수준을 유지한다고 할 때, 주가와 주주지분가치를 구하시오.

(2) A사의 배당금이 매년 2%씩 성장한다고 가정할 경우 주가와 주주지분가치를 구하시오.

풀이

(1) 미래의 주당 배당금이 올해와 같은 수준으로 영속적으로 주주에게 지급된다고 가정할 경우, 배당성장률은 '0'이며 A사의 주가는 올해 주당 배당금을 자기자본비용으로 나눈 값이다. 또한 주주지분가치는 주가에 보통주 발행 주식수를 곱한 값이다.

$$A사의 주가 = \frac{5,000}{0.1} = 50,000원$$

$$A사의 주주지분가치 = 50,000원 \times 1,000 = 5,000만 원$$

(2) 매년 배당금이 일정한 증가율로 성장하는 경우의 주가는 Gordon의 성장모형을 가정하여 계산한다.

$$A사의 주가 = \frac{5,000(1+0.02)}{0.1-0.02} = 63,750원$$

A사의 주주지분가치 = 63,750원×1,000 = 6,375만 원

연간 배당성장률이 2%로 예상되는 경우의 주가와 성장률이 0인 경우의 주가의 차이는 13,750원이다. 이 값은 A사의 미래 배당성장의 가치로 볼 수 있다.

(2) 배당할인모형의 장점과 주의점

배당할인모형은 재무학에서 오래 전에 정립된 소유주지분의 가치평가모형이며, 이론적 타당성이 높은 전통적인 가치평가모형이다. 이 모형은 다른 가치평가모형에 비해 의미를 이해하기 쉽고, 현금흐름을 배당으로 가정하므로 현금흐름을 산출할 때 복잡한 계산을 요구하지 않는다는 장점이 있다. 또한 배당은 영업활동에서 창출된 현금흐름을 주주에게 배분하는 것이므로, 배당할인모형은 가치의 분배측면에 초점을 두고 있다.

배당할인모형을 적용하여 가치를 평가하기 위해서는 주주에게 귀속될 현금흐름인 미래의 배당이 예측되어야 하지만 현실적으로 장기간의 배당금을 예측하기는 쉽지 않다. 배당금의 규모를 추정하려면 우선적으로 기업의 예상 현금흐름이 파악되어야 하기 때문이다. 또한 배당금을 지속적으로 지급하지 않는 기업에 대해서는 적용하기가 어렵다는 단점이 있다.

4. 잉여현금흐름 할인모형

(1) 잉여현금흐름 할인모형의 개념과 가치평가

잉여현금흐름 할인모형(discounted free cash flow model)은 기업의 영업활동으로부터 창출되는 잉여현금흐름(free cash flow)을 이용하여 기업 전체의 가치를 평가하는 모형이다. 일반적으로 현금흐름 할인모형은 잉여현금흐름 할인모형을 지칭한다. 이 가치평가모형은 기업의 가치를 영업활동에 투입된 모든 자산으로부터 창출되는 미래 잉여현금흐름의 현재가치로 측정한다. 여기에서 잉여현금흐름이란 식 (11−8)과 같이 기업 본연의 활동인 영업활동에서 창출된 순현금흐름으로, 영업활동 현금흐름(cash flow from operations)으로부터 영업활동 관련 투자액을 차감한 것이다. 영업활동 현금흐름은 매출, 임대료수입과 같은 영업현금유입액으로부터 상품매입, 급여, 법인세 등의 영업현금유출액을 차감하여 산출된다. 영업활동 관련 투자액에는 유동자산이나 비유동자산의 취득 및 처분 등 영업을 수원 목적으로 하는 자산을 취득하거나 처분하는 활동이 포함된다. 영업활동 현금흐름과 영업활동 투자액은 현금흐름표로부터 산출한다.

$$영업활동\ 현금흐름 = 영업현금유입액 - 영업현금유출액 \tag{11-8}$$
$$잉여현금흐름 = 영업활동\ 현금흐름 - 영업활동\ 투자액$$

잉여현금흐름은 기업의 자본을 구성하는 자기자본의 소유주인 주주와 타인자본의 소유주인 채권자에게 귀속될 수 있는 현금흐름을 의미한다. 따라서 기업은 잉여현금흐름으로 채권자들에게 이자비용을 지급하거나 배당의 형태로 주주에게 배분하게 된다. 만일 산출된 잉여현금흐름이 음수라면 채권자들이나 주주로부터 자금을 조달한 것이 된다.

잉여현금흐름으로 측정한 기업가치는 식 (11-9)와 같다. 현금흐름 할인모형에서 잉여현금흐름은 채권자들이나 주주에게 배분되기 때문에 이를 반영하여 분모의 할인율은 기업 전체의 자본비용인 가중평균자본비용으로 적용해야 한다.

$$기업가치 = \sum_{t=1}^{\infty} \frac{잉여현금흐름_t}{(1+가중평균자본비용)^t} \tag{11-9}$$
$$= \sum_{t=1}^{\infty} \frac{영업활동\ 현금흐름_t - 영업활동\ 투자액_t}{(1+가중평균자본비용)^t}$$

[예제 11-2] 잉여현금흐름 할인모형을 이용한 기업가치평가

A사가 2019년 초에 향후 5년간 영업활동 현금흐름과 영업활동 투자액을 추정한 결과는 〈표 11-1〉과 같다. A사의 가중평균자본비용은 10%로 2019년 이후 계속 적용된다. A사는 2024년 이후 연도의 영업활동 현금흐름과 영업활동 투자액은 2023년도 수준과 동일하게 지속될 것으로 가정한다. 잉여현금흐름 할인모형을 이용하여 A사의 기업가치를 추정하시오.

〈표 11-1〉 A사의 기업가치평가를 위한 추정자료 (단위: 억 원)

	2019	2020	2021	2022	2023	.....
영업활동 현금흐름	1,550	1,700	2,000	2,250	2,400	2,400
영업활동 투자액	1,150	1,100	1,100	1,150	1,100	1,100

2019년 초의 A사의 기업가치를 산출하기 위해서는 명시적 추정기간인 2019년부터 2023년까지 매연도

마다 잉여현금흐름의 현재가치를 산출하며, 그 이후에 발생하는 잉여현금흐름은 2023년말 시점에서 가치평가를 한 다음, 이를 다시 평가시점인 2019년 초의 현재가치로 계산해야 한다.

A. 미래 잉여현금흐름의 계산

각 연도의 잉여현금흐름은 영업활동 현금흐름으로부터 영업활동 투자액을 차감하여 산출한다.

B. 미래 잉여현금흐름의 현재가치

잉여현금흐름의 현재가치는 각 연도의 잉여현금흐름에 가중평균자본비용의 현재가치 요소를 곱하면 된다. 가중평균자본비용은 추정기간동안 10%로 지속하며 잉여현금흐름의 현재가치는 매년 발생하는 잉여현금흐름을 현재가치요소에 곱하여 산출한다. 명시적 추정기간 후 발생하는 잉여현금흐름의 현재가치는 2023년의 잉여현금흐름이 영구적으로 발생할 것으로 가정하여, 1,300억 원을 가중평균자본비용인 10%로 나눈 값인 1조3,000억 원이다. 이 값에 2023년의 현재가치요소인 0.621을 곱하면 2019년 초에 평가한 잔여가치의 현재가치인 8,073억 원이 나온다.

〈표 11-2〉 A사의 기업가치평가과정 (단위: 억 원)

구분 \ 연도(기간)	2019 (1)	2020 (2)	2021 (3)	2022 (4)	2023 (5)	....
영업활동 현금흐름 ①	1,550	1,700	2,000	2,250	2,400	2,400
영업활동 투자액 ②	1,150	1,100	1,100	1,150	1,100	1,100
잉여현금흐름 ③=①−②	400	600	900	1,100	1,300	1,300
가중평균자본비용 ④	0.100	0.100	0.100	0.100	0.100	0.100
현재가치요소 ⑤ = $1/(1+④)^t$	0.909	0.826	0.751	0.683	0.621	0.621
현재가치 ⑥=③×⑤	364	496	676	751	807	8,073

따라서 잉여현금흐름 할인모형으로 측정한 A사의 가치는 명시적 추정기간인 2019년부터 2023년까지 각 연도의 잉여현금흐름의 현재가치의 합계인 3,904억 원과 2023년 이후 잔여가치를 2019년초에 평가한 현재가치인 8,073억 원을 더한 1조1,167억 원이다.

$$\text{기업가치} = \underbrace{364억 + 496억 + 676억 + 751억 + 807억}_{\text{명시적 추정기간}} + \underbrace{8,073억}_{\text{잔여 추정기간}} = 1조1,167억\ 원$$

(2) 잉여현금흐름 할인모형의 장점과 주의점

잉여현금흐름 할인모형은 배당을 지급하지 않는 기업에도 적용가능하다는 장점이 있다. 또한 주주뿐만 아니라 채권자들에게 배분가능한 현금흐름을 대상으로 평가하므로, 전체 기업가치를 평가하는 데 유용하다. 또한 잉여현금흐름은 영업활동과 투자로부터 창출되므로, 배당평가모형에 비해 가치창출과정의 의미가 높다. 하지만 특정연도의 잉여현금흐름은 그 해에 기업이 창출한 가치를 직접적으로 반영하지는 않는다는 데 주의해야 한다. 잉여현금흐름을 계산시 당해연도에 투자된 영업자본은 오히려 미래의 가치창출과 관련될 가능성이 있으며, 영업활동 투자액이 높을수록 당해연도의 잉여현금흐름이 오히려 감소하는 결과도 초래한다. 잉여현금흐름이 음수라면 오히려 영업활동에 투자에 소요되는 자금을 주주나 채권자로부터 조달한 경우이며, 투자로부터 발생하는 현금흐름은 특정 시점 이후에 지연되어 기업가치에 반영될 것이다.

5. 초과이익모형

(1) 초과이익의 개념

초과이익(residual income; RI)은 잔여이익이라고도 하며, 기업이 획득한 이익에서 주주가 출자한 자본의 사용대가를 차감한 이익이다. 즉, 초과이익은 기업이 자기자본비용을 초과하여 창출한 이익을 의미한다. 수익성 지표인 ROE나 ROA는 이익을 창출하기 위해 활용된 자본의 기회비용(opportunity cost)을 간과하는 반면, 초과이익은 경영성과를 측정할 때 이익을 창출하는 데 소요된 기회비용을 대응하여 이익의 규모를 측정한다.

제2편에서 학습한 수익성지표인 ROE나 ROA가 산업평균비율보다 월등히 높은 기업이라 하더라도 진정한 경영성과가 높다고 할 수는 없다. 예를 들어, 어떤 기업의 ROE가 10%이고 이 기업이 속한 산업의 평균적인 ROE가 5%라 하자. 비율분석에 따르면 이 기업은 같은 산업에 속한 평균적인 기업에 비해 월등히 높은 성과를 달성한 것처럼 판단할 수 있다. 하지만 이 기업의 주주들이 자신들이 출자한 자본에 대해 12% 이상의 수익을 요구하고 있다면, 이 기업은 주주들이 요구하는 목표수익에 미달하는 실적을 달성한 것으로 간주된다. 이처럼 기업의 경영성과를 판단할 때 단순히 이익의 규모로 측정하기보다는 이익을 창출하는 데 투입된 자본의 기회비용을 고려하여 평가한다는 점에서 초과이익은 ROE나 ROA보다 적절한 경영성과의 지표라 할 수 있다.

초과이익모형은 주주의 관점에서 출발하여 기업의 순자산이 주주의 요구수익률을 초과하는 순이익을 창출하는 경우에만 주주의 경제적 부가 증가한다는 것을 보여준다. 초과이익모형은 현재 순자산 장부가치를 기초로 미래 초과이익의 추정치를 가산하여 주주지분의 가치를 산출하므로, 미래 현금흐름의 추정치만을 사용하는 현금흐름할인모형이나 배당할인모형에 비해서 추정가치의 불확실성을 낮출 수 있는 장점이 있다.

(2) 초과이익의 계산과 해석

초과이익은 식 (11-10)과 같이 순이익으로부터 자기자본비용 금액(capital charge)을 차감한 값으로 정의한다. 순이익은 ROE에 자기자본을 곱한 값이며, 자기자본비용 금액은 재무상태표의 자기자본에 주주의 자기자본비용인 요구수익률(required rate of return)을 곱하여 산출한다. 여기에서 자기자본비용은 화폐적 금액 단위가 아닌 비율 개념임에 주의하자. 즉, 초과이익은 ROE에서 자기자본비용을 차감한 부분에 자기자본을 곱하여 산출된다. ROE에서 자기자본비용을 차감한 부분을 '초과이익률'이라 하는데, 이것은 초과이익을 결정하는 질적 요소이며, 자기자본의 규모는 초과이익을 결정하는 양적 요소이다. 수익성 지표인 ROE나 ROA는 자본에 대한 이익의 비율로 표현되는 반면에 초과이익은 금액 단위로 표현된다. 초과이익을 산출시 ROE를 계산할 때에는 연평균 자기자본이 아닌 기초 시점에서 측정한 자기자본을 적용한다.

$$\begin{aligned} RI &= \text{순이익} - \text{자기자본비용 금액} \qquad (11-10) \\ &= \frac{\text{순이익}}{\text{기초 자기자본}} \times \text{기초 자기자본} - \text{자기자본비용} \times \text{기초 자기자본} \\ &= \left(\frac{\text{순이익}}{\text{기초 자기자본}} - \text{자기자본비용}\right) \times \text{기초 자기자본} \\ &= (ROE - \text{자기자본비용}) \times \text{기초 자기자본} \end{aligned}$$

식 (11-10)에서 자기자본비용×기초 자기자본은 기업이 자기자본을 사용한 데 대해 주주에게 지급해야 할 화폐적 대가이자 비용이다. 주주 입장에서는 자기자본비용 금액이 기업이 최소한 달성해야 할 이익 수준이므로 정상이익(normal earnings)이라고 한다. 즉, 자기자본비용은 주주 입장에서는 출자한 자본에 대하여 기업이 획득해야 할 필수수익률이므로, 자기자본비용 금액은 금액 단위로 표현한 비용이다. 따라서 기업이 높은 초과이익을 달성하기 위해서는 주주가 요구하는 수익률 이상으로 높은 성과를 달성해야 하며, 자기자본의 규모가 높아야 함을 의미한다

예를 들어, 어떤 기업의 기초 자기자본이 1,000억 원이고 당기순이익이 200억 원이라 하자. 무위험자산 수익률은 6%, 시장수익률은 11%, 그리고 이 기업의 베타는 1.2로 추정되었다. 이 기업의 ROE를 계산하면 다음과 같다.

$$ROE = \frac{200}{1,000} = 20\%$$

그리고 CAPM을 이용하여 측정한 자기자본비용은 다음과 같이 12%이다.

$$자기자본비용 = 6\% + (11\% - 6\%) \times 1.2 = 12\%$$

자기자본비용은 CAPM을 이용해서 구하는 방법과 더불어 배당평가모형을 이용할 수도 있다. 배당평가모형의 기본 아이디어는 현재의 주가가 올바르게 평가되었다면, 주주가 미래에 받을 현금흐름인 배당금이 적절하게 할인된 현재가치가 바로 현재의 주가이고 이때의 할인율이 주주의 입장에서는 필수수익률이자 기업의 입장에서는 자기자본비용이기 때문이다.

따라서 ROE가 자기자본비용보다 크며, 초과이익률은 8%이므로 이 기업의 주주 입장에서는 양의 초과이익을 달성했다. 이 기업의 초과이익은 초과이익률 8%에 자기자본을 곱한 값인 80억 원이다.

$$초과이익 = (20\% - 12\%) \times 1{,}000억\ 원 = 80억\ 원$$

또한 초과이익은 다음과 같이 순이익으로부터 자기자본비용금액을 직접 차감하여 산출해도 동일한 결과를 가져온다.

$$초과이익 = 200억\ 원 - (1{,}000억\ 원 \times 12\%) = 80억\ 원$$

기업의 순이익이 자기자본비용 금액보다 크면 초과이익이 발생한다. 이러한 초과이익은 결과적으로 기업의 수익성과 자기자본에 의해 기업이 창출한 가치를 나타낸다. 결국 초과이익이 발생하는지의 여부는 ROE와 자기자본비용의 크기로 판단할 수 있다. 이는 ROE가 자기자본비용을 초과하면 주주 입장에서 가치를 창출하였음을 의미하며, ROE가 자기자본비용에 미달하면 주주 입장에서는 가치가 감소하였음을 의미한다. ROE와 자기자본비용간의 관계에 따른 주주 입장에서 가치창출 여부는 다음과 같다.

ROE > 자기자본비용 → 양의 초과이익이므로 주주입장에서 가치창출
ROE < 자기자본비용 → 음의 초과이익이므로 주주입장에서 가치감소

(3) 초과이익모형의 개념과 가치평가

초과이익모형(residual income model: RIM)은 미래로부터 발생하는 초과이익을 할인모형으로 가치평가를 한 것이다. 초과이익모형은 식 (11–11)과 같이 자기자본비용으로 할인한 초과이익의 현재가치의 합계에 평가시점의 자기자본을 합산하여 산출된다. 따라서 배당할인모형이나 잉여현금흐름 할인모형에서는 미래에 발생하는 현금흐름에 의해서만 가치가 결정되지만, 초과이익모형에서는 평가시점의 자기자본도 기업가치를 결정하는 요인이다. 초과이익모형에서 미래 초과이익은 추정 순이익으로부터 자기자본비용 금액을 차감하거나, ROE에서 자기자본비용을 차감한 초과이익률에 기초 시점의 자기자본을 곱하여 산출한다.

$$\text{기업가치} = \text{자기자본} + \sum_{t=1}^{\infty} \frac{\text{초과이익}_t}{(1+\text{자기자본비용})^t} \qquad (11\text{–}11)$$
$$= \text{자기자본} + \sum_{t=1}^{\infty} \frac{(ROE_t - \text{자기자본비용}) \times \text{자기자본}_{t-1}}{(1+\text{자기자본비용})^t}$$

이제 초과이익모형에서 기업가치의 결정요인을 분석해 보자. 만일 예상되는 미래 ROE가 자기자본비용을 상회하여 초과이익이 양(+)인 경우는 기업 전체적으로 가치가 창출되므로 기업가치는 현재 시점의 자기자본보다 높다. 하지만 미래의 ROE가 자기자본비용보다 낮은 경우는 가치가 감소하는 조건이므로 오히려 기업가치는 현재 시점의 자기자본보다 낮다. 즉, 초과이익모형에서 기업가치가 창출되기 위해서는 예상되는 ROE가 자기자본비용보다 높아야 한다는 것이다.

[예제 11–3] 초과이익모형을 이용한 기업가치평가

A사가 2019년 초에 향후 5년간 영업활동 현금흐름과 영업활동 투자액을 추정한 결과는 〈표 11–3〉과 같다. A사의 자기자본비용은 12%로 2019년 이후 계속 적용된다. A사는 2024년 이후 연도의 당기순이익과 자기자본은 2023년도 수준과 동일하게 지속될 것으로 가정한다. 초과이익모형을 이용하여 A사의 기업가치를 추정하시오.

〈표 11-3〉 A사의 기업가치평가를 위한 추정자료 (단위: 억 원)

	2019	2020	2021	2022	2023	……
당기순이익	1,200	1,400	1,700	1,900	2,100	2,100
기초 자기자본	10,000	11,000	12,000	13,000	14,000	15,000

풀이

2019년 초의 A사의 기업가치를 초과이익모형을 이용하여 산출하기 위해서는 2023년까지 매연도마다 당기순이익과 기초 자기자본으로부터 초과이익의 현재가치를 산출하며, 그 이후에 발생하는 초과이익은 2023년말 시점에서 가치평가를 한 다음, 이를 다시 평가시점인 2019년 초의 현재가치로 계산해야 한다.

A. 미래 초과이익의 계산

각 연도의 초과이익을 계산하기 위한 방법은 두 가지가 있다. 첫 번째 방법은 ROE에 기초한 방법이다. ROE는 해당 연도의 당기순이익을 해당 연도의 기초 자기자본으로 나누어 계산한다. 계산 결과, A사의 ROE는 2019년 12%에서 2023년에는 15%까지 증가한다.
각 연도의 초과이익은 ROE에서 자기자본비용을 차감한 초과이익률에 기초 자기자본을 곱하여 산출된다. 다른 방법으로는 당기순이익으로부터 직접 자기자본비용금액을 산출하여 차감할 수 있다. 이는 자기자본비용에 기초 자기자본을 곱한 값을 당기순이익으로부터 차감하면 된다.

B. 미래 초과이익의 현재가치

초과이익의 현재가치는 각 연도의 초과이익에 자기자본비용의 현재가치 요소를 곱하면 된다. 자기자본비용은 추정기간동안 12%로 지속되며, 자기자본의 현재가치는 매년 자기자본을 현재가치요소에 곱하여 산출된다. 명시적 추정기간인 2019년부터 2023년까지 초과이익의 현재가치의 합계는 703억 원이다. 명시적 추정기간 후 발생하는 초과이익의 현재가치를 구하기 위해서는 2024년의 초과이익이 영구적으로 발생할 것으로 가정하므로 420억 원을 자기자본비용인 12%로 나눈 3,500억 원이다. 이 값에 2023년의 현재가치요소인 0.567을 곱하면 2019년초에 평가한 잔여가치인 1,986억 원이 나온다.

〈표 11-4〉 A사의 기업가치평가과정 (단위: 억 원)

구분 \ 연도(기간)	2019 (1)	2020 (2)	2021 (3)	2022 (4)	2023 (5)	……
당기순이익 ①	1,200	1,400	1,700	1,900	2,100	2,100
기초 자기자본 ②	10,000	11,000	12,000	13,000	14,000	14,000
ROE ③ = ①÷②	0.120	0.127	0.142	0.146	0.150	0.150
자기자본비용 ④	0.120	0.120	0.120	0.120	0.120	0.120
초과이익 ⑤ = (③-④)×② = ①-(④×②)^t	0	80	260	340	420	420
현재가치요소 ⑥ = 1/(1+④)^t	0.893	0.797	0.712	0.636	0.567	0.567
현재가치 ⑦=⑤×⑥	0	64	185	216	238	1,986

따라서 초과이익모형으로 측정한 A사의 가치는 2019년 초의 자기자본인 1조원과 명시적 추정기간인 2019년부터 2023년까지 각 연도의 초과이익의 현재가치의 합계인 703억 원, 그리고 잔여가치를 2019년 초에 평가한 현재가치인 1,986억 원을 더한 1조 2,689억 원이다.

$$\text{기업가치} = \underbrace{1\text{조}}_{\text{자기자본}} + \underbrace{64\text{억} + 185\text{억} + 216\text{억} + 238\text{억}}_{\text{명시적 추정기간}} + \underbrace{1{,}986\text{억}}_{\text{잔여 추정기간}} = 1\text{조 } 2{,}689\text{억 원}$$

6. 경제적 부가가치 평가모형

(1) 경제적 부가가치(EVA)의 등장배경

경제적 부가가치(economic value added; EVA)는 외형에 치중한 기존 경영지표의 한계성을 극복하고 가치중심의 패러다임으로 전환하여 현금흐름을 바탕으로 기업가치를 창출하고자 개발된 경영성과 지표이다. 즉, EVA는 경영환경의 변화에 대응하고 기존 평가지표가 가진 문제점을 해결하기 위해 도입된 경영평가 지표로, 기업가치의 극대화가 기업의 목표가 되어야 한다는 가치창조경영(value based management; VBM)을 전제로 개발된 지표이다. EVA는 경제학자 마샬(Mashall)이 제시한 경영성과 지표인 경제적 이익(Economic Profit; EP)과 개념적으로 동일하며, 1980년대 후반에 컨설팅 회사인 Stern Stewart사가 제안하면서 널리 확산되었다. 국내에는 외환위기 이후에 EVA에 대한 관심이 본격화되었으며, 대다수의 기업들이 EVA를 경영성과 지표로 채택하고 있다.

EVA는 영업활동의 수익성과 기업가치 창출 여부를 판단할 수 있기 때문에 기업내부에서 경영전략 수립과 효과적인 경영관리 수행에 활용되고 있다. 우리나라 기업에서도 사업부문의 운영성과를 평가하거나 경영자의 성과평가시 EVA를 이용한 경영관리 기법을 도입하고 있다.

(2) EVA의 구성요소

EVA란 기업이 영업활동으로부터 창출한 이익에서 기업 전체 자본조달비용 금액만큼을 차감한 가치를 의미한다. 즉, EVA는 기업이 영업활동으로부터 획득한 세후순영업이익에서 영업활동에 투입된 영업자본의 사용대가를 차감한 부분이다. 따라서 EVA는 기업 전체적 관점에서 자본비용 이상으로 달성한 영업이익을 말하며, 기업 전체의 자본조달비용을 초과하여 기업이 창출해 낸 가치이다. 이러한 의미에서 EVA는 '초과영업이익(residual operating income)'이라고도 하며, 개념적으로 초과이익과 유사하다.

EVA는 세후순영업이익으로부터 기업 전체 자본비용 금액을 차감하여 계산한다. 세후순영업이익은 영업투하자본이익률(return on invested capital: ROIC)에 영업투하자본을 곱한 값이며, 자본비용 금액은 영업투하자본에 기업 전체의 자본비용인 가중평균자본비용(weighted-average cost of capital)을 곱하여 산출한다. 여기에서는 EVA를 구성하는 요인인 세후순영업이익과 영업투하자본, 그리고 이 두 지표의 비율인 영업투하자본이익률에 대해 먼저 학습한다.

① 영업투하자본

영업투하자본(invested capital; IC)은 기업의 순수한 영업 활동을 위해 투입된 자본이며, 식(11-12)와 같이 전체 자산 중 영업목적으로 사용되는 영업자산(operating assets)의 합계에서 영업목적으로 조달된 영업부채(operating liability)의 합계를 차감하여 산출된다. 즉, 영업투하자본은 영업용 순자본(operating net capital)을 말하며, 기업의 사업 본연의 활동에 운용되어 영업이익에 기여하고 있는 자산을 의미한다.

$$영업투하자본 = 영업자산 - 영업부채 \qquad (11-12)$$

영업투하자본을 산출하기 위해서는 [그림 11-2]에서 제시된 사례와 같이 일반적인 재무상태표의 자산과 부채의 항목들을 영업목적으로 사용되는 항목과 비영업목적으로 사용되는 항목으로 재분류한다. [그림 11-2]에서 재분류된 영업자산과 영업부채간의 차이가 바로 영업투하자본이다. 재무상태표의 자산과 부채는 사용목적에 따라 영업목적으로 사용되는 자산과 영업목적으로 활용되지 않고 재무활동과 관련된 자산으로 분류된다. 예를 들어, 유동자산은 대표적인 영업용 자산이며, 공장, 기계, 토지와 같은 유형자산도 영업용 자산이다. 또한 무형자산, 투자자산에서도 영업활동 본연의 목적으로 기업이 보유하고 활용되는 자산은 영업을 위한 자산으로 분류될 수 있다. 하지만 유동자산 중에서도 차입금 상환을 위해 보유하고 있는 현금은 재무활동과 관련된 자산이므로 비영업용자산이다. 이러한 분류는 일반적인 재무상태표에서 명시적으로 분류된 것이 아니므로, 자산 활용의 목적과 성격을 파악하여 분류해야 한다.

부채도 기업의 일상적인 영업목적으로 사용되는 부채와 그렇지 않은 부채로 구분될 수 있다. 영업용 부채는 사업 본연의 활동에 운용되는 부채로, 대표적인 영업용 부채는 유동부채이다. 일반적으로 이자비용이 발생하지 않는 부채는 영업용 부채로 분류된다. 또한 비유동부채에서 퇴직급여충당금과 같은 부채는 영업용 부채에 해당한다고 볼 수 있다. 반면, 사채나 장기 차입금 등은 자금조달이 주된 목적이므로 재무활동과 관련된 부채이며, 영업용 부채로 볼 수 없다.

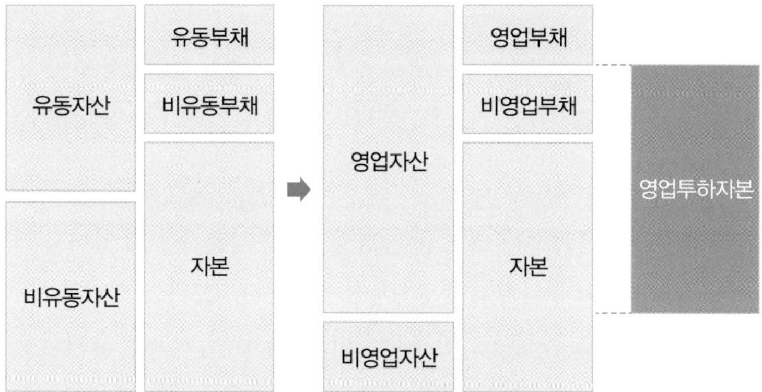

[그림 11-2] **영업투하자본의 산출**

② 세후순영업이익

식 (11-13)의 세후순영업이익(net operating profit after tax; NOPAT)은 기업의 이익에서 재무활동으로 인한 손익이 제외된 이익으로, 기업의 자본구조와 관계없이 순수한 영업활동으로부터 발생한 이익을 말한다. 세후순영업이익은 영업활동으로부터 발생한 손익에서 이를 감안한 법인세를 차감하여 구한다. 즉, 세후순영업이익은 기업의 순이익에서 재무활동으로부터 발생한 손익을 제외한 순이익으로, 기업 본연의 순수한 영업활동으로부터 발생한 순이익이다.

영업활동으로부터 발생한 이익은 영업활동으로부터 발생한 수익 총액으로부터 영업활동으로부터 발생한 비용 총액을 차감하여 산출되며, 일반적으로 손익계산서에서 영업이익 항목에 해당한다. 즉, 손익계산서에서 매출액은 영업활동수익에 해당하며 매출원가와 판매비 및 관리비는 영업활동비용에 해당한다. 영업이익으로부터 차감할 법인세는 손익계산서의 법인세비용이 아니다. 손익계산서의 법인세비용은 영업활동과 관련 없이 발생한 손익인 비영업수익과 비용을 포함하여 계산되기 때문이다. 따라서 영업이익에 대한 법인세비용은 영업이익에 법인세율을 곱한 실효 법인세비용을 계산하여 영업이익으로부터 차감한다.

$$\begin{aligned} \text{세후순영업이익} &= \text{영업이익} - \text{실효 법인세비용} \\ &= \text{영업이익} - (\text{영업이익} \times \text{법인세율}) \\ &= (\text{영업활동수익} - \text{영업활동비용}) \times (1 - \text{법인세율}) \end{aligned} \quad (11-13)$$

③ 영업투하자본이익률

영업투하자본이익률(return on invested capital; ROIC)는 순수히 영업활동에 투하된 자본을 활용하여 창출한 영업이익을 평가하는 지표로, 식 (11−14)와 같이 세후순영업이익을 영업투하자본으로 나누어 계산한다.

전통적인 경영성과 지표인 ROA나 ROE 등은 경영성과를 창출하는 데 있어서 기업 본연의 활동인 영업에 사용되는 자산이 투입되어 경영성과를 창출한다기보다는 기업의 재무활동과 관련한 자산도 경영성과에 영향을 미친다는 한계가 있다. 예를 들어, ROA는 총자산을 활용하여 창출한 이익의 달성 정도를 측정하지만, 총자산에는 이익의 창출과 관련된 영업활동을 위한 자산 이외에도 재무활동 목적에만 사용되는 자산도 포함되어 있다. 마찬가지로 ROE는 자기자본에 대한 순이익의 달성 정도를 측정하지만 순이익은 부채사용에 대한 이자비용을 차감하여 계산하므로 재무활동에 영향을 받는다. 따라서 경영성과를 측정할 때 순수히 기업 본연의 영업목적의 자산을 활용하여 이에 대응하는 이익을 어느 정도 창출하였는지를 평가하는 지표가 필요하다. ROIC는 기업의 재무구조와 관계없이 영업활동에 투입된 자본총액에 대응되는 영업활동의 납세후이익을 비교하는 이익률이므로, 영업활동으로 창출한 이익성과를 나타내는 수익성지표이다.

$$ROIC = \frac{\text{세후순영업이익}}{\text{영업투하자본}} \quad (11-14)$$

ROIC도 식 (11−15)에서 영업 수익성과 활동성을 대표하는 비율로 분해되므로, 분석목적에 따라 유용하게 활용할 수 있다. 영업 수익성은 세후순영업이익을 매출액으로 나눈 매출액 세후순영업이익률로 측정하며, 영업 활동성은 매출액을 영업투하자본으로 나눈 영업투하자본회전율로 측정한다. 따라서 높은 ROIC를 달성하기 위해서는 영업 수익성과 영업 활동성을 동시에 제고시켜야 한다. 이는 매출액에서 영업활동으로부터 발생하는 이익의 규모가 높아야 하며, 영업목적에 사용되는 자산이 효율적으로 활용되어 매출로 전환되어야 함을 의미한다.

$$ROIC = \text{매출액 세후순영업이익률} \times \text{영업투하자본회전율} \quad (11-15)$$

$$= \frac{\text{세후순영업이익}}{\text{매출액}} \times \frac{\text{매출액}}{\text{영업투하자본}}$$

A사의 2019년 초 재무상태표와 2019년의 손익계산서는 〈표 11-5〉와 같다. A사의 영업투하자본과 세후순이익, 그리고 ROIC를 계산하고, ROIC를 영업 수익성과 영업 활동성으로 분해하여 비교해 보자.

〈표 11-5〉 **A사의 재무제표** (단위: 억 원)

재무상태표 (2019.1.1)			손익계산서 (2019.1.1~2019.12.31)	
항목	금액	영업목적	항목	금액
자산	1,600		매출액	2,000
유동자산	600		매출원가	1,000
현금	100	○	매출총이익	1,000
매출채권	300	○	판매비 및 관리비	800
재고자산	200	○	급여	400
비유동자산	1,000		광고선전비	200
투자자산	400		임차료	100
유형자산	600	○	감가상각비	100
부채	600		영업이익	200
유동부채	200		영업외 수익	150
매입채무	150	○	이자수익	150
단기차입금	50	○	영업외 비용	100
비유동부채	400		이자비용	100
장기차입금	100		법인세차감전순이익	250
사채	300		법인세비용(20%)	50
자본	1,000		당기순이익	200

영업투하자본을 계산하기 위해서는 재무상태표로부터 영업자산과 영업부채를 구분해야 한다. A사의 재무상태표에서 영업목적으로 활용되는 자산에는 유동자산이 모두 포함되며, 비유동자산에서는 유형자산만이 해당하는 것으로 분석되었다. 따라서 영업자산은 1,200억이다. 부채 중에서 유동부채는 영업목적에 직접적으로 활용되는 부채이지만, 이자비용이 발생하는 장기차입금과 사채는 재무활동과 관련된 부채이므로 영업부채는 아니다. 따라서 영업투하자본

은 영업자산 1,200억 원으로부터 영업부채 200억 원을 차감한 1,000억 원이다. 세후순영업이익은 손익계산서의 매출액에서 매출원가, 판매비와 관리비를 차감한 영업이익인 200억 원에 법인세율 20%를 적용한 실효법인세비용을 계산하고, 영업이익으로부터 차감한다.

영업투하자본 = 영업용자산 − 영업용부채 = 1,200 − 200 = 1,000(억 원)
세후순영업이익 = 영업이익 − 영업이익×법인세율 = 200 − 200×0.2 =160(억 원)

따라서 A사의 영업투하자본이익률은 16%이며, 이는 매출액 세후순영업이익률 8%와 영업투하자본회전율 2회로 분해된다.

$$
\begin{aligned}
ROIC &= \frac{\text{세후순영업이익}}{\text{영업투하자본}} = \frac{160}{1{,}000} = 16\% \\
&= \frac{\text{세후순영업이익}}{\text{매출액}} \times \frac{\text{매출액}}{\text{영업투하자본}} \\
&= \frac{160}{2{,}000} \times \frac{2{,}000}{1{,}000} = 8\% \times 2\text{회} = 16\%
\end{aligned}
$$

(3) EVA의 계산과 해석

식 (11−16)의 EVA는 세후순영업이익으로부터 기업 전체 자본비용 금액을 차감한 값으로, 식 (11−14)의 ROIC에서 가중평균자본비용을 차감한 부분에 영업투하자본을 곱하여 산출된다. ROIC에서 가중평균자본비용을 차감한 부분을 '초과영업이익률'이라 하는데, 이것은 EVA를 결정하는 질적 요소이며, 영업투하자본의 규모는 EVA를 결정하는 양적 요소이다. 이미 학습한 초과이익과 같이 EVA도 금액 단위로 표현된다. EVA 계산에서 영업투하자본은 일반적으로 영업기간의 기초 시점에서 측정한 영업투하자본을 사용한다. 영업기간 동안 적용될 가중평균자본비용은 일반적으로 기초 시점의 자본구조를 기준으로 적용되기 때문이다.

$$
\begin{aligned}
EVA &= \text{세후순영업이익} - \text{자본비용금액} \qquad (11-16) \\
&= \frac{\text{세후순영업이익}}{\text{기초 영업투하자본}} \times \text{기초 영업투하자본} - \text{가중평균자본비용} \times \text{기초 영업투하자본} \\
&= \left(\frac{\text{세후순영업이익}}{\text{기초 영업투하자본}} - \text{가중평균자본비용}\right) \times \text{기초 영업투하자본} \\
&= (ROIC - \text{가중평균자본비용}) \times \text{기초 영업투하자본}
\end{aligned}
$$

식 (11−16)에서 가중평균자본비용×기초 영업투하자본은 기업 전체적으로 영업자본을 사용한 데 따른 대가이자 비용이다. 기업 입장에서는 자본비용 금액이 영업을 하여 최소한 달성해야 할 이익수준이므로 정상영업이익(normal operating earning)이라고 한다. 즉, 가중평균자본비용은 출자된 자기자본과 타인자본에 대하여 기업이 획득해야 할 평균적인 필수수익률이므로 결국 가중평균자본비용×기초 영업투하자본은 금액단위로 표현한 비용이다. 따라서 기업이 높은 EVA를 달성하기 위해서는 기업 전체적인 자본비용 이상으로 높은 영업이익을 달성해야 하고, 영업투하자본의 규모가 높아야 함을 의미한다.

EVA의 질적 요소를 구성하는 ROIC의 비교지표인 가중평균자본비용은 EVA계산시 ROIC를 평가할 수 있는 기준으로 타인자본비용과 자기자본비용을 자본구성비율에 따라 평균한 것이다. 즉 가중평균자본비용은 자금조달 원천별로 발생하는 자본비용을 전체 자본구조에서 차지하는 구성비로 가중평균한 비용이다. 가중평균자본비용은 식 (11−17)과 같이 계산된다.

$$\text{가중평균자본비용} = \left(\frac{\text{자기자본}}{\text{자기자본} + \text{타인자본}}\right) \times \text{자기자본비용} + \left(\frac{\text{타인자본}}{\text{자기자본} + \text{타인자본}}\right) \times \text{타인자본비용} \times (1 - \text{법인세율}) \qquad (11-17)$$

자기자본과 타인자본은 장부가치가 아닌 시장가치로 추정해야 한다. 타인자본의 시장가치는 장부가치와 큰 차이가 없으므로 일반적으로 장부가치를 그대로 적용하지만, 자기자본의 시장가치는 주가에 발행주식수를 곱하여 측정한다. 또한 이자비용 지급은 법인세의 절감효과를 가져오기 때문에 법인세공제 후 실효 타인자본비용은 타인자본비용×(1−법인세율)이 된다.

〈표 11−5〉에 제시된 A사의 재무제표 자료를 이용하여 2019년도 경제적 부가가치를 계산하고 평가해보자. A사의 자기자본비용을 CAPM을 이용하여 측정한 결과 12%였으며, 타인자본비용은 5%, 2019년 초 자기자본의 시장가치는 1,400억 원이다.

A사의 전체 총시장가치 기준으로 자기자본비율과 타인자본비율은 각각 70%와 30%이므로 법인세 절감효과를 감안한 기업 전체의 가중평균자본비용은 9.6%이다.

$$\text{가중평균자본비용} = \left(\frac{1,400}{1,400+600}\right) \times 12\% + \left(\frac{600}{1,400+600}\right) \times 5\% \times (1-0.2) = 9.6\%$$

A사의 ROIC는 16%이므로 가중평균자본비용을 초과하므로, 양의 부가가치를 창출한 것으로 해석할 수 있다. A사의 EVA는 초과영업이익률 6.4%이며, 여기에 기초 영업투하자본을 곱한 값인 64억 원이다.

$$EVA = (16\% - 9.6\%) \times 1{,}000\text{억 원} = 64\text{억 원}$$

또한 EVA는 다음과 같이 세후순영업이익으로부터 영업투하자본 활용에 대한 요구액을 직접 차감하여 산출할 수 있다.

$$EVA = 160\text{억 원} - (1{,}000\text{억 원} \times 9.6\%) = 64\text{억 원}$$

EVA의 창출 여부는 ROIC가 투하자본에 대한 비용을 상회하는지 여부에 의해 결정된다. EVA는 결과적으로 기업의 영업 수익성과 영업 활동에 사용된 자본에 의해 기업이 창출한 가치를 의미한다. 만일 ROIC가 가중평균자본비용을 초과하면 기업 전체적으로 가치가 창출되었음을 의미하며, ROIC가 가중평균자본비용에 미달하면 기업 전체적으로 가치가 감소하였음을 의미한다. ROIC와 가중평균자본비용 간의 관계에 따른 EVA의 창출 여부는 다음과 같다.

ROIC > 가중평균자본비용 → 양의 EVA이므로 기업가치 창출
ROIC < 가중평균자본비용 → 음의 EVA이므로 기업가치 감소

(4) EVA의 특징

경제적 부가가치는 순이익이나 자기자본순이익률, 그리고 초과이익과 같은 이익지표에 비해 다음과 같은 특징이 있다.

첫째, 경영성과로서 경제적 부가가치는 기업 본연의 활동인 영업활동에 의해 창출된 가치를 나타낸다. 따라서 총자산 중에서 영업활동에 활용되지 않는 자산은 경제적 부가가치로부터 제외된다.

둘째, 기존의 회계적 성과지표는 자본을 활용하는 데 대한 기회비용을 간과하였으나, EVA는 타인자본비용뿐만 아니라 자기자본비용을 포함한 기업이 활용할 수 있는 전체 자본의 기회비용을 감안하여 성과를 측정한다.

셋째, 경제적 부가가치는 타인자본뿐만 아니라 자기자본조달의 대가를 명시적으로 고려하므로 주주의 위험부담에 대해 충분한 보상을 해야 할 책임이 있음을 경영자에게 인식시켜야 한다. 경영자는 가능한 자본비용을 초과할 수 있도록 높은 영업투하자본이익률을 달성해야 하며, 영업투하자본의 규모가 높을수록 경제적 부가가치가 증대된다는 것을 의미한다.

(5) 경제적 부가가치 평가모형의 개념과 가치평가

경제적 부가가치 평가모형(economic value added model)은 미래로부터 발생하는 경제적 부가가치(EVA)를 할인모형으로 가치평가를 한 것이다. EVA를 이용한 가치평가모형은 가중평균자본비용으로 할인한 EVA의 현재가치의 합계에 평가시점의 영업투하자본을 더하여 식 (11−18)과 같이 산출된다. 배당할인모형이나 잉여현금흐름 할인모형에서는 미래에 발생하는 현금흐름에 의해서만 가치가 결정되지만, EVA평가모형에서는 평가시점의 영업투하자본도 기업가치를 결정하는 요인이다. 평가시점의 영업투하자본은 이미 설명한 내용과 같이 재무상태표의 영업용 자산에서 영업용 부채를 차감하여 산출한다.

EVA평가모형에서 분자의 EVA를 계산하는 절차는 이미 설명한 내용과 동일하다. 즉, 미래 EVA는 세후순영업이익으로부터 자본비용 금액을 차감하거나, 영업투하자본이익률에서 가중평균자본비용을 차감한 초과영업이익률에 기초 시점의 영업투하자본을 곱하여 산출된다. EVA에 대응하는 할인율로는 기업 전체의 영업투하자본이 타인자본과 자기자본으로 구성되므로, 이를 고려하여 가중평균자본비용을 적용한다.

$$
\begin{aligned}
\text{기업가치} &= \text{영업투하자본} + \sum_{t=1}^{\infty} \frac{EVA_t}{(1+\text{가중평균자본비용})^t} \qquad (11-18) \\
&= \text{영업투하자본} + \sum_{t=1}^{\infty} \frac{(ROIC_t - \text{가중평균자본비용}) \times \text{영업투하자본}_{t-1}}{(1+\text{가중평균자본비용})^t}
\end{aligned}
$$

이제 EVA평가모형에서 기업가치의 결정요인을 분석해 보자. 만일 예상되는 미래 영업투하자본이익률이 가중평균자본비용을 상회하여 EVA가 양(+)인 경우는 기업 전체적으로 가치가 창출되는 요건이므로 기업가치는 현재 시점의 영업투하자본보다 높다. 하지만 미래 영업투하자본이익률이 가중평균자본비용보다 낮은 경우는 가치가 감소하는 조건이므로 오히려 기업가치는 현재 시점의 영업투하자본보다 낮다. 즉, EVA평가모형에서 기업가치가 창출되기 위해서는 예상되는 영업투하자본이익률이 가중평균자본비용보다 높아야 한다는 것이다.

[예제 11-4] EVA평가모형을 이용한 기업가치평가

A사가 2019년 초에 향후 5년간 세후순영업이익과 영업투하자본을 추정한 결과는 〈표 11-6〉과 같다. A사의 가중평균자본비용은 10%로 2019년 이후 계속 적용된다. A사는 2024년 이후 연도의 세후순영업이익과 영업투하자본은 2023년도 수준과 동일하게 지속될 것으로 가정한다. EVA평가모형을 이용하여 A사의 기업가치를 추정하시오.

〈표 11-6〉 A사의 기업가치평가를 위한 추정자료 (단위: 억 원)

	2019	2020	2021	2022	2023	.....
세후순영업이익	1,400	1,600	1,900	2,100	2,300	2,300
기초 영업투하자본	11,000	12,000	13,000	14,000	15,000	15,000

풀이

2019년 초의 A사의 기업가치를 산출하기 위해서는 2023년까지 매연도마다 세후순영업이익과 기초 영업투하자본으로부터 EVA의 현재가치를 산출하며, 그 이후에 발생하는 EVA는 2023년말 시점에서 가치평가를 한 다음, 이를 다시 평가시점인 2019년 초의 현재가치로 계산해야 한다.

A. 미래 EVA의 계산

각 연도의 EVA를 계산하기 위한 방법은 두 가지가 있다. 첫 번째 방법은 초과영업이익률에 기초한 방법이다. ROIC는 해당 연도의 세후순영업이익을 해당 연도의 기초 영업투하자본으로 나누어 계산한다. 계산 결과, A사의 ROIC는 2019년 12.7%에서 2020년에는 15.3%까지 증가한다.
각 연도의 EVA는 ROIC에서 가중평균자본비용을 차감한 초과영업이익률에 기초 영업투하자본을 곱하여 산출된다. 다른 방법으로는 세후순영업이익으로부터 직접 자본비용금액을 산출하여 차감할 수 있다. 이는 가중평균자본비용에 기초 영업투하자본을 곱한 값을 세후순영업이익으로부터 차감하면 된다.

B. 미래 EVA의 현재가치

EVA의 현재가치는 각 연도의 EVA에 가중평균자본비용의 현재가치 요소를 곱하면 된다. 가중평균자본비용은 추정기간동안 10%로 지속되며, EVA의 현재가치는 매년 EVA를 현재가치요소에 곱하여 산출된다. 명시적 추정기간인 2019년부터 2023년까지 EVA의 현재가치의 합계는 2,030억 원이다. 명시적 추정기간 후 발생하는 EVA의 현재가치를 구하기 위해서는 2023년의 EVA가 영구적으로 발생할 것으로 가정하므로 800억 원을 가중평균자본비용인 10%로 나눈 8,000억 원이다. 이 값에 2023년의 현재가치요소인 0.621을 곱하면 2019년초에 평가한 잔여가치인 4,967억 원이 나온다.

〈표 11-7〉 A사의 기업가치평가과정 (단위: 억 원)

구분 \ 연도(기간)	2019 (1)	2020 (2)	2021 (3)	2022 (4)	2023 (5)	……
세후순영업이익 ①	1,400	1,600	1,900	2,100	2,300	2,300
기초 영업투하자본 ②	11,000	12,000	13,000	14,000	15,000	15,000
ROIC ③ = ①÷②	0.127	0.133	0.146	0.150	0.153	0.153
가중평균자본비용 ④	0.100	0.100	0.100	0.100	0.100	0.100
EVA ⑤ = (③−④)×② = ①−(④×②)	300	400	600	700	800	800
현재가치요소 ⑥ = $1/(1+④)^t$	0.909	0.826	0.751	0.683	0.621	0.621
현재가치 ⑦=⑤×⑥	273	331	451	478	497	4,967

따라서 EVA평가모형으로 측정한 A사의 가치는 2019년 초의 영업투하자본인 1조 1,000억 원과 명시적 추정기간인 2019년부터 2023년까지 각 연도의 EVA현재가치의 합계인 2,030억 원, 그리고 잔여가치를 2019년 초에 평가한 현재가치인 4,967억 원을 더한 1조 7,997억 원이다.

기업가치 = 1조 1,000억 (영업투하자본) + 273억 + 331억 + 451억 + 478억 + 497억 (명시적 추정기간) + 4,967억 (잔여 추정기간)

= 1조 7,997억 원

7. 할인모형을 이용한 가치평가법의 주의점

이상에서 설명한 할인모형을 이용한 가치평가법은 미래에 발생하는 양(+)의 현금흐름을 비교적 신뢰성 있게 추정할 수 있으며, 할인율에 반영되는 위험의 측정가능한 대용치가 존재할 경우에 해당하는 기업의 가치를 평가할 때 용이하다. 그러나 다음과 같은 기업에 대해서는 할인모형을 이용한 가치평가가 부적절하므로 주의해야 한다.

(1) 재무적 부실기업

재무적 곤경(financial distress)에 처해 있는 부실기업은 경영성과가 저조하며 현금흐름이 경색되는 특성을 나타낸다. 이러한 부실기업들은 향후 파산될 가능성이 매우 높으므로 미래의 현금흐름을 평가하는 것이 어렵다. 따라서 할인모형을 이용한 가치평가법은 이러한 파산의 위험이 있는 기업의 가치를 평가하는 데 부적절하다.

(2) 무형자산이나 사업기회를 가진 기업

기업은 현금흐름을 직접적으로 창출하지 않는 특허권과 같은 무형자산을 보유하지만, 그러한 자산도 가치 있는 자산들이다. 또한 기업은 미래에 잠재적으로 현금흐름을 창출할 수 있는 사업기회가 생길 수도 있다.

이 경우 기대 현금흐름만을 할인해서 평가한 가치는 무형자산이나 사업기회의 가치를 적절히 반영하지 못하므로 기업의 실제 내재가치보다 낮게 평가될 것이다. 이런 기업은 무형자산의 가치를 시장에서 평가하거나, 실물옵션(real options)을 이용한 가치평가모형으로 사업기회를 평가한 후 그 가치를 할인모형으로 구한 기업가치에 추가함으로써 내재가치보다 낮게 평가되는 것을 방지할 수 있다.

(3) 구조조정과정에 있는 기업

구조조정과정에 있는 기업은 보유자산 중 일부를 처분하기도 하고, 다른 자산을 취득하기도 하며, 자본구조나 배당정책을 변화시킨다. 이러한 변화들은 기업의 미래 현금흐름을 추정하는 것을 더욱 어렵게 만들고 기업위험에도 영향을 미친다. 그런 기업의 경우 이런 변화들의 효과를 미래 현금흐름에 반영하고 또한 새로운 영업 및 재무위험을 할인율에 반영하여 가치를 평가해야 한다.

(4) 인수 또는 합병기업

인수나 합병을 하려는 기업의 가치를 평가할 때 할인모형을 이용한 가치평가법을 적용할 경우에는 다음과 같은 두 가지 사항을 고려해야 한다.

첫째, 합병으로 인한 시너지효과(synergy effect)가 발생하는가와 시너지효과가 발생한다면 그것을 정확히 추정할 수 있는가를 파악해야 한다.

둘째, 인수 또는 합병으로 인한 경영자의 교체가 현금흐름과 기업경영의 위험에 미치는 효과로, 이는 특히 적대적 합병의 경우에 중요한 문제이다. 경영자 교체효과는 미래 현금흐름과 할인율을 추정할 때 가치평가에 반영되어야 한다.

(5) 비상장기업

할인모형을 이용한 가치평가법을 이용하여 비상장기업(non-listed firm)의 가치를 평가할 때 나타나는 가장 큰 문제점은 할인율을 결정하는 데 이용할 위험을 측정하기가 비교적 어렵다는 점이다. 왜냐하면 할인율을 측정하기 위한 대부분의 위험-수익률모형에서 위험은 주식의 과거 가격변동으로부터 추정되기 때문이다. 비상장기업의 주식은 증권시장에서 거래되지 않으므로 과거 가격을 이용해서 위험을 추정하는 것은 매우 어렵다. 이러한 경우에 한 가지 해결방법은 주식시장에 상장된 기업들 중에서 분석대상기업과 동일한 산업에 속하고 유사한 자산규모를 가진 기업의 위험을 대용치로 활용할 수 있다.

11.3 상대가치평가법

1. 기본개념

상대가치평가법은 시장에서 형성된 가치에 의존하는 간접적인 평가기법이다. 상대가치평가법은 평가대상기업과 영업 및 경제적 특성이 유사하다고 판단되는 다른 기업의 주가배수(price multiple)를 평가대상기업에 적용하여 간접적으로 기업가치를 평가하는 것이다. 상대가치평가법에서 기업가치는 주가로 표현되며 주가배수는 시장가치비율을 의미하기 때문에 시장가치법, 유사기업이용법 또는 주가배수평가기법이라고도 한다.

상대가치평가법이 적용되기 위해서는 동일산업 내에 평가대상기업과 비교될 수 있는 다른 기업들이 존재하고, 시장은 이런 기업들의 가치를 평균적으로 올바르게 평가한다는 가정이 필요하다. 즉 평가대상기업과 영업특성이 유사한 기업의 가치가 시장에서 평가되고 있으며, 평가대상기업과 유사한 기업의 미래 수익성을 전망하고 가치평가를 한 결과가 주가에 효율적으로 반영되는 시장에서 상대가치평가법을 이용할 수 있다

2. 평가방법

상대가치평가법을 적용하기 위해서는 우선적으로 평가대상이 되는 기업과 동일한 산업 내에서 영업 및 재무적 특성이 유사한 비교대상기업(benchmark)을 선정해야 한다. 유사기업이 선정되면, 평가대상기업의 성과측정치를 선정한다. 여기에서 성과 측정치는 시장가치비율인 주가배

수의 분모로 활용되는 주당순이익, 주당장부가치 등을 의미한다. 마지막으로, 평가대상기업의 성과측정치와 직접적으로 관련된 유사기업의 주가배수를 선정하여 평가대상기업의 성과측정치와 곱하게 되면 평가대상기업의 주가가 산출된다.

상대가치평가법에서 주로 활용되는 주가배수에는 주가수익비율(PER), 주가순자산비율(PBR), 주가매출액비율(PSR)이 있으며, 이 외에도 EV/EBITDA 등도 사용할 수 있다.

아래 식 (11−19)에서 상대가치평가법에 의한 평가대상기업의 주가는 평가대상기업의 성과측정치와 유사기업의 주가배수를 곱하여 산출된다.

$$\begin{aligned} \text{기업가치} &= \text{평가대상기업의 성과측정치} \times \text{유사기업의 주가배수} \qquad (11-19) \\ &= \text{평가대상기업의 성과측정치} \times \frac{\text{유사기업의 주가}}{\text{유사기업의 성과측정치}} \end{aligned}$$

3. 주가배수지표의 측정

상대가치평가법을 구성하는 주가배수지표는 주식투자에 빈번하게 활용되는 지표로 시장가치비율(market value ratio)이라고도 하다. 따라서 유동성, 레버리지, 활동성, 수익성, 성장성 등 재무제표상에 나타나는 비율들과 아울러 기업을 분석하는 데 매우 중요하다. 시장가치비율은 투자자가 기업의 과거성과와 미래전망에 대해 어떻게 생각하고 있는지를 알 수 있게 하는 지표로 주식투자에 활용된다. 단, 시장가치비율은 일반적으로 주식시장에 상장되어 주가가 형성되는 기업들을 대상으로 적용할 수 있다.

여기에서는 실무적으로 자주 활용되는 주요한 몇 가지 시장가치비율을 설명하기로 한다. 시장가치란 주가와 같은 용어로, 시장가치비율은 주가와 관련된 비율을 의미한다. 이 비율들의 산업평균비율은 한국은행의 『기업경영분석』에는 수록되어 있지 않고, 한국거래소에서 발행하는 『증권시장』 또는 애널리스트들이 발표하는 보고서에서 찾아볼 수 있다. 또한 각 증권회사에서도 이에 관계되는 자료를 수시로 발표하고 있다. 자본시장 자료는 자본시장에서 거래되는 주식과 채권에 관한 자료로, 주가 및 주식거래량, 국 · 공채와 회사채의 수익률과 거래량, 주가수익비율(PER), 배당수익률, 주당순이익(EPS), 주가순자산비율(PBR) 등이 이에 포함된다.

이하에서는 제약바이오 기업인 셀트리온을 대상으로 상대가치평가법을 적용하여 기업가치를 평가해 보기로 하자.

(1) 주가수익비율(PER)

① 정의

주가수익비율(price-earnings ratio; PER)은 보통주의 주가를 주당순이익으로 나눈 것으로, P/E 비율 또는 PER이라 하며, 그 단위는 배가 된다. 식 (11-20)으로 측정되는 PER는 기업의 주당순이익 1원에 대하여 투자자들이 지불하는 금액으로 주가가 주당순이익의 몇 배로 형성되는가를 보여 준다.

$$PER = \frac{\text{주가}}{\text{주당순이익}} \qquad (11-20)$$

PER의 분모인 주당순이익(earnings per share; EPS)은 수식을 평가할 때 가장 기본이 되는 자료로, 발행주식 1주당 순이익이 얼마인가를 보여 주는 수치이다. 주당순이익은 지배주주의 당기순이익을 보통주의 발행주식수로 나누어 계산한다. 연도 중에 증자나 주식소각이 발생할 경우 발행주식수가 변동하므로, 이를 고려하여 기초 발행주식수와 기말 발행주식수의 평균을 사용한다. EPS가 높을수록 그 기업의 주식가격은 높은 것이 보통이다.

제약바이오 기업인 셀트리온의 연결재무제표에서 2018년 지배주주 당기순이익은 약 2,618억 원이며, 2018년 보통주의 연평균 발행주식수는 2017년 기말 발행주식수와 2018년 기말 발행주식수의 평균인 1억2,335만 주이므로 셀트리온의 2018년 말 주당순이익은 다음과 같이 계산된다.

$$\text{주당순이익}(EPS) = \frac{\text{당기순이익}}{\text{연평균 발생주식수}} = \frac{2{,}618\text{억}}{1\text{억}2{,}335\text{만}} = 2{,}123\text{원}$$

2018년 12월 말 셀트리온의 주가는 222,500원이므로 이를 2018년의 주당순이익으로 나누면 PER은 105배이다. 또한 주당순이익과 주가에 대한 정보가 없더라도, PER의 분모와 분자에 각각 발행주식수를 곱하면 시가총액을 당기순이익으로 나눈 값과 동일하다.

$$PER = \frac{주가}{주당순이익} = \frac{222{,}500}{2{,}123} = 105배$$

PER 계산식의 분모에는 최근 재무제표의 주당순이익을 사용하지만, 주당순이익 예측치를 사용하여 계산할 수도 있다. 전자를 후행(trailing) PER, 후자를 선행(forward) PER라고 부른다. 제8장의 [그림 8-1]에서 2019년과 2020년의 PER이 바로 선행 EPS를 이용하여 추정한 선행 PER이다. 실무에서 미래 PER를 계산할 때에 분모를 증권회사들이 전망하는 12개월 후 주당순이익 예상치의 평균값이나 중간값을 사용한다. 주가가 기업의 미래 실적을 반영한다는 점에서는 미래 PER로 가치 평가를 하는 것이 이론적으로 타당하지만 정확한 주당순이익 예상치를 구하는 것이 어렵다는 단점이 있다.

② 평가

수익성에서 높은 성장이 기대되는 기업은 PER이 높으며, 성장이 낮을 것이라고 평가되는 기업은 이 비율이 낮다. 특히, PER은 가치주 투자전략(value stock strategy)에 주로 활용되는 지표이다. 주당순이익이 높은데도 PER이 낮은 기업은 현재 주가가 저평가상태에 있기 때문에, 향후 시장에서 본질가치에 대해 적정한 평가가 이루어진다면 주가가 상승할 것으로 예상되는 투자 대상으로 생각할 수 있다. 이와 반대로, 주당순이익에 비해 상대적으로 PER이 높은 기업의 주가는 고평가 상태이므로, 향후 하락할 것으로 투자자들은 판단할 수 있다. 또한 PER는 업종이나 회계처리방법 등에 따라 차이가 발생하므로 단순히 PER 수준에 따라 해당 주식의 가치를 평가하는 것은 주의해야 한다.

PER를 이용하여 주가를 분석하는 것은 배당평가모형처럼 이론적이지는 못하지만 이익의 크기가 다른 비슷한 기업들의 주가수준을 용이하게 비교할 수 있으며 배당을 하지 않은 기업들의 경우에도 사용될 수 있다. 실무에서는 개별 종목의 PER을 시장의 PER이나 동일 업종의 평균 PER과 상대적으로 비교하여 주가의 수준을 판단한다.

산업 PER은 거래소에 상장된 의약품 업종에 속한 기업들의 주가에 발행주식수를 곱하여 합산한 시장가치를 주당순이익에 발행주식수를 곱하여 합산한 업종순이익으로 나누면 된다.[1] 단, 순이익이 적자이므로 PER이 음(−)인 기업은 경제적 의미를 해석할 수 없으므로 제외시켜야 한다. 2018년에 한국거래소 유가증권시장에서 셀트리온이 소속된 의약품 업종의 기업은 43

1) 유가증권시장의 산업별 시장가치와 순이익은 한국거래소의 KIND에서 확인할 수 있다.

개사이다. 이 중 지배주주 당기순이익이 흑자인 기업은 34개사로 합산 당기순이익은 1조 973억 원이며, 합산 시가총액은 76조 8,810억 원으로 의약품 업종 PER은 70.06이다. 또한 2018년 한국 거래소 유가증권시장에 상장된 기업 774개사 중 지배주주 당기순이익 흑자 기업인 585개사의 합산 당기순이익은 139조 6,543억 원이며 합산 시가총액은 1,236조 1,519억 원으로 시장 PER은 8.85이다. 따라서 셀트리온의 PER은 의약품 산업의 평균 PER보다 고평가되어 있으며, 의약품 산업의 PER도 시장 전체 기업의 PER보다 높은 수준이다.

$$\text{의약품 산업 } PER = \frac{\text{업종 시가총액}}{\text{업종 당기순이익}} = \frac{\text{76조8,810억}}{\text{1조973억}} = \text{70.06배}$$

$$\text{시장 } PER = \frac{\text{상장기업 시가총액}}{\text{상장기업 당기순이익}} = \frac{\text{1,236조 1,519억}}{\text{139조 6,543억}} = \text{8.85배}$$

이제 PER에 영향을 미치는 요인에 대해 알아보자. 일정성장배당모형을 나타내는 식 (11-6)에서 다음년도의 예상 배당금은 예상 주당순이익에 배당성향을 곱하여 결정되므로 선행 PER의 경우 다음 식 (11-21)이 성립한다.

$$\begin{aligned} PER &= \frac{\text{주가}}{\text{예상 주당순이익}} = \frac{\text{예상 배당금}}{\text{자기자본비용} - \text{배당성장률}} \times \frac{1}{\text{예상 주당순이익}} \\ &= \frac{\text{배당성향} \times \text{예상 주당순이익}}{\text{자기자본비용} - \text{배당성장률}} \times \frac{1}{\text{예상 주당순이익}} \\ &= \frac{1 - \text{내부유보율}}{\text{자기자본비용} - \text{배당성장률}} \end{aligned} \tag{11-21}$$

따라서 PER는 배당성장률, 내부유보율 그리고 자기자본비용인 요구수익률의 함수로 식 (11-21)로 추정할 수 있다. 다른 모든 조건이 동일하다면, 배당성향이 높고 배당성장률이 높은 기업일수록 PER은 높으므로 성장주의 특성을 보이지만, 반대로 요구수익률이 높은 기업들의 PER는 낮다. 따라서 PER이 낮은 특성을 가진 가치주를 투자 대상으로 선택한다는 것은 위험-수익간의 관계에서 볼 때 요구수익률에 반영된 높은 위험에 대한 보상을 요구하는 행위로 해석할 수 있다.

예를 들어 어떤 기업의 요구수익률이 15%이며, 내부유보율이 50%, 그리고 이익과 배당의 성장률이 10%로 일정하게 유지된다고 하자. 이 기업의 주가를 평가하기 위한 PER는 다음과 같다.

$$PER = \frac{1-b}{k-g} = \frac{1-0.5}{0.15-0.1} = 10$$

이 기업의 예상되는 주당순이익이 1,000원이라면, 현재 주가는 식 (11−19)를 이용하여 주당순이익에 PER을 곱한 10,000원으로 평가할 수 있다.

(2) 주가순자산비율

① 정의

주가순자산비율(price−to−book value ratio; PBR)은 식 (11−22)와 같이 주가를 주당 자기자본의 장부가치(주당순자산)로 나눈 수치로, 주가 대 장부가치비율이라고도 한다. PBR은 시장가치가 자기자본의 몇 배인가를 나타내므로, PER과 마찬가지로 주가의 상대적 수준을 나타낸다.

$$PBR = \frac{\text{주가}}{\text{주당순자산}} \tag{11-22}$$

주당순자산(book per share ; BPS)는 재무상태표의 자기자본을 보통주 발행주식수로 나누면 된다. 자기자본은 연도 말에 측정되므로, 주당순이익을 산출할 때처럼 별도로 연평균 발행주식수를 구할 필요가 없이 기말 발행주식수를 적용하면 된다. 셀트리온의 2018년말 자기자본은 2조 6,327억 원으로 연평균 발행주식수 1억2,335만주를 나누면 주당순자산은 21,343원이다.

$$\text{주당순자산}(BPS) = \frac{\text{자기자본}}{\text{연평균 발행주식수}} = \frac{\text{2조 6,327억}}{\text{1억 2,335만}} = \text{21,343원}$$

2018년 12월 말의 주가는 222,500원이므로 앞에서 구한 주당장부가치를 적용하면 PBR은 10.42배이다.

$$PBR = \frac{\text{주가}}{\text{주당순자산}} = \frac{222{,}500}{21{,}343} = \text{10.42배}$$

② 평가

PBR도 PER과 함께 가치투자전략에 주로 활용되는 지표이다. 하지만 PER은 기업의 수익성 측면에서 주가를 판단하는 지표이고, PBR은 재무 상태로 주가를 판단하는 지표이다. 성장성이 높은 기업일수록 주가가 장부가치보다 높게 형성되므로 PBR은 높다. 한편, 성장성이 높은 기업이라 하더라도 자기자본 규모에 비해 PBR이 낮은 기업일수록 장부가치에 비해 주가가 저평가되었다고 해석할 수 있다. 실무에서는 PBR이 1미만인 기업은 시장가치가 청산가치에 미달하는 것으로 해석한다. PER과 마찬가지로, 이러한 기업은 시장에서 적정한 평가를 받으면 주가가 상승할 것으로 예상할 수 있다. 그렇지만, PBR이 낮은 기업 중에서는 실제로 부실이 예상되는 기업도 장부가치에 비해 주가가 낮을 수 있으므로 주의해야 한다. PBR은 1을 기준으로 주가 수준을 평가하더라도, 시장의 PER이나 동일 업종의 평균 PER과 상대적으로 비교하여 주가의 수준을 판단해야 한다.

또한 자기자본이 음수로 완전자본잠식상태인 기업은 PBR의 경제적 의미를 해석할 수 없으므로 계산할 필요가 없다. 산업평균 PBR은 산업의 시장가치를 산업의 전체 자기자본으로 나누어 계산한다. 단, 이때에도 완전자본잠식상태인 기업은 제외해야 한다.

의약품 산업에 소속된 기업들의 자본총계는 18조 7,128억 원이며 합산 시가총액은 82조 5,233억 원으로 산업 PBR은 4.41배이다. 또한 2018년 한국거래소 유가증권시장에 상장된 기업의 자본총계는 1,646조 1,400억 원이며 합산 시가총액은 1,335조 3,809억 원으로 시장 PER은 0.811배이다. 따라서 셀트리온의 PBR은 의약품 산업의 평균 PER보다 고평가되어 있다. 시장 전체의 PBR은 0.811배로 1에 미달하는 반면, 의약품 산업의 PER은 시장 전체 기업의 PER보다 높은 수준이다.

$$\text{의약품 산업 } PBR = \frac{\text{업종 시가총액}}{\text{업종 자본총계}} = \frac{\text{82조 5,233억}}{\text{18조 7,128억}} = \text{4.41배}$$

$$\text{시장 전체 } PBR = \frac{\text{상장기업 시가총액}}{\text{상장기업 자본총계}} = \frac{\text{1,335조 3,809억}}{\text{1,646조 1,400억}} = \text{0.811배}$$

한편 PBR은 다음 식 (11-23)과 같이 수익성 지표인 ROE와 미래 수익성에 대한 시장가치평가 요소인 PER의 곱으로 분해되므로 PBR을 해석하는데 유용하다.

$$PBR = \frac{\text{주가}}{\text{주당순이익}} \times \frac{\text{주당순이익}}{\text{주당장부가치}} = PER \times ROE \qquad (11-23)$$

위 공식에 따라 셀트리온의 PBR을 분해하면 다음과 같다. 셀트리온의 PER은 105이며 ROE는 9.95%이므로 두 수치를 곱하면 PBR의 값인 10.42와 같다.

$$PBR = \frac{222,500}{2,123} \times \frac{2,123}{21,343} = 105 \times 0.0995 = 10.42$$

PBR과 유사한 개념으로 시장가치 대 장부가치비율(market to book ratio; MBR)이 있다. PBR이 1주당 장부가치에 대한 시장가치의 비율인 데 비해, MBR은 전체 소유주지분의 장부가치에 대한 시장가치의 비율이다. 따라서 MBR은 PBR의 분자와 분모에 각각 발행주식수를 곱하므로 PBR의 값과 동일하다. MBR은 파마와 프렌치(Fama and French)이 1993년에 제시한 자산가격결정모형인 3요인 모형(three factor model)을 구성하는 가치요인이다.

(3) 주가매출액비율

주가매출액비율(price-to-sale ratio; PSR)은 식 (11-24)와 같이 주가를 주당매출액으로 나눈 수치이다. 순이익이나 자기자본이 음수일 경우에는 PER이나 PBR이 음수이므로 비율로서 의미가 없는 데 비해 PSR은 항상 양수이다. 따라서 PSR은 PER과 PBR을 측정하기 어려운 기업에 대해 사용할 수 있는 이점을 가지고 있다. 특히 창업 초기단계에서 대규모 투자로 인해 손실을 기록하는 기업이나 부실로 인해 자본잠식에 처한 기업의 주가수준을 비교하는 데 PSR을 활용할 수 있다.

$$PSR = \frac{\text{주가}}{\text{주당매출액}} \tag{11-24}$$

주당매출액(sale per share; SPS)을 산출할 때에는 주당순이익과 마찬가지로 연평균발행주식수를 구하여 매출액을 나누면 된다. 셀트리온의 주당매출액은 다음과 같다.

$$\text{주당매출액} = \frac{\text{매출액}}{\text{연평균 발행주식수}} = \frac{9,821\text{억}}{1\text{억 } 2,335\text{만}} = 7,962\text{원}$$

2018년 12월 말 셀트리온의 주가는 222,500원이므로 주당매출액을 적용하면 PSR은 27.95배이다. 동일업종 PSR은 산업의 총시장가치를 산업의 전체 매출액으로 나누어 계산한다. 셀트리온이 상장된 유가증권시장의 의약품 업종의 2018년 말 시가총액은 82조 5,233억 원이고, 2018년 매출액 총계는 16조 1,603억 원으로 PSR은 5.11배이다. 시장 전체의 PSR로 0.583으로 의약품 산업이 시장 전체보다 고평가 상태에 있다고 해석된다.

$$\text{주가매출액비율 } PSR = \frac{\text{주가}}{\text{주당매출액}} = \frac{222{,}500}{7{,}962} = 27.95\text{배}$$

$$\text{의약품 산업 } PSR = \frac{\text{업종 시가총액}}{\text{업종 매출액총계}} = \frac{82\text{조 } 5{,}233\text{억}}{16\text{조 } 1{,}603\text{억}} = 5.11\text{배}$$

$$\text{시장 전체 } PSR = \frac{\text{상장기업 시가총액}}{\text{상장기업 매출액총계}} = \frac{1{,}335\text{조 } 5{,}564\text{억}}{2{,}290\text{조 } 8{,}664\text{억}} = 0.583\text{배}$$

(4) EV/EBITDA 비율

EV/EBITDA 비율은 식 (11−25)와 같이 기업 전체 가치(enterprise value)를 EBITDA(earnings before interest, tax, depreciation and amortization)로 나눈 것이다. 기업 전체 가치인 EV는 주식의 시가총액에 순차입금을 더한 값으로 계산한다. 순차입금은 총부채에서 현금과 투자증권을 차감한 금액이다. 즉, EV는 어떤 기업을 매수할 때 소유주지분의 취득과 아울러 그 기업의 부채를 상환하기 위해 지불해야 할 금액을 의미한다.

EBITDA는 일반적으로 영업이익(EBIT)에 비현금성 비용항목인 감가상각비와 무형자산상각비를 가산한 것으로 영업현금흐름(cash flow from operation)을 측정한다. 따라서 이 비율은 현금흐름의 크기를 감안할 때 기업가치가 상대적으로 얼마나 높은지를 측정하는 지표로 활용된다. 즉 기업가치가 순수한 영업활동을 통한 이익의 몇 배인가를 알려주는 지표로, 그 비율이 낮다면 영업현금흐름 창출능력에 비해 기업가치가 저평가되었다고 볼 수 있다. EV/EBITDA는 해당 기업을 매수할 경우 영업현금흐름으로 매수금액을 회수하는데 소요되는 기간을 의미하기도 한다. EV/EBITDA는 기업의 현금흐름의 중요성이 높아지면서 기업가치평가나 주식투자의 지표로 PER과 같이 실무적으로 많이 활용되고 있다.

$$\frac{EV}{EBITDA} = \frac{\text{기업 전체 가치}}{\text{이자, 법인세, 감가상각비, 무형자산상각비 차감전 이익}} \quad (11-25)$$

$$= \frac{\text{보통주 시가총액} + (\text{부채총액} - \text{현금 및 현금성 자산})}{\text{영업이익} + \text{감가상각비} + \text{무형자산상각비}}$$

셀트리온의 2018년 연결재무제표에서 2018년의 총부채액은 9,078억 원이며 현금 및 현금성 자산은 4,105억 원으로 순차입금은 4,973억 원이다. 여기에 보통주 시가총액 28조4,685억 원을 가산한 기업 전체 가치는 28조 9,658억 원이다. EBITDA는 영업이익 3,386억 원에 유형자산 감가상각비 16억 원과 무형자산 상각비 45억 원을 가산하면 3,449억 원이다. 따라서 EV/EBITDA는 83.98배(=289,658/3,449)이다.

의약품 산업의 EV/EBITDA도 산업내 기업들의 EV 총액과 EBITDA 총액을 구하여 계산한다. 의약품 산업의 EV총액은 90조 3,990억 원이며 EBITDA총액은 1조 3,079억 원으로 산업평균은 69.12배이다. 유가증권시장 전체의 EV/EBITDA는 24.74배이다.

$$\frac{EV}{EBITDA} = \frac{284{,}685 + (9{,}078 - 4{,}105)}{3{,}386 + 16 + 45} = \frac{289{,}658}{3{,}449} = 83.98\text{배}$$

$$\text{의약품 산업 } \frac{EV}{EBITDA} = \frac{825{,}233 + (98{,}072 - 19{,}315)}{12{,}102 + 591 + 386} = \frac{903{,}990}{13{,}079} = 69.12\text{배}$$

$$\text{시장 전체 } \frac{EV}{EBITDA} = \frac{13{,}355{,}564 + (42{,}956{,}090 - 2{,}095{,}028)}{1{,}950{,}397 + 184{,}842 + 56{,}080} = \frac{54{,}216{,}627}{2{,}191{,}320} = 24.74\text{배}$$

[예제 11-5] 상대가치평가법을 이용한 가치평가

올해 주식시장 상장을 계획한 A사는 공모주의 적정한 시장가치가 얼마인지를 상대가치평가법을 활용하여 평가하고자 한다. A사의 작년말 사업보고서에 기록된 순이익은 30억 원이며, 총발행주식수는 10만주이다. A사와 자산규모와 순이익에서 가장 유사한 상장기업의 현재 주가수익비율(PER)은 2.5배이다. A사의 공모주 가격을 계산하시오.

풀이

상대가치평가법의 기준이 주가수익비율이므로 A사의 주당순이익을 산출한 다음, 유사기업의 PER에 곱하면 된다. 상대가치평가법에 의한 A사의 공모주 가격은 75,000원으로 추정된다.

$$\text{A사의 주당순이익}(EPS) = \frac{\text{30억 원}}{\text{10만주}} = \text{3만 원}$$

$$\text{A사의 공모주가} = \text{주당순이익} \times \text{유사기업의 PER}$$

$$= \text{3만 원} \times 2.5 = \text{75,000원}$$

[사례 11-1] 공모주 가치평가에서 상대가치평가 방식

〈표 11-8〉에서 2008년과 2009년에 기업공개(IPO)를 실시한 104개 상장회사를 대상으로 공모주의 가치평가 방식을 조사한 결과에 따르면 약 60%의 회사가 상대가치평가 방법 중 PER에 의존하는 것으로 나타났다. PER과 EV/EBITDA를 종합적으로 고려하여 공모가를 결정한 기업은 약 30%로 나타났으며, PBR을 다른 주가배수지표와 함께 사용한 기업은 약 5%에 불과했다.

〈표 11-8〉 공모주식 가치평가 실태

방법구분	회사수 (%)
PER	63 (60.6)
PER, EV/EBITDA 종합고려	31 (29.8)
PER, PBR 종합고려	3 (2.9)
PBR, EV/EBITDA 종합고려	2 (1.9)
기타	5 (4.8)
합계	104 (100.0)

출처: 금융감독원, 『IPO 공모주식 가치평가 및 기관투자자 매매 실태 분석』, 2011

[사례 11-2] EV/EBITDA를 활용한 공모가 결정

2016년 3월 30일에 유가증권시장에 상장한 대림 C&S의 공모가 결정 과정을 〈표 11-9〉에서 살펴보기로 하자. 공모가 결정에서 사용한 주가배수지표는 EV/EBITDA이다. 2015년 대림 C&S의 EBITDA는 609억 원이며, 2015년 동일업종 유사기업들의 평균 EV/EBITDA는 7.37배(②)이다. 이를 통해 대림 C&S의 EV는 4,489억 원(=609억×7.37배)으로 계산되며, 여기에서 순차입금 335억 원(④)을 차감하면 시가총액은 4,154억 원(⑤)이다. 주당 평가액은 시가총액을 기준주식수(⑥)로 나눈 32,628원(⑦)이며, 이 가격으로부터 할인율(15.10%~27.98%)을 적용하면 공모가 밴드(band)가 결정된다. 공모 최저가는 23,500원(=32,628×(1−0.2798))이며, 공모 최고가는 27,700원(=32,628×(1−0.1510))이다. 공모가 밴드를 기준으로 수요 예측에 참가하는 기관투자자들은 희망하는 가격을 토대로 최종 공모가가 결정된다. 대림 C&S의 최종 공모가는 밴드 상한가격인 27,700원으로 결정되었다.

〈표 11-9〉 대림 C&S의 EV/EBITDA기준 공모가 결정 사례

①	②	③=①×②	④	⑤=④−③	⑥	⑦=⑤/⑥	⑧	⑨=⑦×(1−⑧)
2015년 EBITDA (원)	2015년 유사기업평균 EV/EBITDA (배)	예상 EV (원)	2015년 순차입금 (원)	시가총액 (원)	주식수 (1,000주)	주당가격 (원)	할인율 (%)	공모가 밴드 (원)
609억	7.37	4,489억	335억 원	4,154억 원	12,732	32,628	15.10 ~27.98	23,500 ~27,700

출처: 대림 C&S 증권신고서

[사례 11-3] 한국 증시 저평가 여전…주요국 최하위 수준

국내 유가증권시장이 세계 주요국 증시 가운데 가장 저평가된 것으로 나타났다. 1일 한국거래소에 따르면 유가증권시장(코스피200기준)의 주가이익비율(PER)은 전년대비 0.5배 하락한 11.5로 10개 주요국 지수 중 가장 낮았다. 이는 인도(23.9) 미국(20.2)에 비하면 절반이하 수준이고 신흥국인 브라질(16.8), 태국(15.9), 대만(13.8), 중국(13.7), 일본(12.8) 등과 비교해도 낮은 수치다.

지난해 국내 증시 PER 하락은 시가총액 하락폭이 이익 하락폭에 비해 더 커지면서 저조한 수준을 기록했다. 통상 PER이 낮을수록 기업이 벌어들이는 이익에 비해 주가가 낮다는 것을 의미한다. 때문에 삼성전자나, SK하이닉스, SK텔레콤 등 시가총액 상위 종목들이 미국의 같은 업종기업에 비해 낮은 PER를 기록하면서 이른바 '코리아 디스카운트' 현상을 심화시켰다는 분석이 나온다.

1주당 청산가치를 판별하는 주가순자산비율(PBR)은 0.95배를 기록하면 일반적으로 저평가 기준으로 분류되는 1배 수준을 하회하면서 선진국(2.4)과 신흥국(1.6) 수준에도 못미쳤다. 다만 그동안 국내 주식시장의 고질병으로 거론됐던 기업 배당 성향은 개선된 것으로 보인다.

국내시장의 배당수익률은 2.2%로 미국(2.0%), 일본(2.4%), 중국(2.1%) 등 주요국의 평균 배당수익률과 유사한 수준으로 집계됐다. 하나금융지주(5.09%) 가장 높은 배당수익률을 기록했고 SK이노베이션(4.28%), KB금융(4.13%), SK텔레콤(4.04%), KT&G(3.90%) 등이 뒤를 이었다.

〈표 11-10〉 상장기업 시가총액 상위 10종목 투자지표

시총 순위	종목명	섹터	EPS(원)	BPS(원)	DPS(원)	PER(배)	PBR(배)	배당수익률
1	삼성전자	정보기술	6,461	35,342	1,416	7.14	1.31	3.07%
2	SK하이닉스	정보기술	22,255	64,348	1,500	3.59	1.24	1.88%
3	현대차	자동차	5,632	245,447	4,000	24.68	0.57	2.88%
4	셀트리온	헬스케어	2,063	19,766	0	104.7	10.93	0%
5	LG화학	에너지화학	19,217	218,227	6,000	18.99	1.67	1.64%
6	삼성바이로로직스	헬스케어	3,387	62,805	0	102.6	5.53	0%
7	현대모비스	자동차	19,944	314,650	4,000	11.76	0.75	1.71%
8	POSCO	철강	20,911	497,452	10,000	12.29	0.52	3.89%
9	LG생활건강	필수소비재	40,740	198,221	9,250	34.78	7.15	0.65%
10	신한지주	은행	6,579	75,339	1,600	6.77	0.59	3.59%

출처: 매일경제 2019.05.01

주: 1) 4/29 일자의 개별종목 종가를 기준으로 '18년 사업보고서 가준 EPS/BPS/DPS를 적용
2) 시총상위 10종목 중 '셀트리온 헬스케어'는 코스닥시장, 그 외 종목은 코스피시장 상장 종목

4. 상대가치평가법의 유용성과 한계점

주가배수를 이용한 상대가치평가법은 산출과정이 간단하므로 자산 또는 기업의 가치를 신속하게 평가할 수 있다는 장점을 갖고 있다. 주식시장에 비교대상기업들이 많이 존재하고, 이들 기업의 가치가 시장에서 평균적으로 정확하게 평가되는 경우에 이 방법은 유용하다. 특히 상대가치평가법은 실무에서 기업공개시 신규 공모주식의 평가 등에 주로 활용되고 있다.

그러나 같은 이유로 이 방법은 잘못 이용되기 쉽고 조작이 가능하다는 단점도 있다. 예를 들어 두 회사가 위험과 수익 측면에서 정확히 유사한 경우가 없다는 것을 감안하면 비교대상기업이라는 것은 주관적인 것에 불과하다. 비교대상기업이 동일 업종에 속한다고 해도 각 회사에 고유한 사업구성, 시장점유율 추이, 인력수준, 재무위험 등에서 차이가 있으며, 이는 계량화하기 어려운 측면이 있다. 이에 따라, 동일업종에 속한 기업의 비율을 적용하여 비교분석하는 데에도 한계점이 존재한다. 또한 분석가들은 평가대상기업의 가치에 대한 자신의 생각을 합리화시키기 위해서 특정기업들을 비교기업으로 선택할 수도 있다.

비교대상기업들의 주가배수를 이용하는 데 따르는 다른 문제점은 시장이 비효율적인 경우에 발생하는 평가오류들(과소평가 혹은 과대평가 오류)에 근거하여 가치를 평가한다는 데 있다. 예를 들어 시장에서 모든 바이오제약회사들이 과대평가되고 있다면, 이러한 기업들의 주가수익비율을 이용하여 평가한 최초공모주는 과대평가될 것이다. 또한 일정 시점의 주가 수준은 과거 실적보다는 미래 예상이익에 대한 기대감을 반영하고 있으므로, 비교평가회사의 과거 재무제표에 의거한 비교분석에 한계점이 있다. 반면에, 할인모형을 이용한 가치평가는 특정기업의 성장률과 현금흐름을 근거로 기업의 가치를 평가하는 방법이므로, 시장의 비효율성에 기인하는 오류의 영향은 상대적으로 낮을 것이다.

⟨CASE STUDY⟩

1. 주식시장 업종별 초과이익 분석

셀트리온이 속한 의약품 업종과 대우조선해양이 속한 운수장비업의 2013~2018년까지의 기간 동안 초과이익으로 산업의 가치를 평가해보자.

초과이익은 당기순이익 − 기초자기자본×자기자본비용인데, 당기순이익과 기초자기자본은 모두 과거에 실현된 값이다. 자기자본비용은 기초시점에서 투자자들이 당기에 기대하는 배당수익률로 정했으며, 전기의 배당 규모 수준이 당기에도 지급될 것으로 가정한다. 즉, 이는 식 (11−5)와 같이 배당성장률이 '0'인 제로성장모형이며, 주가가 적절하게 결정되었다는 전제 하에 할인율을 자기자본비용으로 삼은 것이다. 배당수익률은 전년도 전체 기업들의 배당금 합계를 전년도말 시가총액으로 나누어서 구했다. 따라서 당해연도의 기초자기자본 대비 당기순이익의 비율인 ROE가 배당수익률을 초과하면 양의 초과이익이 창출되었으며, 초과이익의 규모는 자기자본의 규모와 초과이익률의 크기에 따라 결정된다.

⟨표 11−11⟩에서 유가증권시장의 초과이익의 추이를 보면 2017년의 초과이익이 124조 5,635억 원으로 가장 높았고 2013년의 초과이익이 78조 5,130억 원으로 가장 낮았다. 2017년의 초과이익이 높았던 이유는 ROE는 10.47%로 분석기간동안 가장 높았으며 배당수익률도 1.66%로 가장 높았지만, 초과이익률이 8.81%로 다른 연도보다 높았기 때문이다.

의약품 산업의 초과이익은 ROE가 가장 높았던 해인 2015년에 2조 8,220억 원으로 가장 높은 것으로 나타났다. 이는 당기순이익이 2조 8,943억 원으로 분석기간 동안 최대 이익을 달성하여 ROE가 28.01%인 반면, 자기자본비용은 0.70%에 불과했기 때문이다.

운수장비업의 당기순이익은 분석기간동안 지속적으로 감소하는 반면, 자기자본은 증가추세에 있으므로 ROE도 감소하는 추세이다. 따라서 ROE와 배당수익률의 차이인 초과이익률과 초과이익은 분석기간동안 지속적으로 감소하는 모습을 보인다. 초과이익은 당기순이익이 가장 높았던 2013년에 16조 7,610억 원에서 2018년에는 2조 5,052억 원으로 대폭 감소한 것으로 나타났다.

〈표 11-11〉 2013~2018년 의약품과 운수장비업의 초과이익 평가 (단위: 억 원, %)

연도	2013	2014	2015	2016	2017	2018
유가증권시장						
당기순이익	898,601	907,230	1,074,169	1,053,748	1,480,402	1,396,106
기초자기자본	10,122,542	10,890,008	11,780,431	13,102,714	14,143,540	15,366,905
ROE	8.88	8.33	9.12	8.04	10.47	9.09
배당수익률	1.12	1.08	1.32	1.61	1.66	1.61
초과이익	785,130	789,070	919,153	843,133	1,245,635	1,149,824
의약품						
당기순이익	9,816	6,396	28,943	8,078	11,218	10,973
기초자기자본	83,632	92,924	103,329	140,479	167,028	177,010
ROE	11.74	6.88	28.01	5.75	6.72	6.20
배당수익률	0.61	0.64	0.70	0.45	0.31	0.19
초과이익	9,310	5,795	28,220	7,439	10,700	10,637
운수장비업						
당기순이익	179,457	151,311	135,995	135,402	104,693	54,190
기초자기자본	1,265,266	1,433,153	1,521,236	1,584,088	1,753,901	1,747,098
ROE	14.18	10.56	8.94	8.55	5.97	3.10
배당수익률	0.93	0.87	1.35	1.75	1.75	1.67
초과이익	167,610	138,935	115,393	107,778	74,014	25,052

2. 주식시장 업종별 주가배수지표 분석

유가증권시장, 의약품, 운수장비업의 2013~2018년까지의 기간동안 상대가치평가법에 활용된 주요한 주가배수지표인 PER, PBR, PSR, EV/EBITDA의 추세를 [그림 11-3]에서 보여준다. 또한 주가배수지표의 연평균은 〈표 11-12〉에 정리했다. 분석에 사용된 자료는 증권정보제공업체인 Dataguide를 이용했다.

⑴ PER

상장기업 전체의 6년간 평균 PER은 10.97이었으며, 연도별로 큰 변동은 없었다. 2014년의 PER이 11.91로 기간동안 가장 높았으며, 가장 낮았던 해는 2018년으로 8.85였다.

반면 의약품 산업의 PER은 2015년 이후 급상승하는 추세를 보여, 순이익에 대비한 주가 수준이 높아지고 있다는 것을 확인할 수 있다. 이는 향후 바이오 산업에 대한 시장의 긍정적 전망이 반영된 결과로 해석할 수 있다. 2013년에 14.57이었던 의약품 산업의 PER은 2018년에 70.06으로 4배 이상 높은 수준으로 상승했으며, 6년간 평균 PER은 34.92이다.

운수장비업의 PER은 2017년 이전까지 10배미만으로 상장기업 전체보다 약간 낮은 수준이었지만, 2018년에는 14.41로 상승했다. 〈표 11-12〉에서 운수장비업의 6년 평균 PER은 9.32로 유가증권시장보다 소폭 낮았다.

② PBR

상장기업 전체의 PBR은 매년 1을 기준으로 큰 변동이 없으며, 6년 평균 PBR도 0.96배로 1에 가까운 수치이다. 이는 개별 기업의 PBR은 고평가되거나 저평가 상태에 따라 차이를 보여도 시장 전체 평균으로 보면 시장가치가 장부가치에 수렴하며, 큰 괴리가 없다는 것을 보여준다.

의약품 산업의 PBR은 2014년부터 2017년까지 매년 지속적으로 상승하는 추세를 보여, 주주지분의 장부가치에 대비한 주가 수준도 상승했다는 것을 확인할 수 있다. 2013년 1.69였던 의약품 산업의 PBR은 2018년 4.41로 2배 이상 높은 수준이며, 6년 평균 PBR은 2.95였다.

운수장비업의 PBR은 2013년에 1.18로 상장기업 전체 BPR보다 높았지만, 2014년에 0.85로 1미만으로 내려간 다음 지속적으로 하락하여 2018년의 PBR은 0.55에 머무르고 있다. 6년간 평균 PBR은 0.77로 시장 전체 PBR보다 낮은 수준이다.

③ PSR

상장기업 전체 PSR은 매년 1미만으로 2013년의 0.59에서 2017년까지 0.75로 상승했으며, 2018년의 PSR은 0.58이다. 6년 기간동안 평균 PSR은 0.64로 나타났다.

의약품 산업의 PSR은 PBR과 같이 2014년 부터 2017년까지 지속적으로 상승하는 추세를 보인다. 2013년 1.72였던 의약품 산업의 PSR은 2018년에 5.11로 약 3배 가량 상승했으며 6년 평균 PSR은 3.42였다.

운수장비업의 PSR은 2013년에 0.58였지만, 지속적으로 하락하여 2018년에는 0.37였다. 6년 평균 PSR은 0.43로 의약품 산업이나 시장 전체의 PBR보다 낮은 수준이다.

④ EV/EBITDA

상장기업 전체 EV/EBITDA은 분석기간동안 큰 증감 없이 20에서 40이내에서 그 추세를 유지하고 있다. 2013년의 EV/EBITDA는 29.37에서 2018년에 24.75로 하락했으며 6년 기간동안 평균 EV/EBITDA은 28.44였다. 의약품 산업의 EV/EBITDA은 2015년부터 지속적으로 상승하는 추세를 보였다. 2013년 29.72였던 의약품 산업의 EV/EBITDA은 2018년에 69.11로 약 2배 이상 상승했으며 6년 평균치는 47.46였다.

운수장비업의 EV/EBITDA은 2013년에 20.25에서 2018년에는 40.93로 2배 이상 상승했다. 6년 평균치는 31.76로 시장 전체보다는 소폭 높지만, 의약품 산업보다는 낮은 수준이다.

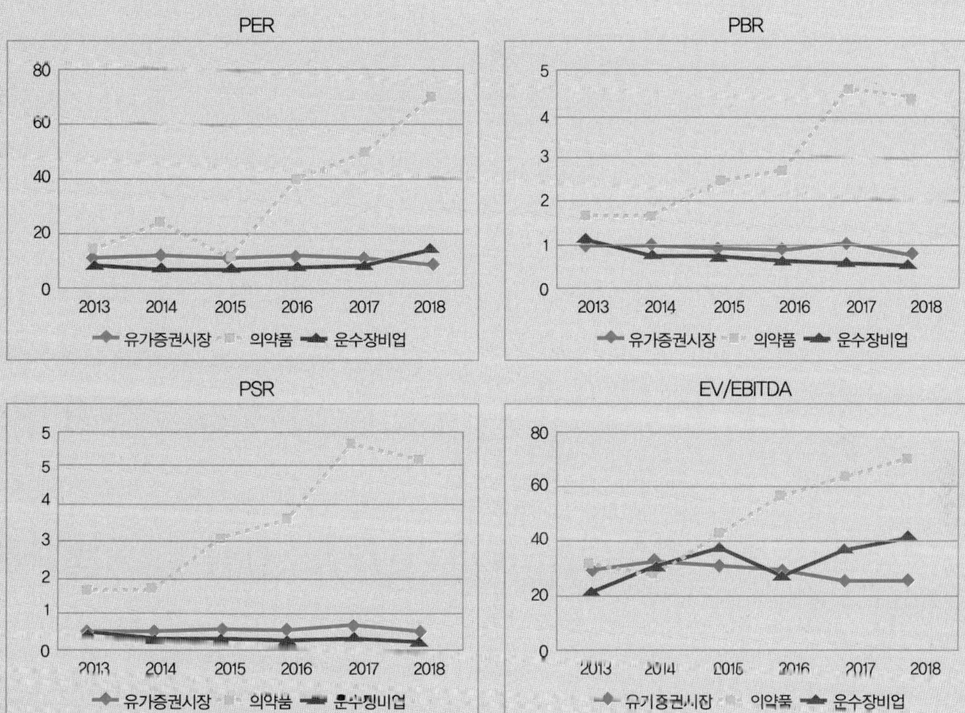

[그림 11-3] 2013~2018년 업종별 주가배수지표의 추세 분석

〈표 11-12〉 주가배수지표의 2013~2018년 연평균

	PER	PBR	PSR	EV/EBITDA
유가증권시장	10.97	0.96	0.64	28.44
의약품	34.92	2.95	3.42	47.46
운수장비업	9.32	0.77	0.43	31.76

연·구·과·제

1. 다음은 A사의 2019년부터 2023년까지 미래 5년 간의 영업활동 현금흐름과 투자액 예측치이다. 2024년 이후 영업활동 현금흐름과 투자액은 2023년 수준으로 지속된다고 가정한다. 가중평균자본비용이 10%라고 가정할 경우, 잉여현금흐름 할인모형으로 평가한 2019년 초의 A사의 가치를 평가하시오.

(단위: 억 원)

연도	2019	2020	2021	2022	2023
영업활동현금흐름	2,340	2,070	3,000	3,500	4,500
영업활동투자액	1,201	1,102	2,348	2,514	2,887

2. 다음은 B사의 2019년부터 2023년까지 미래 5년 간의 영업수익 및 영업비용 예측치이다. 2024년 이후 영업수익 및 영업비용, 영업투하자본은 2023년 수준으로 지속된다고 가정한다. 가중평균자본비용이 10%, 법인세비용이 30%이라고 가정할 경우 경제적 부가가치 평가모형으로 평가한 2019년 초 B사의 가치를 평가하시오.

(단위: 억 원)

연도	2019	2020	2021	2022	2023
영업수익	750	800	850	930	1,100
영업비용	300	471	500	590	700
기초 영업투하자본	1,219	1,310	1,440	1,520	1,580

3. 비상장기업인 C사는 내년에 주식시장에 상장하기 위해 공모가를 산출하려 한다. C사와 동일 업종에 속하고 자산 규모가 유사한 D사는 이미 주식시장에 상장되어 있다. 다음 자료를 이용하여 주가배수 평가기법으로 C사의 공모가를 평가하시오.

	당기순이익(원)	발행주식수(수)	주가(원)
C	4,000,000	100,000	?
D	20,000,000	200,000	3,000

4. 금융감독원 DART에 등록된 투자설명서와 증권발행실적보고서를 검색하여 최근에 상장된 기업의 공모주 결정 방식과 절차를 조사하시오.

찾·아·보·기

E

O

P

Q

R

Z

기타